占星術とユング心理学

ユング思想の起源としての占星術と魔術

リズ・グリーン
Liz Greene

鏡リュウジ 監訳

上原ゆうこ 訳

Jung's Studies in Astrology

Prophecy, Magic, and the Qualities of Time

原書房

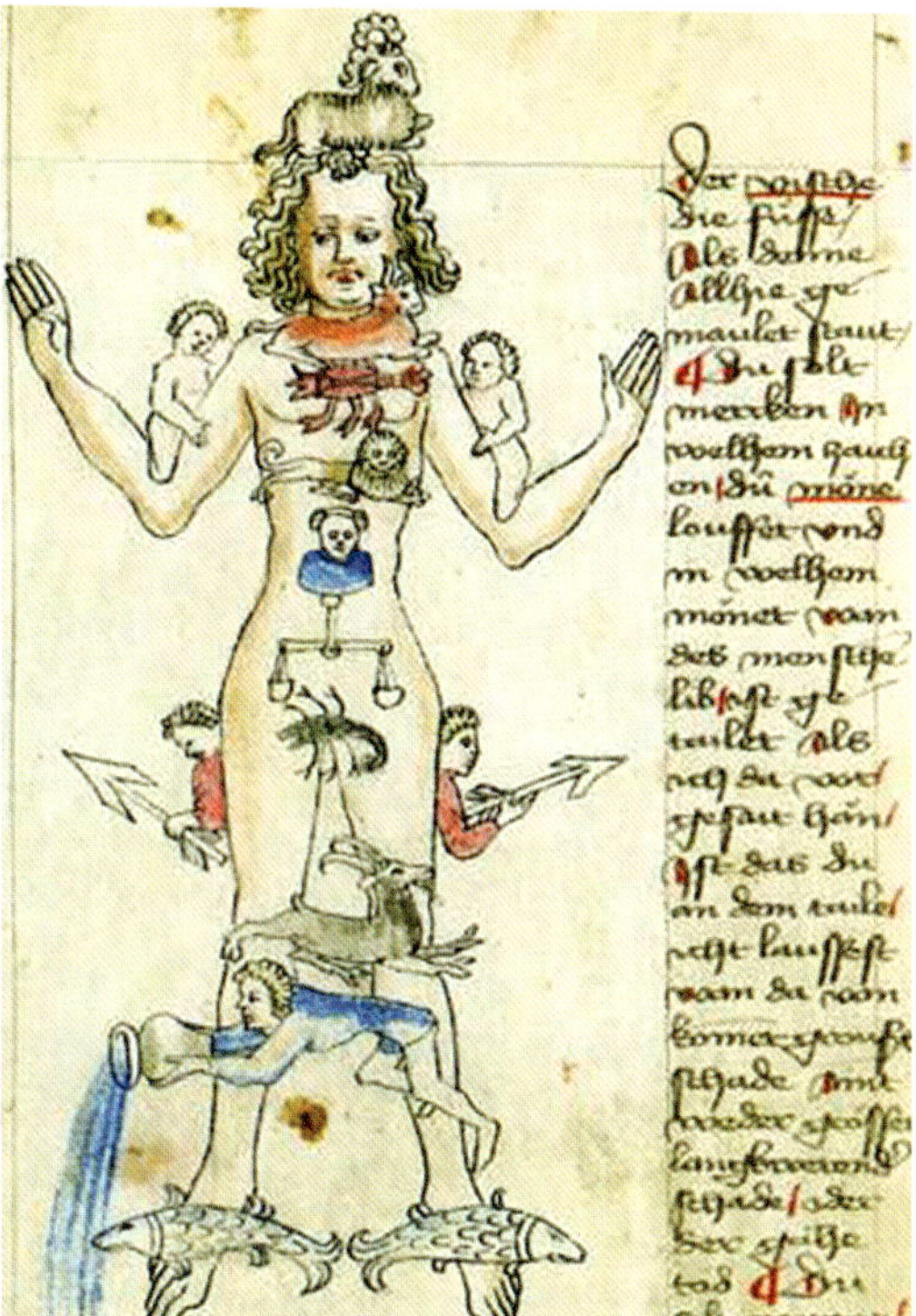

口絵１　メロテシアの例、ヴィーゼンシュタイクのシュテークミュラーによるカレンダーより

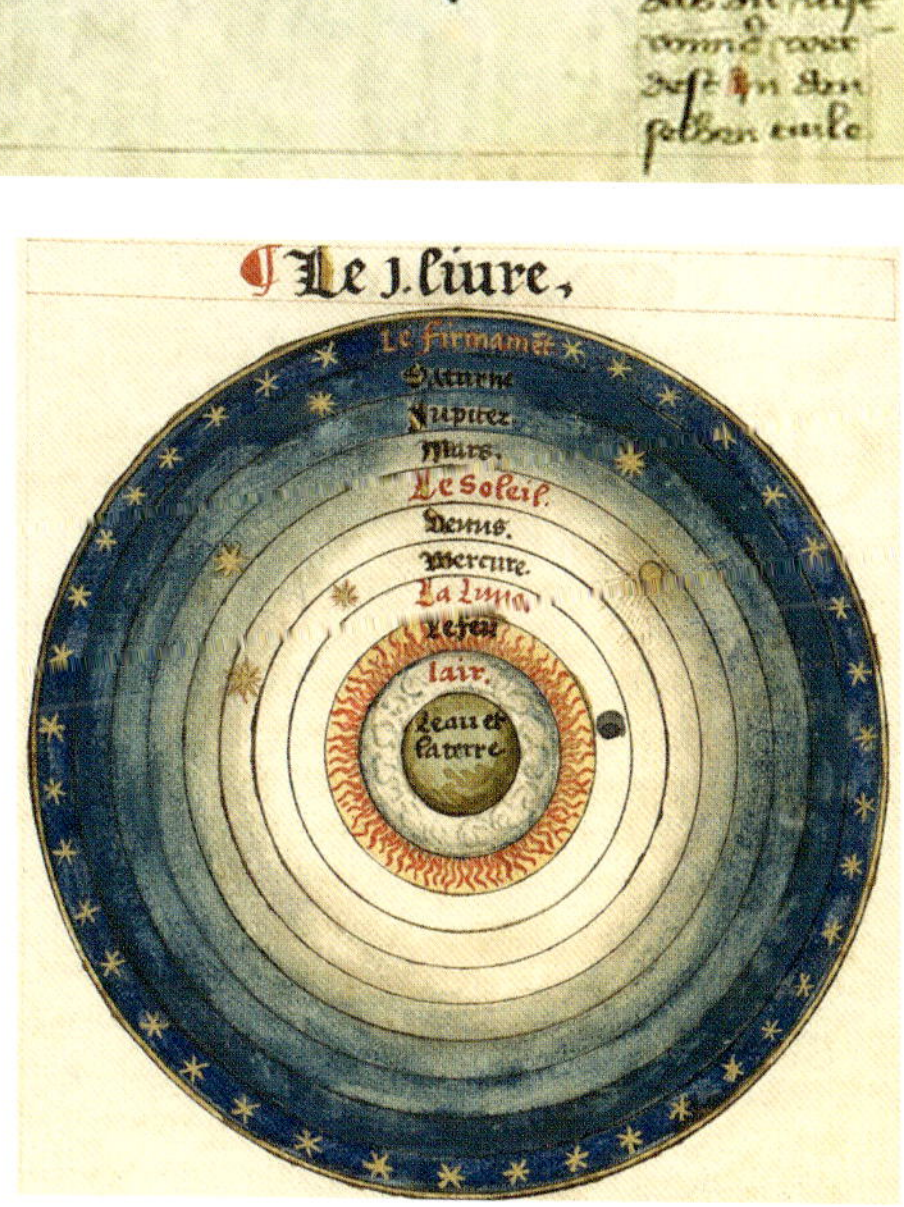

口絵２　アリストテレスの宇宙（惑星層が示され、月の領域の下に四エレメントからなる朽ちる運命の月下の領域すなわち地球がある）

（上）口絵3
ユングが「システマ・ムンディトティウス」という宇宙の絵に使った、獅子の頭をもつ太陽神クノウビスあるいはクノウミス /alamy

（下）口絵4
ミトラ神話の獅子の頭をもつ神アイオーン、ローマ時代、2～3世紀、ヴァティカン、グレゴリアーノ世俗美術館

口絵５　「来たるべきものの道」、『赤の書』より

FRONTISPICE.

口絵6　デュピュイ『すべての宗教の起源』の口絵（1795年）

占星術とユング心理学

JUNG'S STUDIES IN ASTROLOGY
by Liz Greene

Autholized translation from the English language edition
published by Routledge, a member of the Taylor & Francis Group LLC
through Japan UNI Agency, Inc., Tokyo

目次

第五章　「大いなる宿命」

第六章　「来たるべきものの道」

ソヌ・シャムダサーニによる序文

本書は私が何十年もの間、求め続け、ようやく手にできるようになった研究成果である。そう、これは今という時機を得て初めて、書かれることが可能になった書物なのだ。

何年もの間、私はユングの著作の中での占星術の位置の意義を見定めようとしてきた。錬金術の謎と同様、占星術の暗号はユングの著作の中にふんだんに見出せる。フロイトとの書簡、患者や知人の回想にあるユングが占星術を研究していたことを示す言葉、錬金術を扱う著書の中の多数の占星術への言及、共時性に関する論文における「占星術の実験」の役割、さらには著書『アイオーン』で論じられている春分点の歳差移動に関する心理学的重要性に関する研究に見られる包括的な占星術的枠組み……などなどだ。が、ユングにとっての占星術の意味するところは依然として謎のままだった。そうした占星術的研究は彼の著作の内容やその作成過程とどのように結びつくのかも明確ではなかった。ましてや二〇世紀の占星術師たちがユングの業績を取り上げようとするとますます問題は複雑になり、複雑な占星術受容のいきさつを再考する必要があることも明らかである。にもかかわらず、十九世紀後半から二〇世紀初頭にかけて、研究の出発点となり方向を決めることができるような占星術に関する二次資料も不足していたのである。

ここに来て、ふたつの点でこの難問が解決された。ひとつは、ユングの『新たなる書』（『赤の書』）の公刊によって、初めて一次資料をもとにした、ユングが目を通した専門文献間のつながりを調査する道が開かれてきたことである。それらがどのようにユングの夢、ヴィジョン、空想を刺激したのか。ユングはどのようにそれらを利用し、文学、神学、哲学、絵画の作品の象徴的類似を通して彼個人のコスモロジーを創造したのか。そして、どのようにそこから不必要な要素を取り除き、形成途上にあった新たな心理学の概念言語とし、それを秘教的伝統における変容過程の比較研究のための解釈の鍵として使おうとしたのか、このようなことを理解する展望がこれで開けてきたのである。最近では彼の人生、活動、著作を結びつけて理解するのに不可欠な資料も利用できるようになってきた。これらはユングの著作の上に積み重なってしまっている多くの神話や伝説を取り除く道具となるだろう。そしてもうひとつは、必要な関連分野の専門知識をもち、これらの資料を使ってユングの著作における占星術の位置、そして占星術の歴史の中でのユングの著作の位置を特定することができる著者がここに現れたことである。

本書は、占星術のレンズを通して心理学を見ているのでも、心理学のレンズを通して占星術を見ているのでもない――そのような検討のための資料を豊富に提供してはいるが――。そうではなく、ユング心理学が構築される際に、ユングによる占星術の利用がどのように変化していったのか――あるいは本書に示されているような、当時の多様な占星術の形態と趨勢（これは現在の心理学的占星術への道を開くことになった）がユングの心理学形成にどのように反映されているかを追跡しているのである。ユングが参考にした占星術は多様であり、また、ユングの占星術の用い方も多様なものであった。ユングの占星術の利用範囲は自己理解、つまり実践に付随する自己実験（とくに能動的想像との関連）、象徴体系の理解と解釈法、そして彼の学問的著作における晩年の占星術の研究に至るまで、多様な広がりをもっていたのである。

ユングの心理学は、その対象の幅の広さだけでなく、彼が参照した分野の範囲の広さによっても特徴づけられる。にもかかわらず、ユング研究の多くは、ユング思想の源を単一の要因に還元してしまっている。ユング思想の厳選をフロイト（これまでもっとも多く見られる）に置こうが、グノーシス主義、カバラ、ドイツの美学的伝統、スピリチュアリズムなどのいずれに求めようが、それでは部分をもって全体を表すとするパルス・プロ・トトの立場に陥らざるを得なくなってしまう。ユング研究の多数の著作は貴重な洞察をもたらしてはいる。しかしそれらは多様な分野を横断し、それらを同等に扱い、結合、混合してゆくユングのスタイルを十分に扱うことはなかったのである。そしてこの混合主義における占星術の役割は、これまで盲点となっていた。本研究が重要なのは、唯一原因による説明をさらにもうひとつ提案するに止まるという罠に陥らず、ユングの占星術の利用を、価値中立的に、歴史と文脈を重視するやり方で、より広い枠組みの中に置いていることである。とくに、本書はユングとエソテリシズムやヘルメス主義との関係についての重要な研究にもなっている。占星術はこれらの思想の不可避な要素（そしてユングとエソテリシズムの研究において現在まで無視されてきたもの）なのであるから。その結果、本書自体、得るところの多い、非常に重要な読み物になっている。そして本書は多数のほかの著作の位置づけを見直し、修正してゆくことになるだろう。

ソヌ・シャムダサーニ

謝辞

ソヌ・シャムダサーニ教授には、原稿を精読していただいたこと、随所で支援と有益な助言をいただいたことに感謝したい。また、アンドレアスとフレニ・ユング夫妻にも、ユングの私的アーカイブの資料と私文書のファイルを調査することを親切に許可していただいたこと、本書の執筆に関心を示し支えていただいたことを感謝したい。

序章　「哀れな学問」の研究

エクスタシーやヴィジョンは、思考が我々の意識へと我々自身から進むのをやめると、始まる。それは夢とは違う。本人は目覚めているのだから。幻覚とは違う。器質性の障害はないのだから……最後に、それは詩的霊感とも違う。想像が受動的なものであるから。完全に正気の人々もしばしばこのようなヴィジョンを体験することは、まったく疑いない。[1]

――ヴィルヘルム・ラルフ・インゲ

太古の昔から未来永劫にわたる深みの精神は、世代とともに移り変わるこの時代の精神よりも、はるかに大きな力をもっている。深みの精神は、あらゆる誇りや尊大さを判断の力に服従させた。そして、私から科学への信仰を取り去り、説明し秩序づける喜びを奪い、私の中にあった時代の理想への献身の気持ちを消してしまった。私に、最後のもっとも単純なものへと降りていくよう強いたのだ。[2]

――C・G・ユング

学問の領域には、たとえば考古学や動物学といった場合のように、互いに容易に区別できるものもある。医学のような分野は容易に他と区別できるが、その範囲が極めて広いため、その中で産婦人科、心臓病学、整形外科というように細かく分類する必要がある。しかしその一方で、無数に細分しても正確に定義するのが難しい領域もある。それを分野が重なりあう境界上《リミナル》の領域とみなすことができる。リミナルなテーマは、それ自体、本質的に異なる研究領域が接するところに入り混じって広がる傾向がある。一般的な定義上の合意を得がたい宗教、心理学、魔術などはよい例だろう。歴史学者のオットー・ノイゲバウアーがかつて「哀れな学問」[3]（wreched subject）と呼んだのが、人類が探究してきたこれら謎めいた境界上《ボーダーランド》の領域である。C・G・ユングが占星術――これらリミナルな領域のうちでも、歴史的にきわめて重要で長く続いてきたものであると同時にもっとも理解されていないもの――をどのように調査し、用い、解釈したかが、本書のテーマである。[4]

学者は対象の名称とそれが属しているカテゴリーを知りたがる。そのため学者たちは、たとえば「新《ネオ》プラトン主義」というような学問上の概念を編み出したりもした。これは、三～六世紀にローマ帝国のさまざまな地域に広く住んでいた、他と異なる文化的特徴をもつ一群の人々の宗教的信仰、哲学、慣習を表現するべく、十八世紀後半に初めて作り出された名称である。彼らは決して自分たちのことを「新《ネオ》」と呼ぶことはなかった。ただ彼らは、独自の流儀で、自分なりの見方と経験に従ってプラトンの著作を解釈しようとしていたのだ。[5] 彼らが共通してもっていたのが、プラトンのイデアへの愛と、プラトンの著作の中にさらに解明すべきものがまだ多くあるという確信だった。「新プラトン主義」というカテゴリーが便利なのは、大まかに特定できる時間枠、哲学体系、ある広い文化的背景の中に、これらの人々を位置づけることができるからである。しかし、「新プラトン主義」とひとくくりに定義すると、たとえば『エネアデス』によってキリスト教神学に永続的な影響を及ぼしたプロティノス（西暦二〇五年頃〜二七〇年）と、シリアのプラトン哲学の学校の学頭で、テウルギアに関する文書『エジプト人の秘儀論 *De mysteriis*』（以後『秘儀論』）を著し、十九世紀後半のオカルティストたちを引きつけたイアンブリコス（西暦二四五年頃〜三二五年）によって広められた思想や教義の間にある、非常に大きな相違が見えなくなってしまう。[6] 同様に「新プラトン主義」とひとくくりにすることでその著者たちに対する解釈が当時と現代では大きく変わっていること――今では「受容《レセプション》」[7]と呼ばれる問題――を見えにくくしてしまうこともある。

一見正確そうに見えるが大きな誤解を生む学術上の分類のもうひとつの例が、「ルネサンス」である。十九世紀中頃から二〇世紀中頃においては、歴史学者にとっても「ルネサンス」が何を意味するかということは完全に明確であるように思えた。[8] それは十五世紀初めから十七世紀中頃にかけての期間で、一度は西洋から失われたものの、一四五三年にコンスタンティノープルがオスマントルコの手に落ちて以来、入手できるようになった古典や古代末期の文書が、ギリシア語からラテン語へ翻訳されたことがきっかけで起こったとされた。[9] この視点から眺めると、ボッティチェリやダ・ヴィンチの絵画、ミケランジェロの彫刻、マルシリオ・フィチーノのプラトン哲学やヘルメス主義的な説明、ピコ・デラ・ミランドラのカバラ主義的解釈、ペトラルカ、ボッカチオ、アンジェロ・ポリツィアーノの詩、ガリレオやコペルニクスの科学の天才に代表されるイタリア・ルネサンスは、西洋キリスト教を背景に突然、自発的、劇的に起こった、古代の異教徒による哲学と芸術の復興を意味することになる。[10] それは、のちにユングの興味をそそることになる古代の三つの「オカルト・サイエンス」――占星術、錬金術、魔術[11]――の復活の先がけとなるものでもあった。しかし、「ルネサンス」のこの定義に対し、学界内では五〇年以上前から異議が唱えられてきた。[12] 一〇五〇年から一二五〇年の間の、宗教と科学が進展した時期は、今では「十二世紀ルネサンス」と呼ばれ、のちのイタリア・ルネサンスと同様、魔術、占星術、錬金術に関する文書が、このときはスペイン南部と中東のユダヤおよびイスラム世界から輸入されていたのである。今ではイタリア・ルネサンスは十二世紀ルネサンスの必然的な結果であるとみなされており、このプロセスは書物が印刷されるようになったことで促進され、最終的には宗教改革と、現在、西洋史において初期近代と呼ばれているものをもたらした。[13] しかし、この「初期近代《アーリーモダン》」のようなカテゴリー自体も、時が経つにつれて、見直され訂正されるかもしれない。どんな場所や時期の人類の文化、そしてどんなジャンルの人間の創造性の歴史記述も、歴史自体と同じくらい示唆に富み複雑である。[14]

学問の外にいる人なら自分のことをためらいなく「宗教的な人間《レリジャス》」と自認できるかもしれない。

しかし、学者たちは「宗教」という言葉の定義について激しい議論を続けている。直接的経験を通して名状しがたいものを固く信じているものの、特定の共同体の中で認められている礼拝の場所に出入りしたり、慣例として承認された名前で神を呼ぶことのない人々にとっては、この学問上、「宗教」の基準とされるものは何の意味もないかもしれないのである。[15] こうした一般の人々の多くは、教会、チャペル、シナゴーグ、モスク、寺院といったものに足を踏み入れるつもりはまったくないため、彼らのものの見方は——現代の霊性文化運動《コンテンポラリー・スピリチュアリティ》[16]と同様——「ニューエイジ・カルト」か、現代の「世俗化」のプロセスの一部とみなされる。世俗化も「新プラトン主義」と同じように学問上構築されたカテゴリーだが、この用語もまた、分類された対象である人々それぞれの個人的な考え、信条、体験、強い思いを忠実に反映してはおらず、ときにひどく誤って伝えていることさえある。[17]

「モダン」という言葉さえ疑問の余地がある。私たちは自分のことを「近代《モダン》」人だと考え、「近代《モダン》」さらには「近代《ポストモダン》」の世界について語る。心理学は「近代《モダン》」科学だと考えられている。これに対し、占星術は「前近代的《プレモダン》」とみなされ、その不滅の人気は社会学関係の研究者を困惑させ続けてきた。しかし、近代とは、十八世紀の終わりの「啓蒙主義《エンライトメント》」（これもやはり学問上、構築された概念である）の時代に始まった、歴史上、明確に区別できる期間なのだろうか？　あるいは社会の進展における進化の段階なのだろうか、それとも逆行的な段階なのだろうか？　または、工業化、脱宗教化、科学、あるいは「脱魔術化《ディスエンチャントメント》」[18]の結果なのだろうか？　「モダン」は、現実に対してのある見方の一つで周期的に歴史上何度も起こった認識なのだろうか。あるいは、「モダン」はたんに、たとえ呼び方が違っていても、人々が歴史を通じて「未開の」過去とみなされるものと自分たちを区別するために使ってきた、流動的なカテゴリーを指しているにすぎないのだろうか？[19]

学問上、構築されたカテゴリーが、たとえそれらがまったく相反するものだったり絶えず手直ししなければならないものだったりする場合でもなお有用なのは、その用語によって何をいおうとしているのか明確に述べて言わんとすることを理解させることができればよいからである。とくに学術的著作においてはそうである。しかしこうしたカテゴリーは必然的に仮想的かつ流動的であり続ける。各文化、各人の間でも、何が宗教、魔術、あるいは心理学を構成するかということについて完全に意見が一致することはないからである。多くの場合、歴史学者から「占い《ディヴィネーション》」という見出しのもとにひとくくりにされる占星術[20]であるが、これも多元的な文化的産物ととらえる必要がある。占星術の実践者によって考え出された多様なコスモロジー、哲学、技術、解釈、物質的および霊的な用い方のそれぞれにおいて、つねに多数の占星術が存在してきたのである。[21] 西洋の占星術の象徴的表現は何世紀にもわたって比較的一貫したものであり続けてきたが、[22] ユングの心理学を志向する占星術へのアプローチは、二世紀のプトレマイオスのアリストテレス主義的占星術とはまったく異なっている。そしてプトレマイオスの占星術は、十九世紀後半の黄金の夜明け団の信奉者の魔術的占星術とも、魂の霊的進化についての新プラトン主義およびグノーシス主義的な思想を抱くH・P・ブラヴァツキーによる再解釈にルーツをもつ、二〇世紀初めのアラン・レオの神智学的占星術ともかなり違っている。

この数十年の間、「宗教」のような流動性の高い人間活動を学問的に定義づけ、枠組みを付ける上で、文化的特異性を強調することが有効な方法論となってきた。しかし逆説的ではあるが、明確かつ安定した分類、定義を与えると期待されたその試み自体が、人間の経験という個別の領域は見た目よりも複雑かつ精妙に絡まりあっていることを、明らかにしてしまうのだ。たとえば、宗教についての心理学者になることはできよう。しかし、その研究者が過度に宗教心を持っている場合には、心理学を純粋な科学だとみている人たちからの信用を失う危険を冒すことになりやすい。[23]ソヌ・シャムダサーニは、ユングの著作をめぐる論争の多くは、ユングが「極めて著名な現代の心理学者の中で宗教的価値を高く評価している一人」であることに起因していると指摘している。[24]儀式魔術の、あるいは占星術の客観的な研究者になることは問題はない。しかし、いざそれらを実践するとなると、その研究者の「経験主義[25]」に疑義がさしはさまれることは必定だろう――たとえ直接的体験なしにこうした主題を知的な立場だけに立って論じることは問題がある、あるいは不可能であるとしても、である。シャムダサーニが述べているように、ユングは「このような主題を見下さずに扱っただけでオカルト主義者の烙印を押されてしまった[26]」のだ。そのうえ魔術や占星術への偏見のなさが（ユングの場合のように）直接的な実験へと研究者を向かわせた結果、その実験からいかに重要な心理学的洞察力が得られたか、などといったことは批判者からは問われることもないのである。偏見と無知から来る意見、あるいはその人物の個人的な敵意が、「方法論的不可知論」と、個人の体験の価値判断にとって代わってしまう場合があるわけである。[27]

古代世界の人物たちさえ、この種の時代錯誤の対象となる。現在の文化的パラダイムを押し付けられることがあるのだ。二〇世紀中頃に宗教史家のE・R・ドッズによって「魔術師」のレッテルを貼られたイアンブリコスの評価は、合理的な哲学と神働術《テウルギア》的神秘主義は互いに相容れないという先入観から完全に回復していない。この二〇二〇年の学問的取り組みにもかかわらず、イアンブリコスはいまだに一部の学者たちから「堕落したオカルティスト」[28]とみなされている。ジーク・マザールは、プロティノスの「合理的」神秘主義の魔術的ルーツに関する論文で、「これまでの研究の多くが意識的あるいは無意識的に、魔術は哲学とも『高等な』宗教とも根本的に異なるカテゴリーであるという想定のもとに行われてきた」[29]と指摘している。イアンブリコスのような神働術（神々に働きかける霊的作業）に傾倒した新プラトン主義者の「復権」がようやく求められるようになってきたものの、この種の常識的中立性はかならずしも心理学の学問領域にまで及ぶとは限らない。境界領域《リミナル》を探るのに時間をさく心理学者や心理療法家の著作が偏見のない反応で迎えられることは、そう多くはないのである。

「哀れな学問」の世界では、厳密に区別されたはずのカテゴリーもほかのものと互いに解け合い、合体して、新たに雑種のカテゴリーを生み出す傾向がある。直接的体験から得られた洞察が知的分析や科学的方法論と同じくらい重要だということが証明されるかもしれないし、境界があいまいなことはその規範でさえある。受け入れがたいことかもしれないが、ここにおいて、桁外れに大きな力を持って長く生きながらえてきた思考を、そのもっとも力強いかたちで見ることもできるのである。それは今でも変化し、特定の文化環境に創造的に適応している途上の存在であり、まだ特定の学問的、社会経済的、政治的関心の要求によって体系的にまとめられていないだけなのだ。証拠となる文献は豊富にあるものの、「哀れな学問」はまだ、ごく最近まで比較的調査されていない、学問的な方法論や宗教的存在論を議論する明確なルールが作られていない、いわば学問の荒地を形成しているのである。このままでは居心地が悪いために、知性という剪定鋏、除草剤、殺虫剤を使って、この荒地を入念に手入れされた庭に変えたいという誘惑に抗うことができないこともある。しかし、真に創造的な思考が可能なのは、この領域が外だけでなく内からも探究される場合だけなのである。

ユングは、心理学と宗教、心理学と魔術、魔術と神秘主義、神秘主義と医学の間のリミナルな接合面の探究に多くの時間を費やした。あらゆる人と同じようにユングも、自らの時代と文化の支配的な価値観からの影響を受け今日では「秘教的《エソテリック》」なテーマだとみなされているものについての心理学的洞察を得ようとして、大変な苦心をした。ユングが研究したテーマが本当に「秘教的」なのかどうかは微妙である。それは、この言葉がどう定義されているか、その定義がなされたのが歴史上のどの時期なのかによる。[30]占星術は「秘教的」な研究領域だと考えられることが多いが、十八世紀末まではそれは「主流《メインストリーム》」であり、さまざまな歴史的転機においてその実施を妨げたりその正当性に異議を唱えたりする努力が続いたにもかかわらず、東洋でも西洋でも、ときには隠されている場合もあるとはいえ、宗教的コスモロジーの本質的な部分であり続けてきたのである。ユングが研究したテーマの多くが、人間の異なる領域の体験が交錯する性質のものである。芸術は魔術の道具として用いられる。占星術上の象徴は心理学的洞察をもたらす。夢のイメージは狂気の姿をした宗教体験への扉を開き、神と無意識の区別もつかなくなる。医学はシャーマンの儀式と協働するし、性の表出が神聖な魔術的儀礼でもあるのだ。しかしながら、「秘教的」というラベルは、学者たちにとって安心できるラベルなのかもしれない。ひとたびこの言葉に固定した境界が与えられてしまえば[31]、ユングがしたことは心理学なのか宗教なのか、あるいは両者を区別しようとしたりすることこそ間違っているのかもしれないという、不確かさに悩む必要がなくなるからである。多くの学者にいわせれば、ユングはまともな心理学者ではなく、むしろ「宗教本質主義者《レリジョニスト》」の傾向のある「秘教主義者《エソテリシスト》」で、その著書のルーツは十九世紀のドイツ・ロマン主義にあるということになる[32]。ユングをこの明確なカテゴリーの中に入れても支障がないように見えたので、ごく最近まで、ユングは瓶の中の精霊《ジン》のようにこの分類内で静かにしているだろうと思われていた。

しかし二〇〇九年の秋に、『赤の書：新たなる書』と題した新しいユングの著書がついに出版された[33]。死が迫った一九六一年、ユングは、人生のうちでも『新たなる書』の作成に没頭していた時期について、次のようにコメントしている。

私が自分の内的なイメージを追求していたころは、私の生涯において最も大切なときであった――つまり、そのときに、すべての本質的なことは決定された。すべてがそれから始まったのだ。その後の細部はすべて、無意識から突然に現れ出て先ず私を圧倒してしまった素材の補足であり、説明なのである。それは生涯の仕事としての第一の素材であった。[34]

その赤い革の装丁のため『赤の書』とも呼ばれる『新たなる書』は、一九一三年――ユングとフロイトが袂《たもと》を分かったとき――から一九三二年までの時期に書かれた『黒の書』と呼ばれる一連の個人的な日記を、ユングが装飾的な字体で書き写したものである。この作品は文章と図版の両方で表現されている。ほとんどどのページにも彩色された絵があって、そのすべてが非常に美しく、非の打ちどころなく描かれており、また装飾的な書体で書かれた文字は中世の彩飾写本を手本としている。『新たなる書』の特徴的な物語は、自身の内面の対立を統合する長く苦しい過程をたどる、ユングの心神喪失から魂の回復までの旅である。それは理性と啓示、外界と内界、主観と客観、そして科学者と宗教的予言者の間の、一見妥協できそうにもない対立である。ユングに内在するこれらふたつの面はともに正しく、また強く主張をしてくる相互排除的なものとして経験された。

一九六一年にドイツで、一九六二年にイギリスでユングの自伝的著作『思い出、夢、回想』(『ユング自伝』)[35]が出版された時点で、『新たなる書』の存在はすでに公然の秘密だった。ユングはこの本の中で『新たなる書』の発端について記述していたし、ユングの親しい仲間の間ではしばらく前から『新たなる書』の未出版の原稿が回覧されていたからである。しかし、一般の読者はもちろん、ユング自身の仲間内以外の分析心理学者の大多数にさえ、これは入手可能なものではなかった。しかし現在では、その出版に刺激されて、新聞の評論、インターネットセミナー、精神分析関係の雑誌における解釈から、現代の異教的グループのウェブサイトまで、さまざまな本、記事、ワークショップ、インタビュー、講義、解説がいたるところで見られるようになった。中にはオンライン上でかなりの理由を示しながら、『新たなる書』は「現代のもっとも重要な魔道書《グリモワール》である」と宣言した現代の異教《ペイガン》のグループもある。[36]

臨床心理学の世界でのユングの評価はこれまでずっと両価的《アンビギュアス》であった。ユングはしばしば神秘主義者とみなされた。フロイト派の分析家D・W・ウィニコットにいわせれば自分をかろうじて治した統合失調症患者ですらあった。[37] また、ユングの理論モデルは十分に「科学的」ではないという理由で疑問視されてきた。反復実験によって集合的無意識の元型の存在と修正付けを明らかにすることは困難である。[38] 現在の臨床心理学のパラダイムは、人間の精神に認知の面からアプローチするのを好む傾向があり、それはどちらかというと自然科学の方法論に従っている。[39] メルボルンにあるラ・トローブ大学の精神分析学の教授デイヴィッド・テイシィによれば、ユングが大学の心理学科で軽んじられてきた理由のひとつは、「彼の仕事が、どんな特定の学問領域にも適合しないためだ。心理学の関係者はそれを宗教の研究と呼ぶ可能性が高い」[40]ことだという。

驚いたことに、ユングが「非科学的」だという意見は、エソテリシズム研究の学問領域でも表明されてきた。この領域自体ごく最近まで無視されてきたものであり、その分野にももっと方法論的に中立的で、実践者に対しても寛容なアプローチが求められているというのに、である。ユングについてのこの見方は、ユングはその心理学モデルを構築するのに秘教的な資料を用いたというだけで、エソテリシズムと心理学は明らかに相容れないのだから、彼はエソテリシストとみなすべきだといっているようなものである。[41]この種のアプローチの例がリチャード・ノルによって示されており、彼の一見学問的なユングの扱いは、その中立性、さらには真実性の点で異議を申し立てられてきた。G・ウィリアム・バーナードは、ノルの著作について次のように書いている。

ノルの一見非の打ちどころのない学問的善意の身振りの下には、ほかのもっと感情が絡む動機が働いているようにも見える。ノルはユングについてたんに中立的で客観的な描写をしているわけではない。それどころか、心理学を宗教と見るさまざまな「無知な」認識を軽蔑するほかの学者たちとまったく同じように、ノルはたんに、当時ヨーロッパで活発だったさまざまな秘教的およびオカルト的なムーヴメントとの結びつきがあるという理由だけで、ユングの評判を落とそうとしていると主張することができる。[42]

バーナードもノルの評価にあたって礼儀正しくしすぎたといえるかもしれない。チューリッヒで教育を受け、ユングのさまざまな伝記を書いたユング派の分析家ジョン・ホールは、ノルを「マックレイカー」(醜聞を暴く人)だと片づけている。[43] ソヌ・シャムダサーニは『カルト・フィクションズ』で同じように決然と、非の打ちどころのない学識をもって、ユングたたきの計画を立てたノルの不誠実さと悪意を強調している。[44] ユングはまた、一部の学者たちから、自らの形而上学的な主張に裏付けを与えるためにひそかに心理学モデルを利用した宗教哲学者だと解釈されている。どうやらユングが、神は存在するという信念を宗教的体験の心理学的分析を隠れ蓑にして示していたがゆえに、彼の心理学の理論は疑わしいといっているらしい。[45] アン・ベッドフォード・ウラノフが皮肉たっぷりにほのめかしたように、宗教的信仰は「布教熱で学習過程を汚染する」[46]かもしれないというのだ。

神の存在を信じることが有用な科学的研究をする能力と相容れないということは、まだ実証されていない。それでも、合理的な科学的心理学を造るためには、人は無神論者、あるいは少なくとも不可知論者でなければならないという暗黙の前提があるようだ。この認識は、心理学というものはもっと広い医学の枠組みの中でもっとも適切に遂行される科学だという特別な想定がもとになっている。こうした想定は、二〇世紀初めの「科学主義《サイエンティズム》」への執着を反映しており、これにはユング自身も悩まされた。しかし、今日ではそれは、さまざまな信条をもつ治療家たちからだけでなく、科学は論争の余地のない真理を追尾するのではなく、パラダイムからパラダイムへと揺れ動く傾向があるというトーマス・クーンの鋭い見解を心に留める歴史家たちからの、真剣な異議申し立てにさらされている。[47] しかし、学界におけるユングの位置づけをめぐる緊張には、これに（画一的な意見が多く、［心理］分析過程の直接的体験が欠けているものの）科学的に論証可能な「真理」とヴィジョンの体験の間のユング自身の深い葛藤がそのまま表れているのである。

臨床心理学の世界でも、ユングは賛否ある位置にあったが、トランスパーソナル心理学のさまざまな流派にはユングの影響が広範囲に見られる。[48] 神学の世界では、ユングはかなり前から心理学に傾倒している神学者から好意的に見られていた。この分野においては、信じることは「欠点ではなく資質とみなされる」からである。[49]『新たなる書』に書かれている霊的な旅は、この領域ではユングの影響力を低下させるのではなく増大させる可能性が高い。[50] 文学の分野では、ユングの思想は、ジェイムズ・ジョイス、ヘルマン・ヘッセ、トーマス・マン[51]のような小説家の作品の中で蛍光を放つ糸のように輝いており、二〇世紀の文学を研究する学者たちは、こうした糸を探るだけでなく、しばしば方法論としてユングのモデルを使って文章の中の主題を探っている。[52] ここ何十年もの間、ユングの思想はミルチャ・エリアーデ、ジル・クィスペル、アンリ・コルバン、ピエール・リファールといった宗教歴史学者にも非常に大きな影響を及ぼした。彼らは文化や歴史上の時代を超えて繰り返す神話と儀式のテーマを検討し、元型的パターンは人間の想像力の最深部の力学の表れだというユングの考えを受け入れた。クィスペルはこのようなパターンを「宗教的統覚の基本構造」と呼び、リファールは「人類学的な構造」と呼んで、文化を超えて人間に共通の傾向が特定パターンの思考に従って宗教的な考えを発生させるのではないかと述べた。[53]一九三三年に始まり、一九八八年までスイスのアスコナで毎年開催されたエラノス会議は、ユングの仕事が刺激となって始まり、エリアーデやコルバンに加え、ユダヤ教のカバラに関する現代の学問的研究の創始者であるゲルショム・ショーレムも参加した。これらの学者たちはみな、ユングの元型の学説からさまざまに影響を受け、文化によって異なる礼拝の形態とその社会的政治的側面ではなく、宗教すべてに当てはまる特徴と神秘体験の重要性に注目した。何十年もの間、彼らのアプローチは世界中の宗教に関する学問に影響を与えた。[54]

しかし、クーンが賢明にも述べたように、あらゆるパラダイムの寿命は有限で、天体のように周期性のある動きをする。たとえば動物分類学における「ランパー（併合派）」（特定の属の異なる小集団の動物を一緒にして、類似性を重視して単一の種とみなす人々）と「スプリッター（細分主義者）」（相違点に注目して、各小集団に別々の種名を与える人々）の間の論争は、歴史や宗教の研究で進行中の「普遍主義」のアプローチと「文化的特異性」を重視するアプローチの間の議論と共鳴している。[55]現在、学界内で支配的な文化的特異性を重視する宗教史へのアプローチは、「大きな物語《メタナラティヴ》」[56]［普遍的に真であるとされる壮大な包括的物語］の危険に対して必要な矯正手段の役割を果たしてきたが、ときには極端に行われることがある。このような考え方をすると、ユングの説は「普遍主義的」あるいは「本質主義的」であり、ゆえにそのため誤っているということになる[57]——ただし、ユング自身は、神話的テーマの文化適応力と流動性を絶えず強調している。[58] ある象徴をほかの象徴と比較することによってよりよく理解するユングの「拡充《アンプリフィケーション》」法は、ときに思われているように普遍的な「カテゴリー」を抽出する手段ではなく、その象徴自体の力動的側面に深くわけ入り、自ら体験する方法なのである。[59]

解釈学の真髄は……すでに象徴によって与えられたものにさらにアナロジーを加えることにある……この作業により当初の象徴は大きく拡大され豊かになり、その結果、非常に複雑で多くの側面をもつ絵ができる……こうして、個人的なものだけでなく集合的なものの発達を示す心理学的な線がいくつか見えてくる。この世のどんな科学もこれらの線の正確さを証明できない……しかし、これらの線は、その「人生にとっての価値」によってその正当性を立証する。[60]

ユングが占星術上のシンボルを利用するときに取り入れたのがこの流儀であり、それは解釈学的な形式であった。

現代の秘教的なグループにある、ユングの心理学モデルによってオカルト哲学の正当性を立証しようとする傾向は、「ユンギアニズム」と呼ばれている。[61] この用語は、ディーン・ルディア（一八九五〜一九八五年）やアレクサンダー・ルーパティ（一九一三〜一九九八年）のような二〇世紀の占星術師に適用できる。彼らはユングの仕事の中から特定のテーマを選んで、それらを使って神智学的傾向のあるさまざまな解釈を正当化した。[62] 現代の占星術に及ぼしたユングの影響は確かに大きいが、それはとくにユング自身が占星術を実践したからであり、その影響は両方向に及んでいる。しかし本書の目的は、ユングの心理学の理論を「科学的な」現代のニーズに合わせた秘教的教義の現代版として片づけることではない。[63]『新たなる書』の執筆以降、ユングの占星術は彼の心理学モデルの形成を助け、近代占星術はユングの心理学的概念によって大きく作り変えられた。このことはどちらかの研究分野の正当性を立証するものでも否定するものでもない。アカデミックな心理学から批判があるにもかかわらず、影響を強め続けているひとつの心理学体系の発生と発展を理解しようとするなら、可能なかぎり十全に両方の領域について調べることが重要だということを強調しているだけだ。多岐にわたる蔵書、神智学者G・R・S・ミードのような人物との交友、アンドレ・バルボー、ジョン・M・ソーバーン、B・V・ラーマンのような占星術師との文通により、ユングはブルクヘルツリ精神病院という限られた世界からはるか遠くへ連れ出され、臨床環境の外部の発想を受け入れる。こうしてユングの心理学モデルの発展が促されることとなった。[64] そしてこのモデルが、その後、学問的、さらには日常の会話で心理学として理解されているものを超えて、人間探究の多くの領域に非常に大きな影響を与えたのである。

心理学、文学、哲学、神学、歴史、現代の霊性《コンテンポラリー・スピリチュアリティ》文化運動の分野でユングほど大きな影響力をもつ人物は、当然、多くの伝記や分析の対象になるだろう。そうしたものの中には聖人伝的なものもあれば、客観的に肯定しているもの、意図的に中立的なもの、客観的に批判しているもの、敵意をむき出しにしているものもある。最近のユングに関する学術的著作で『新たなる書』の刊行以前のものは、多くが彼の心理学モデルに着想を与えた素材を探索しようとしている。これらの研究は、ユングの初期のスピリチュアリズムへの傾倒や、二〇世紀初頭に流行した「サブリミナル」心理学に対してとった慣例にとらわれないさまざまなアプローチについて検討している。[65] ユングが古代末期のグノーシス主義に熱中したことに関心を寄せた研究者も多く、そこから多くの著作が生まれた。[66] ドイツ・ロマン主義の作家たちとのつながりは多数の学術論文が執筆されるきっかけとなった。[67] ユングのミードとのつながりに言及する研究者もいて、グノーシス主義、オルフェウス教、ヘルメス主義の資料についてのユングの初期の理解の仕方はミードの神智学的傾向のある翻訳と説明によるところが大きいのではないかと論じている。[68] アンリ・ベルクソンの「エラン・ヴィタール」（生命の躍進力）、ハンス・ドリーシュの「ヴァイタリズム」（生気論）、オイゲン・ブロイラーの「プシコイド」のようなもっと前の心理学的および哲学的なモデル、[69] さらにはユングがニーチェ、ショーペンハウアー、カントの哲学的探究を参考にしていることも検討の対象になっている。[70] こうした状況はすべて、ユングの考えの起源を理解するのに大変役に立つ。ユングはどれかひとつの思想傾向や学説を採用することはせず、さまざまな情報源に自分自身の体験や患者の体験の裏付けを求めており、その多くはリミナルな領域のものだった。

ユングの出版物や書簡の中に占星術についての驚くほど多数の言及があるにもかかわらず、分析心理学者でさえ占星術を掘り下げた調査の対象にしてこなかった。最近、初めて彼のこの考えの、とくに重要な側面に焦点を合わせた、ユングの占星術への言及を集めた歓迎すべき待望の出版物が刊行された。[71] しかし、この本はさまざまなテーマに関するユングの見解を示したシリーズの一冊で、ユングの著述から占星術に関する部分を抜粋編集したものであり、ユングの占星術への関心や専門知識のもとになった歴史的資料を探る意図はない。ユング派の分析家の中には、その創始者の仕事について議論するとき、いまだに非常に活発ではあるが、科学界から軽蔑をもって扱われている「哀れな学問」によって彼の評判を少しでも損なうことを簡単には容認できない人もいる。とりわけ、占星術とかかわっているとなれば、敵意をもつ批評家によって、ユング心理学の有効性を退けるのを正当化するために使われるおそれがあるからである。その結果、まだフロイトと仕事をしていたときに「心理学的真実の核心への手がかりを得るために[72]」占星術の研究を始め、「心理学的診断が困難な場合に[73]」患者の無意識の力動をよりよく理解するために出生ホロスコープを使い、心理療法家の訓練を受けている人はみな占星術を学ぶべきだと推奨し[74]、占星術の価値が「心理学者にとって十分明白なのは、占星術が古代の心理学の知識すべてを集約したものだからである[75]」といったユング自身の言葉にほとんど注意が払われてこなかった。これらは重い言葉だが、それでもその重要性を十分に理解しているのは、占星術を実践している人々だけなのが通例である。ユングがとくにイギリスとアメリカの占星術師に依頼した多数の彼自身のホロスコープの解釈や、彼の私的アーカイブにある彼自身とエンマ・ユングによる患者、友人、家族の多数の手書きのホロスコープについても、何も研究がなされていないのだ。

ユングの公表されている言葉、さらには証拠書類となる私文書は、個人的にも心理学の仕事においても、占星術がユングにとって計り知れないほど重要だったことをはっきりと示している。しかし、その重要性はほとんど無視されてきた。また、ユングが『新たなる書』に取り組んでいた頃に強い関心を寄せていたさまざまな古代末期のコスモロジー――グノーシス主義、新プラトン主義、オルフェウス教、ヘルメス主義――は、彼自身が述べているように、人間の魂の天界起源説、惑星の影響を受ける宿命のジレンマ、そして神働術《テウルギア》の儀式によって各惑星層の強制力を超え、変容と解放に向かう魂の旅を重視する占星術的コスモロジーをもとにしているという事実も無視されている。[76] 内なる強制力という天体のもたらす宿命へのユングの継続的な関心、「個性化」の文脈での宿命の解釈、心理療法における神働術《テウルギア》の使用といったことは、ユングの考えの展開と適用に関する著作の中で普通に論じられるテーマではないのである。

ユングの占星術を十分に探るため、本書では、ユングが入手できた一次資料やのちの時代の学者の解釈の中に彼が見出したものにもとづいて、古い時代のコスモロジー、そしてユングによる解釈と応用について検討する。本書に続く私の次の本『ユングの「新たなる書」の占星術的世界 *The Astrological World of Jung's 'Liber Novus'*』では『新たなる書』自体に焦点を合わせ、この非常に個人的であると同時に、神話的な人間の旅の文章とイメージに、占星術がどのように入り込んでいるかに注目した。ユング自身が明言しているように、『新たなる書』に取り組んでいた数年で彼ののちのすべての理論の素材が用意されたのなら、ユングが理解しそれを用いて仕事をした占星術は間違いなく分析心理学のきわめて重要な土台である。偏見をもたず、かなり前にニニアン・スマートが研究の分野に関係なくすべての学者に勧めたのと同じ方法論的不可知論をもって、このことを認める必要があるのだ。

第一章　ユングは占星術をどう理解していたか

特定の原因の結果を予言するのに占星術が使われることは認めざるを得ないが、それが何より重要なことではない……もちろん、それを検討することで宿命対自由意志のすべての疑問が生まれ、たちまち「秘教的《エクソテリック》」な占星術師と「顕教的《エクソテリック》」な占星術師の間の違いが明確になる。前者は宿命論者で、自分が永遠に運命に苦しめられると信じ……秘教的な占星術師はそのようなことは信じない。彼の確信は人は種をまけば刈り取らねばならないという信念に基づいており、彼のモットーは「汝自身を知れ」である。[1]

――アラン・レオ

太陽、月、惑星は、いってみれば人間の性格のいくつかの心理学的あるいは心的構成要素を説明するものだった。そして、だから占星術は性格についてある程度妥当な情報を与えることができる……古代末期の宗教的秘儀はすべて、ヘイマルメネーからの人の解放、言い方を変えればその人の性格の土台になっている強制的な特性からの解放にかかわるものだ。[2]

――C・G・ユング

二〇世紀初頭の占星術

占星術は境界的《リミナル》な領域にある。それゆえ、占星術には多くの定義が生まれている。そこでユングの占星術の意味を理解するには、どの枠組みの中の占星術なのかを見定める必要がある。ユングが研究を始めた当時、西洋で占星術はどのように見られていたのだろう。パトリック・カリーは占星術を「地上の暮らしや出来事へ天体を関係付ける行為、およびそのようにして生み出されてきた伝統[3]」であると、見事に包括的な記述をしている。天文学は天体の観察と測定をするが、占星術は人間の経験と結びつけて天体に意味を割り当てる。ユングが『新たなる書』に取り組んでいた数年間の西洋の占星術の歴史の詳細は本書の内容の範囲外だが[4]、それでも十九世紀後半から二〇世紀初頭にかけての占星術へのさまざまなアプローチのありようは、ユングの占星術のとらえ方と深いかかわりがある。

予言の方法としての占星術は、世紀末の秘教的なグループ内では中世さながらに普及していた。ユングが『新たなる書』に取り組み始めた頃のドイツ語圏の占星術の著者たちは、ほとんど例外なく、未来を予言する技術として占星術を追究していた[5]。ただ、ドイツの占星術は、ムーヴメント」としては一九二〇年代の半ばまではとくに見るべきものはなく[6]、その後ドイツ語圏で発展し始めた心理学志向の占星術は、ユング自身の出版物に大きく依存しているものだった。これに対しイギリスでは、世紀の変わり目に、それとは別に二種類の占星術が登場し、しだいにヨーロッパとアメリカの両方で占星術師たちに影響を与え始めた。これは古代末期にその起源をもつものである。このふたつの「新しい」占星術――じつはまったく新しくはないのだが――の出現は、一八七五年にヘレナ・ペトロヴナ・ブラヴァツキーによって設立された神智学協会と、一八八八年にウィリアム・ウィン・ウェストコット、サミュエル・リデル・マグレガー・メイザース、ウィリアム・ロバート・ウッドマンによって創設された黄金の夜明け団によるところが大きい。[7]アラン・レオの業績については次章でもっと詳しく論じるが、レオのような神智学的な占星術師は出生ホロスコープがその人物の霊《スピリチュアル》的な成長について何を示すかに関心をもっていた。一方、魔術師でオカルティストのフレデリック・ホックリーやマグレガー・メイザースのような占星術師は、新プラトン主義の文書や中世のカバラ主義的魔術に由来する魔術的儀式のために占星術を改変していった。彼らの占星術の用途は、個人の心理学的および霊的な変容を達成するために、占星術のシンボル、記号、護符を用いて天界の力ある者を召喚しようとするものだった。[8]黄金の夜明け団やそのほかのオカルト団体に属す占星術師は、性格判断や占いの目的でもホロスコープを使ってはいた。しかし、とくに入会者の適性や魔術的儀式の正しいタイミングを判断する場合にはもっと内面に焦点を合わせ、ユング自身が展開した占星術への心理学的アプローチの原型となったのである。[9]

ユングがホックリーやマグレガー・メイザースの著作を知っていたことを示す証拠はまだ発見されていないが、彼は黄金の夜明け団のほかのメンバーが書いたものをよく知っていて、『新たなる書』に取り組んでいた時期には、もっと古いさまざまな魔術に関する文書を手に入れていた。[10] 神智学協会の元書記であるG・R・S・ミードとの交友[11]や、そして神智学的傾向のある占星術師たちにホロスコープの解釈を依頼したことを見れば、ユングが占星術を心理学的に理解するにあたって最大のインスピレーションを得たのがイギリスの秘教的グループからだったことがよくわかる。未来に関して推測したいという願望がないわけではなかったであろうが、最初期からユングにとって出来事の文字通りの予言は第一の関心事ではなかった。彼が関心をもっていたのは心理学的な事象であり、個人のこころとその人生上での展開について、ホロスコープという象徴的地図が明かすものを理解しようとした。そして、この立場は生涯変わらなかったのである。一九五四年にフランスの占星術師アンドレ・バルボーへ書いた長い手紙の中で、ユングは次のように明言している。

占星術の星座《コンステレーション》と心理学的事象の間の著しい類似性の例が数多くあります……占星術は、心理学が関心をもつ集合的無意識と同じように、象徴的配置《コンフィギュレーション》で構成されています。「惑星」は神、つまり無意識の力の象徴です……私の考えでは、占星術師は自分の言葉がたんなる可能性だといつも思っているわけではありません。ときには解釈があまりに字義的で十分に象徴的でないこともあります。[12]

ユングが占星術に深くかかわっていることは、分析家たちの間ではずっと公然の秘密だった。

しかし、この知識に恵まれた集団の中にさえ、そのような怪しげな好みについてかなりの戸惑いを表明する分析家やユング派のトレーニング・グループもあった。[13] ユング自身、自分の占星術への関心の深さを、仲間たちにさえ隠す必要があると感じるときがあった。一九四六年にロンドンの分析心理学協会を設立し英語版『ユング選集』の刊行を支援したマイケル・フォーダム（一九〇五〜九五年）に宛てた手紙の中で、ユングは、共時性に関するふたつの小論[14]で述べた占星術を用いた研究の正当性を主張して、次のように書いている。

本当はホロスコープや統計表を作るために占星術の言葉を信じる必要はありません。私は十分、懐疑的な人間ですが、それでもあらゆる種類の占いの実験をして試してみることができます。少しも信じていないのに、まったくの好奇心から錬金術の手順を繰り返すことさえできます。また、人は化体説を信じていなくてもミサに出席できるし、スターリンを信じていなくても共産主義者の会合に参加できるのです。[15]

この手紙の日付は一九五四年十二月十五日である。占星術上の星の配置《コンフィギュレーション》（天体の配置）と心理学的事象の間の「著しい類似性」について書いたユングのバルボーへの手紙から七か月しかたっていない。この数か月の間にユングが占星術に対して突然気持ちを変えたとか、バルボーのようなプロの占星術師を喜ばせようとしただけだなどということはありそうにない。むしろ、ユングは自分の占星術を用いた研究を「占いの実験《マンティック・エクスペリメント》」と偽装をするほうが賢明だと思ったようだ。そしてその一方で、フォーダムにさらに手紙を書いて、自分の実験についてのさまざまな批判は「占星術の知識をまったく欠いている」[16]ためで、統計データは「占星術を強く支持している」[17]と、できるだけそつなく説明しようとしている。しかし、フォーダムが納得したことを示すものは何もない。[18]自分の占星術的な仕事を隠しておこうとユングが用心したことは、一九五二年から一九五五年までチューリッヒでユングのもとで研究したアメリカの心理療法家アイラ・プロゴフ（一九二一～一九九八年）が一九五三年に書いた、ケアリー・ベインズ（ユングの著作を多数英語に翻訳）に宛てた手紙でも明らかである。

> J博士から帰国したら占星術を勉強するよう助言されたと知ったら、大いに興味をもたれることでしょう……占星術は境界例では非常に貴重な手がかりを与えることもあるので、すべての分析家はそれを身に着けるべきだというのです。彼は、自分が占星術をそのように尊重していることを知られるのを望んでいるとは思いません。それでも彼は、かつてのようにそれについて用心深くする必要があるとは感じていないといいました。[19]

ユングの私的アーカイブにある、患者と同僚のチャートの大規模なコレクションの中に、誰の手によるのかわからないプロゴフのホロスコープがある。

分析家たちにとっては、錬金術の象徴にユングが夢中になったことのほうが、まだ受け入れやすいだろう。錬金術はある程度の歴史的距離によって現代世界から安全に隔てられていて、科学史における好奇心をそそるしゃっくり程度のものだと考えることができるからである。何にせよ、ユングは文字通りの意味での錬金術師ではなかった。しかし占星術は、古代と中世の世界だけでなく現代においても生きている。大衆紙に掲載されているような極端に単純化された星占いなどは、とりわけ合理的な心理学者がかかわるべきものではなさそうに見える。実際アンドリュー・サミュエルズは包括的な内容の著書『ユングとポスト・ユンギアン』の中で、天体のもたらす宿命を意味する古代末期の概念であるヘイマルメネーにユングが夢中になったこと[20]にはまったく言及せず、占星術への否定的な言及にひとつ触れているだけである。[21] また、ユングの考えについて多くの著書を書き講演もしているロバート・シーガルは、グノーシス主義――星界の宇宙論《アストラル・コスモロジー》にしっかりと根を張った宗教思想で、内なる強制力としての占星術的宿命に深い関心をもつ――に関するユングの論文選集への長い序文においてさえ、星の世界の伝承をユングが好んだことについてまったく論じていない。[22]

解釈者の先入観や学界に広まっている考え方に縛られて、ある著者の作品を選択的に解釈しようとするのは、学問の世界では決して目新しい現象ではない。ギリシアの寓話作者《アレゴリスト》たちがオルフェウスは「本当は」何をいっているのか議論し、イアンブリコスとポルフィリオスが「本当の」プラトンの世界観について異論をぶつけあい、キリスト教の神学者がトーラーとユダヤのカバラの中に彼ら自身の真理の隠された「しるし」を発見したと主張した時代から変わらず、「研究者バイアス」の押し付けは続いてきた。[23] 偉大な科学思想家の評価から「哀れな学問」の汚点を除こうとするのは、ガリレオのような人物に対して近代の学者たちが一貫してやってきたことである。ガリレオは一般に認められているような科学史への貢献をした天文学者であるだけでなく、占星術師でもあったのだ。[24] しかし、古くからある「研究者バイアス」という現象とそれが生み出す思いもよらないものは文献を除けば、ユングの私的な書庫にある示唆に富む広範な占星術文献の存在は言うに及ばず、出版されているフロイトやそのほかの人に宛てたユングの手紙、さらに『ユング選集』を見るだけでも、ユングが一種の心理学的解釈として占星術の哲学、性質、実際の適用にきわめて真剣に関心をもっていたことは、一般読者から見てさえ明確かつ議論の余地がないのである。

リビドーと時間の性質

出版された往復書簡からみて、ユングが占星術についての探究を始めたのは、まだフロイトとともに仕事をしていた一九一一年の春のようだ。[25] この年の五月八日付のフロイトに宛てた手紙で、ユングは次のように書いている。

このところ占星術を検討中ですが、その知識が神話を理解するうえで絶対に必要なものだと思われます。この幽闇地帯には不可思議な事態がいくらでもあります。[26]

フロイトの返事は、占星術に反対はしていないが、最近、お気に入りの弟子に奇行が見られることを心配していると書かれている。

あなたがオカルト研究に深く傾倒なさっていられるのにわたしは気づいていましたし、豊かな戦利品を携えて凱旋なさるのを疑がうものではありません。それについてとやかくいう筋合いのものではありません。[27]

この最後の言葉は後に完全に成就する予言であったことがわかる。同年の六月十二日付のフロイト宛ての手紙で、ユングは自分の占星術の勉強についてさらに書いて、心理学にとっての占星術の重要性をますます強調している。

このところ毎夜、占星術に大部分の時間をついやしています。心理学的な真理内容に糸口をみつけようとして、ホロスコープ計算を実践しています……たとえば黄道十二宮の図は性格像、換言すると折々の典型的なリビドーの特性を描きだすリビドーの象徴であるように思われます。[28]

その返事でフロイトは、ユングが占星術に深入りすることについて意見を述べるのを差し控えているが、フロイト自身も見かけほど無関心ではなかったのかもしれない。ユングと出会う十一年前の一八九六年に、フロイトは親しい友人で同僚の医師であるヴィルヘルム・フリース（一八五八〜一九二八年）に手紙を書いて、フリースの「生命の周期性」という風変わりな仮説について意見を述べている。これは、天文学的周期が歴史上の時代と人体の器官の両方に影響を及ぼすという説である。[29]

歴史上の時代についてのそのような空想を私が笑ったりしないのをご存知でしょう……そうした考えには何かがあります。それは、そうしたものに共通する未知の実在の象徴的予感です……人はもはや天の影響を認めざるを得ません。名誉占星術師たるあなたに頭を下げましょう。[30]

フロイトがこの文章をどういう意図で書いたのかはわからない。しかし、フロイトは、「天の影響」に関する自分自身の意見についてユングと議論を始める気はなかったようだ。ユングが自分が占星術にかかわっていることを公表する一年前の一九一〇年に、フロイトはユングに、「つまらぬことの——オカルティズムの——黒い潮流」に対して「ゆるぎない砦」を作るのを助けてほしいと頼んだことがあった。[31] ユングは、彼がフロイトの「彼自身からの逃避……神秘主義的と呼べるかもしれない彼のもうひとつの面からの逃避[32]」とみなしたものに対して、当然のことながら不信感を抱いていた。その後まもなく、ふたりの間の苦しく厳しい断絶が始まった。一九一一〜一二年にユングが『リビドーの変容と象徴』を出版し、いわば著作で決闘を挑んだのである。[33]ユング自身、「この本の出版は我々の友情に終止符を打った[34]」と述べている。

心理学的洞察を与えるという点で占星術の価値をユングが認めたことと同じくらい重要なのが、フロイトへの二番目の手紙でのユングの「リビドー」という言葉の使い方である。彼にとってそれは、フロイトが主張していたような性的本能に限定されたものではなく、「創造的衝動[35]」として現れる生命の心的エネルギーも包含していた。このリビドーの概念の拡張は『リビドーの変容と象徴』が最初に出版されたときにはっきりと表明されており、そこで黄道十二宮の周期をリビドーの周期の比喩的描写ととらえていることからもわかる。フロイトとの決別の少なくとも二年前にはすでに占星術がユングの心理学的力動のとらえ方に影響を及ぼし始めていたと考えられるのである。ユングは最初、占星術的イメージを「投影《プロジェクション》」――内部の心理学的内容の外部のものへの無意識的な転化――と表現し、占星術がもっぱら人間のこころの産物で、天との実際のつながりは何もないと思っていたように見える。しかし、フロイトに宛てた手紙から、実はもっと繊細な考え方をしていたことがわかる。フランスの哲学者アンリ・ベルクソンは自らが「エラン・ヴィタール」（生命の飛躍）と呼ぶ概念を考え出していたが、ユングは、どこにでも、そしてあらゆるものに存在するリビドーの同義語として、ベルクソンの「デュレ・クレアトリス」（創造的持続）すなわち「創造力」という言葉を借用した[36]。この枠組みの中では、黄道十二宮のシンボルの具体的イメージは人間のこころによって生み出されたのかもしれないが、実在自体に生来的にイメージがそなわっており、時間の性質に反映されるものに対応しているのだ。「時と創造力」は「まったく同じものだ[37]」とユングは主張した。つまり、人間が経験し比喩的に黄道十二宮のイメージとして定式化するものと、実際に生命自体に属するものの間に、一種の「シンパシー」つまり共鳴があり、個々の瞬間の特有の属性を通してその創造的な力を見せるというのである。占星術のシンボルは心的投影であって、物理的レベルでは天とのつながりも何ももたないかもしれない。しかし、天の周期は「内なるこころ《ヒア・イン》」と同じくらい「外なる彼方《アウト・ゼア》」の時の性質を反映しているのである。

ユングは、一九三二年にチューリッヒで実施した「ヴィジョンの解釈」セミナーのひとつで、この人間のこころと天体の周期の間の共鳴という考えを強調した。

> 占星術はあなたがたにとって意識的にはまったく未知のものかもしれないが、無意識にとっては非常に馴染みのあるものだ……一年のうちの各月の特性、言い方を変えれば黄道十二宮のサインは、じつは時と時の性質に関する私たちの無意識的な知識の投影である。一年のうちの特定の時期に始まることはこれこれの特質をもつというのは、まるで私たちの無意識の

中に深遠な知識、つまり無意識的な経験にもとづく知識があるということのようだ。[38]

この見方は、時は「永遠を写す動く似像」で、天体の周期的な動きによって生まれる昼、夜、月、年とともに天は「すべて時の部分」だというプラトンの言葉と一致する。[39]『ヴィジョン・セミナー』において、ユングは、時の性質は個人の黄道十二宮のイメージに表れるという見解について詳しく説明した。天界のライオンである獅子座で表される七月の第三週から八月の第三週にかけての時期は、「情熱的、激烈、危険、……非常に男性的」で「力の概念」を象徴している。[40]天界の雄牛《ブル》である牡牛座――「五月のサイン」――は、「抑えきれない無意識的な創造力」である。[41]第六章で見ていくように、いわゆるプラトン年、すなわち黄道十二宮の星座を通過する春分点の動きを見たときの二万六〇〇〇年の大周期についてのユングの理解も、黄道十二宮の周期を時の性質を象徴するものとみなす考えに基づいている。そしてユングは、個人のこころだけでなく集合的無意識もリビドーの絶えず変化する特性を反映しており、歴史の周期――とくに新しい宗教的イメージの形成――は春分点歳差の大周期を忠実に反映していると確信していた。

出版された文献におけるユングの占星術への最初の言及は、フロイトへの件の手紙のすぐあとに出た「精神分析論」という論文に登場した。この論文はもともとは一九一二年九月にニューヨークのフォーダム大学医学部での一連の講義として発表されたもので、このときユングとフロイトはアメリカの精神医学界に精神分析について伝えるために大西洋を渡っていた。[42]当時すでにユングと師の関係は限界まで緊張が高まっていた。[43] ユングの論文のドイツ語訳は一九一三年に出版され、英語版は一九一三年から一九一五年にかけてアメリカの雑誌『精神分析学レヴュー *The Psychoanalytic Review*』に五号に分けて掲載された。[44] ユングはある女性患者の夢について論じ、死と復活の神話的テーマに言及して次のように述べた。

このモチーフは世界中の無数の神話に認められる……そのすぐ背後にある意味は、太陽は海の怪物に飲み込まれ、朝、再び生まれるという天体神話的《アストロ・ミソロジカル》なものである。もちろん天体神話全体が本当は天に投影された心理――無意識の心理――にほかならない。神話は決して意識的に作られたものでも作られるものでもなく、人間の無意識から生まれるのだから。[45]

この文章は、誤解を招かないように注意深く表現されている。「占星術」は「天体神話」になっており、イエズス会が運営する大学の医学生には明らかにこちらの言葉の方が受け入れやすい。[46] しかし、黄道十二宮は人のこころの天への比喩的投影だと述べた、前年のフロイトへのユングの手紙と同じことをいっている。神話を理解するには占星術が「不可欠」だという、フロイトへのユングの言葉は、彼が「天体神話」――天体についての物語《ナラティヴ》――を、あらゆる神話の源ととらえていたことを示している。この考えは、シュメール人やバビロニア人の現存する最古の天地創造神話によって裏付けられると考えられた。[47] ユングの意見では、誕生、若さ、成熟、死というもっとも基本的な人間の経験は、肉体的なものも心理学的なものも、昇り、南中し、沈むが再び昇り、永遠に繰り返すように見える太陽、惑星、星座の周期に「投影」されているのである。

こころと宇宙の間には神秘的な「共鳴的《シンパセティック》」結びつきがあるというユングの想定は、フォーダム大学で学生に講義したときにはすでに確立されていたようだ。ロバート・シーガルは、ユングが心理学的なものの「肉体的なものおよび形而上学的なものからの明確な分離――内部の外部からの分離」を強調していたことから、ユングは十九世紀後半のサー・ジェイムズ・フレイザーとエドワード・バーネット・タイラーの伝統にならう「近代主義者《モダニスト》」だと主張している。[48] しかしこの意見は、フロイトとの摩擦を避け、嘲笑されないように自分自身を守るために述べたユングのごく初期の言葉にしか当てはまらないだろう。ユングがフォーダム大学で述べたことでとくに興味深いのは、彼がなんとか切り抜ける必要があると思っていたということである。一九一二年にユングはフォーダムで、フロイト派という公式の立場として、占星術の「科学的な」説明をしようとしたわけである。つまり、生と死というどこにでもある人間の経験が、自然の天上の出来事に意味を与える太陽の物語として描かれ再生の希望を与えているというのだ。シーガルが述べているように、このアプローチは、太陽神またはその代理の人間である太陽の英雄の周期的な旅が、日の出と日の入りという自然現象を説明し人生の短さという恐ろしい現実に意味を与えようとした「太古の人間《プリミティブ・マインド》」の努力の産物だと述べた、フレイザーの『金枝篇』と同じことをいっているように思える。つまり神話はできの悪い科学であり、人間が死すべき宿命にあるという実存的な現実から逃れる努力にすぎないのだ。しかし、ユングの言葉はもっと複雑で、天の周期に意味を見出すことに心理学的重要性があるとすでに考え始めていたことがうかがえる。フォーダムの学生に話したことは、その後まもなく『新たなる書』に登場する内容、つまり内なる超個人的《トランスパーソナル》な自己《セルフ》を象徴するものとしての占星術の太陽がもつ中心的役割を予告するものだった。

『リビドーの変容と象徴』が出版されて、フロイト派精神分析に対するユングの拒絶が知られると、のちに『ユング選集』に収められることになるさまざまな論文で占星術への言及が、より頻繁に見られるようになった。これらの言及は、占星術との関係が続いていて深まっていることを示している。加えて同僚や友人へのさまざまな手紙からは、ユングが患者と自分自身の両方について洞察の源として占星術の象徴体系を参考にすることが増えていたとわかる。彼の著作には科学的なアプローチを発表することへの不安も引き続き見受けられるが、ときおりユングはいたずらっぽいユーモアのセンスを見せることがあった。論文の中に、惑星や黄道十二宮の伝統的な記号とともに占星術の知識をさりげなく入れているのだ。それは同僚の専門家たちには理解できなかっただろうし、ユングもわざわざ説明していない。

このいたずら好きの傾向の例を、一九三四年にドイツで最初に出版された論文[49]に見ることができる。この論文でユングは、ある患者を「X夫人[50]」と呼んで論じている［原文ではMiss Xと表記されているが邦訳ではX夫人とある］。彼女は「蟹座の一度の生まれ[51]」だったという。この記述の脚注で、ユングはさりげなくX夫人のホロスコープは「四つの地のサインを示しているが風のサインは示していない」と述べているのだ。これは、占星術の専門用語を知らない読者にとっては、あまり大きな意味をもちそうにない。しかし、占星術師にとっては、「四つの地のサインを示しているが風のサインは示していない」というのは、出生ホロスコープで、風のトリゴンのサイン（双子座、天秤座、水瓶座）のいずれにも惑星はない一方、地の三角形《トリゴン》のサイン（牡牛座、乙女座、山羊座）に四つの惑星があることをいっているとわかる。[52] つまり、地のシンボルで表されるような性格学的属性が生まれつき過度に強く、風のシンボルで表されるような属性はないということである。この情報についてユングは何も解釈を加えていないが、続いて簡潔に次のように書いている。

> アニムスから生じる危険が☽□☿に表れている。[53]

この記述によって占星術の初心者の間で起こりそうな当惑を別にすれば、X夫人のホロスコープについてのユングの短い評価には三つの重要な考えが表現されている。ひとつ目は、心理学的「タイプ」の定式化と、それらと占星術の四エレメントとの関係に関するものである。

四エレメントと心理学的タイプ

一九二一年に最初に出版された『タイプ論』は一九一三年から一九一八年にかけての研究成果だが、この間ユングは『新たなる書』の構想に力を注ぐと同時に、占星術の知識を深める努力もしていた。[54] ユングのタイプ論は、個人の世の中に対する一般的傾向（外向的か内向的か）のモデルと、人がそれによって現実を認識し評価する適応の方式である四つの「意識の機能」（思考、感情、感覚、直観）を提示している。それは、生涯を通じてつねに動き、発達、変化する動的なモデルであり、また生まれつき「弱く」未発達であるような人格の側面も、それを自覚する個人の努力いかんによって、統合と全体性が得られると考えられている。

ユングの提示したモデルのうちで一般にもっとも普及したのが心理学的類型論である。それは、認知心理学でもさまざまな商業場面でも、単純化され、一般化され、さまざまな形で改変された。ユングが「この時代の精神」に強い不信感を抱いていたことを考えると、このような展開をユング自身は大きな問題だと思ったかもしれない。キャサリン・ブリッグスとイザベル・マイヤーズにより一九四三年に最初に発表された、ユングの成果をもとにしたマイヤーズ・ブリッグス心理学的類型指標（MBTI）は、その正確さと有効性について多くの批判があるにもかかわらず、今でも性格診断や結婚カウンセリングだけでなく職業指導の場でも、広く使われている。[55] 一九七七年以降、ジャーナル・オブ・サイコロジカル・タイプ誌はこのテーマに関する記事を定期的に発表し、タイプ指標を広く普及させている組織である心理学的タイプ応用センターは、ウェブサイトで「素早く簡単に読める元型の手引き」を提供しているが、その簡略さは私にはモンティ・パイソンの「全英プルースト要約選手権」を思い起こさせる。[56] また、ユングの四つの心理学的機能のタイプの理論を占星術でいうエレメントに適用し、ユングの記述に基づいた各エレメントについての解釈を示すことも、現代の占星術の文書に普通に見られるようになった。[57]

X夫人についてのコメントが示しているように、ユングによる患者のホロスコープの評価で占星術上のエレメントが重要視されているのは明らかだ。エレメントは『新たなる書』に記載されているヴィジョンの中でユングが出会った人物にも適用できる。それはこれらの人物が特定のエレメントの言葉で描写されているからである。たとえば赤い男は「火のように赤い服」を着ている。[58] このエレメント、そしてそれに付帯する熱、冷、湿、乾、というアリストテレスの提唱した性質も、『新たなる書』の人物が登場する背景や風景の設定に不可欠な側面である。これはイグナチオ・デ・ロヨラの『霊操』に書かれている「現場に身を置く」こと［想像力を使って、キリストの神秘的出来事が起こった場所を見ること］であり、この十六世紀の著作はユングにとってかなり重要なものだった。[59] たとえば『新たなる書』で隠者アンモニウスは暑く乾燥した砂漠に現れるが、この隠者は乾いて冷たいと書かれている。アリストテレスの言葉でいえば、彼は燃えさかる土地に住み、そこに依存している地の人物である。[60]『新たなる書』におけるこの種のエレメントの関連付けについては、拙著『ユングの「新たなる書」の占星術的世界』でより詳しく論じた。

ユングの蔵書にある古代末期、中世、近代の占星術と錬金術の文書は、四エレメントについて検討するための豊かな素地を彼にもたらした。原文が現存するエレメントについての最初の証拠は、紀元前五世紀の哲学者エンペドクレスが書いたものの中に登場する。ユングはエンペドクレスが「四エレメントに分けることによって、自然現象の混沌に秩序をもたらそうとした[61]」と記述しているが、エンペドクレス自身はこれを「エレメント」ではなく「リゾーマタ」（根）と呼んでいる。それは物質ではなく神の力であり、それが「これら死すべき運命のものすべての形と色」を生じるという。[62] それをアルファベットの文字を意味するギリシア語で「構成要素《エレメント》」という意味でも使われるストイケイアと呼んだ初めての人物はプラトンである。古代ギリシアの文字は、ヘブライ語のように数と同一で、プラトンにとって数はあらゆるものの元型的基礎となるものだった。[63] ユングにとっても、数は人間のこころの内にも、外にも存在する元型的なものだった。

数が発見されたのか発明されたのかはわからない。数えること、つまり数を使うことは発明されたのだと思う。しかし、数は我々の内と我々自身の外に認められる。数は、内と同じくらい外にもある元型に似ている。[64]

西暦二世紀に、占星術師のクラウディオス・プトレマイオスは、「エレメント」という用語は使わなかったものの、熱、冷、湿、乾をエレメントと関連付け、エレメントはみなこれら四つの属性の組み合わせだとする、アリストテレスの考え方を採用した。すなわち地は乾・冷、火は乾・熱、水は湿・冷、空気（風）は湿・熱である。[65] 気質《テンペラメント》は占星術の四エレメントと関連付けられるようになり、性格および生理学的にこれらの性質を反映するとされた。[66] プトレマイオスより少し若い同時代のウェティウス・ウァレンスの著作のことも、プトレマイオスの著作と同様、ユングはよく知っていた。[67] 彼は「トリプリシティ」あるいは「トリゴン」と呼ばれる三つずつの四グループに分けられた黄道十二宮のサインにエレメントを割り当てた最初の占星術師である。ヴァレンスによれば、火のエレメントは牡羊座と獅子座と射手座のトリプリシティ、地は牡牛座と乙女座と山羊座のトリプリシティ、風は双子座と天秤座と水瓶座のトリプリシティ、水は蟹座と蠍座と魚座のトリプリシティを構成する。[68] この占星術のトリプリシティの考え方は、非常に長く続く伝統となり、中世と初期近代の占星術の文書に再び現れ、そして最終的にはユングがホロスコープを作成して読むことを初めて学んだ資料を提供した近代の占星術師たちの著作にも現れた。[69] ユングは四つの機能型――思考、感情、感覚、直観[70]――を説明するときにそれらを風、水、地、火の四エレメントに明示的に割り当ててはいないが、それと相関関係があると考えていることを『タイプ論』で明らかにしている。

タイプを設定することによって個々人からなるカオス状態を整理しようとする人間精神の試みは――当然のことだが――大昔からなされている。この種の試みとして知りうる中で最も古いのは、空気・水・地・火の四元素ごとのいわゆる三角形を想定した、古代オリエント起源の占星術である。天宮図における風の三角形は三つのいわゆる風の星座、すなわち水瓶座・双子座・天秤座からなり、火の三角形は牡羊座・獅子座・射手座からなるといった具合であり、これらの三角形の中に生まれた者は、風の性格ないし火の性格を有して、それに応じた気質と運命を示すというのが太古の考え方である。[71]

ユングは、内科医、外科医、そして占星術師でもあるクラウディオス・ガレノス（西暦一二九〜一九九年頃）の説にも言及している。ガレノスの四つの「気質《テンペラメント》」は紀元前五世紀の医師ヒポクラテスに由来し、空気のエレメントを多血質と、水を粘液質と、火を胆汁質と、地を黒胆汁質と同一視した。ユングは、ガレノスには「二〇〇〇年の間、耐えて残ってきた人間の心理学的分類をした功績[72]」があると述べている。占星術の四エレメントが最古の形のタイプ論をもたらしたというユングの主張には、異議を唱える人もいるかもしれない。気質の理論が占星術とともに始まったのではなく、占星術が哲学や医学からそれを取り込んだと主張されてきたのである。[73]しかし、ユングの占星術に関して重要なのは、彼自身が何を信じていたかである。ユングは占星術が最初の青写真を示したという想定のもとに、四つの機能型のもととなる古代史に関する説を立てたと考えられる。

機能型についてのユングの記述を、同時代の占星術の文書にあるエレメントについての記述と比較すると、ユングがタイプ論に到達した道順のひとつ、それももっとも重要な道順についての手がかりが得られるかもしれない。アラン・レオは、ユングが『タイプ論』を書く一〇年以上前に著作を出版して、風のエレメントを「高次のマインド」と表現し、「伸展と拡大」と関連付け、風のサインは外的状況や物体から「エッセンス」を抽出し、このエッセンスをひとつの「理想」

と結びつけると述べた。[74] ユングにとって思考機能とは、まず対象の認識から始まる「知的プロセス」であり、「それらを主観的な観念に従属させようとする試み」である。[75] そしてレオは、地のエレメントを「人の濃密体《デンス・ボディ》」と表現し、「堅固さと安定性」を表し、地は「活動の面、エネルギーの保存、集中した力」だと述べた。地のサインのひとつである乙女座は、「感覚をある程度正しく解釈する」力を表す。[76] ユングの考えでは、感覚機能つまり感覚による認知は、物質的実在の証拠に完全に依存している。

感覚は主として客体によって決定され……客体が意味をもつのはそれが感覚を誘発する場合だけであり、またその時の合理的判断に合おうが合うまいが、そもそも感覚によって捉えられる場合にのみ完全に意識の中に取り込まれる。客体の価値基準となるのは、客体のもつ客観的な属性によって決まる感覚の強さだけである。[77]

一九二八年にヨーロッパにおけるスイスの役割について書いた論文にある、占星術でいう地のエレメントについてのユングの詳しい説明は、長所ばかりを述べているわけではない。[78] しかし、心理学的タイプについての記述も、おもねるために書かれたわけではない。だが、感覚型の説明とよく似た地のサインについての描写は、この「乾」と「冷」のエレメントに関連付けられた性格の特質という点で、プトレマイオスからアラン・レオまで占星術師たちが提示した解釈に忠実に従っている。

古来、スイスを表す占星術上のサインは乙女座か牡牛座とされている。どちらも地のサインで、スイスの地の性質が昔の占星術師から見逃されることがなかったことの確かなしるしである。スイス人が地に縛られていることから、長所も短所もすべての特質が生じている。地に着いた堅実さ、限定されたものの見方、非スピリチュアリティ、けちなところ、鈍感さ、頑固さ、外国人嫌い、疑り深いことに加え、あのひどいスイス・ドイツ語、わずらわされるのを拒否すること、つまり政治に関していえば中立性だ。[79]

このモデルによると、「四つの地の星座《サイン》」をもって生まれたユングの患者X夫人は、生まれつき、よく適応した感覚機能によって、一般的なものではなく具体的なものに、あるいは隠された意味やより広い発想との関係ではなく、具体的な存在に注目する傾向があった。「風のサインがなく」――つまり、誕生時に三つの風の星座に惑星がなかったということは、たとえ彼女が高い知性を発揮することができたとしても、その思考機能はあまり意識的ではなく、したがってうまく適応したものではないことを示す。その結果、無意識的な「アニムス」のもつ批判性、自説を曲げず、軋轢を生む性質にたやすく晒され支配されてしまう傾向がある。[80] それがユングがこの謎めいた脚注で意味することなのである。機能型を両極――各機能の外向的な場合と内向的な場合の表れ方

——に分けるユングのやり方は、各エレメントを占星術で「クワドルプリシティ」と呼ばれるもの、つまり「カーディナル」（活動）、「フィクスト」（不動）、「ミュータブル」（柔軟）という呼び方で三つに分けるアラン・レオの方式とは一致しない。[81]しかし、レオもユングも、人格の四つのタイプそれぞれについて、特定の経験領域の中でのさまざまな形の知覚と行動の仕方を仮定している。また、ふたりとも、機能型あるいはエレメントは、正しく理解するために個人の人格にあるほかの要因との関係で判断して、必要なら意図的努力によってよりよく意識に統合しなければならないと主張した。つまり、彼らはともに自分の類型論は静的で不動のものではなく、動的で柔軟で進化するものだと考えていたのである。

惑星とコンプレックス

X夫人の占星術的構造についてのユングの記述で表現されているふたつ目の考えは、惑星——互いに動的な関係にある「惑星神」——の配置が無意識のコンプレックスを象徴しており、無意識のコンプレックスは象徴的な形でその構造と目的を描写する神話の語り《ナラティヴ》によって比喩的に表現されるというユングの認識に関するものである。ユングによれば、アニムスは女性のこころの男性的な側面を人格化する。X夫人のホロスコープにおいてはそれは、一部、水星によって象徴されており、この水星は月との緊張をはらむ困難な角度関係を形成することによって、月が示す本能的女性性を脅かしているのである。そしてこの緊張はX夫人の思考機能が洗練されていなかったことによってさらに悪化していたのである。[82] このように見ると、無意識のコンプレックスは、トラウマになっている子ども時代の出来事や抑圧された本能的衝動の産物ではない。それは生まれつきもっている元型的なものだ。ただし、その表れ方は状況と意識的な選択によって色付けされるのである。

『リビドーの変容と象徴』を書いた時点ですでに、ユングのコンプレックスのとらえ方は、フロイトや先人たちが提唱した以前の考え方とは根本的に違ったものになっていた。[83] フロイトは、コンプレックスは本能的衝動に根差していると考えていた。フロイト派のモデルでは、コンプレックス（そしてとくにエディプス・コンプレックス）が精神力動において第一に重要な因子である。神話は二義的なもので、それは社会的タブーのせいで抑圧されているような本能的衝動の詩的な、あるいは昇華された表現である。したがって神話は知的に分析することができ、結局のところ無意識の性的葛藤に「還元する」ことができる。[84] つまりオイディプスがそうとは知らずに自分の父親のライオスを殺して母親のイオカステと結婚するというこの神話物語は「たんに」母親を性的に所有するために父親を殺したいという、あらゆる息子の無意識の願望の詩的描写にすぎないのである。神話のオイディプスの背後には「エディプス・コンプレックス」があるということになる。

先人たちと同様、フロイトにとってコンプレックスはつねに病理的なものであった。それはコンプレックスが強力な本能的衝動の抑圧をともない、結果として葛藤と心的苦痛をもたらすからである。コンプレックスは創造的でも有意義な目的を示唆するものでもないのはもちろんのこと、

「正常」ではなく克服しなければならないものなのである。

彼ら［神経症患者］は、我々健康な人間もそれに対して苦闘するのと同じコンプレックスのせいで病気になる。唯一の違いは、健康な人々は実生活の中ではっきりわかるようなひどいダメージを受けることなく、そのコンプレックスを克服する方法を知っているが、神経症の場合はコンプレックスを抑えるのに成功するのは代理形成という高価な代償を払うときだけだという点である。[85]

対照的にユングは、最終的には「エディプス・コンプレックス」の背後にいるのはオイディプス自身だと考えるようになった――歴史的事実としてではなく、力動的な心的エネルギーの比喩的描写としてのオイディプスであり、性的衝動はそのひとつの側面しか表していない。この文脈では、オイディプスの父親の殺害と母親との合一は、たんに文字通りの禁じられた近親相姦の願望を表しているのではなく、無意識の深み（母親）と融合しそれによって変容する――『新たなる書』の主要テーマをなしている内的プロセス――ために合理的自我の力（父親）を打ち砕きたいという根本的な人間の願望を表している。[86] 一九一二年に『リビドーの変容と象徴』でユングが初めてこの概念を詳しく説明したように、コンプレックスはリビドーの心的表現であり、禁じられたオイディプスの願望のみに限定されないのである。コンプレックスは、本能的なものだけでなく心的および霊的なものも含む基本的な人生のプロセスを包含し、たんなる性的本能の抑圧の産物ではない。その強制的でしばしば破壊的となる力は、それが本質的に邪悪なものだから生じるのではなく、内なる目的指向性の認識と統合の失敗とユングがみなしたものから生じるのである。

なぜなら、自分のリビドーを幼児期の環境に固執するままにして、それをもっと高い目標に向けて解放しないなら、その人は無意識の強制という呪文に支配される。すると、どこにいようと、無意識の強制はその人のコンプレックスを投影して幼児的な環境を再び作り、彼の利益を無視して以前に両親との関係の特徴だったのと同じ、依存と自由の欠如を、繰り返し再生産するだろう。彼の運命はもはや彼自身の手にない。彼の運命、三女神モイライが星々から降りてくる。[87]

ユングにとって、神話は何にも先んじるものだった。彼が一九一二年にフォーダム大学で示唆したように、神話はこころの基本的パターンの天への投影から生じる。天は時の性質を通して同じパターンを映し返すため、投影を引き受ける見事な「フック」となるのだ。これらのパターンは「内にあるのと同じくらい外にもある」。太陽は毎朝未知の闇から昇り、夕方には沈んで闇へと戻っていく。人間は誕生のとき未知の闇から出てきて、死のとき、太陽と同じように一部の不死の断片が死を免れて何らかの形でいつかどこかで再び生まれるという希望をもって、未知の闇へ戻る。

このように神話はコンプレックスを比喩的な形で具体化する。コンプレックスと神話は同じなのだ。前者は心的強制力として体験され、後者はこの強制力の自覚と変容を促す心的イメージとして体験される。そしてコンプレックスの個々の体験は、人それぞれ違う一連の個人的体験とそうした体験への反応によって形作られる特定の道筋をたどる。しかし、反応自体は生まれつきもっている気質に根差している。このため、類型論とコンプレックスは緊密に関係している。ユングは、集団もコンプレックスをもっていると考えていた。あるいは宗教、歴史の周期もである。つまり、命とダイナミズムをもつあらゆるものがそのコンプレックスの性質によって「宿命」づけられており、コンプレックスは人間のこころに神話的物語として認識される、性格と宿命の両方を決定する生来のパターンだと言える。悪魔憑《つ》き、多重人格の現象、巫女のトランス、シャーマンの儀式、悪魔祓い、催眠治療のトランス、自動書記、水晶の中のヴィジョンはすべて、ユングが無意識のコンプレックスの内容を個人的で病的なものではなく神話的で超個人的《トランスパーソナル》なものだという認識を強めるのを助けた。[88] そしてユングにいわせれば、すべてのコンプレックスの核心にある元型は、惑星神によって象徴されるのである。

それゆえ惑星宮の遍歴は……ある心的障害の克服の意味を、ないしは、いみじくも占星術的な惑星の神あるいはデーモンによって象徴的に表現されるいわゆる自律的コンプレックスの克服の意味をおびている。[89]

変容と個性化

X夫人のホロスコープについてのユングの議論から読み取れる三番目のアイデアは、変容の可能性である。惑星の宿命と同様、コンプレックスは、本質ではないとしても表現レベルでは変わる余地がある。変化が起こりうると考えていなかったとしたら、ユングがX夫人を患者として受け入れたりしなかっただろうし、変更できない宿命ではなくアニムスからの「危険」とはいわなかっただろう。「危険」という言葉は、十分な知識と洞察力があれば何かを緩和したり避けたりできるということである。月に対してクォードレート［スクエアすなわち九〇度］のアスペクトにある水星についてのユングの短いコメントは、宿命によって定められた出来事としてではなく、意識的な介入も可能な心理学的動態として述べられている。無意識のこころ自体によって開始される発達のプロセス——象徴の力による本能の「高次の目的」への変容——という考えは、『リビドーの変容と象徴』の中心テーマであり、三世紀にイアンブリコスが述べて大きな影響を与えた言葉と共鳴している。つまりテウルギアの儀式で主導権を握り、個人の魂の変容を達成するのは、自らの意志によりシンボルを通じて変容する神々自身である、ということである。[90] この考えはユングの「個性化」の概念と密接に結びついており、彼は個性化を、個人がそれを通して自分のユニークな本来の人格の完全な統合を達成することができる内的プロセスと定義した。

個性化とは何を意味するか。個別的存在になることであり、個性というものをわれわれの最も内奥の、最後の、何ものにも比肩できない独自性と解するかぎり、自分自身の本来的自己（ゼルプスト）になることである。したがって「個性化」のことを「自己化」とも「自己実現化」とも翻訳できるかもしれない。[91]

しかし、このプロセスは意識的な意志の力だけでは達成できない。それは無意識の協力、あるいはイアンブリコスの言い方では神々自身の協力にかかっている。

ユングは、個性化を心理学的自由の程度と関連付け、このときもこのプロセスの展開をいくつもの惑星層を通過する魂の旅の神話と比較した。

惑星圏の旅は、良きも悪しきも含めた性格特徴の意識化という事実に還元され、獲得される神との類似性は、最大限の意志の自由と表裏一体をなす最大限の意識性を意味するもので、それ以上のものではない。[92]

ここで「最大限の」自由は完全な自由と同じではないことに注意しておかなくてはならない。

ユングは、フランチェスコ・コロンナによる『ヒュプネロートマキア・ポリフィリ』という十五世紀後半の伝奇物語に書かれている魂の放浪の旅についてコメントして、この著者は「個性化過程の進む道と象徴体系の完璧な例[93]」となる心理学的文書を生み出したと書いている。ユングは天界での魂の旅を個性化過程と同一視している。つまりユングは出生ホロスコープが性格やコンプレックスの心理学的地図であるばかりか意味に満ちた物語、あるいは事実上、個人の神話的な旅でもあると理解していたようなのだ。この旅は、「自己《セルフ》」として理解されている中心的組織化原理によって意味が与えられた、一連の人生の経験によって展開してゆく。そして人格全体の体験と意味のある人生へと導いてゆくのである。

ユングの考えでは、このプロセスはあらゆる人間で自然に起こり、無意識のこころ自体によって開始される。能動的想像のような分析ワークの技法は、このプロセスを深め向上させ[94]、X夫人のような人が意識的かつより創造的なやり方で「アニムスから生じる危険」に対処できるようにする。ユングは決して、X夫人が自分のホロスコープを別のものと取り換えることができるという意味のことは述べていない。しかし彼は、意識と元型的領域の関係は一方通行の語りかけではなく対話になる必要があり、その対話に適切な受容性をもって参与することで、個人にも個人の宿命を構成する謎に包まれた元型的パターンにも影響を及ぼすことができるという確信をもつに至ったようである。

占星術と錬金術

『新たなる書』が完成してからの数年で、占星術についてのユングの発言が、書簡、講義、出版物に以前より頻繁に見られるようになった。ユングは、科学界に受け入れられることを期待して「共時性《シンクロニシティ》」のような言葉で自分の占星術的体験を系統立てて説明し続ける一方、占星術とそのほかのリミナルな領域、とくにその象徴体系が同じように彼に個性化過程のモデルをもたらした錬金術との関係についての理解も深めた。ユングは、占星術と錬金術はこれまでつねに絡み合っていたと主張した。

錬金術の人物、とくに金属の神たちは、つねに占星術の面からも考えるべきである……錬金術のシンボルには、占星術が浸透している。[95]

もうひとつの論文では、ユングは占星術師としての主語で書いている。占星術のシグニフィケーター［あるものの象徴となる天体］の心理学的解釈には神話と錬金術の両方の知識が必要ではないかと述べている。

錬金術はその姉である占星術の影響を抜きにしてはまず考えられない。太陽と月という「天の光体」luminaria の心理学的意味を考える際には、神話と占星術と錬金術というこの三つの領域を顧慮しなければならない。[96]

この密接な関係は、占星術と錬金術、そしてそれらに付随する神話が、象徴的な形で個性化過程を示すという考えに基づいている。占星術は、錬金術と同様、「無意識のこころへの橋を維持することに絶えず努めてきた」。そして占星術によって「意識はヘイマルメネー、すなわち人間の性格と運命は特定の瞬間によって決まるという認識に繰り返し引き戻された[97]」。錬金術の象徴体系の、「姉」である占星術の象徴体系との融合は、ユングに、錬金術の作業《オプス》の段階、各惑星層を通過する魂の旅についてのグノーシス主義、新プラトン主義、ヘルメス主義の記述、そしてそれによって個人のこころが統合と全体性を獲得する回り道との、著しい類似性を認識させた。

占星術的にいい表わせば、このプロセスは遠くに位置する、冷たい、暗い土星から諸惑星圏を通って太陽に向かう上昇に符合する……したがって惑星圏を上昇することはホロスコープに示されたもろもろの性格特徴を脱ぎすてていくこと、もしくは、惑星のアルコンたちによって刻印された性格から遡行的に解き放たれることを意味した……すべての惑星圏を克服したたあかつきには、強制から解き放たれ、「勝利の冠」corona victoriaeを、したがってまた神との類似性を獲得するのである。[98]

その後、数年、ユングは、占星術は心理学にとって非常に大きな価値をもちうるという主張を、続けた。一九四七年に書いたインドの占星術師バンガロール・ヴェンカータ・ラーマンへの手紙で、ユングは次のように述べている。[99]

私は心理学者なので、ホロスコープがいくつかの性格の複雑なからみあいに当てる光にとくに関心があります。心理学的診断が難しい場合、さらにまったく異なる角度から見るために、私はたいていホロスコープを作成します。そうしなければ私に理解できなかったはずの、いくつかの点が占星術のデータによって明らかになることが非常に頻繁にあったといわねばなりません。このような経験から、占星術は心理学者にとって特別興味深いものだという意見をもつようになりました。[100]

ユングによれば、惑星神たちはあらゆる人間のこころに存在する集合的無意識の元型的権威を象徴する。惑星の神々は誕生時という特別な瞬間に応じて、「神々すなわち心的元型の協議のある限定された瞬間」を表す相互関係のユニークなパターンとしてその人に現れる。ユングはアンドレ・バルボーに、こうしたパターンは「ホロスコープにそれとわかるように表れている」が、同じように人生そのものにも存在するという意味のことを述べている。[101]　占星術は人間による命をもたない空への投影にすぎないという考え――神話をできの悪い科学ととらえるフレイザーの考え――は、ユングも初めこそそのように考えていたかもしれないにせよ、かなり早い段階で別のものに変わっていた。

第二章　ユングの占星術師たち

しかし星が将来のことを表し示すのであれば……そのようにさせる原因はなんだろうか。……天にいわば文字がいつも書かれつつあるのだと、あるいは一度書かれたものが動いているのだと。そしてこれらの文字は何か別の（本来の）仕事をしているのだが、その仕事に、将来の出来事の表示が付随するのだと考えてみよう。……すべてのものはシンボルで満たされており、あるものから別のものを読み取る人は賢者である。[1]

——プロティノス

象徴には縛り付けられ、闇と格闘する人間の力の救済があるからである。……人は誰でも外的に縛られていても、自由に感じることがある。それは内的な束縛を取り払ったからである。確かに強引な行為によって外的な自由を勝ち取れるかもしれないが、内的な自由は、象徴によってのみ創造される。自己の深みから力と必然の言葉として立ち昇ってきて、思いもかけず口にされるものである。[2]

——C・G・ユング

占星術に関するユングの情報源

ユングが公刊されることを前提に『ユング選集』の中で引用している占星術に関する資料は、すでに数世紀以上時を経た歴史的遺物のようなものばかりである。たとえばプトレマイオスによる二世紀の『テトラビブロス』、一五一五年にラテン語訳が出版されたアブー・マーシャルによる九世紀の『大会合について』、そしてヒエロニムス・カルダヌスによる十七世紀の『プトレマイオス「ユダヤ天文学論」註解』などがそれだ。[3] ユングは、自分の出版物の中で占星術に言及するとき、統計的調査をしているような著者を除けば、存命中の占星術実践者に言及することは避けていた。古い文献から重要な洞察を得たことは確かだが、それらの文献を用いてホロスコープ作成法を学んだということはありそうもない。ここには語学上の難解さに加えて、数学的計算の問題がある。エフェメリスと呼ばれる天体位置表を出版物のかたちで手にでき、簡単にホロスコープ計算ができたユングの時代と違って、いにしえの占星術家たちは天体を直に観測し計測するほかなかったのである。自身がいかに広範に占星術研究にかかわっていたか、そして占星術研究にいかなる情報源を用いたかを明かすことにたいしてユングが抱いた不快感は、生涯にわたって続いたように見える。

論文「共時性：非因果的関連の原理」[4]においては、自身の占星術の専門知識をかなり披露している。J・B・ライン[5]のような心霊現象《サイキック・フェノメナ》の探求者についてはためらうことなく言及したし、スイスの占星術師カール・エルンスト・クラフトやフランスの占星術師ポール・フランバール[6]のような研究者がなした、一九二〇年代から一九三〇年代にかけての統計学的な占星術実験の結果を参考にしたとは述べている。しかし、ホロスコープの解釈に関しては、錬金術のさまざまな文書や、このテーマに対して共感を示した著名な哲学者――アレクサンドリアのフィロン、プロティノス、ショーペンハウアー――の著作を別にすれば、古代、中世、初期近代の占星術の「大物」に言及しただけである。[7] フロイトに宛てたユングの初期の手紙からは、彼が入手した文書から占星術について「調べて」いた――つまりもっと具体的にいうと、ホロスコープの作成と解釈を学んでいた――のか、それとも個人的に教示する人物がいたのか、不明である。ユングの孫のウルリッヒ・ヘルニィによると、ユングは「個人的な教師からではなく本から知識を得た」[8] らしい。

リチャード・ノルは、トニー・ヴォルフがユングに占星術を教えたと「考えられている」と主張しているが、正確に誰がそう「考えた」のかは述べていない。そして、いずれにしても、ユングの占星術の学習は、ヴォルフと出会う少なくとも二年前にはすでに始まっていた。[9] ユングはフロイトには情報源について何も述べていないが、晩年は、バルボーやフーマンのようなプロの占星術師との文通を生涯にわたって楽しんだ。『ユング選集』にはすでに歴史上の存在となっている学問的研究に値するとされる占星術の資料だけが掲載されているが、ユングが個人的に収集していた近代占星術の書籍からは別の事情がうかがえる。ユングはドイツ、フランス、イギリス、アメリカの占星術師による一九二〇年代中頃以降に出版された著作を収集していた。蔵書の中には、フロイトに送った二通の手紙より少し前に出版されている、初期の学習に使われたとおぼしき現代の資料は、三人のイギリスの占星術師によるものしかない。ただし、これら三人のうち、ユングがその著書を複数入手するほど関心をもっていたのはひとりだけだった。

これらイギリスの文献のひとつ目が、アルフレッド・ジョン・ピアース（一八四〇～一九二三年）による『占星術の教科書 *The Text-book of Astrology*』と題された本で、最初は一八八九年に、出生ホロスコープの読み方、国家のチャートや政治的出来事の解釈、天文気象学、医療占星術、「エレクショナル」占星術（何かを思い切って始める適切な時期を選ぶ）など、さまざまな占星術のテーマを扱う数巻からなるシリーズとして出版された。そのもっと小規模な本が一九一一年に一巻にまとめられて登場し、この版をユングが手に入れたのである。二〇〇六年にピアースの著作の復刻版を出した米国占星術連盟（ＡＦＡ）の研究部長ジェイムズ・ホールデンは、ピアースの本は「伝統的」で、ピアースより若い、同時代のアラン・レオが始めた心理学的傾向を欠く」と指摘している。ただ、ホールデンには、正しい占星術を構成するものは何か――占星術の実践者の世界で二〇〇〇年以上にわたって続いてきた議論――に関する彼自身の個人的な考えを反映した先入観がある。『占星術の教科書』は「エソテリシズム……とあいまいな心理学的解釈によって混乱がもたらされる前のものだ[10]」と述べているのである。そしてピアースは、あとにエソテリシズムの雲をたなびかせるどんな占星術にも反対し、「我々は魔術やスピリチュアリズムとは一線を画する」ときっぱり宣言した。ピアースにいわせれば、アラン・レオの神智学的占星術は「迷信のたわごと[11]」となる。

しかし、ピアースが秘教や「あいまいな心理学的解釈」に関心をもっていなかったのと同じように、ユングのほうもピアースに関心をもっていなかったようだ。ピアースはほかにも多数占星術の著作を書いているが、ユングの蔵書の中で、このイギリスの占星術師の著作は『占星術の教科書』一冊のみなのである。[12] ユングはピアースが編集した雑誌[13]にも魅力を感じなかったようだが、その一方ラルフ・シェリーの『ザ・オカルト・レヴュー』やミード自身の雑誌『ザ・クエスト』[14]のような占星術に関する資料など、そのほかの秘教的な雑誌をかなり集めていた。人間のこころの特質と力動についての学説を初めて体系化していた頃のユングにとっては、二〇世紀の初頭にイギリスの占星術において力点が置かれ始めた「心理学的傾向」のほうに価値を感じたと思われる。

この時期にユングが手に入れたイギリスの占星術師の手によるふたつ目の著作は、ラファエルの『占星術への鍵 *The Key to Astrology*』だった。[15] 占星術師が天界にかかわるペンネームをもつのが当時の流行で、普通、特定の惑星と関連付けられた天使の名前が使われた。あるひとつの雑誌を編集している何人かの占星術師が順番に同じペンネームを使うこともあって、ラファエルの場合もそうだった。七大天使のひとりである天使ラファエルは、通例、水星と結び付けられている。占星術の伝承においてこの惑星は著述と考えの伝達と深い関係があるとされており、雑誌の編集者にふさわしい。[16] ラファエルはもともとはロバート・クロス・スミス（一七九五～一八三二年）という占星術師のペンネームだった。その後、スミスのペンネームはジョン・パーマー（一八〇七～三七年）、そして四人の占星術師によって使われたのち、『占星術への鍵』の著者であるロバート・

トマス・クロス（一八五〇～一九二三年）がこの名前を採用したのである。[17]『占星術への鍵』は一八九六年に最初に出版されたのちに、何度も再版された。ユングが所有していたのは一九〇九年版である。ピアースと同じようにラファエルも伝統的であると同時に多くの本を書き、ほかに『ラファエルのホラリー占星術 *Raphael's Horary Astrology*』（一八九七年）のような本も出版した。また、ピアースと同じようにラファエルもアルマナック（天文暦）を編纂し、そのタイトルは予想通り『ラファエルのアルマナック *Raphael's Almanac*』である。ピアースの場合と同じように、この著者の本を一冊読んだユングはさほど感銘を受けなかったようで、同著者の本を他に入手することはなかった。

アラン・レオの「近代《モダン》」占星術

ユングが占星術研究を始めた頃に著作が出版された三人目のイギリスの占星術師、アラン・レオは、ユングによる評価という点でピアースやラファエルよりはるかに高い位置を占めていたようだ。アラン・レオことウィリアム・フレデリック・アラン（一八六〇～一九一七年）は、世紀末のイギリスのエソテリシズムの世界において他に類を見ない人物だった。レオは予言のためではなく、性格を洞察する道具としての占星術をほとんど独力で現代にもたらしたためである。[18]レオは、臨床心理学にも古典的な学問にも通じていなかった。一方でその師《メンター》で神智学協会の創設者であるH・P・ブラヴァツキーの著作にほぼ全面的に依存していた。レオの死の二年後に夫の聖

図 2-1 アラン・レオ

人伝的な伝記を出版した妻のベシーによれば、レオは、ラファエルのもの以外、占星術の著作を研究せず、もっぱらブラヴァツキーによる協会の神智学の教科書『ベールをとったイシス』と『シークレット・ドクトリン』から、霊的《スピリチュアル》な知識を得たという。[19]『アラン・レオの信仰 *Alan Leo's Faith*』と題した伝記の一節の中で、ベシー・レオは、夫の占星術についての基礎のもとになっているコスモロジー的および宗教的認識について次のように述べている。

生命を与える原理は我々の内にも外にもあり、〝太陽〟の〝光線〟を通じて〝至高の知性《スプリーム・インテリジェンス》〟からやってくると、私は信じている……人間の魂は不死で永遠に続くと信じ、各人の魂や心はそれぞれ、満ち欠けする月によって……〝影響力〟をもつ〝惑星層〟との関係によっても……象徴されると確信している。人は誰でも、影響力をもつ惑星層から意志の力を得て、それを利用あるいは悪用し、それによって不吉な動きを乗り越え、自分の獣性を制御する。だから、そのため占星術は〝性格こそが運命《キャラクター・イズ・ディスティニー》〟だということを教えてくれる。[20]

アラン・レオは一八九〇年に神智学協会に入会し、当時協会の書記だったG・R・S・ミードとともにロンドンのブリクストン地区での神智学ロッジの設立にかかわるようになった。ベシーによる夫の伝記は、世紀の変わり目に起こった初期の形の心理学的占星術の出現に関する逸話的情報の宝庫であり、ユング自身の著作にも、共通する内容が多く見られる。共通点の中でもっとも重要なのがホロスコープにおける太陽の重要性で、それは近代占星術にレオがもたらした大きな新機軸のひとつだった。彼はその考えを、ブラヴァツキーによる不可視の「霊的な《スピリチュアル》」太陽あるいは神を具現化した太陽のロゴスについての新プラトン主義にも似た教義から得た。[21] 太陽を重視するこの思想は、ユングがこの霊的知性《ノエティックインテリジェンス》により理解される太陽の力を『新たなる書』の内的な旅の主眼としたことに認められる。[22]

ユングはレオの文書の初期の版を多数入手しており、その中にはもともとはレオ自身の雑誌『近代占星術《モダン・アストロジー》』の記事として発表したものもあった。これらの記事は、その後、個別のパンフレットとなり、それから何年もたたないうちに改訂され、何冊かの単行本にまとまり再発行された。『新たなる書』におけるユングの占星術的イメージに対するレオの強い影響については、拙著『ユングの「新たなる書」の占星術的世界』の該当する章でより詳しく論じておいた。しかし、ユングのレオの蔵書は、それ自体、興味深い話を語っている。一般的にユングは本を非常に注意深く扱っていて、ページの角を折ったりインクで汚したりしていない。いくつかの気に入った本の特定の節では、余白に鉛筆で薄く縦線を引いて重要な段落を示してあったり、場合によってはフレーズや参照箇所に下線が引いてある。ときにはとくに興味を引かれた著作の余白に鉛筆でわずかに言葉が書いてあったり、著者の意見に疑問があるときはクエスチョンマークが書いてある場合もある。アラン・レオの『万人のための占星術 *Astrology for All*』は、一八九九年に初版が二巻に分けて出版された[23]。第一巻では、太陽と月のサインの組み合わせによる出生ホロスコープの解釈について論じている。第二巻は、数表と、ホロスコープの計算についての詳しい説明で構成されている。一九〇四年に両巻の第二版が出版された。ユングが手に入れたのはこの版である。一九〇八年に改訂された第三版が、一九一二年に第四版が登場しているため、ユングは第三版が出る前にこの本を入手したと考えられ、フロイトへの手紙に示されている日付よりもずっと早くから占星術の探究を始めたことがうかがえる。

ユングはフロイトへの手紙の五年前には、エフェメリス――天体位置の出版物――のような占星術の技術的資料も集め始めていた。これらの天体位置表は毎年作成されるもので、たとえば一九〇六年のエフェメリスはその年にしか使えない[24]。ただし、ユングがその一九〇六年のエフェメリスを、その年に生まれた娘のグレーテのホロスコープを作成するために、あとから入手したのかもしれない[25]。

ユングが所有していた『万人のための占星術　第二部』には多くの書き込みがあり、ユングが特定の日付に色鉛筆で下線を引いたり、余白に一連の計算を鉛筆で書いているのを見ることがで

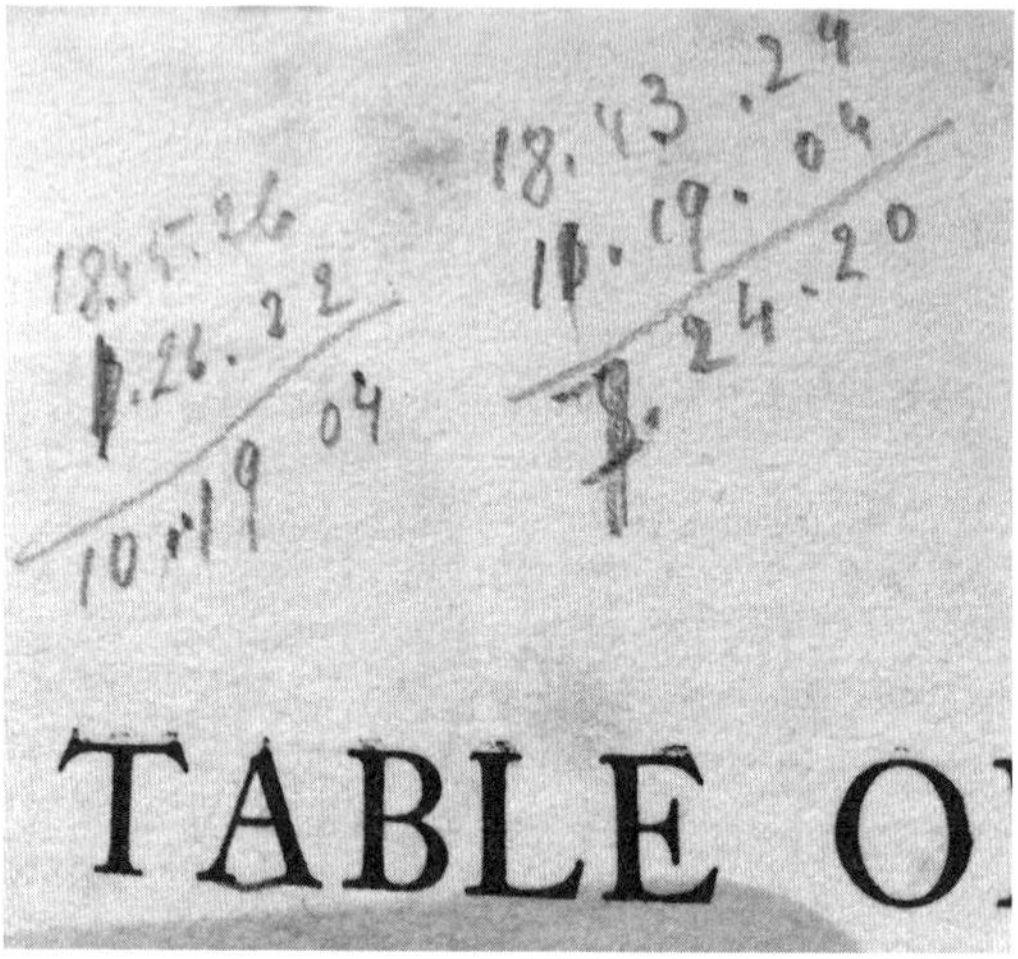

図 2-2 アラン・レオの『みんなのための占星術　第二部』へのユングの書き込み [27]

きる。ユングは、レオの本に書かれている説明から、出生ホロスコープを作成する手順を学んでいたようなのだ。[26] この証拠、そして占星術上の特定の配置《コンフィギュレーション》についての両者の言葉遣いや考え方にまごうことなき類似性があることから、ユングは『新たなる書』に取り組んでいる時期にずっとレオの一連の出版物を読んでおり、それから学んでいたと考えられる。

　ユングがもっぱらアラン・レオの占星術の解釈に頼っていたことを示すもうひとつのさらに強力な証拠が、ユングが一九一一年——占星術について「検討している」ことをフロイトに知らせた年——にオランダの精神分析家ヨハン・ファン・オプハイゼン（Johan van Ophuijsen）から受け取った「あなた自身の出生ホロスコープへの鍵：スペシャル・チャート *The Key to Your Own Nativity: Special chart*」という文書にある。この文書に署名をしているファン・オプハイゼン（一八八二〜一九五〇年）はフロイトの弟子で、一九一一年から一九一三年にかけてチューリッヒでユングの患者となっていた。この頃はまだ、ユングは名ばかりとはいえ精神分析家のサークルに属していた[28]。ファン・オプハイゼンは一九一七年にオランダ精神分析学会の共同設立者になった。フロイトとユングの対立が悪化する一方だった際に、間に入って解決しようとした何人もの精神分析家のひとりである。ふたりの反感の高まりについて議論し、なんとか和解を図るために設けられた一九一二年十一月のミュンヘンでのふたりの話し合いの場にファン・オプハイゼンは同席していた。フロイトとユングが袂を分かったのちも、ファン・オプハイゼンは揺るぎないフロイト派であり続けた。しかし、彼が占星術にかかわっていたことは、ユングのこの分野への関心に対するフロイトの無反応が、支持者に共有されていなかったか、当時のフロイトの本当の見解を反映していなかったことを示している。「スペシャル・チャート」には名前が明示されておらず、ただ「男性の」と（英語で）書いてあるだけだが、ここにはユングの誕生当時の彼の惑星の配置がすべて列挙されている。そして、そのタイトルが示しているように、一九一〇年に出版されたレオの『あなた自身の出生ホロスコープへの鍵[29]』にあてはまるパラグラフを参照することが想定されていた。レオの本の最初に「スペシャル・チャート」の一般的な適用例が示されており、挿絵としてジョージ五世の場合の天体配置図が掲載されている。「スペシャル・チャート」にある各惑星の位置には、レオの本で該当する説明が書かれているパラグラフの番号が記載されている。

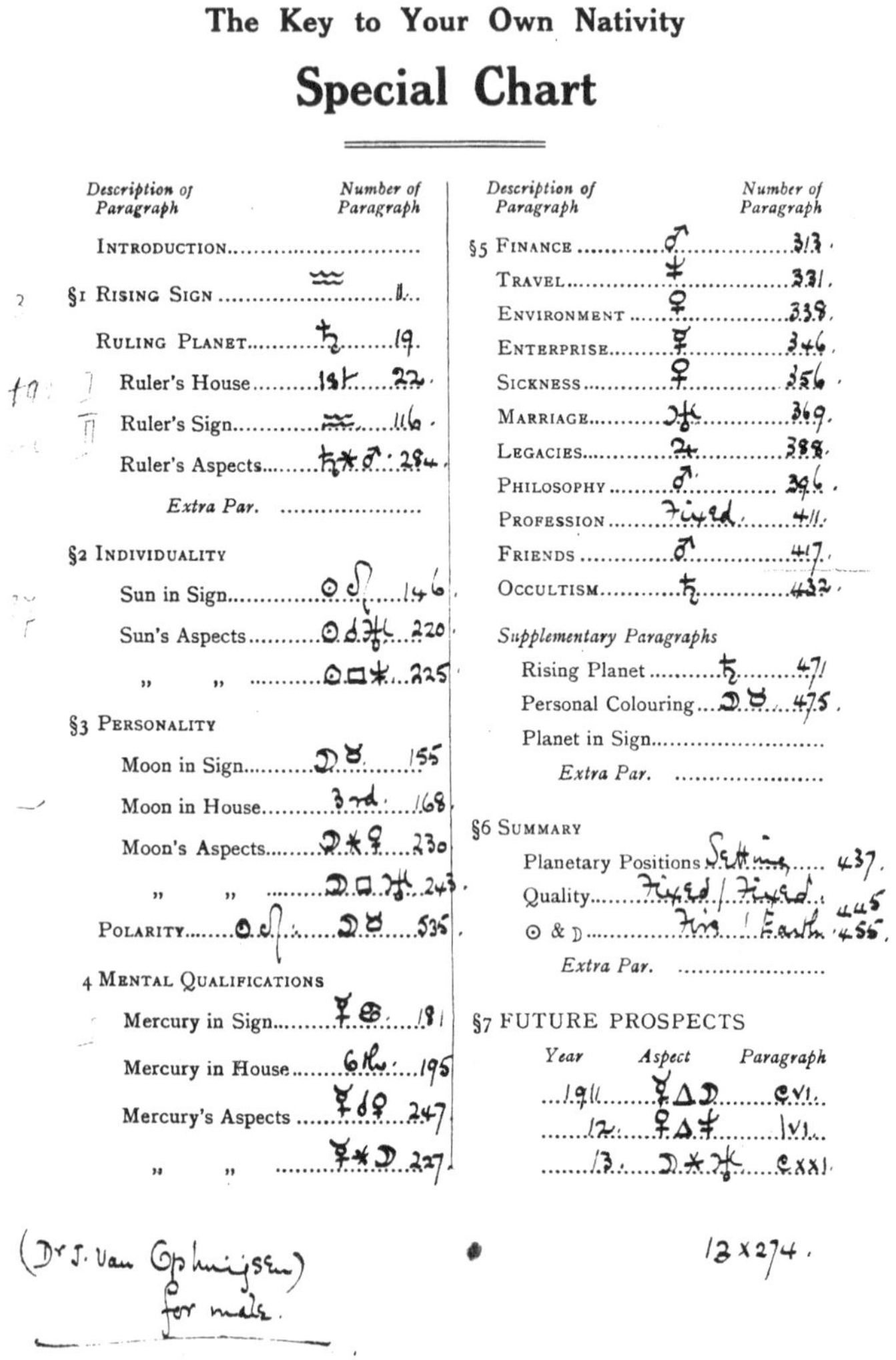
The Key to Your Own Nativity
Special Chart

Description of Paragraph	Number of Paragraph
INTRODUCTION	
§1 RISING SIGN ♒	1
RULING PLANET ♄	19
Ruler's House 1st	22
Ruler's Sign ♒	116
Ruler's Aspects ♄✶♂	284
Extra Par.	
§2 INDIVIDUALITY	
Sun in Sign ☉♌	146
Sun's Aspects ☉☌♅	220
" " ☉□	225
§3 PERSONALITY	
Moon in Sign ☽♉	155
Moon in House 3rd	168
Moon's Aspects ☽✶♀	230
" " ☽□♅	243
POLARITY ☉♌ ☽♉	535
4 MENTAL QUALIFICATIONS	
Mercury in Sign ☿	181
Mercury in House 6th	195
Mercury's Aspects ☿☌♀	247
" " ☿✶☽	227

Description of Paragraph	Number of Paragraph
§5 FINANCE ♂	313
TRAVEL ♆	331
ENVIRONMENT ♀	338
ENTERPRISE ☿	346
SICKNESS ♀	356
MARRIAGE ♅	369
LEGACIES ♃	388
PHILOSOPHY ♂	396
PROFESSION Fixed	411
FRIENDS ♂	417
OCCULTISM ♄	432
Supplementary Paragraphs	
Rising Planet ♄	471
Personal Colouring ☽♉	475
Planet in Sign	
Extra Par.	
§6 SUMMARY	
Planetary Positions Setting	437
Quality Fixed / Fixed	445
☉ & ☽ Fire / Earth	455
Extra Par.	

§7 FUTURE PROSPECTS

Year	Aspect	Paragraph
1911	☿△☽	cvi
12	♀△♆	lvi
13	☽✶♅	cxxi

(Dr J. van Ophuijsen)
for male.

13 × 274.

図 2-3 ユングの出生ホロスコープとアラン・レオの『あなた自身の出生ホロスコープへの鍵』の特定のパラグラフとを対応付ける「スペシャル・チャート」[33]

ユングの占星術の情報が書かれた、あらかじめ印刷された記入用紙は、ロンドンにあるレオの近代占星術の事務所のものである。したがってファン・オプハイゼンがレオの学校の講師として正式に働いていたか、なんらかの方法で学校からこの用紙を手に入れていたかのどちらかであろう。『あなた自身の出生ホロスコープへの鍵』の巻末にある記入用紙[30]から作られたコピーを持っていた可能性もあるが、ユングの私的アーカイブにある文書はコピーではなく、それぞれ別個の印刷された用紙で、ガリ版刷りでも本から破り取ったものでもない。またファン・オプハイゼンの手書きのメモは英語である。ふたりがこれについて深く議論したかどうかを「スペシャル・チャート」自体から知ることはできないが、ファン・オプハイゼンがチューリッヒで二年間、ユングの同僚であり患者であったことを考えると、彼らの間で占星術に関する議論がないほうが驚きである。このチャートにはユングのホロスコープでは土星が「ルーリング・プラネット（支配する惑星）」だとはっきり述べられており、レオの本から該当するパラグラフが示されている。そこには土星は「分別があり、真面目で思慮深い性質」を与え、「瞑想的な心」という才能をもたらすと書かれている。[31]あとで見ていくように、このようにユングのホロスコープを土星が支配していることは、彼にとって非常に重要なことで、とくに『新たなる書』に登場する何人かの人物像と関係がある。

「スペシャル・チャート」の右下に「将来の予想」というタイトルのついた部分があり、そこにファン・オプハイゼンは一九一一、一九一二、一九一三年について、誕生後のユングの惑星の動きを書き込んでいる。[32]「スペシャル・チャート」が一九一一年に作成されたのは明らかで、ちょうどユングがフロイトに占星術の研究をしていることを伝えた頃であり、これは当時のユングの占星術の研究にとって重要な情報源となったもっとも早い時期の文書といえる。さらに言えば、「オカルティズムの黒い潮流」である占星術を、実際に手ほどきしたのではないにしても、フロイトの仲間のひとりがユングのアラン・レオに傾倒するきっかけを作ったことになる。一九一一年に、仲間の精神分析家の中でユングだけが「哀れな学問」を追究していたわけではなかったことも暗示しているわけである。

「スペシャル・チャート」の「将来の予想」の部分は、まさにユングのフロイトとの決別、『リビドーの変容と象徴』の出版、『新たなる書』に関する仕事の開始の時期にあたっている。これは、ユングが自分とフロイトの間のしだいに高まる緊張に対して役立つ占星術的洞察を求めていた可能性を示している。一九一一年にユングは占星術を単に「検討して」いただけではなかった。アラン・レオの本を熱心に読んで学び、レオの学校のことをよく知っている精神分析家によって作成されレオが出版物に示していた解釈の資料との関係付けがなされたホロスコープ——おそらく彼自身が頼んだ——を受け取っていた。ユングは占星術を学びはじめた段階で、レオの広範な著作が提示する独特の心理・霊的観点に強く影響を受けたように思える。

マックス・ハインデルの「薔薇十字的」占星術

一九〇九年、のちにマックス・ハインデルと自称するようになるカール・ルイス・フォン・グラスホフ（一八六五～一九一九年）というデンマーク人の秘教主義者《エソテリシスト》が、ワシントン州シアトルに学校を設立し、それを「薔薇十字友邦団《ロジクルシャン・フェローシップ》：キリスト教神秘主義者協会」と呼ぶようになった。ハインデルの学校の任務は、薔薇十字の「真の哲学」を広めることにより、大衆に、迫りつつある水瓶座の時代に備えさせることだった。この「真の哲学」は、クリスティアン・ローゼンクロイツというキリスト教神秘主義者により一三一三年に創設されたとされる伝説的な歴史上の団体と結びつけられた。フリーメイソンリーの創設物語と同じように、薔薇十字団の創設物語の場合も、十七世紀初めに「薔薇十字宣言」[34]として知られる一連のパンフレットが発行されたことにより、その存在が最初に宣言されたという。歴史的証拠によってこの物語を確認することは不可能ではないにしても困難である。またクリスティアン・ローゼンクロイツという歴史上の人物の存在についても同様であろう。それにもかかわらず、十七世紀以降、初期近代の錬金術およ

図 2-4 マックス・ハインデル

びフリーメイソンリーと結びついたさまざまな集団や教派が、自分たちは「薔薇十字会員」だと公然と主張し、[35]自称「団」員による何冊もの著作が現在まで残っている。ユングが薔薇十字団に深い関心を寄せたことは、『ユング選集』の中に認められる多数の言及、[36]そしてユングがA・E・ウェイト（一八五七〜一九四二年）の著作をよく知っていて、敬意を払っていることからもわかる。ウェイトはもと神智学者で、黄金の夜明け団のメンバーであり、薔薇十字団、錬金術、聖杯伝説について研究する歴史学者でもあり、一九一五年に薔薇十字友愛団《フェローシップ・オブ・ザ・ロージィ・クロス》という自身の「薔薇十字」団体も結成していた。[37]

一九一一年、マックス・ハインデルはカリフォルニア州オーシャンサイドに自身の薔薇十字の組織の永続的な拠点を設けた。それは今日でもそこにあって、このポストモダンな多文化的時代においてさえ、まだ自らを「キリスト教神秘主義協会」と呼んでいる。[38]ハインデルはドイツの秘教主義者《エソテリシスト》であるルドルフ・シュタイナー（一八六一〜一九二五年）の著作から強い影響を受けている。シュタイナー自身はもともとはブラヴァツキーの神智学協会で修養を積んだが、のちにブラヴァツキーの排他的な東洋志向［ブラヴァツキーは西洋の秘教の伝統よりヒンズー教など東洋思想の概念や用語を好んで自らの神智学に取り入れるようになった］が理由で決別している。シュタイナーはその後、人智学[39]と呼ばれる自身の学派を創設した。当然のことだが、ユングはイギリスの神智学についてと同じくらいこのドイツの秘教的な学派のこともよく知っていたが、どちらに対しても同じように批判的だった。ユングの考えでは、シュタイナーの神智学会もブラヴァツキーの神智学協会と同じく、「純粋に宗教的な性格をもつ」ムーヴメントだが

「霊的科学《スピリチュアル・サイエンス》」を装い、シュタイナーの努力にもかかわらず、組織化された教会に発展することはなかった。[40]もちろん、同じようなことがユングについてもいわれてきた。彼の分析心理学は、「純粋に宗教的な性格をもつ」が科学的心理学を装っているというのだ。[41]ユングは神智学の場合と同じように人智学の公式の教義と組織構造に魅力を感じず、シュタイナーを批判したが、シュタイナーの考えはその多くがゲーテに触発されたもので、とくに占星術、心理学の文脈にはめ込むのに適しており、一刀両断に拒否したわけではなさそうである。[42]

ブラヴァツキーと同じようにマックス・ハインデルも、自分は、高度に進化した、肉体をもたない霊的な存在からメッセージを受け取ったのだと信じていた。彼は自分の霊的な指導者をエルダー・ブラザーズと呼び、友邦団の教義の基礎となったのはこうした存在との交信である。ハインデルは教師であると同時に作家で、多くの著作を残した。もっとも重要な本は、ブラヴァツキーの『シークレット・ドクトリン』と同じジャンルに属す『薔薇十字の宇宙概念 *The Rosicrucian Cosmo-conception*』と、占星術とその治療とその霊的な成長とみなしていたものへの適用に関して書いたいくつもの著作のひとつ『星々のメッセージ *The Message of the Stars*』である。[43]出版されたハインデルの著書で、ユングの蔵書のカタログに登場するものはない。だからといって、ユングがハインデルに関心をもっていなかったわけではなさそうである。[44]たとえ実際にハインデルの著作を一冊も購入しなくても、ユングは一九二〇年代中頃にハインデルの薔薇十字的占星術のコースを積極的に履修し、自分自身のホロスコープの理解のためだけでなく、第五章でもっと詳しく論じるように、占星術上の時代すなわちアイオーンの解釈に関するいくつかのテーマのためにこの「薔薇十字」の資料を参考にしたのである。

ハインデルの組織は、当時から今と同じように、「薔薇十字の哲学」と占星術に関する通信教育コースを設けていた。ユングは後者を受講したようである。アーカイブにある資料に日付が入っておらず、多くが失われているようなので、ユングがこの講座をどのくらいの期間受講していたのかは不明である。何回か試しただけで辞めたのかもしれないし、課程を修了したのかもしれない。ユングは宗教的確信に満ちた独断的な教義に対してはほとんど我慢できない人物であり、一方ハインデルは独断的確信に満ちていたから、前者の方が可能性が高い。この講座は、「宗教の一局面そして神聖科学としての占星術の重要性」を教える学習プログラムで、占星術は占いではなく霊的な知識だとみなすハインデルの考えに従って、「運勢判断《フォーチュン・テリング》」や、霊的な知識を商品化する似たような方法に携わっていないすべての人」に開かれていると宣伝されていた。[45] ユングのアーカイブにある資料は何ページもあって、概略的だが包括的な占星術の体系が示されている表紙ページの図から始まって、伝統的な黄道十二宮のサインがトリプリシティ（エレメント）、クワドルプリシティ（「カーディナル」、「フィクスト」、「ミュータブル」）、デカン（各サインを一〇度ずつ分割したもの）、支配星に分けられ、ホロスコープの一二の分割部分つまり「ハウス」のひとつひとつが関与する人生の領域が記載されている。

この図の下に「学習者への注意事項」という見出しで、通信教育を始めた初学者への前書きが

Astrological Chart

The Rosicrucian Fellowship,
Oceanside, California

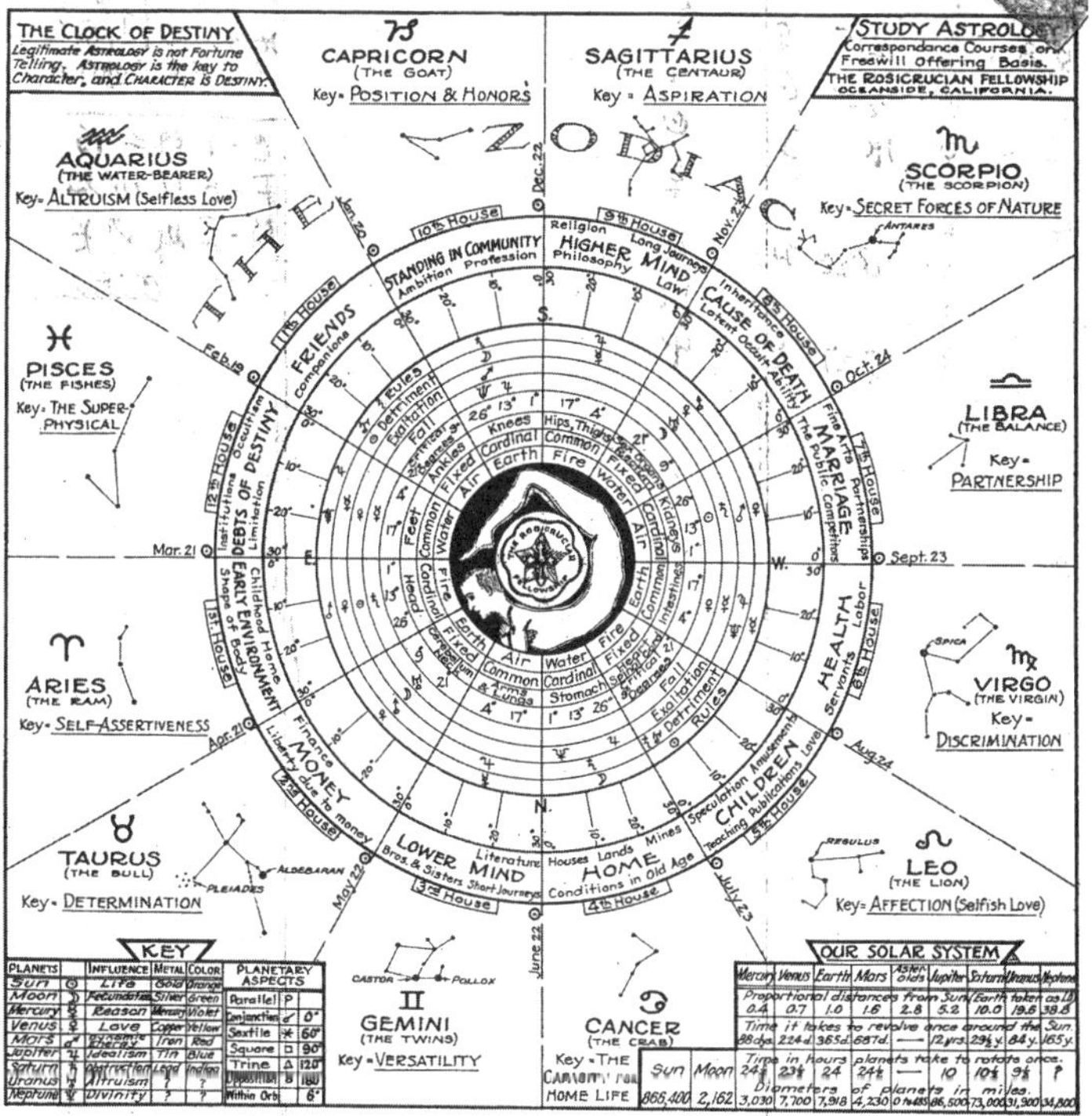

NOTICE TO STUDENTS:

This chart is designed to give you a bird's eye view of the whole subject of Astrology, including keywords, elements, metals, colors, a star map, and general astronomical information.

It should be used as a means of correlating the information which you gradually obtain from our correspondence course and books. A careful study of it will well repay you. There are no answers required in connection with it; it is merely to be kept for reference. If you have any questions about it, we would suggest that as far as possible you wait until you are able to obtain the answers from your study of the correspondence course and the text books recommended. We would call your attention to the fact that every sign, house, and planet has several keywords to describe all its various qualities. As you progress in your study of the subject, you will constantly add new keywords to your previous list.

2-5　薔薇十字友邦団の占星術通信教育コース教材の表紙ページ [46]

書かれている。そしてこれはオリジナルの印刷版の図であり、ガリ版刷りではない。

この図は占星術の全体像を把握してもらうためのものである……この通信教育コースと書籍からあなたが順次に得ていく情報を互いに関係付ける手段として使っていただきたい。これを細部まで注意深く勉強すれば、得られるものがあるだろう……これについて何か疑問がある場合、通信教育コースと推薦図書を学習して答えがわかるようになるまで、できるだけ待つことを勧める……これについての学習が進むにつれ、それまでのリストに新たなキーワードを絶えず追加することになるだろう。

この表紙ページの次は個人用の「ホロスコープ・データ・シート」で、学習者の名前の欄は空白のままだが、ユングの誕生の日付、場所、時刻にもとづいて作成されている。筆跡はユングのものではないので、おそらくこの情報はこのコースを担当する講師のひとりが書き込んだのだろう。月を先に書いてそれから日を書く日付の書式から、この書き込みがアメリカ人の占星術師によるものだとわかる。トランジットの（通過している）惑星のリストが、一九二八年のいくつかの日付について示されている。同じ筆跡の二枚目のホロスコープ・データ・シートもユングの出生ホロスコープを示しているが（名前の欄は空白のまま）、一九二六、一九二七、一九二八年についてプログレス（進行）させた惑星の位置のリストが書かれている。三枚目のホロスコープ・デー

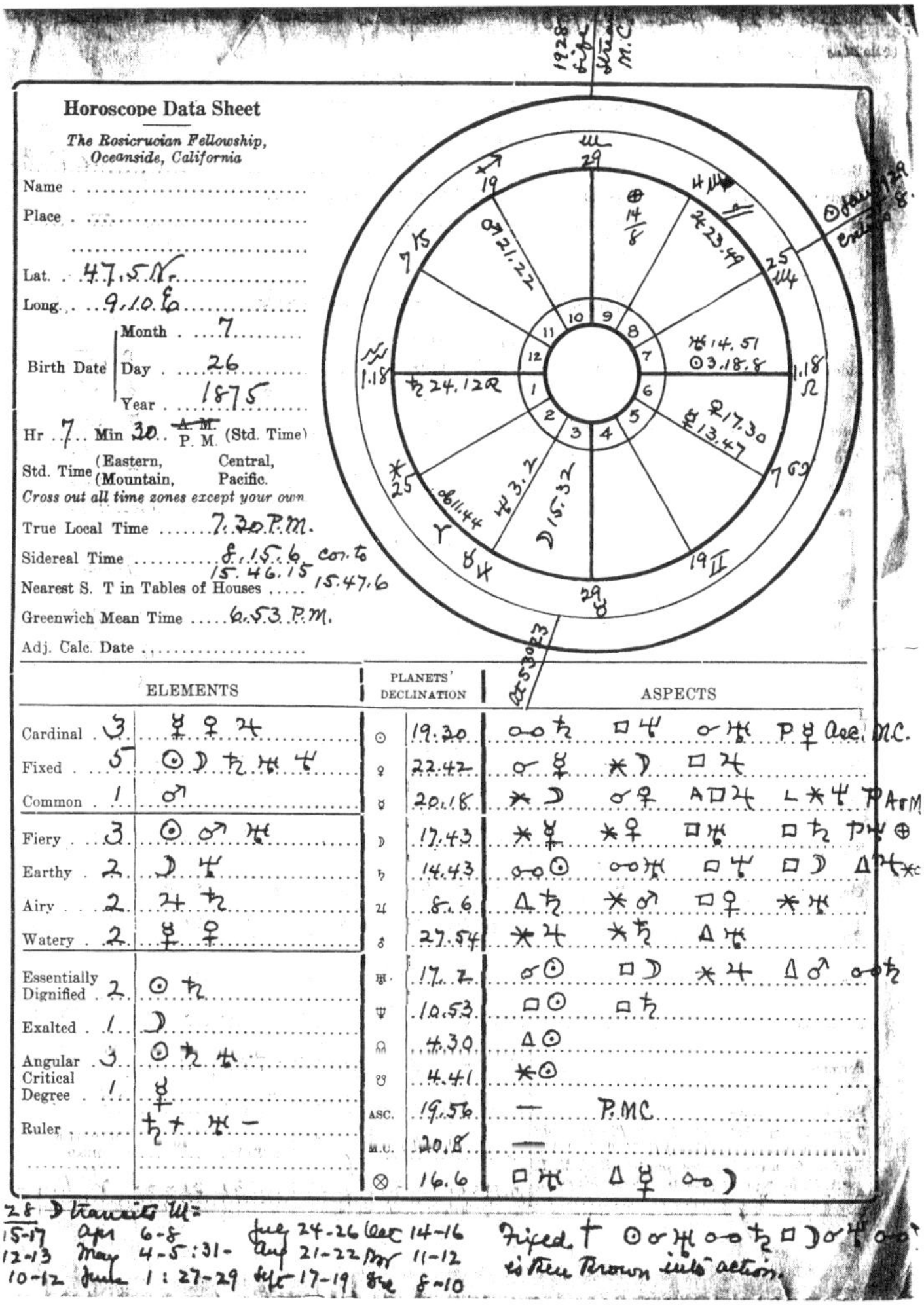

2-6　ユングの誕生年、日、時刻、場所で作成された薔薇十字友邦団の「ホロスコープ・データ・シート」[47]

タ・シートには、一九二九年についてプログレスさせた惑星の位置が示されている。最後に、四枚目のホロスコープ・データ・シートには、一九三一年について出生時の惑星とトランジットの惑星のリストが書かれている。これらのホロスコープ・データのリストはすべて、同じ筆跡で、上部に薔薇十字友邦団のロゴが入ったあらかじめ印刷された標準的な記入用紙に書き込まれている。用紙に日付が記入されていないため、存在する文書から、ユングがこれらの図をすべて同時に依頼したのか数年にわたって順次依頼したのか知ることはできない。あとでもっと詳しく論じるが、ユングがジョン・ソーバーンというイギリスの占星術師と長く文通していて、彼に出生ホロスコープの解釈を求めたのはこの頃――一九二〇年代中頃から後半――である。そして、ユングが『新たなる書』の装飾書体での筆写を完了したのもこの時期だった。

ユングが、すでにハインデルの組織とかかわりのあった友人の協力を得て、これらのホロスコープを作成してもらった可能性もある。ユングの私的アーカイブの中には、彼以外の人物によるもの、同僚や患者――フロイト、トニー・ヴォルフ、一九〇〇年から一九〇九年にブルグヘルツリ精神病院でユングのよき指導者だったオイゲン・ブロイラー（一八五七～一九三九年）など――のために作られたチャートが多数ある。いくつかはエンマ・ユングによるもので、彼女はユング自身と同じくらい占星術に熱中していたようだ。作成者がわからないものもいくつかある。[48] ユング自身が作成したものも少しあり、たとえば図2・7に示した正体不明の人物のためのものや、一九一四年に生まれた娘のヘレーネのためにユングが作成した計算シートがある。

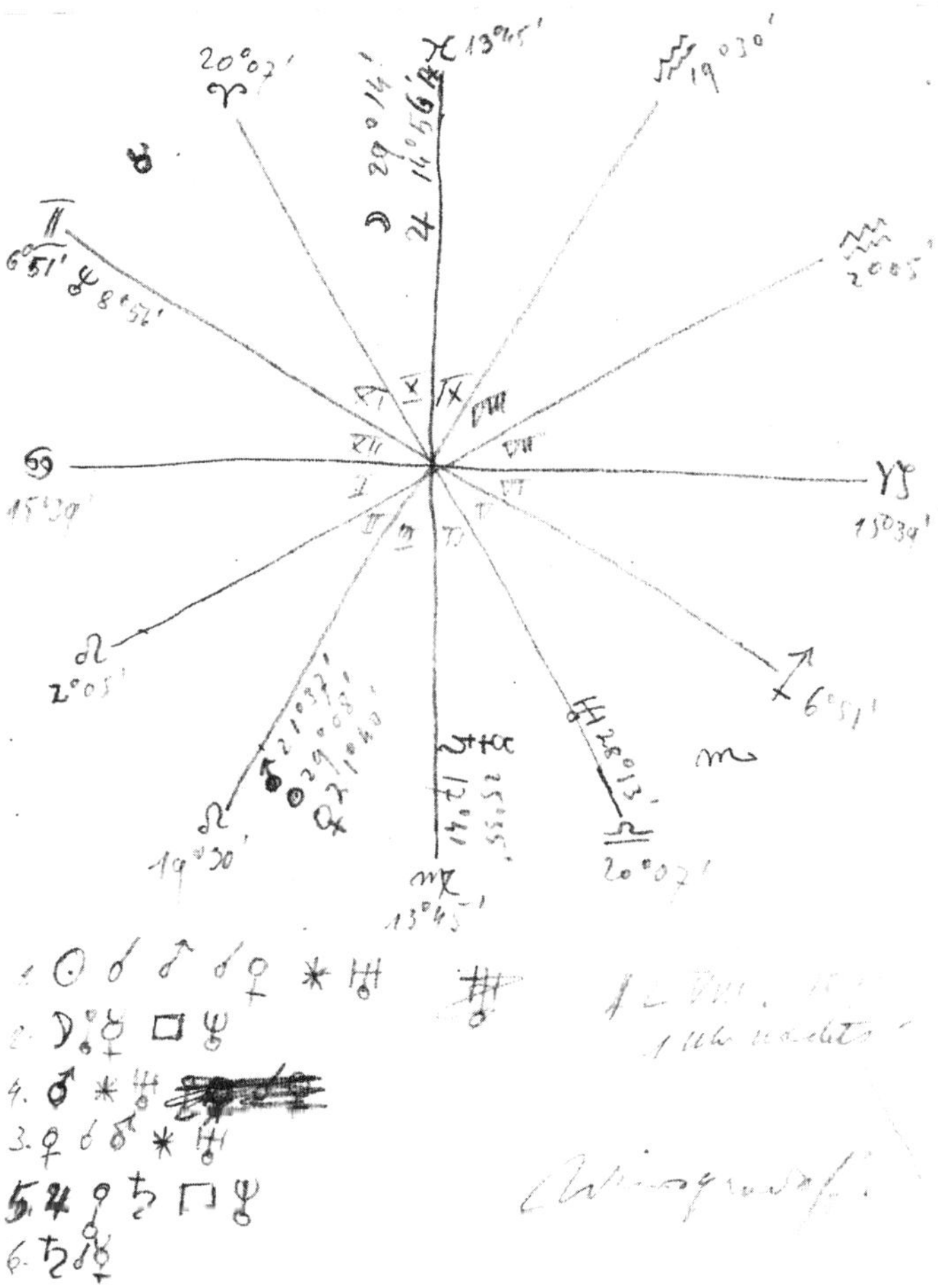

2-7　1891年8月12日生まれの不明の人物のためにユングが作成した手描きのホロスコープ[49]

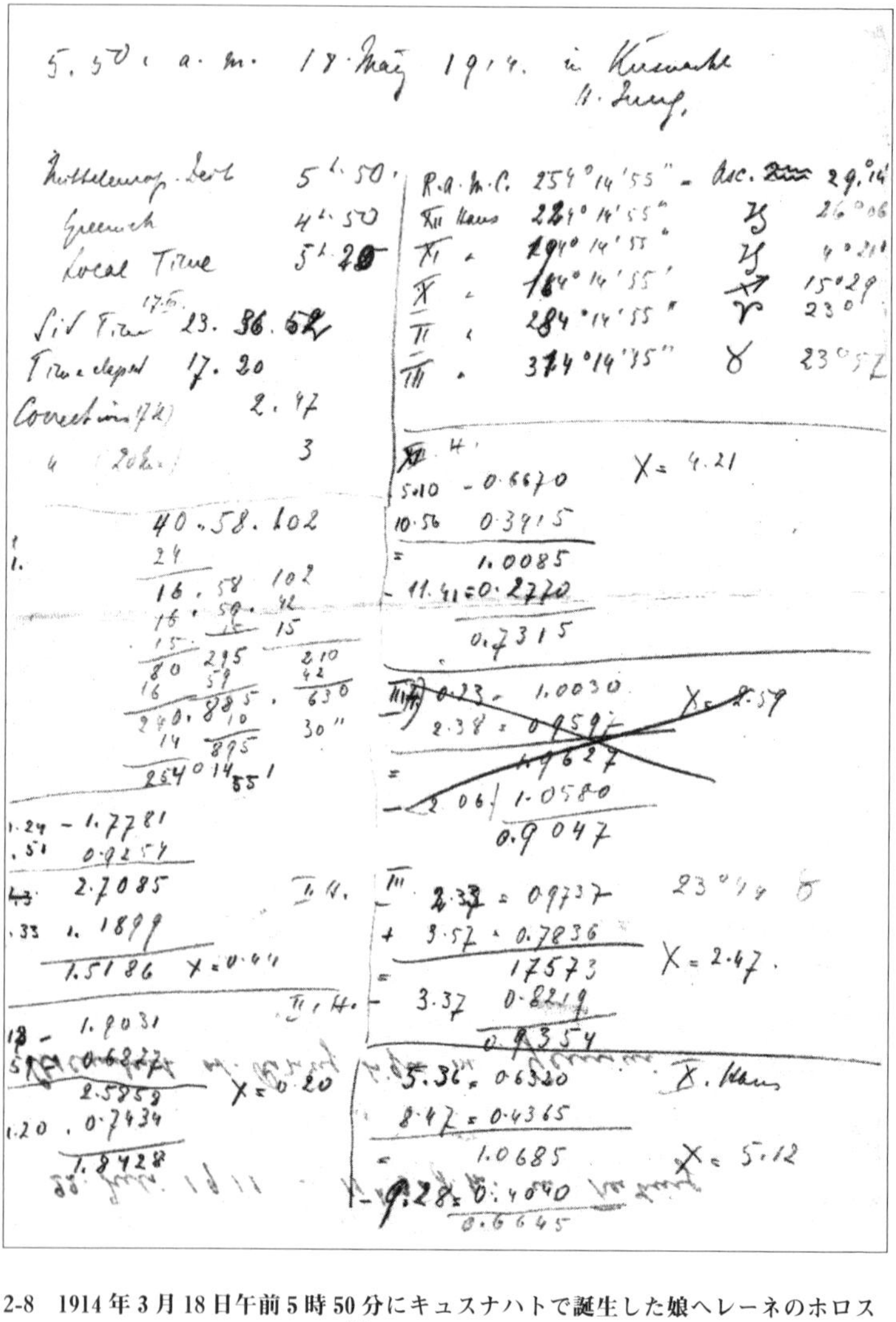

2-8　1914年3月18日午前5時50分にキュスナハトで誕生した娘ヘレーネのホロスコープのためにユングがした計算[50]

しかし、薔薇十字のチャートが団の講師以外の人物によって準備されたのだとすれば、なぜ学習者のための表紙の概略シートが資料に含まれていたのか理解に苦しむ。さらに、たとえユングがこのコースを受講していなかったとしても、これらの資料を提供元としてこの占星術師を選択したこと自体からわかることがある。ユングは秘教的あるいは霊的な概観を有する占星術を教えるアメリカ人を選んだのであり、これは神智学に傾倒する占星術師アラン・レオへのユングの関心と一致するところがあるわけだ。ユングは神智学者でないのと同様、薔薇十字主義信者でもなかったが、ハインデルの占星術への取り組み方を、当時のイギリスとドイツに存在していた予言に重点を置いた占星術の流派より自分の志向に合うと思ったようだ。それは、ハインデルが、霊的なだけでなく心理学的にも理解できる動的な内的変容のプロセスを唱道していたからである。レオと同じようにハインデルも、出生ホロスコープについての理解に輪廻転生の概念を組み込んだ。

しかし、ホロスコープが私たちが過去の人生でどんな人間になったかを示していることを忘れてはならない。友人を引きつける星の配置をもつ人は気立てがよくて親切だったに違いないのに対し、人間の本性の意地の悪い面を引き出して敵を作る人は、その人自身、利己的で非友好的だ。しかし、星の天使は悪意をもって誰かを苦しめようとしているわけではないため、その人が努力して行いを改め、他者のために犠牲を払うなら、いずれ好ましくない星相《アスペクト》も克服できるだろう。[51]

このような理解はあまりに単純で、これが出生ホロスコープの「心理学的」理解だなどとはとてもいえない。しかし、ハインデルの占星術は生まれつきの性格の傾向を変える意識的な努力に関心をもっていて、その意味で、性格の傾向のたんなる説明や、宿命によって定められている未来の出来事の予測よりも、ユングの心理学的アプローチに合っていた。

神話と占星術的象徴

占星術上の配置《コンフィギュレーション》をユングがどうとらえていたかを理解するために、ハインデルの著作を精査するに足る価値のある要素がほかにもある。占星術的象徴の解釈に神話物語を使用するのはハインデルの技法の顕著な特徴であり、神話の物語やイメージを利用して象徴のより深い意味と関連性を明確にするユングの「拡充《アンプリフィケーション》」の概念とよく似ている。ハインデルは自ら認めるキリスト教徒で、イエスの生涯についての物語を神話と考えたことはないだろうし、彼が述べる神話的物語は通例、ブラヴァツキーの『ベールをとったイシス』に示されている人間の進化の壮大なコスモロジー的ドラマと固く結びついたものだった。それでも、ハインデルが利用したイメージ――それを彼は認めたくなかったかもしれないが、あまりキリスト教的ではないことも多かった――の中には、黄道十二宮のサインの古い静的な性格学的説明に、命と目的を吹き込むために、ユングも行った神話のモチーフを利用するやり方と一致する点があるのだ。

たとえば『星々のメッセージ』で、ハインデルは水星を紹介するのにこの惑星の神話上の役柄である「神のメッセンジャー」をとりあげ、その「知恵の教えはカドゥケウスすなわち『マーキュリーの杖』によって象徴的に表される」としている。それから、カドゥケウスに巻きつく蛇が神智学でいう物質への魂の「巻き込み」の「螺旋軌道」だと説明した。[52] もうひとつの例が、乙女座のサインについてのハインデルの解釈である。（ユング自身がスイス人についての記述でしたように）このサインの現実的《アーシィ》で細部にこだわる性質にばかり注目するほかの占星術の文書とは異なり、ハインデルは「天の乙女」が誕生を待つ胎内の救世主の母を象徴していることを強調した。

水瓶座の時代の到来がはっきりと告げられる前に、まず間違いなく、人は煩悩と渇望の克服の点で大きく進歩しているだろう。穢れのない天の乙女である乙女座と、そのサインに含まれる小麦の穂は、どちらの理想も現在の魂の成長にとって有益だということを示している……魚座の時代に乙女座という母親の理想に目を向け、キリストの犠牲的奉仕の例にならい、無原罪の懐胎が各人にとって現実の経験になり、水瓶座の救世主が我々の中に生まれる。[53]

ハインデルにとって水瓶座は「救世主」であり、内なる神性が発揮される可能性を示すのに対し、乙女座は「無原罪懐胎の媒体」である。

毎年、冬至に、穢れのない聖母が真夜中に上昇してゆき、生まれたての太陽が穀物とブドウを成長させる仕事にとりかかる……このため太陽は、霊的な命の糧で大勢を養うために生まれた救世主の象徴としてふさわしい。[54]

マリアを「天の乙女」と、キリストを冬至に新たに山羊座に入る生まれたばかりの太陽と同一視するのは、ハインデルが初めてではない。キリストの太陽との対応は、初代教会の図像、おもに頭の周囲に太陽光線を放つ救世主の後光に、そしてキリスト教の救世主の誕生に、ミトラスやソル・インヴィクトゥス〔「敗れざる太陽」、古代ローマの太陽神ソルのことで、とくに二世紀以降こう呼ばれた〕のような異教の太陽神が、年に一度再生するとされる冬至を選んだ点に、見ることができる。初代教会が、自らのメッセージをより「市場性の高い」ものにするために、異教の図像から多数のモチーフを流用したというのはよく知られていることだ。[55]

太陽神話、宗教、天体現象の間の密接な関係について、ハインデルは十九世紀後半以降の文献を参照したようだ。そして、現役の占星術師であるハインデルは、神話的なイメージを個人のホロスコープの解釈に当てはめた。大きな影響力をもつ東洋学者のフリードリヒ・マックス・ミュラー（一八二三〜一九〇〇年）は、一八七三年に、かつて太陽を中心とする最初の純粋な宗教があったという、当時すでに確立されていた主張を繰り返して、普遍的な太陽崇拝のテーマに学問的体裁を与えていた。

この光と生命の源、この沈黙の旅行者、この荘厳な支配者、この旅立つ友あるいは死にゆく英雄は、その毎日そして毎年の進路をたどる。[56]

ミュラーの影響はブラヴァツキーやハインデルだけでなくユングにも及び、彼はミュラーの『神智学：心理学的宗教 *Theosophy: Or, Psychological Religion*』に加え、『宗教の起源と発展についての講義 *Lectures on the Origin and Growth of Religions*』のドイツ語訳も入手した。[57] キリストやミトラスのような人物像の背後に原初的で普遍的な太陽信仰を見る学者たちの傾向は、『新たなる書』に取り組んでいた時期のユングの作品にも見られる。『リビドーの変容と象徴』では個性化過程の中心的な象徴モチーフとしての太陽への言及が随所に見られ、『新たなる書』の中心テーマのひとつとなっている。冬至の生まれたての太陽が救世主と同一視されるのなら、必然的に「天の乙女」である乙女座は救世主の母であるマリアと同一視されることになる。神話を使って黄道十二宮のサインにより深い意味を与えることを最初に考えついたのがマックス・ハインデルであるわけではないにせよ、ユングがよく知る同時代人の中では、おそらく占星術に関するもっとも重要な著作家であり、太陽がキリストのシンボルで乙女座が「天の母」だという考えを自分のものにして、それを占星術の解釈に用いた人物だったのだ。

ユングもハインデルと同じように、星座の神話的関連付けについての昔の考え方を参考にし、黄道十二宮のサインについての自分の考えに合わせて、出生ホロスコープのシグニフィケーターの解釈に組み込んだ。前記の乙女座についてのハインデルの記述と、このサインのユング自身の神話志向の解釈を比較してみるとよい。ユングは次のように書いている。

母なる女神は——そして黙示録に書かれている星をかぶった女性も——普通は処女とみなされている……黄道十二宮のサインである乙女座は小麦の束をもっているか子どもを連れている……ともかく、この女性は終末における救世主誕生の預言と関係がある……その「サルヴァトル・ムンディ、世界の救世主の」母はサピエンテイア・デイ［ソフィア、神の知恵］あるいは乙女座としてのメルクリウスである。[58]

このように乙女座は、その「けちなところ、鈍感さ、頑固さ」とユングがスイス人の性格を著す根拠にした、水星に支配される地のサインであるだけではない。この黄道十二宮のサインは、彼にとってもっと深い意味ももっているのである。それは、内なる太陽という「救世主」つまり自己を身ごもり産むリビドーの側面を象徴していたのだ。心理学的観点からいえば、乙女座はユングに霊媒能力と元型的領域の隠された知恵についてなにがしかを語るものだった。この認識は『新たなる書』にサロメの姿で登場し、『新たなる書』に取り組んでいた時期にユングの心的指導者と産婆の働きを果たしたトニー・ヴォルフが乙女座に太陽があるときに生まれたという事実も無関係ではないのだろう。[59]

もうひとつの例では、一九三四年にユングが書いているように、黄道十二宮の蟹座のサインは「蟹がその殻を脱ぎ捨てることから復活を意味する」が、母の領域に属す「女性と水のサイン」である。これは英雄ヘラクレスが水蛇ヒュドラと戦っているときに彼のかかとを挟み切らせるためにヘラが遣わしたカルキノスという正体不明の蟹のような生き物と関係がある。[60] このように特定の個人のホロスコープに関して神話のテーマを使うこと——蟹座の場合、ユングの患者でこのサインの「もとに生まれた」[61] X夫人のホロスコープ——は、ひとつにはマックス・ハインデルの占星術への取り組み方に触発されたのかもしれない。情報源が何だったとしても、神話はユングに、出生ホロスコープがその人の生まれつきの気質と無意識のコンプレックスがどんなものかだけでなく、もっと重要な、その人の心的生活のより深い目的、つまり個性化の道筋を描写することができるという印象を与えたようだ。ユングはこのような独自の流儀で神話を理解した。そして、その方法を占星術象徴を拡充することに応用し、また逆に占星術で神話を拡充した。こうして、ユングはホロスコープの主題と個性化過程の理解を結びつけていったのである。

ジョン・ソーバーンと「エポック」チャート

『新たなる書』の装飾書体での書写が完了間近になり、ユングがマックス・ハインデルの薔薇十字友邦団の占星術についての研究もしていた一九二八年ごろのこと、彼と妻のエンマは共に、イングランド西部に居をかまえ、大学で哲学の講義をしていたスコットランド人の占星術師ジョン・マッケイグ・ソーバーン（一八八三〜一九七〇年）と文通をしていた。ユングの求めに応じて、ソーバーンは一九二八年八月十九日に、ユングの出生ホロスコープの解釈を長々と書いてよこした。当時ソーバーンは、カーディフ大学で教えていたが、文通より前にチューリッヒで患者そして友人としてユングとともに過ごしたことがあった。一九二九年二月十五日付のエンマ・ユング宛ての手紙で、ソーバーンはデイヴィッド・ベインズとケアリー・ベインズがいなくていかに孤独かを述べ[62]、イングランドで「ミセス・シュウィル」何某という人物の心理療法のワークをしたことから、「もうチューリッヒを訪問することはできそうにないが、ちょっと手紙を書いてみようという気持ち」になったと書いている。

ソーバーンはユングの仕事を早くから称賛していた人物で、ユングの『リビドーの変容と象徴』の英語版の出版から三年たたないうちに、フロイトの精神分析論以上にユングの分析心理学を強く支持する学術論文をいくつも書き、本も一冊出している。これらの著作は、ソーバーンがユングのホロスコープの解釈を作成した日付の数年前に書かれている。[63]一九二五年に出版されたソーバーンの『芸術と無意識 *Art and the Unconscious*』では、フロイトの学説を公然と批判した。それと対照的に同書では、宗教的象徴体系に対するユングの独創的なとらえ方や、ユングの提唱する創造的作業における想像力の役割の重要性は明白であると評価した。[64]ソーバーンはロンドンの

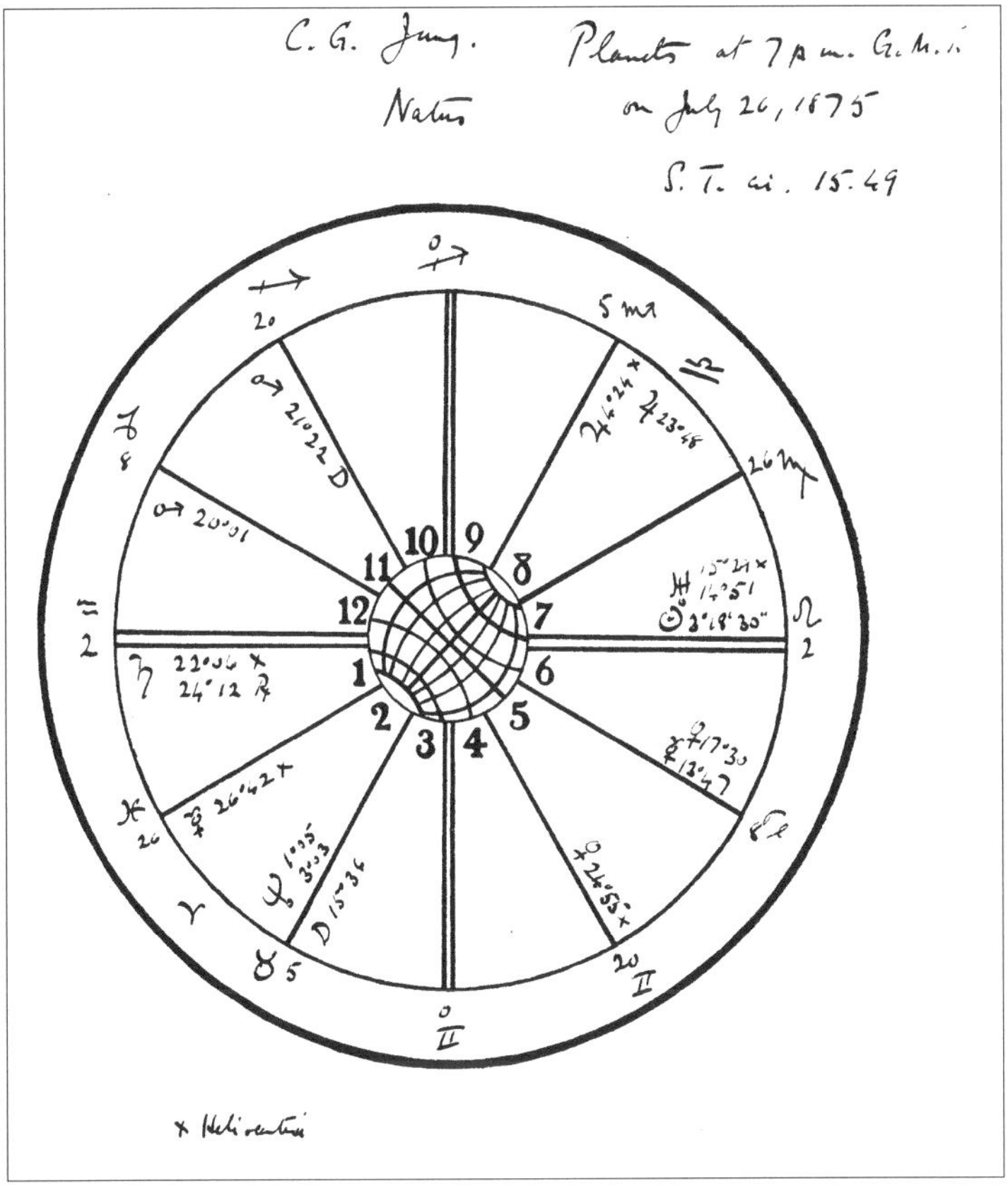

2-9　1928年8月19日付の手紙に同封されていた，ジョン・M・ソーバーンが作成したユングの出生ホロスコープ[68]

分析心理学クラブの最初のメンバーのひとりで、その後も何年も退会していない。一九五八年にクラブに「神は存在するか？」というタイトルの論文を寄せ、これはのちにユング派の雑誌『ハーヴェスト』に発表された。ソーバーンはイギリスの占星術界でも積極的に活動し、一九三九年四月にハロゲートで開かれたイギリスで最初の公式の占星術会議に参加している。そこでは多くの占星術師（ただし全員ではない）が、ヨーロッパの占星術師の多くと同じように、ヨーロッパで戦争はないだろうという間違った楽観的な予言を発表した。ソーバーンはユングの患者だったが友人でもあり、チューリッヒ滞在中にかなりの時間をユングと占星術について議論して過ごしたようだ。その占星術は多分に性格学的なもので、当時、入手できた多くの文書に書かれていたような予言的な分析ではなかった。それは疑似心理学的、疑似神智学的な占星術で、おもに個性化過程の目的論に焦点を当てたものだったのだ。

ユングの出生ホロスコープのソーバーンによる分析は、一見すると、ごく平凡な性格調査である。チャートは、アラン・レオが最初にデザインした、独自のホロスコープの書式があらかじめ印刷された用紙に描かれている。しかし、ソーバーンの発言の中には通常の性格学的なものもあるが、彼の分析には、特定の惑星の配置を「コンプレックス」と解釈しているところもあり、明らかに心理学的な言及も含まれていたのである。たとえば、牡牛座にある海王星に対してクォドレイト（九〇度）の角度をなす、獅子座にあるユングの太陽を、「『神秘的《ミスティカル》』コンプレックス」で、それは「占星術で、あなたの神秘性、そして自然に対する神秘主義《ミスティシズム》的態度に相当するもの」だと

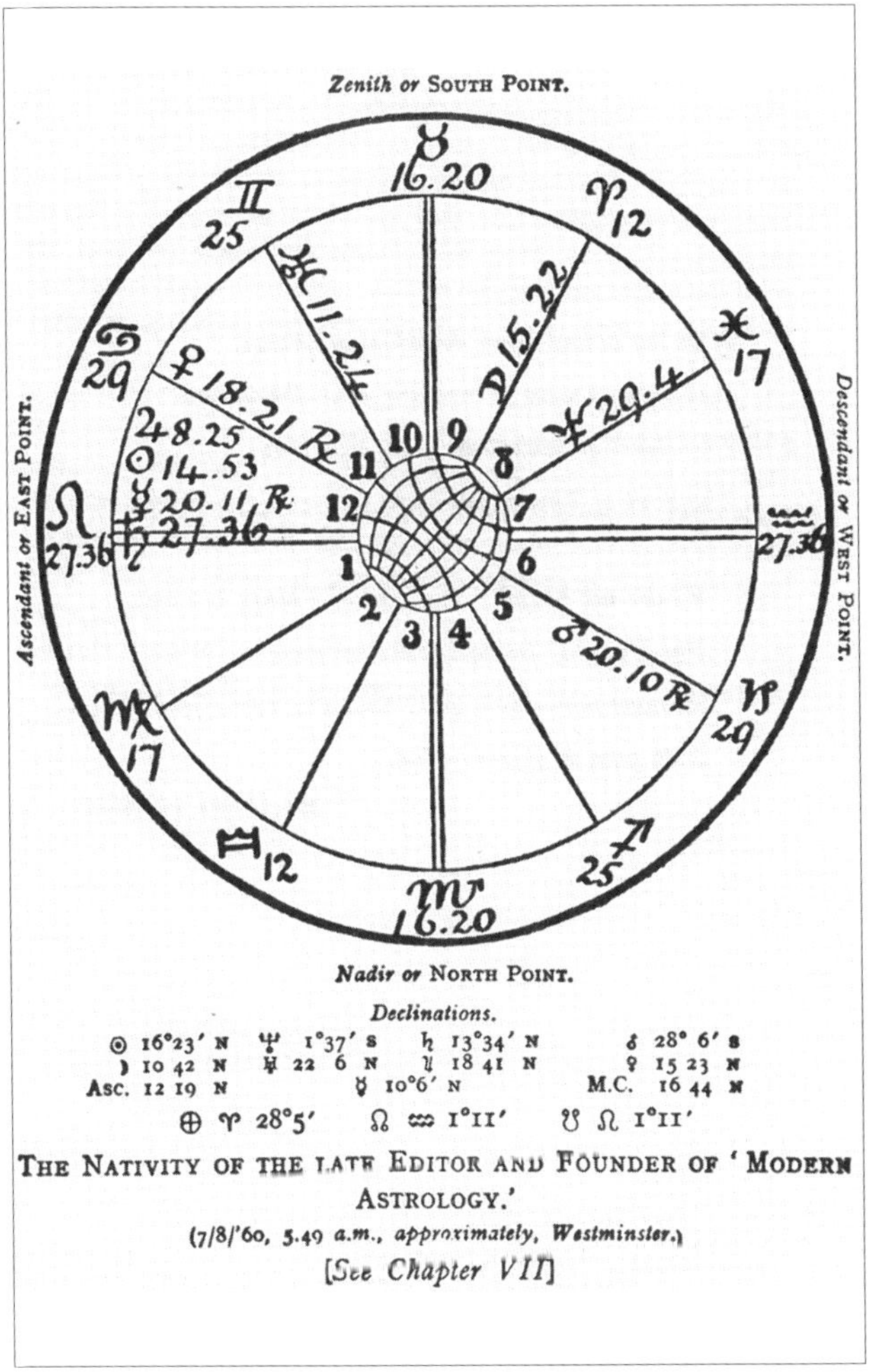

2-10　アラン・レオが自分でデザインしたホロスコープの書式に記入した、彼の出生ホロスコープ[70]

ソーバーンは述べている。惑星の配置をコンプレックスと同一視するのは、明らかにユング自身の考えに由来するものである。ソーバーンのこの「コンプレックス」という用語は何ら病理的状態を意味する評価は含まれていない。ソーバーンの分析におけるこの言葉は、ユングのコンプレックスについての考え方が、ホロスコープ内の惑星と惑星の関係にコンプレックスをどのように関係付けていたかを示すという点で重要である。

出版された論文のひとつで、ソーバーンはフロイトの精神分析は「感覚」機能にもとづいているのに対し、ユングの心理学は感覚の反対の機能である「直観」にもとづいていると述べている。[72]『タイプ論』でユングは、人は例外なく自分自身の気質のバイアスを通して人生をとらえると明言していた。完全な客観性など幻想であり、いかなる心理学的「システム」であれ、必然的にそれを造りだした心理学者自身の個人的心理が土台になっているというのである。[73]

人は自分の位置から一番よく見えるものを見るものである。だから人はまっ先に兄弟の眼の中の塵に気づく。塵がそこにあることは疑いない。しかし自分の眼の中には梁《はり》が横たわっていて、それが見る働きをかなり妨げているかもしれないのである。[74]

ユングは『タイプ論』で自分自身の「機能型」にもフロイトの機能型にも言及していないが、一九二三年にドイツの占星術師オスカー・シュミッツに宛てて書いた手紙の中で、自分のタイプについてはっきりと述べている。ユングは自分自身を「思考／直観・内向型」と考えていたのである。[75] 彼が『タイプ論』の内容について研究していた当時、『新たなる書』にあるようなヴィジョンが彼の人生で勢力を振るっていた事実を考えれば、とくに個人的なことが書かれていなくても、この作品からユングが自分の気質をどのようにとらえていたか読み取ることもできる。

もしもこのタイプ［内向的直観型］が存在しなければ、イスラエル民族に預言者が現れることはなかったであろう……内向的直観が捉えるイメージは、ア・プリオリに備わっている・すなわち遺伝によって備わっている・無意識的精神の基盤に由来するものである。[76]

ユングは公刊した著作の中では占星術上のエレメントと機能型とを同一視するようなことはしていない。しかし、占星術師としてのユングは、フロイトが地のサイン（ソーバーンはそれを感覚機能と結び付けた）である牡牛座のもとに生まれたのに対し、自分は火のサイン（ソーバーンは直観と関連付けた）である獅子座のもとに生まれたという事実を十分に知っていたはずだ。さらに、ユングのアセンダント、そしてあの非常に重要なチャートの支配者《ルーラー》である土星は、どちらも風のエレメント（ユングはそれを思考と関連付けていたようだ）とされている。患者であるX夫人のチャートにおけるエレメントのバランスおよびアンバランスについてユングが言及したときの論理に従えば、ユングのチャートにおいて風と火が重要視されていることは、思考型と直観型の傾向があるというユング自身の類型の評価に正確に適合しているように思える。フロイトとユングそれぞれの類型についてのソーバーンの見解は、ふたりの間にある対立の本質――感覚でとらえられる世界と直観でとらえられる世界の衝突――についての占星術上の説明ともなっていて、この点についてソーバーンはユング自身と議論したにちがいない。このように、ソーバーンの意見は、ユングの類型モデルの開発における占星術の重要性をはっきり示している。

ユングの出生ホロスコープのソーバーンによる解釈におけるもっとも注目すべき所見は、土星の重要性を強調したことである。ソーバーンの分析は、「土星が水瓶座で上昇する」という素っ気ない言葉で始まる。そしてさらにこれを詳しく説明していく。

> この土星は品位《ディグニティ》が強く［ユングの土星は本来の星座の水瓶座にある］あって強力なアスペクトをもちアフリクション［他の天体から害されていない］はない。これは少しばかり注目すべきことで、私の経験の範囲では、非常に珍しい……出生ホロスコープで「大凶星」が自由で力を与えられているというのは、間違いなく途方もない強みに違いない……これらのサイン［それぞれ天秤座と水瓶座］にある木星と土星がトライン[77]をなしていることは、この人物の生涯をかけた仕事が、人類のために倫理的宗教的態度で迷いもなく着実に追求されることの強力な証拠である。[78]

ソーバーンの記述は、『新たなる書』でもっとも重要な想像界《イマジナル》上［イマジナルとは単なる架空を示すイマジナリーに対し、ある種の実在性をはらむイメージを指す」の人物像フィレモンがユングの心的生活を通じて果たした役割と不思議なほど正確に一致している。「大凶星」として知られる惑星が魂の「一生の仕事」の肯定的で創造的な導き手の働きをするというパラドックスは、『新たなる書』に出てくるユングの元型的な「老賢者」の両義性を反映しているようだ。フィレモンの占星術上の土星との関係は、拙著『ユングの「新たなる書」の占星術的世界』でさらに詳しく論じた。ここでは、自分が土星によって「支配」されているという考えをユングが非常に重く受け止めていたことを述べれば十分だろう。一九五五年にアメリカの作家アプトン・シンクレアに宛てて書いた手紙の中で、ユングは次のように述べている。

> 私の誕生の支配者である老サトゥルヌスが私の成熟の速度を遅くし、人生の後半が始まって、つまり正確には三十六歳で、ようやく自分自身の考えがわかったほどなのです。[79]

ユングが三十六歳になったのは一九一一年で、この年、フロイトに自分が占星術を研究していることを伝え、ドイツ語版『リビドーの変容と象徴』の発表によって、自分の指導者の学説との意見の不一致を公表したのである。

ソーバーンによる「エポック」チャート

ユングの出生ホロスコープの解釈とともに、ソーバーンは「エポック」と題したチャートの詳

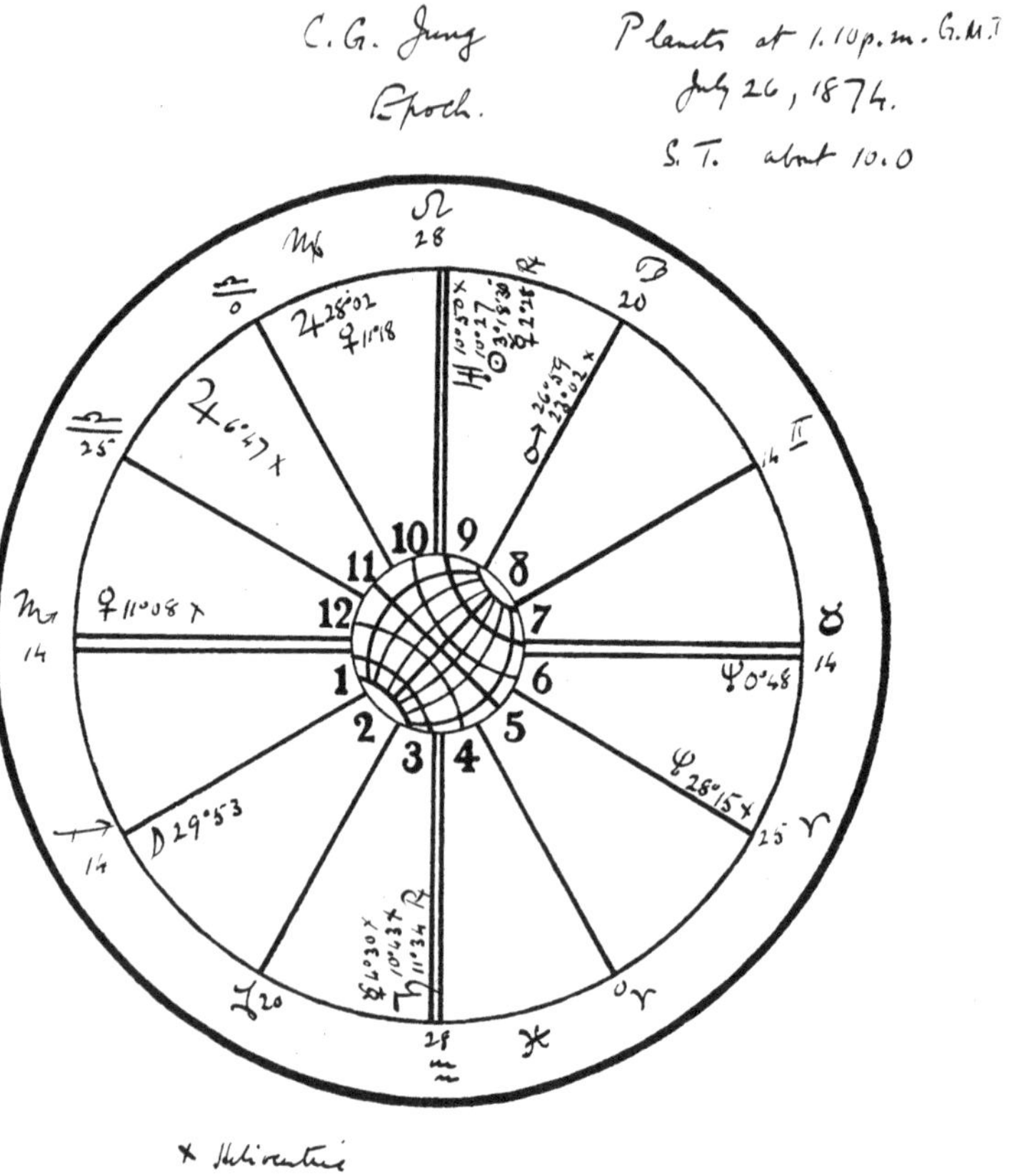

2-11　ジョン・M・ソーバーンが作成したユングの「エポック」チャート[80]

しい解釈も同封していた。

一九二〇年代から一九三〇年代にかけてイギリスで、「プレネイタル・エポック」と呼ばれる占星術の技法が流行した。それはヘルメス・トリスメギストスにさかのぼるとされ、二世紀にウェティウス・ウァレンスが『アンソロジー *Anthologiarum Libri*』で、またプトレマイオスが『テトラビブロス』において言及した、「ヘルメスの秤」と呼ばれる古代の説をもとにしていた。[81] この技法は一〇世紀にアラブ世界で完成し、中世から初期近代にかけてさらに磨かれ、二〇世紀初めの占星術によみがえったものだ。[82] プレネイタル・エポックは、受胎の瞬間のホロスコープを決定し解釈しようとするもので、[83] 誕生の時刻があいまいであったり不正確であったりする（双子の場合を除いて誕生時刻が記録されないイングランドではよくある問題だった）場合にホロスコープを「レクティファイ」つまり修正する手段として、占星術師に利用された。プレネイタル・エポックは、さまざまな種類の先天的障害の原因を調べる手段としても役に立つと考えられていた。この技法は今日でもまだいくつかの占星術グループで使用されており、それを計算するコンピュータのソフトウェアも利用できる。[84]

一九二五年にプレネイタル・エポックのもっと秘教的な解釈が登場し、イギリスの神智学的占星術師ウォルター・ゴーン・オールド（一八六四〜一九二九年）が、セファリアルという天使風のペンネームを用いて、この技法を魂の受肉の目的を判断する手段とする著書を出版した。セファリアルの基本的な考えは、魂がその霊的な能力を十分に発揮するまでには何代もの生涯が必要とされるという神智学の教義に沿う信念に基づいていた。セファリアルは、出生ホロスコープは特定の人生の物理的状況を表しているのに対し、エポック・チャートは「天体」から受け継いだもの、つまりその人生の魂のレベルを示しているという考えを唱えた。ある特定の一生の霊的な目的は、セファリアルがソーラー・エポックと呼ぶハイブリッドな技法であるプレネイタル・エポック・チャートで知ることができる。[85] このテーマに関するセファリアルの著作は、月の生物学的性質と対照的に、太陽の霊的な性質――どの神智学的占星術師にとっても重要なテーマ――を強調している。セファリアルの著作に続いて、すぐにさまざまな種類のエポック・ホロスコープの霊的な可能性を強調する文書が現れた。[86] 一九三一年、占星術師のA・E・ティーレンス（Thierens）（一八七五～一九四一年）は自分がマダム・ブラヴァツキーおよび彼女の重要な著書『シークレット・ドクトリン』に忠実に従うと公言、セファリアルのソーラー・エポック・チャートを「人間の太陽性《ソーラー・ネイチャー》」の地図と呼んだ。[87]

セファリアルのソーラー・エポックを変形したさまざまな技法が、解釈に非常に多くの革新をもたらした。ジョン・ソーバーンがユングに送ったエポック・チャートも、そのような革新のひとつである。それはユングの誕生の時と場所で太陽が占めていた正確な位置に（一周前の）太陽が来る瞬間を基準とするものだった。一八七四年七月の正確に太陽の一巡分前には、ほかの天体はユングの出生ホロスコープにあるものとはまったく異なる位置にある。[88] これは太陽を、肉体を与えられた人間の中にある神の火花を象徴するものとみなす神智学的な考えに従った、ソーバーンによるユングのエポック・チャートの解釈であり、ユングの人生の「霊的な目的」を表すとされた。ソーバーンは『新たなる書』に繰り返し登場するテーマである魔術性について次のように述べている。

このため、これは魔術師のホロスコープとみなしてよいだろう……これら［の星の配置《コンフィギュレーション》］は哲学的考察、宗教、そして全般的な霊性《スピリチュアリティ》の優越性――内だけでなく外も霊性が支配的である――を強く示している。したがって、霊的専横のほうが……魔術よりもよく全体を特徴づけているかもしれない。[89]

またソーバーンは、ユング自身の言葉――「無意識と意識の関係」――にユングの「人生の問題」の本質を認め、その後、エポック・チャートの星の配置がユングを「基本的な情報から考えを引き出したり、それを基本的な手段によって適用したりする予言者、教師」にしていると述べた。[90]これは単純な性格分析ではなく、ソーバーンが占星術を、ユングの人生と仕事の本質的な課題と究極の問題を浮き彫りにすることのできる、心理学的および霊的なツールだと認識していることの表明である。

ソーバーンは、エポック・チャートは個性化の目標を知る手がかりとして大きな価値があると考えていた。彼は、エンマ・ユングのエポック・チャートも作成した。エンマは夫のチャートの解釈に感銘を受けたらしく、自らソーバーンに依頼したのである。[91] チューリッヒでソーバーンとユングがさまざまな状況で会ったときにふたりの間でエポック・チャートが話題にのぼったのは疑いないが、ユングの私的アーカイブにはほかにこの種のチャートはなく、ユングは自分ではこの技法を使おうとはしなかったようだ。それでも、ソーバーンはユングがもっとも関心を抱いていた種類の占星術をすることができた。それは、心理学モデルによる解釈に適していて、分析的ワークによって促進し向上させることが可能な、内的発達――「個性化」――の目標とパターンを示す、こころと魂《ソウル》の占星術である。

占星術へのユングの影響

ユングはほかの占星術師たちから、自分自身のホロスコープの解釈を多数入手した（ソーバーンのエポック・チャートは別として）。どの出生ホロスコープも黄道十二宮および惑星の配置は同じであるが、ユングは自分の人生の特定の時期の惑星の動きに関する情報に加えて、さまざまな解釈のアプローチを知りたいと思っていたようだ。ジョン・ソーバーンによる出生ホロスコープには、付随して分析結果も書かれていた。チューリッヒ生まれの分析心理学者リリアン・フレイ＝ローン（一九〇一～一九九一年）がユングのために作成したホロスコープもそうだった。フレイ＝ローンの資料にはユングの誕生から一九四五年までの惑星の動きの詳細な一覧表があって、[92] 各年の重要な星の配置についての短い解釈がつけられていた。フレイ＝ローンは分析心理学

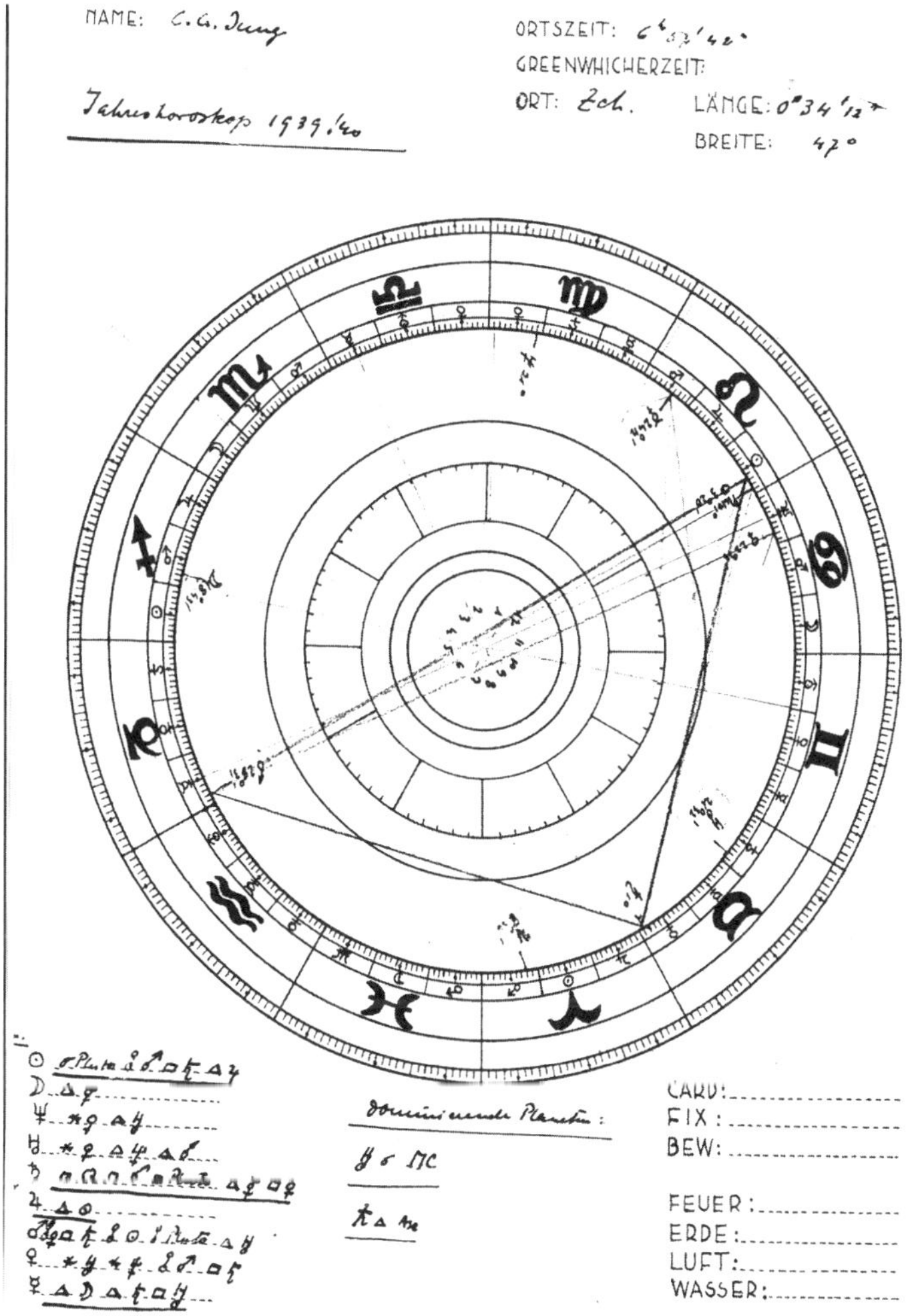

2-12　リリアン・フレイ＝ローンが作成した1939～40年のユングのプログレス・ホロスコープ[96]

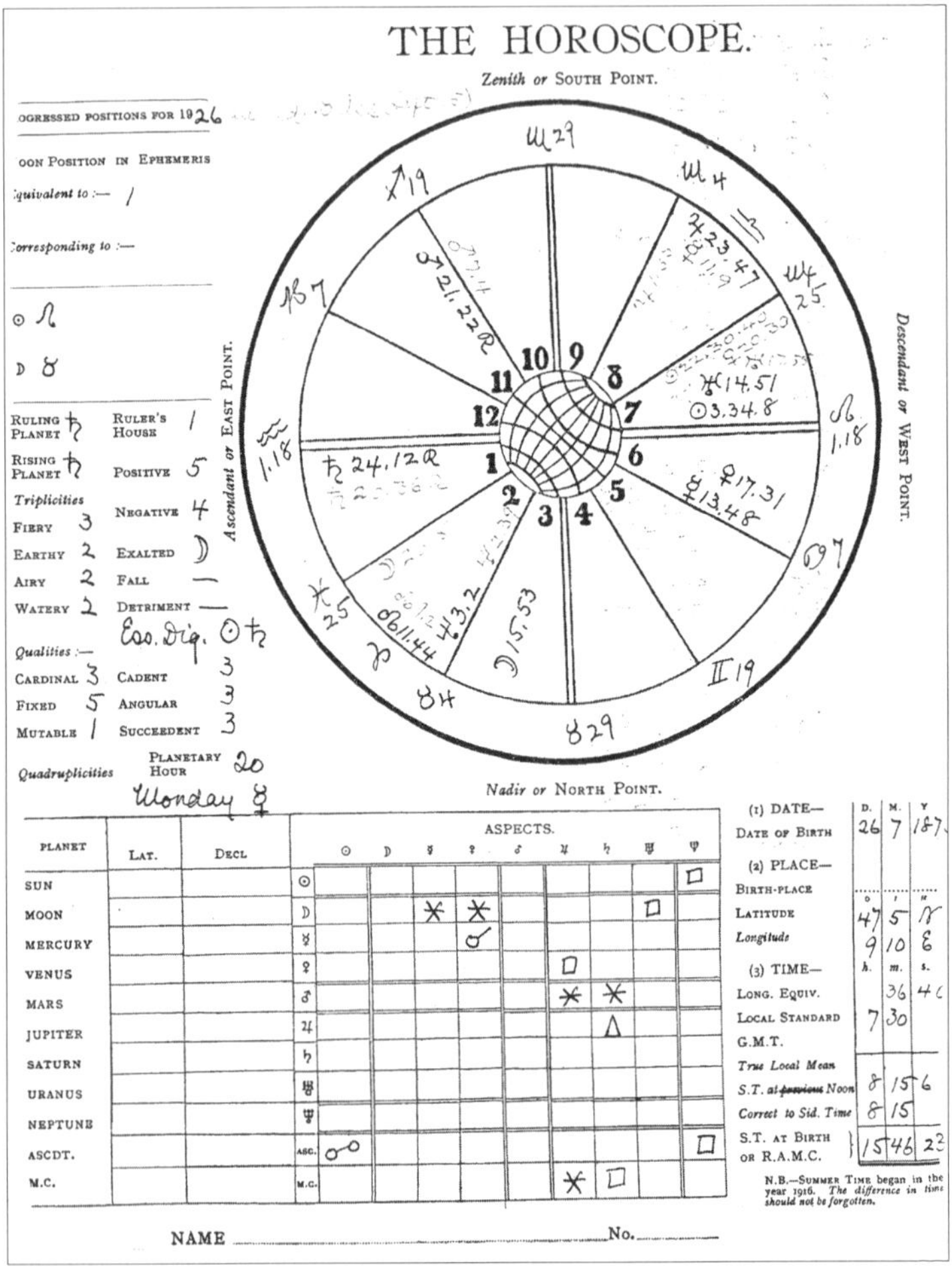

2-13　1926年のプログレスさせた惑星の位置が記載された、M・C・ボンドによるユングの出生ホロスコープ[97]

者であるだけでなく熟練した占星術師で、ユングの共時性に関する論文の基礎となる占星術の「実験」において、ユングの助手として働いた。[93] 臨床心理学者のゲーン・F・ナメシュ（Gene F. Nameche）とのインタビューでフレイ＝ローンは、ユングと初めて会ったとき、彼からブルグヘルツリ精神病院で統合失調症の占星術的調査をしてはどうかと助言されたと述べている。そして「のちに彼は、誕生日を伝えてきて、その人物が統合失調症になるかどうか知りたがった」[94] とナメシュに語った。

フレイ＝ローンがユングに送った資料には日付のない手紙が添えられていたが、一九三九〜四〇年のプログレスさせた惑星の位置を示すホロスコープが入っていて、手紙にその年についての情報をユングが求めたことが書かれており、その資料はちょうど第二次世界大戦が勃発した一九三九年に作成されたようだ。[95]

ユングのほかのホロスコープについてはどうやら彼と直接口頭で議論したようで、アーカイブには分析結果が書かれたホロスコープがない。これらのホロスコープのひとつに、ソーバーンのものと同じように、アラン・レオのものとわかる、あらかじめ印刷された書式に書かれたものが存在する。それにはユングの出生ホロスコープと、ソーバーンが彼自身の解釈をユングに送った二年前にあたる一九二六年の惑星の位置の両方が書かれている。このチャートと一緒に、ユングの出生ホロスコープのおもな星の配置の「キーワード」の分析と、太陽、月、アセンダント、ユングの支配星である「老いたサトゥルヌス」の四つの主要シグニフィケーターに関するもっと長い文章からなる数ページの資料があった。そしてさらに一ページ、一九二八～三〇年――ユングが薔薇十字友邦団から資料を受け取り、ソーバーンと文通していたのと同じ時期――の主要な惑星の動きが列挙してある。この資料をまとめた人物は、それに「M・C・ボンド」と署名している。この人物がアメリカ人だったことは、日付の書式からだけでなく、ボンドがユングのデータとともに自分自身のホロスコープも入れていたため、確認できる。生まれた場所は書かれていないが、緯度と経度からボンドがワシントンDCで生まれたことがわかるのだ。ユングより八歳年上のこの人物は、ユングの患者だったのかもしれない。だが、ボンドは有能な占星術師でもあり、やはりアラン・レオの神智学的占星術を思わせるホロスコープの書式を使用している。

ユングは、『新たなる書』の作業が終わりに近づいた一九二〇年代後半に、自分の人生が向かおうとしている方向について強い不安を抱いていた。しかし、この不安がどんなものだったかは不明である。ユングは一九二〇年代中頃にあちこち旅していて、東アフリカや、北アメリカのプエブロ先住民のもとを訪れた。一九二九年にはリヒャルト・ヴィルヘルム訳の『太乙金華宗旨』の注釈である『黄金の華の秘密』を刊行している。ユングが個性化過程を象徴的に描写する手段として錬金術の象徴体系が非常に重要なことに気づいたのは何年ものちのことである。[98] ソーバーンはユングの出生ホロスコープとエポック・ホロスコープの分析しかせず、その後の惑星の動きについての情報は書いていない。ユングは、自分のホロスコープに強く表れた占星術的要素を解釈することで何らかの個人的ジレンマについての洞察を得たいと思ったのかもしれない。また、何か重要な星の配置が近づいていることにも気づいていて、その意味を理解しようとしたのかもしれない。この時期の彼のチャートで惑星の動きを見ると、たとえば一九二六年の晩秋に出生ホロスコープの「中天」つまりメディウム・コエリを土星が通過するのに彼は気づいたであろう。アラン・レオはこのトランジットは「失敗、スキャンダル、目上の人とのトラブル、栄光と名声の失墜」をもたらすが、その人が「教養があり洗練されている」場合は「大きな責任を引き受けること」を意味すると説明している。[99] ユングが前者を避け後者を達成したいと思った可能性もある。

ユングの思考への占星術の影響は多岐にわたり深淵なものであったが、それと同じようにユング自身が現代占星術に与えた影響も大きい。一九世紀末のピアースのような「伝統的」占星術師は占星術と心理学の結婚に頑として抵抗を示しているが、占星術へのユングの影響は収まる気配がない。[100] この影響は、彼の晩年、ユングが『新たなる書』に取り組んでいた時期に始まった。これは「ニューエイジ」思想全盛の一九七〇年代に先立つものである。仲間の心理学者たちに、占星術が心理学の重要なツールを提供できること、心理学が占星術を豊かにできることを納得させようとするユングの努力は、いくつかのグループですぐに成果をあげた。占星術師であり、また占星術の歴史を研究しているハインツ・アルトゥル・シュトラウスと彼の妻で心理療法家のジークリット・シュトラウス＝クローベは、コスモビオロギーと呼ばれるドイツ独自の占星術の学派で活躍した。一九二〇年代後半から一九三〇年代初めにかけて発展した、宇宙のエネルギーが地球上の生物学的プロセスに影響を及ぼすという思想である。[101] コスモビオロギーは、さまざまな科学領域の研究成果を取り入れることの重要性を最初に強調した占星術の分野のひとつで、とくに医療占星術に重きを置いた。一九二七年から一九二八年にかけてシュトラウスは、医療占星術とその原理についての論文を掲載する『コスモビオロギー研究年報 *Jahrbuch fur kosmobiologishe Forschung*』という雑誌を編纂した。ユングはこの雑誌をどちらの巻も入手している。[102]

この時点では、影響は一方向に流れているようだった。ユングは、ジョン・ソーバーン、M・C・ボンド、薔薇十字友邦団から占星術の解釈を受け取っていたのと同じ頃に、シュトラウスとシュトラウス＝クローベの著作を読んで占星術についての理解を深めていた。しかし、影響力の表れる方向はすぐに変わった。シュトラウスとその妻はどちらも、ヴィルヘルムの『黄金の華の秘密』の出版にかかわった。一九三〇年に述べたヴィルヘルムへの追悼の言葉の中で、ユングはヴィルヘルムの本のテーマである易は「占星術と類似しているだけでなく、本質的に関連のある事象」といっている。[103] 一九三四年にアスコナで開催された第二回のエラノス会議で、ジークリット・シュトラウス＝クローベは、「占星術における象徴の心理学的意味」という論文を発表した。[104] クローベがユングの著作を読んでいたのは明らかである。やはりこの会議で論文[105]を発表したユングは、シュトラウス＝クローベの発表に応えて、彼女は「心理学の観点から占星術上の象徴について深く考えた最初の人物」だと述べた。[106] おそらく、これはシュトラウス＝クローベの洞察のことだけでなく、当時、彼に入手できた占星術の文書の多くをユングがあまり高く評価していなかったことも暗に示しているのだろう。シュトラウス＝クローベはすでに精神分析の理論をよく知っていたが、エラノス会議から一年のちの一九三五年に、患者としてユングに協力することにした。[107] その後数年の彼女の占星術に関する出版物は、しだいにユングのタイプ、コンプレックス、神話、元型の理論を取り入れたものになっていった。[108] 残りの生涯、ユングの考えに深く影響を受けて、一九八二年にシュトラウス＝クローベは『回想のユング』に「C・G・ユングの思い出」という短い文章を寄稿した。[109] シュトラウス＝クローベとその夫は、字義的なものではなく心理学的な事柄に焦点を当てる占星術がユングの影響下でドイツで生まれた例である。

やはりドイツの占星術師であるオスカー・アドルフ・ヘルマン・シュミッツ（一八七三〜一九三一年）[110] は、一九二五年にチューリッヒでユングが何回か開いたセミナー[111] に出席したことから、自分はユングの学徒だと考えていた。シュミッツはユングの心理学的タイプの理論を大いに称賛し、自身の出版物[112] でユングの考えを積極的に広めたが、ユングはシュミッツがかかわっていた秘教的なグループが提唱する見解にあまり共感を抱いていなかった。ユングはそれを神智学の一種とみなし、神智学自体、次のような理由で「危険」だと述べた。

新しい家が古い不十分な基礎の上に建てられ、新しいワインが古いボトルに注がれています……人は結局、まず内側から変わらなければなりません。[113]

二〇世紀のオカルティズムの研究者であるイギリスの歴史学者エリック・ハウ（一九一〇〜九一年）によれば、両大戦間の数年の間にドイツではさまざまな占星術が登場し始め、その中にはブラヴァツキーの神智学、シュタイナーの人智学、そしてこれらのムーヴメントと結びついたさまざまな魔術集団から影響を受けた占星術も存在したという。ハウによれば、ドイツ人は『心理学的占星術』と彼らが呼ぶものの概念について初めて議論した人々[114]」だった。一方ハウは、シュトラウス＝クローベにも、心理学と占星術の結合の進展におけるエラノス会議の重要性にも言及していない。シュミッツを「C・G・ユングの熱心な弟子」と呼んで彼について論じているが、占星術の世界でのシュミッツの影響力はかなり小さかったのではないかと述べている。[115]しかしながらハウは、その著書が何度も版を重ねていたシュトラウス＝クローベをはじめとするドイツの占星術師たちに広まったユングの影響だけでなく、エラノス会議とその講演者や参加者が国際的に及ぼした多くのエソテリシズム思想への間接的な影響も見逃している。会議の参加者は実質的に全員、程度の大小はあるものの、元型やタイプ論に関するユングの理論に好意的だったのだ。

象徴と教義

ユング自身は神智学の教条主義的なところを嫌っていたにもかかわらず、神智学的な思想と分析心理学、そして占星術の三者は意外にも実り豊かな形で結びついてゆき、結果、一九二〇年代から一九三〇年代にかけて多数の興味深い混成物を生み出すことになった。だが、これらの混成物でユングの賛同を得たものは実質的に皆無だった。ユングは元型的領域を具象化するどんな試みにも強く反対し、神智学及び人智学が提示する解釈は、元型を内的プロセスとして認識するのではなく具体的なこととしてとらえるがゆえに、問題があると主張したのである。

私の無意識の概念を、たとえ間接的にでも超心理学と結び付けてほしくない。そんなことをしたら無意識が具体的な形をもつようになり、我々にとって必要不可欠な心理学的アプローチが不可能になるからだ……新たな神智学を作り出す危険を避けたければ、かなり長い間、批判的心理学を貫かなくてはならない。外部からの神秘主義や超心理学の徴候を好意的に評価する誘惑に対し、いくら用心してもしすぎることはない……分析心理学の主眼は、内から、つまり魂の内側からその領域を明らかにすることである。[116]

黄道十二宮のイメージは人間の無意識による比喩的投影だとするユングの考えは、周期的な時の性質についての直観的理解により生まれたもので、占星術的象徴への内的アプローチを強調する姿勢を反映している。惑星「神」は内にあるのであって、個人が心理学的レベルでのみ扱うことができる。このアプローチはシュミッツのような占星術師による議論には認められないが、シュトラウス＝クローベの著作の中にははっきり表れており、神智学の言葉が厚く重ねられているものの、アラン・レオの著作に――おそらく意図せず――初期段階の形のものを見ることができる。

　どちらも境界的《リミナル》な領域である「霊的」な事柄と「心理学的」な事柄の境界は、ユング自身よく気づいていたように、隠された出入り口、知られていないトンネル、秘密の窓でいっぱいだ。心理か霊かという区別自体が現代になって作られたカテゴリーの押し付けであり、それはイアンブリコス、プロティノス、アグリッパ、パラケルススにとってはまったく意味をなさなかったはずだ。プシュケーは「魂」をさすギリシア語で、ロゴスは「話すこと」を意味する言葉であり、「サイコロジー」(psychology、心理学)という言葉は、その語源学的ルーツの観点からいえば、今、学会で提唱されている認識との類似性はほとんどない。しかし、ユングは、結局はそう呼ばれるようになるだろうとフロイトが予言した「神秘主義者」のレッテルを避けようとして、ただ自己防衛的な姿勢を示したのではない。彼は、どんな占星術的洞察も、それが象徴するものを具象化したり具体化したりしてはならず、心理学的動態としてとらえなければならないと強く感じていたようだ。この点で彼は宇宙の「シンパシー」の概念を採用したプロティノスに賛同したが、それを「影響」のネットワークや、神智学者のアリス・A・ベイリーが主張したような神格化された惑星的存在から発散される「光線《レイ》」ではなく、シンボルが意味によって結び付けられた網状構造《ウェブ》ととらえた。[117]

　アリス・ベイリーのアプローチ、そして彼女の教義から生まれた占星術の諸派は、まさにユングがエラノスで未然に防ごうとした事態を招いていた。彼らは、占星術を内的プロセスとして心理学的に表現するのではなく、具象化された宗教的コスモロジーと結びついた占星術にユングの考えを取り入れたのである。アメリカでは、その著作が多くの占星術グループで永続的な人気を誇っており、大きな影響力をもつフランス生まれの占星術師ディーン・ルディア（一八九五〜一九八五年）は、神智学協会から派生したアリス・ベイリーのアルカナ・スクールで教育を受けた。ルディアは一九三〇年代にユングの著作に出会った。[118] そして、ベイリー自身の出版社ルーシス・トラストから一九三六年に最初に出版された『人格の占星術 *The Astrology of Personality*』で、ユングに言及し始めた。この初期の著作で、ルディアは「共時的原理」などの言葉を使い、ひとつの章をまるごと「占星術と分析心理学」にあてて、『ユング選集』の多くの著作から気の向くままに引用した。

しかし、ルディアはその後、分析心理学と関係はあるが、根本的に異なる「霊的《スピリチュアル》な心理学」を語るようになった。それは「人はじつは基本的に霊的な存在で、物質との接触でのみ発生させることが可能な具体的体験といくつかの機能を獲得する目的で肉体を使っていると考える」[119]。霊的に進化する宇宙を支配している高次の霊的な力の存在論的独立性を前提とするコスモロジーに、このように「ユング教的《ユンギアニズム》」な根拠を与えることで、ルディアは彼の神智学的ルーツへの忠誠を示した。[120] ユングはルディアのことを知っていて、『人格の占星術』の初版だけでなく、音楽に関するルディアの初期の著作のひとつも入手した。[121] しかし、ユングが出版物や手紙でこのよく知られた占星術師に言及することはなかったし、ルディアのその後の本をひとつも購入していない。そして、ふたりの間に手紙のやり取りがあったという証拠もない。出生ホロスコープの目的論についてのルディアの考えの多くがユング自身の個性化の概念に触発されたものだったという事実があるにもかかわらず、またアメリカの占星術界でルディアが重要な位置を占めていたにもかかわらず、ユングはルディアのことを、シュミッツの場合と同じように、その主張があまりに独善的な教義で凝り固まっていると思っていたのかもしれない。

占星術が「心理学から認められるのは確実だ」というユングの予言は、外れる運命にあったと思われるかもしれない。とくに臨床部門では、占星術師による心理学の重要度に比べると心理学者の占星術受容度ははるかに低い。しかし、深層心理学とトランスパーソナル心理学においては、ユングが思っていたように、占星術は有用で啓発的だと認められた。[122] ユングの占星術とユングの占星術師——そしてユングの占星術と、彼の業績から生まれた深層やトランスパーソナルのさまざまな心理学——の間の相互交流は、豊かで永続的なものであることが証明されつつある。

第三章　能動的想像と神働術《テウルギア》

ある特定の場面で実行される神働術《テウルギア》の行為の中には、あらゆる合理的説明を超えた秘密の原因をもつものもあれば、あらゆる永遠の存在から高次の存在まで、聖別された象徴のようなもの、たとえ生成の役割をする自然が目に見えない理性の原理から目に見える形を（ものに）刻みつけても何かほかのイメージを保つものもある。[1]

——イアンブリコス

教授　「ねえ、君、キリストのまねびが、今日では精神病院に導くということはわかっているね」

「そのことについてはまったく疑問の余地はありません、教授先生」

教授　「この男はウィットに富んでいる——明らかにやや躁的に興奮している。声が聞こえますか？」

「あたりまえです！　調理場をざわざわと通っていく再洗礼派たちの一群

がありました」

教授「やっぱりそうですか。その声はあなたを追ってくるのですか？」

「いいえ、とんでもない。私が呼び出したのです」[2]

――C・G・ユング

能動的想像の起源

『新たなる書』、そしてそのもとになった『黒の書』は、ユングがのちに「能動的想像」と呼ぶことになる心理学的技法を自ら使用したことを示す、最初の文書化された証拠ではある。しかし『新たなる書』を書きはじめた一九一三年に先立って、すでにユングはこの技法を開発していたのだ。『新たなる書』は実はその最初の成果なのである。ユングは能動的想像についての先駆的な考えを一九一六年に[3]、次いで一九二一年に[4]発表している。ただし、この用語自体は一九三五年にロンドンのタヴィストック・クリニックで実施した一連の講義[5]までは用いておらず、最初はそれを「超越機能」、次に「ピクチャー・メソッド」と呼んでいた。また「能動的空想」、「トレーシング」、「ヴィジョニング」、「エクササイズ」という表現もしており、おそらくもっとも示唆に富むのは「下降の技法《テクニック・オブ・ディセント》」である。[6] ジョアン・チョドロウは、自らが編纂した能動的想像に関するユングの論考選集の序文で、「同一の技法だが、多くの異なる形で表現されている」[7]と指摘している。この技法では特種な瞑想をする。夢で生じたイメージ、夢想、感情の爆発、白昼夢、あるいは故意に誘導された意識変容状態に深く集中し、かつ情動をともないながら対峙してゆくのである。想像は、通常は入ることができないこころの領域への入り口あるいは出発点のようなものので、このような方法以外では、形を与えることができない心的現実に形を与える手段だと考えられている。

一九一六年、ユングは能動的想像への入り口は情動の乱気流のような状態だと描写している。情緒的な（情動的な）状態を手順の起点つまり出発点にしなければならない。自分の今の気分をできるだけ意識し、すべてを受け入れてその中に沈み、生じた空想やそのほかの連想をすべて紙に書き留める。空想はできるだけ自由に遊ばせなければならないが、その対象つまり情動の及ぶ範囲から離れるようなやり方ではいけない。[8]

ユングがフロイトと決別した三年後に書かれたこの記述は、一八九三年にフロイトが最初に記述した、精神分析手法である「自由連想」のユング版とみなされることがある。しかし、ユング[9]はこのふたつを注意深く区別していて、能動的想像は「意図的な集中によって生み出される一連の空想」だと述べている。

それは夢分析の目的でフロイトが推奨した「自由連想」のことではなく、自然に断片に加わってくるさらなる空想の素材を観察することによって空想を作り上げることである。[10]

このように、能動的想像の目的は、抑圧された葛藤の知的分析のための材料を提供することではなく、隠された未知なるものがそれ自身の言葉――イメージの言葉――で自らを表現できるようにすることである。能動的想像は、ユダヤ教のカバラのカヴァナ――すなわち「方向づけられた注意」、いくつかの種類のスーフィーの瞑想、イグナチオ・デ・ロヨラの「霊操」、新プラトン主義の神働術《テウルギア》に見られる、宗教的観想における集中した状態と同種の、一種の儀式といえるかもしれない。これら神的存在と出会うための古いアプローチでは、合理的で批判的な機能を意図的に停止する。[11] 特定のイメージ、色、あるいは音が、それぞれのやり方で隠された生命を表出できるようにするためである。このように宗教的儀式、それも多くの場合、周縁化されたものや「異教的な」宗派のものと似ていることが、グループによっては能動的想像に秘教的な意味合いを与えている場合もある。そして、ユングが詳しい説明を多数しているにもかかわらず、この技法を思いつくもとになった情報源はずっとはっきりしないままである。

実際的な治療の見地から能動的想像について書いた最近の著作が多数あり、心理療法家の理解を深めることに貢献している。しかし、そのような研究は、当然のことながら、ユングの歴史的情報源の詳細には関心を寄せていない。[12] ユングの弟子で解説者としてよく知られているマリー＝ルイーゼ・フォン・フランツ（一九一五～九八年）は、瞑想的行為においてあふれ出るイメージを無視しようとする東洋のさまざまな形態の瞑想と、ユングの能動的想像を区別して、「あらゆる東洋の技法と対照的に、私たちはこのイメージを歓迎し、それを追い払ったり無視したりしない」と述べている。[13] しかし、フォン・フランツの論文も、こうした一見奇妙に思える西洋の内的ワークにおいてイメージを大切にする態度の起源について検討していない。ジェフリー・ラフは『ユングと錬金術的想像 *Jung and the Alchemical Imagination*』で、ユングの分析心理学は「深遠な変容体験を促す」ための「霊的《スピリチュアル》なプロセス」[14] だと強調している。ユング派の分析を行ったことのある多くの人がこのコメントに強く賛同するかもしれないが、相変わらずここにも定義上の問題がある。ラフは、「心理学的」なプロセスと対比して「霊的」なプロセスという表現で、何を言おうとしているのだろう。そして私たちはどんな文脈で「変容体験」を理解すればよいのだろう。それは霊的、心理学的、生理学的なものか、あるいはもしかして三つすべてなのだろうか。

ラフは、ユングが一貫して錬金術やグノーシス主義のような古い秘教的伝統に言及していることから、彼の心理学モデルは「より古い秘教的な学派」とつながりがあるのは明らかだと指摘している。この見解はほかの著者も以前から示しているのだが、ラフはそれ以上議論を展開していない。ラフは、この本の文脈では、「より古い秘教的な学派」の教義が必然的に何をもたらすか、互いにどのように違っているか、彼らの考えのどれをユングは取り入れ、どのように参考にしたのかといったことを検討するよりも、能動的想像の実際の適用のほうに関心を向けているのである。[15]

能動的想像には霊媒のトランス状態と類似したところがある。[16] スピリチュアリズムへの関心からユングの博士論文「いわゆるオカルト現象の心理と病理」[17]が生まれたことからみて、トランス状態の霊媒の変容状態を観察したことが心理学的ワークにおける想像の重要性についての彼の考えの発展に貢献した可能性がある。ユングの降霊現象の探究は彼が学位論文を完成したあともおさまることはなく、『新たなる書』の文章が完成したかなりあとの一九三一年になってもまだ交霊会へ出席していた。[18] この交霊会はヘルメス協会（Hermetische Gesellschaft）というスイスの団体が行っていたものだ。この団体は芸術史研究者でタロット術者のルドルフ・ベルヌーリ（一八八〇～一九四八年）、一九三〇年にチューリッヒの心理学クラブに参加した銀行家で投資金融業者のフリッツ・アレマン（一八八四～一九六八年）、秘教的傾向のある精神分析家で筆跡学者、フリーメイソン会員のオスカー・ルドルフ・シュラーク（一九〇七～一九九〇年）によって一九三〇年に結成された。ユングはシュラークとは、彼がブルクヘルツリ精神病院で研修を受けているときに出会った。[19] このグループは、とくにタロットのシンボリズムに目を向けていたが、同時に交霊会も開いていた。シュラークによると、ユングとシュラークの不和が原因で彼の除名が「必要となる」まで、ユングはよくこの集会に出席していたという。[20] ヘルメス協会が設立されたのはユングの『新たなる書』に関する仕事が完了したあとだったが、ここに参加していたことは、自発的な心理学的現象としての変成意識状態と、意図的に誘発されるヴィジョンや儀式的魔術のごときものが引き下ろす自動書記の体験とが重なりあう境界領域《ボーダーランド》について、ユングが引き続き関心をもっていたことを示している。

自動書記の心理学へのユングの関心が強かったのは、自分自身の体験と同時に、ほかの著者のインスピレーションに満ちた啓示的な著作をも、理解しようとしていたからである。[21] F・X・チャレットは『ユングとスピリチュアリズム』の中で、ユングの初期の調査は、十九世紀後半のスピリチュアリズムと催眠的トランス状態の人気とあいまって、その後の仕事に大きな影響を及ぼしていると説得力のある主張をしている。[22] しかし、スピリチュアリズムがユングの心理学モデルの「土台」ではないかというチャレットの指摘は、同様に重要なほかの要素があるにもかかわらず、ひとつの要素だけを強調しすぎているように見える。ユングは一貫して形態論者《モルフォロジスト》であった。自分のさまざまな理論を、直接的観察や経験だけでなく歴史的証拠によっても裏付けようと努力し、広範な思想体系や信念体系の中に同じような構造パターンを見つけようとしていた。したがって、宗教的、哲学的、あるいは科学的なものであろうと、古代、中世、近代のものであろうと、何かひとつの流れが能動的想像という手法の唯一の理論的あるいは実際的な基礎になったと考えるのは賢明ではないだろう。占星術はユングにとって非常に重要であったし、さらにそれを知的探究だけでなく、能動的想像によっても探究した可能性がある。このような占星術の応用が、拙著『ユングの「新たなる書」の占星術的世界』の主題である。また占星術はユングにとって、それ自体が独立した存在ではなかった。彼は占星術と錬金術の複雑な関係を認識していて、魔術、儀式、象徴、個人の心理学的変容、宗教的認識の集合的変化、そしてこれらの相互の結びつきに、生涯、熱心に取り組んでいたのである。

チャレットは、想像についてのカントの哲学的議論を、霊的な現象を科学と調和させようとするユングの努力の重要な要素だと強調する。[23]また能動的想像とユダヤ教のカバラのカヴァナー(一種の瞑想で、内面と神の基本構造内に変容をもたらすことを意図する)の関係についても、説得力のある議論をすることができるだろう。[24]あるいは、ユングの蔵書にある実践的な魔術に関する——古代、中世、近代の——著作の数を考えると、意識変容状態を誘導する心理学的技法としてユングが儀式的魔術を実験したという主張をしても説得力はある程度あろう。[25]同様にユングのキリスト教的背景も、能動的想像と結び付けて考える必要がある。キリスト教のさまざまなテウルギア的儀式——とくに四世紀の早い時期に東方の修道院生活で発達したような意図的な変容状態——も、ユングの技法の発展における重要な要素になったのかもしれない。[26]これらの儀式は主として新プラトン主義の行法《プラクティス》に由来し、あとでもっと詳しく論じるが、六世紀初めのキリスト教徒の哲学者アレオパギタのディオニシウス(「偽ディオニシウス」)によって用いられた。ディオニシウスの著作については、一九二一年にはユングもよく知るようになっていた。[27]一九三九年に開催されたセミナーで、ユングは古代末期のキリスト教神秘主義者を能動的想像の技法の先祖だと明確に述べ、それは彼らが霊的な変容を達成するために方向付けられ空想を用いていたのである。[28]

ユングが同じカテゴリーとして扱った、十六世紀のイエズス会の指導者イグナチオ・デ・ロヨラの「霊操」は非常に興味深いもので、ユングが一九三九年にチューリッヒ工科大学でこれに関する連続講義をする意欲をかきたてられたほどである。[29] ロヨラによれば、人は「地獄の長さ、広さ、深さを想像の眼をもって見る」ことを学び、これらのヴィジョンにすべての感覚で反応することを覚えなくてはならないという。[30] ロヨラは、ユングが能動的想像について考えるときに参考にしたもっとも重要なキリスト教徒といってよいだろう。またユングは、ロヨラの「霊操」(exercitaspiltualia)と、プロティノス、イアンブリコス、ポルフィリオス、プロクロスが提唱した想像界《イマジナル》上の世界についての新プラトン主義の理論を直接結び付けた。[31] そして、ロヨラの霊操を「特別な技巧」と呼んだ。

それは技巧的手段で誘導される変容体験である……これらの修練は、あらかじめ定められた、具体的な心的効果を得る、あるいは少なくともそれを促進することを意図した特別な技巧を意味する……このため、それはその言葉の本当の意味で技巧的手順であり、もともとは自然な変容のプロセスを入念に仕上げたものである。[32]

この記述に続き、同じように技巧的に誘導された心的－霊的《サイコ・スピリチュアル》(psycho-spiritual)変容の形である「魔術的手順」について以下のように述べている。「この儀式は変容を果たすという明確な目的のために用いられる[33]」。ユングの考えでは、宗教と魔術の間の相違は、フレイザー流に魔術を

「相互に類似しているものを同一だと誤認してしまう」[34]ことで生まれる宗教の原始的形態だとみなしていた、当時の学者たちと比べて小さなものだったのである。ユングが興味をもった魔術は、物質的利益を求めるものでも「誤った」類推に基づくものでもなかった。象徴を用いることにより、意識的な生活を支えている元型の力の直接的体験――かつてウニオ・ミュスティカ（神秘的合一）とみなされていたものの現代心理学上の用語――による人格の変容に焦点を当てたものであった。一九一九年にロンドンの心霊科学協会（SPR）の会員に向けてユングは、能動的想像を散文的な言葉で「無意識の内容を意識にもたらす手段[35]」と表現した。ユングがこの論文をSPRに提出したとき、彼は『新たなる書』を作成している真っ最中だったのだが、この公の場で、古い資料やこの件に関する彼自身の個人的探究におけるその宗教的および魔術的意味を述べるつもりは少しもなかった。

当時、境界を超えてリミナルな領域に分け入った研究者は、ユングだけではなかった。十九世紀後半から二〇世紀初めにかけて、多数の心理学者が、無意識と力動の性質について理解を深めようとして、自動書記、水晶凝視、後催眠暗示など、少し変わったさまざまな心理療法の技法について実験をしていたのだ。[36]ユング自身は、『新たなる書』の中のエリヤの水晶についての記述[37]をみても、水晶凝視（水晶透視《スクライング》とも呼ばれる）を試してみたのは明らかだ。こうしたとらえどころのない方法について探っていた研究者には、その仕事がユングに深い感銘を与えたらしいウィリアム・ジェイムズ（一八四二～一九一〇年）、錬金術の象徴体系に関する著書が分析心理学とギリシア哲学の間を「つなぐ環」になるとユングから評価されたヘルベート・ジルベラー（一八八二～一九二三年）、詩人で古典学者、文献学者で心霊科学協会の設立メンバーでもあるF・W・H・マイヤース（一八四三～一九〇一年）などがいて、マイヤースは無意識を調べる手段として自動書記を用い、ユングは心霊現象についての自身の論文の中で引用している。[38]

このようなオカルト的なものを心理学的なものと混合することを好む傾向はイギリスで見られた。心理療法家と神智学協会や黄金の夜明け団のようなさまざまな秘教的な会派との間に静かな交流があったからである。[39]たとえば長くは続かなかったが非常に大きな影響を及ぼしたメディコ・サイコロジカル・クリニックは、非公式ではあるがイギリスで最初の精神分析の研修を行った。その療法師たちは主流の心理療法とともに、一貫してスクライングと自動書記をしていた。[40]ユングは、彼自身の専門の範囲内で実施されたこの研究すべてに内々に関与して、喜んで参考にした。[41]形態学的な見方をすると、ユングの能動的想像は多数の文化的適応を通して多様に表現されているものの、構造的統一性を有していて、その起源にはひとつのはっきりとしたテーマが見えてくる。そのテーマは以下のようなアイデアに依拠している。適切に発達し、訓練された人間の想像力は意識のある次元――これは心理学的には自我覚醒《エゴ・アウェアネス》と呼ばれる――からもう一つのより神秘的な次元、つまり無意識と呼ばれるものへの通路を提供することになる。それは実践者にとっては、強迫的で恐ろしいものでもあり、ときにヌミノースであり変容力を持ち、ときに神的なものと区別ができないようなこととして経験される、というのである。

『新たなる書』の出版後すぐに書評を出したロバート・クーゲルマンは、この作品を「ヴィジョナリー・ライティング」と呼び、そのルーツは十九世紀初めのドイツ・ロマン主義の伝統にあるのではないかと述べた[42]。ウーター・J・ハネグラアーフは、「ニューエイジ」の霊性《スピリチュアリティ》について論じ、同じように、想像についてのユングの考えはおもにドイツ・ロマン主義がもとになっていると考えている[43]。ユングの仕事にとってロマン主義の作家、とりわけゲーテが重要なことは議論の余地がない。しかし、ドイツ・ロマン主義は、何らかの種類の文化の自発的発生によって盛んになったわけではない。それ自体、ユングが直接参考にしたもっと古い同じ哲学的宗教的潮流――グノーシス主義、ヘルメス主義、新プラトン主義、カバラ主義――を継承しているのである[44]。ユングが特定のロマン主義的な考えと見解を同じくしているのは、ひとつには彼がゲーテ、ノヴァーリス、そのほかロマン主義運動の作家たちの作品の中にもっと古い流れの痕跡を認めたことによるのかもしれない。

ユングは、心的エネルギーつまりリビドーは「イメージの形をとらなければ意識に表れることはできない[45]」と主張した。これは、そのようなイメージを一見、現代の科学で理解したものに見える。そうしたイメージは、より深い層の無意識のこころの産物である。それらのイメージは夢やヴィジョンの中に自発的に現れることもあれば、意図的な召喚によって現れることもある。そして、このイメージでなければ伝えることができない心的リアリティに形を与えるのである。このような見方は、ユングと同時代のイギリスのオカルティストたちによっても唱導された。ロンドンのメディコ・サイコロジカル・クリニックで働き、その後、黄金の夜明け団に参加したダイアン・フォーチュン（一八九〇～一九四六年）も、そのひとりである。

教育を受けていない人は、内なる目で妖精や大天使、四大元素の霊を視《み》ると、自分は霊能力を開発しつつあるのだと考えてしまう。きちんと教えられた人は、自分が、そうしなければ自分の意識によって感知できない漠然としたものに目に見える形を与えるために、想像の技法を使っているのだということを知っている。[46]

無意識についてのユングの考えをめぐる最大の論争の源は、こうした「漠然としたもの」が正確には何かということだった。フォーチュンは発想の多くをユング自身だけでなく、メディコ・サイコロジカル・クリニックで提唱されているフロイト派やクライン派のアプローチからも得た。彼女はユングのモデルを、オカルティズムと分析心理学は目に見えない領域を探るための手段として互いに補足し合うものだという自分の考えの裏付けとして用いた。[47]一方、フォーチュンのようなオカルティストは、ユングと同じように、ロヨラやイアンブリコスなどのもっと古い資料をよく知っていた。[48]「内なる目で見る」ことの実践は、近代のシャルコー、ジャネ、ジェイムズ、マイヤース、ジルベラーの心理療法の実験よりはるかに古くからあり、中世と初期近代の錬金術とカバラ主義のテウルギア的技法の重要な部分をなしているばかりか、さらに古代末期のグノーシス主義、ヘルメス主義、ユダヤ教、新プラトン主義の文献で中心テーマとなっている。[49]ユングの能動的想像についての説明は心理学的であるが、一方でそれはしばしば、集合的無意識に神性を見出すものになっている。それは象徴を、見かけの対立物を超越して逆説的なかたちで一致させる連想の複雑な織物とみる万有内存在論的《パンセイスティック》な理解である。一見したところ別個なイメージ、事物、言葉、数、記号、内と外、物質とこころは、ウヌス・ムンドゥス、すなわち一なる世界において結ばれる。これは紀元前四世紀にプラトンが世界霊魂と呼んだものと同じである。[50]

シュンパテイア、シュンテマータ、シュンボーラ

ユングは患者に、想像的《イマジナル》作業から生じるイメージを絵に描くことを勧めている。心理的統合のプロセスを助ける上で、この創造的な努力の有効性の証拠となる事例研究が『ユング選集』に多数ある。[51]ときにはユングは、患者が描いた例に見せかけて、自分自身の絵について論じることもあった。[52]この無意識の視覚的産物を絵に描く作業は、多くのユング派の分析家が勧めているが、ほかの力動的心理学、とくにトランスパーソナルなテーマを扱うものにも広がっており、いくつかの種類のアートセラピーの土台となっている。[53]『新たなる書』でユングが絵を描いたときの途方もない精密さと注意深さは、占星術上のシンボルと関係付けたものも含め、内的探究で生じたイメージに具体的な形を与えることが彼にとっていかに重要だったかを証明している。具体的人物像などのイメージは、治療ツールとして多くの分析心理学者たちが論じてもいる。ユングらも

そうしたイメージに焦点を当てていた。が、奇妙なことに、そのイメージ使用の歴史とテウルギア実践の重要性の点からは十分に研究されてはいないのである。

ユングは、元型的影響力を受けとめる容器を用意することで、集合的無意識の氾濫という恐怖をともなう体験が精神病につながることを回避できるかもしれないと述べている。[54] この種の氾濫は、一九一三年から一九一七年の期間にユングを襲ったようで、この頃、彼は制御不能なヴィジョンを体験し、自分の家が死者の霊にとりつかれたと信じていた。自身で元型領域の乱入と考えたものに対する視覚的容器を用意することにより、ユングは相当程度の安定した外的生活を維持し、心理療法を続けることができたのである。古代末期のテウルギアの伝統は、彼の心理学的洞察を組み込むべき哲学的枠組みへのユングの強い希求に十分な糧を提供しただけでなく、神との対面に付随して起こる人格《パーソナリティ》の崩壊の危険を避ける方法について明確な指南を与えたのである。イアンブリコスをはじめとする新プラトン主義のテウルギストたちは、神のための象徴的な乗り物を提供する理由と方法を雄弁に説明し、適切なシュンボーラの保護がなければ、神による「憑依」である死を免れぬ体験をするかもしれないという恐ろしい結末についても、同じように声高に語っていた。[55]

ユングによる能動的想像の開発の中心をなしているのは、象徴についての（ユング独自の）理解で、それは現在の学問世界で好まれているアプローチとは根本的に異なっている。象徴は今日、文化人類学や社会学の分野の中では、特定の文化的背景内でのみ意味のある、人間が作った概念とみなされている。[56] たとえばメアリー・ルクロン・フォスターは、象徴は「社会に共通する意味をもつもの」[57]だと主張し、多くの人類学者にならって機能主義的な理解を表明している。したがって象徴で認識される意味は、特定の文化の当事者による一致したものの見方からのみ存在するのであり、社会とその慣習の接着剤となる構造である象徴は、存在論的な意味では固有の意味などもたないのだ。また、ルクロンの見解では、特定の文化における象徴の影響力は、企業や家庭用品のロゴと同じように、その「使用ポテンシャル」で決まる。その適用範囲においてのみ、象徴の力は働くのである。

象徴体系が生まれ、それが人間の文化に発展したのは、時間的空間的に隔たりのある物と事象の間の抽象的な類似性の適切な理解と社会的利用が進んだからである。[58]

これと対照的に、象徴は「力の言葉として自己の深みから生じる」というユングの見方は、もっと古い源泉及び彼自身の直接的体験から生じたようだ。[59] 象徴についてのユングの考え方へのドイツ・ロマン主義の影響は、多くの学者が調査している。象徴、そしてそれに付随する神話物語は、その象徴を語る人間とは無関係な存在論的実在を表現しているというユングの考えの起源として、ヨハン・ゴットフリート・ヘルダー（一七四四～一八〇三年）やフリードリヒ・ヴィルヘルム・ヨーゼフ・フォン・シェリング（一七七五～一八五四年）のような十九世紀の著述家がよく挙げられる。[60] しかしユングは、象徴の本質に関する新プラトン主義の理論も直接借用しているようだ。[61] 象徴を目に見えない実在を目に見えるように表現したものとみなすこの考え方の源泉は、ストア派プラトン主義の哲学者、アパメイアのポセイドニオス（紀元前一三五～五一年）によって、συμπαθεια（シュンパテイア）と名付けられる。つまり「シンパシー」という概念にある。シュンパテイアは宇宙のあらゆる部分の相互の、および有機的な全体との親和性を表し、それは異なるレベルのリアリティで作用している調和の「鎖」にそった相互依存をもたらす。イアンブリコスがプラトンの『ティマイオス』から借用して表現したように、「宇宙はひとつの生きもの」[62]なのだ。

シュンパテイアは、新プラトン主義の占星術のとらえ方とその重視に哲学的根拠を与える。それは相互につながった宇宙の流出《エマネーション》の鎖をなす天界のシンボルとしての惑星が、この世の現実と人間の魂の中にある対応物に反映され、内在しているからである。つまりプロクロスの考え方では、「月の鎖」は月の神アテナ、アルテミス、ヘカテから始まるが、そこから続くすべては、「一者」のある特定の流出《エマネーション》の表現なのである。この鎖は「月の魂」を通って、天の物理的な月、金属の銀、セレナイトと呼ばれるジェムストーン、自然の成長力、「ムーンフィッシュ」と呼ばれる魚へと続く。[63] 人の体とこころのさまざまな次元がこの鎖に属しているという考えについてプロクロスは論じていないが、そのような関連付けは古代には各所に見られた。例えば、体の各臓器が特定の惑星や黄道十二宮のサインと関連付けられたメロテシア人体図[64]（口絵1）の考え方や、ガレノスの惑星の影響を受ける四体液などである。この種の象徴の鎖は、『新たなる書』のイメージと文章に豊富にある。

宇宙の異なるレベルや次元のこのような相互連結は、天体のもたらす宿命《フェイト》を理解する手段も提供した。各部分（つまり「原因」）のほかのあらゆる部分との相互作用は宿命を意味するストア派の言葉で、「ヘイマルメネー」と呼ばれる、因果関係の鎖を生じる。[65] これについては一九一二年に古典学者ギルバート・マレーによって次のように雄弁に語られている。

ヘイマルメネーは、ゼノン［ストア派の創始者］の印象的なたとえでは、存在全体を貫く細い糸のようなもので――ストア派にとって世界は生きものだったということを忘れてはいけない――、遺伝によって生物種を世代から世代へと伝え、その種類を生かし続ける、目に見えない命の糸に似ている。それは極小のものと無限大のものの両方の、永遠に原因となりつづけてゆく。[66]

ストア派思想における原因は、出来事Aが出来事Bを引き起こすというような、つまり近代的な「道具的因果律」[67]ではない。それは時速五〇キロの区域を時速一〇〇キロで運転することが「原因」でスピードカメラに撮影されてかなりの罰金を払うというような形の因果論ではないのだ。ストア派的「原因」は出来事ではなくて「実体」で、原因は互いに作用すると考える。ストア派的ヘイマルメネーは、ほかの出来事を引き起こす出来事の連続性ではなく、構成要素とレベルが異なるリアリティの間で「同時に起こる相互作用」である。つまり、原因は動的な関係で、それはさらに動的な関係を発生させる。[68] ユングが人間関係と錬金術の作業を比べて、「ふたつの人格が出会うのは、ふたつの異なる化学物質を混合するようなものだ。少しでも結合が起これば、どちらも変えられてしまう」[69] と述べたとき、この古代の考え方を参考にしたように見える。

ポセイドニオスは人の魂を、プラトンの世界霊魂とよく似た、宇宙の「知性の火の息（intellectcl fiery breath）」の「かけら」あるいは「種子」と表現した。[70] ポセイドニオスによれば、この物質的神性つまり神聖な物質のすべての部分の間に共感関係《シンパシー》があるという。ユングはのちに「客観的こころ」や「集合的無意識」は肉体的であると同時に心的だとして「プシコイド（類心性）」という言葉を使うようになった。[71] このように人間の魂は神と同じものでできており、テウルギアはこの共通のものを通してその効力を手に入れる。人の魂は世界霊魂の「かけら」あるいは「火花」であるばかりではなく、神々はそのしるし、つまり「合言葉《パスワード》」（συνΘεματα、シュンテマータ）を存在のいたるところに刻んでいる。これが新プラトン主義の象徴《シンボル》（συμβολον、シュンボロン）についての考え方の要約である。

イアンブリコスとプロクロスは、シュンボロンとシュンテマータという言葉を同じ意味で区別なく使っており、これらの用語で神々に接触できる物質的リアリティの中の「容器」あるいは「しるし」を表現した。シュンボロンは、神と顕現世界の間の自然なシンパシーに基づいて作動する。それは人間が作りだした社会的概念ではなく、現実世界における、口にすることさえ恐れ多い神の顕現である。ユングと同様、これらの哲学者たちにいわせれば、真のシンボルは人間に社会的概念として構築されるのではなく、イメージの形で見出される。それは、そうしたシンボルが神性――あるいはユングの用語でいえば元型の領域――をこの世界に具現化するからである。ユングがのちに「神話は……考え出されたのではなく、自ずから生じてきたシンボルでできている」[72]と述べたように。ユングにとってシンボルは門《ゲートウェイ》でもある。ここを通って人がある次元のリアリティから別の次元のリアリティへ移動する、リミナルな領域に通じる道への具体的な通路であり、その表現なのだ。

象徴が受け入れられるならば、あたかも扉が開かれて、その存在がそれまでわからなかった新しい部屋へと導かれるかのようである。しかし象徴が受け入れられないと、あたかもこれらの扉の前をうっかり通り過ぎるかのようである。しかもこれが内的な部屋に通じる唯一の扉であったために、もう一度通りに出なければならなくなり、ありとあらゆる外的なことにさらに進んでいかなければならなくなる……救済は、多くの門をくぐって続いていく長い道のりである。それぞれの門は象徴である。[73]

詩人のウィリアム・バトラー・イェイツ（一八六五～一九三九年）は黄金の夜明け団のメンバーで占星術師でもあり、これと同じような表現をしている。

象徴と定型表現《フォーミュラ》は力であり、それだけでこちらの意図とはほとんど関係なく働く……じつはそれらは人格化された霊で、その驚くような力によって我々の魂を危機に陥れるから、呼ぶとすれば門と門番が一番よい。[74]

シュンボロンという言葉は、ギリシア語のシュンバレインすなわち「共にあわせる」に由来する。つまりシンボルはふたつの側面を表す。事物全体のうち、目に見える半分と、そのシンボルが表す、先在《プレ・エグジスティング》する知覚不能な存在をほのめかす働きを同時になすのである。古代ギリシアの占いでは、シュンボロンという言葉は、出会い、遭遇、あるいは何かと別のものとの「衝突」の意味も含んでいた。[75]プロクロスは、目に見えるもの（惑星、植物、花、金属、宝石）と目に見えない実在とのある特定の種類の関係を表現するのに、シュンボロンという言葉を使った。神の影響力は「形を与えられた私たちには、形の中に身を隠すことによって現れ[76]」、この形がシンボルであり、隠すと同時に見えるようにしている。つまり、物理的な太陽と物理的な惑星は、天界の神々を隠すと同時に明かす形である。太陽はアポロとヘリオスを隠しつつ明かすのに対し、月はアテナ、アルテミス、ヘカテを隠しつつ明かすのである。

『ユング選集』の中でユングはシンボルについてさまざまな定義を示している。通例、存在論的に中立な書き方を好むが、[77]シンボルを「神のイメージ」と呼ぶこともあった。[78]『新たなる書』で、ユングはプロクロスに極めて近い見方をしている。

太陽と月、すなわちそれらの象徴は神々である。他にももっと別の異なる神々があり、それらの象徴は数々の惑星である。[79]

プロクロスによれば、ある種の神話を口に出して語ることは、宗教的あるいは魔術的儀式と似た効果をもつという。神話はそれ自体象徴で、あらゆるシンボルが神話物語を体現している。象徴とシンパシーは相互に補完的な概念で、シンパシーという接着剤が目に見えないものと見えるものとを結合させるときにのみ、象徴が機能する。

万物の間にはシンパシーがあり、根源的《プライマル》なもののうちに派生的なものが存在し、派生的なものに根源的なものが存在している。……高い霊感を受けた魂に語られた神話がある。それは、ただアナロジーのみによって最も低きものをもっとも高きものと結びつけ、これらを生み出す原因と結果を結びつけるシンパシーに考えられうる限りもっとも高い価値を与えるのである。[80]

プロクロスにとって、シンボルは神あるいはダイモンのイメージであると同時にその具現化であり、もともと人間と神の結びつきを目覚めさせる力をもっている。

知性が目覚めている少数の者にとって、それ［プラトンの神話］はシンパシーを明らかにし、聖なる技［テウルギア］の働きによって、彼らがもつ力の本質は神々のものと同じだという証拠を示す。神々の側では、そのようなシンボルの声を耳にすると、喜んで、神を頼る人々のことをいつでも気に留める。また、神々はそうしたしるし［シュンテマータ］を通して特別な人格を見せる。それが彼ら自身であり、彼らにふさわしく、もっともよく知られているからである。[81]

この見方は象徴の力についてのユング自身の認識にきわめて近い。ユングの思考に大きな貢献をした源として、新プラトン主義のテウルギアを無視することはできない。いつユングがイアンブリコスの『秘儀論』に出会ったのかは、『リビドーの変容と象徴』の中でプロティノスとプロクロスとはちがって言及していないので確定できない。しかし、一九一二年にユングが引用したライツェンシュタインの『ポイマンドレス』と『ヘレニズム時代の神秘宗教 *Die hellenistiche Mysterienreligionen*』にはイアンブリコスへの言及を多数見出せる。ライツェンシュタインは、古代エジプトの宗教的慣習ではなくヘルメス主義の論文がイアンブリコスのテウルギアのもとになっていると確信していた。[82] ミードはライツェンシュタインの意見を引用してこの確信に共鳴し、一九〇六年に出版された『三重に偉大なヘルメス *Thrice-Greatest Hermes*』に『秘儀論』の数節を自ら翻訳して掲載し、次のように述べた。

それまで純粋に哲学的なアンモニオス、プロティノス、ポルフィリオスに率いられた後期プラトン学派が、自分が入会していたグノーシス主義の中心人物たちと意識的に接触するようにしたのが彼だったことを考えると、「イアンブリコスが」もっとも重要な人物である。[83]

これらの言及は、とくに『新たなる書』に取り組んでいた頃にすでに心を奪われていたヘルメス主義の文書に、イアンブリコスのテウルギアの実践を結び付けているのだから、ユングが見逃していたとすれば驚きである。すでに一九一二年には『秘儀論』のミードの翻訳版を少なくともひとつ手に入れていた可能性のほうが高い。ただし、なぜユングがそれに言及しなかったかは不明である。おそらくそれは、プロティノスとは違って、イアンブリコスは――ルネサンス期に彼の「名誉を回復させる」フィチーノの努力があったにもかかわらず――二〇世紀初めの学者たちからまともな哲学者とはみなされず、魔術と占いの擁護者と見られていたからだろう。[84] しかし、ミードが「純粋に哲学的」といったプロティノスでさえ、神を直接体験するためにテウルギアの実践を忌避することはなかった。しかし、プロティノスは「観照《コンテンプレーション》」という言葉を好んだ。観照の果実は「観照の対象」が刺激して呼び起こす「ヴィジョン」であると定義し、プラトン主義のいう「イデア的形相」――ユングがのちに元型として理解するもの――はそのヴィジョンによって体験できると示唆している。

> あらゆる真実在はヴィジョンから生じるとともにヴィジョンでもある。そのヴィジョンにおいて真実在から生じる全てはヴィジョンの対象である。……ヴィジョンから生じた全ては、存在して新たな対象であるイデア的形相を生み出す。したがって、普遍的に、その産出原理のイメージとしてそれらは全てヴィジョンの対象、つまりイデア形相を作り出すのである。[85]

シンボルは人間の意識と無関係の存在論的実在を表すという考えを現代に広めたのは、ドイツ・ロマン主義運動の著作家たちだと考えている学者もいるが、ユングは彼らを飛び越えて新プラトン主義の文書に目を向け、のちのロマン主義の解釈者たちだけに頼りはしなかった。それらの文書はシンボルの独立した力を強調し、イアンブリコスによれば、シンボルは代理の人間ではなく神自身を通して影響力を行使して変化をもたらす。[86]

ユングののちの「共時性」の概念——神秘的な形で一見無関係な外的事象を内的な心的事象と結びつける「因果律に支配されない接続の原理」——をよく知っている人ならだれでも、名前を変えられ、あからさまな宗教的意味を取り除かれたシュンパテイアがこの考えの土台になっていることがわかるだろう。フランスの占星術師アンドレ・バルボーへの手紙の中で、ユングは占星術の星の配置《コンフィギュレーション》の作用の仕方《モーダス・オペランディ》についてのバルボーの質問に答えて、共時性とシンパシーの同一性について次のようにはっきり述べている。

それは第一に、私が共時性と呼ぶ相似性つまり「シンパシー」の問題のように私には思えます。[87]

世界霊魂は集合的無意識とその名を変えられ、神は元型になった。しかし、宇宙のあらゆるものが象徴的対応という目に見えない鎖によってひそかに相互に結びつけられているという考えは変わらぬままであり、神（元型）自体、その「しるし」を通して、ユングにいわせると未知の目標へと通じる、人間の意識との動的相互作用を受けやすく、さらには望んでさえいるという認識も、同じように変わってはいないのだ。

何らかの意味を隠し持っていてしかも何かから派生してきたというよりもむしろこれから何かになろうとするもの、すなわちシンボルとが、明らかに存在しているということである。[88]

第四章　ダイモン召喚

我々一人ひとりの個人的ダイモンは、どんな場合も誕生のときの支配的な天体の配置によって我々の前に現れるわけではなく、それよりもっと根源的な彼についての因果の原理がある……なんといっても、彼が宿命という神の摂理を果たす目的でのみ私たちのもとに遣わされたのなら、誰がこの人物を自分が宿命から自由になるための導き手とするだろう……我々がそれを理解していようがいまいが、我々にそれぞれのダイモンを割り当てるのは、星々からの発出《エマネーション》である。[1]

――イアンブリコス

私は「無意識」という用語の方を好む。もっとも神話的な言葉を用いたいと思うならば、「神」とか「ダイモン」ということができることも知っている。……「マナ」、「ダイモン」、「神」が無意識と同義語であることをよく知っている。……創造的な人は、自分自身の人生に対してほとんど力をもっていない。彼は自由ではない。自分のダイモンに捕らえられ動かされているのだ。[2]

――C・G・ユング

神聖プラトン主義の系譜

ユングが『新たなる書』に取り組んでいた頃、多数の情報源――占星術、スピリチュアリズム、水晶透視《スクライング》、催眠術、ドイツ・ロマン主義、キリスト教神秘主義に加え、アリストテレスの『魂について』、プラトンの『ティマイオス』、グノーシス主義やヘルメス主義の文書[3]、さらにユングの仲間の精神科医たちの実験的研究――が、想像界《イマジナル》的世界の作用と変容をもたらす力についてのユングの思索に重要な洞察をもたらし、その思索を深めていった。すでに見てきたように、新プラトン主義者の影響、そして、ジョン・ディロンがプラトン主義の「地下世界《アンダーワールド》」と呼んだもの、すなわち『カルデア神託』やいわゆる『ミトラの典礼』の魔術的儀式に属すような著作の影響があったことも、同じくらい強く主張することができる。[4] このような古代末期の著作は、さまざまな翻訳で、ユングの蔵書の重要な部分を占めている。[5] ユングは、マルシリオ・フィチーノによってギリシア語から翻訳されて一四九七年にヴェネツィアで出版された、イアンブリコスの『秘儀論』の希少なラテン語の初版を、わざわざ入手することまでしている[6]（ただしその入手時期は不明である）。新プラトン主義のイタリア・ルネサンスの哲学と芸術への影響は、十九世紀後半から二〇世紀の初めにかけての「オカルトの復興」に及ぼした大きな影響についてと同様、多くの学者によって詳しく論じられている。[7] ユングは古代末期の文書についてだけでなく、マルシリオ・フィチーノやハインリヒ・コルネリウス・アグリッパのようなルネサンスや初期近代の翻訳者に加え、自分と同時代のオカルティストの著作も参考にした。ユングの占星術への取り組み方を理解するには、彼がどのようにこの思想の流れを取り入れて能動的想像に適用したか、とくに占星術的象徴との関係で理解することが重要である。

「聖職者の《ヒエラティック》」つまり「神官的《プリーストリー》」プラトン主義[8]――儀式的行為に転換されたプラトンの哲学思想――の系譜は、プロティノスとポルフィリオス、そしてイアンブリコスを経てその後の新プラトン主義者プロクロス、オリンピオドロス、アテナイのアカデメイア（プラトンが創設した学校）の最後の学頭であるダマスキオスへと続いた。[9] その後アカデメイアは、キリスト教徒の皇帝ユスティニアヌスにより、帝国が異端の教えで汚染されるのを防ぐため、五二九年に閉鎖された。しかし、これらの著者はみな、プラトンの対話篇について注釈を書き、占星術をシュンパテイアの網状構造の一部とみなして自らのコスモロジー仮説の中心的要素として組み込んでいるのである。プラトンの著作に見られる謎めいた要素に夢中になり、それが哲学的真理の魔術的適用を示唆していると信じていた。そして最近の学術的動向としては、より注意深く、さほどの偏見をもたずに、古代末期の哲学と宗教におけるこの非常に大きな影響力をもつ流れに見られる儀礼的魔術の要素に注目し始めている。

グノーシス主義思想のさまざまな教派やギリシア語魔術パピルスに浸透したプラトン主義の魔術的「地下世界」は、オリゲネスやニッサのグレゴリウスのような教父たちの純粋に哲学的でダイモンなど存在しないように見えるキリスト教化されたプラトン主義とは、まったく異なるものに思えるかもしれない。[10] それでも、これらのあまり評判のよくない文書が信奉する世界観を、ユングは自分の心理学モデルにふさわしいと思ったようだ。神聖プラトン主義の世界は、想像力、シンボルの存在論的自律性、内的体験の重要性を、高く評価した。このリミナルな世界では、哲学と宗教の境目が、宗教、心理学、魔術の境目と同じようにあいまいなのである。ユングは、一般に新プラトン主義の創始者と考えられているプロティノスを非常に好んでいたようである。[11] プロティノスは、その後継者たちとは対照的に、通例、学者たちからテウルギストではなく神秘哲学者と見られてきた。[12] しかし、ユングにとってプロティノスは、『エネアデス』の「合理的」といわれる神秘主義には収まらない面でこそ、重要だったのだろう。近年、多数の学術論文が、プロティノスの著作にある明確な魔術的な要素について探究している。ユングがプロティノスを「一なる世界《ウヌス・ムンドゥス》」の概念が早くからあったことの証人」だと主張したのは、このエジプト出身のギリシア人哲学者が、（複数の）個人たちはみな「ただひとつの魂だ」と明言したことに依拠しているのであろう。このためユングは、プロティノスをプラトン自身とともに、自分より前に集合的無意識を発想した人とみなした。[13]

図 4-1　プロティノスの頭像、3 世紀後半、オスティア・アンティカ博物館[14]

　またユングは、「内にあるもの、ひとつの中心のまわり」を回る魂の自然な動きについてのプロティノスの記述は、まわりをこころのさまざまな構成要素が回る中心だという自分自身の自己の概念を早くから示していたのだと考えた。[15] そして、『思い出、夢、回想』(『ユング自伝』)の中で、ユングは、個性化の考えを展開するうえでこの遠心的な動きの重要性を強調した。

一九一八年から一九二〇年の間に、私は心の発達のゴールは自己であることを理解し始めた。それは直線的な発展ではなく、自己の周囲の巡行のみである。均一な発達は存在するが、それはたかだか最初のころだけで、後になると、すべてのことは中心に向けられる。[16]

西暦二五〇年頃に書かれ、弟子のポルフィリオスが編集したプロティノスの『エネアデス』は、一九一七年から一九三〇年にかけて、初めての英語版が数巻に分けて出版された。[17] それより前の一九〇七年に、長い注釈がついたドイツ語訳が登場し、[18] ユングは『リビドーの変容と象徴』を執筆し、『新たなる書』の製作を始めた時期にこの版を入手したようだ。そしてのちにスティーヴン・マッケンナの英語訳に加え、ギリシア語の文書の現代校訂版を入手した。[19]『リビドーの変容と象徴』でユングは『エネアデス』から多く引用し、世界霊魂についてのプロティノスの記述を強調した。ユングの言い方ではそれは「完全なエネルギー」と「イデアの生きた有機体」であり、元型を発生させそれを通して表れる普遍的な心的エネルギーというリビドーの概念と一致する。[20] ユングは、第一の創造的原理を太陽に象徴される「光全般」と同一視するプロティノスの考えにも言及している。[21]

太陽の比喩は、神々を動かす力は心理的エネルギーである、ということをくり返し教えてくれる。この心理的エネルギーこそ、人間に自分は生命の連続のなかにあって決して消えることはないと感じさせるつながりであり、われわれのうちなる不死のものである……プシュケー（こころ）の生命力であるリビドーは、太陽によって象徴される。[22]

ユングにとって同じくらい重要なのが、プロティノスの第四論集「魂の本質について」という論文で、その中でこの哲学者は、想像の一番の重要性は目に見える領域と見えない領域の間の出入口としての役割にあるという考えを詳しく述べている。プロティノスによれば、魔術の力は、「楽器の弦の一方の端をつま弾けば反対側も振動するように[23]」シュンパテイアに依存しているという。第二論集第三論文「星は原因か」は、とくにユングの占星術についての考えの発展に寄与した。この著作でプロティノスは、惑星が物質的なやり方で効果を「生み出す《プロデュース》」という考えを退けた。惑星は出来事を引き起こすのではなく「示す《シグニファイ》」のであり、いわば「天に永遠に刻まれ続ける文字[24]」だという。つまり惑星はシュンボーラなのだ。

すべては象徴で満ちている……すべてのものはつながれていなければならない。そして、ひとつの緊密に結びついた有機体ならどんなものにもあるシンパシーと対応が、まず、そしてもっとも強く、全体に存在しなければならない……そして、この秩序ある状態では、天の仕組みに属するもので重要でないものはなく、星々は光の放射によって天の象徴の機能に貢献する協力者である。その象徴の力は感覚界の全領域に及ぶ[25]。

これは、ユングがのちに共時性と呼んだ、占星術の有効性を中立的で科学的な言葉で説明する概念のプロティノス版と考えることができるかもしれない。プロティノスの独創的な文書には、占星術は天の神のシュンボーラの解釈であり、天はその周期的運動の中に、世界霊魂すなわちユングの用語でいえばリビドーにもともと備わっている絶えず変化するパターンを具現させ反映するとある。天の星の配置の象徴性についてのプロティノスのこのような考え方が、フロイトへの手紙にユングが書いた、黄道十二宮のサインは「特定の瞬間のリビドーの典型的な特質を表している」という言葉のもとになっているようだ。ユングにとっても、プロティノスと同じように、惑星と黄道十二宮のサインは物質的な原因ではなく象徴なのである。

『新たなる書』におけるオルフェウス教の原初の神ファネスの重要性は、『リビドーの変容と象徴』にあるファネスが「宇宙生成原理」であるという記述[26]に示されている、ユングのオルフェウス教の思想への関心は、ダマスキオスやオリュンピオドロスのようなのちの新プラトン主義者が引用したオルフェウス教の詩によって誘発されたのかもしれない。これらの詩は、プラトン学者のトマス・テイラーによって一八二四年に『オルフェウスの密儀讃歌 *Die Hellenistischen Mysterienreligionen*』として英訳された。[27] リヒャルト・ライツェンシュタインも同じように『ヘレニズム時代の神秘宗教 *Die Hellenistischen Mysterienreligionen*』[28] でオルフェウス教について論じており、アイザック・プレストン・コーリィは『古代拾遺 *Ancient Fragments*』で、エルヴィン・ローデは『ギリシア人の霊魂崇拝と不死信仰 *Seelencult und Unsterlichkeitsglaube der Griechen*』[29] で論じた。ユングはこの三つの著作をすべて入手し、最初の二つは（もしかしたら三つ目も）『新たなる書』の製作を始めたときにはすでに所有していた。[30] ミードは一八九六年に、彼がオルフェウス教「神学」と呼ぶものについて自ら解説書を書き、テイラーが翻訳した『讃歌』を頻繁に引用している。[31] そして、古代末期の宗教諸派に対するユングの理解を助けたミードの著作の重要性を考えれば、新プラトン主義におけるオルフェウス教思想の持続性についてのミードの見解も、ユングの関心を引いたかもしれない。オルフェウス教の『讃歌』が古代のソクラテス以前の原典に忠実であると信じていたテイラーは、翻訳の序文で次のように述べている。

この神学がじつはオルフェウスに由来することは、イアンブリコスとプロクロスというふたりの偉大な哲学者によって明確に証明されている。[32]

ユングは、プロクロスにも興味を示している。ミードがオルフェウス教に関する著作で示した多くの翻訳、さらに占星術上の大周期論を含む作品集に組み込まれた、「時の永続性の証明に関する定理」というこの後期新プラトン主義者の論文をテイラー訳で入手している。[33] 時に関するプロクロスの著作は、黄道十二宮のシンボルや惑星の運動および相互関係として表現される、逆説的、質的、かつ周期的な時の性質を探究するユングにとって、有用な情報源となった。こうした原典資料は、シュンパテイアの法則を明かすものとしての占星術の特筆すべき重要性、惑星の「影響力」が象徴的なものだという点、また天体のもたらす宿命の鎖を破壊する手段として魔術の有効性を強調している。こうした考え方は、それ以前はなかったとしても『新たなる書』に取り組み始めた頃からユングの読書と研究の大きな部分を占めていたようで、『新たなる書』に見られるさまざまなテーマだけでなく、『新たなる書』に取り掛かる一年前にドイツで出版された『リビドーの変容と象徴』の中での言及にも表れている。

「神的なる《ディヴァイン》」イアンブリコス

『ユング選集』の中でのユングによる言及は、イアンブリコスよりプロティノスについてのほうが多い。しかし、「神的な」イアンブリコス

図 4-2　17 世紀の版画家が想像したカルキスのイアンブリコス[34]

こそ、ユングが能動的想像についての着想とそれから生み出されるものを理解するために占星術的解釈学を利用するうえで頼りにした、もっとも重要な古代の情報源といえるかもしれない。[35] イアンブリコスは、プロティノスと同様、占星術の重要性と真実性を認めていた。一方、人の手が構築した人為的ミスがつきものの凡庸な予言的占星術に対して、イメージとシンボルを利用して星界の諸力と接触し、直接知識を受け取るテウルギア的な占星術とを区別していた。[36] テウルギアの哲学と実践についてのイアンブリコスの記述と能動的想像についてのユングの記述の間に強い類似性があるにもかかわらず、ユングのもっとも重要な分析技法に寄与した古い源泉を学者たちが探るとき、驚くべきことだがこのシリアの新プラトン主義者はたいてい見逃されてきたのだ。[37] ユングが能動的想像と魔術の関係に十分に気づいていたことは、彼が一九三五年にタヴィストック・クリニックでの講義でした自分の患者についての指摘にはっきり表れている。またユングは、『新たなる書』を書いている頃の自分自身の経験について、次のように述べている。

私には、こうしたイメージと毎晩のように取り組み、その光景や経験を描いたり、形を与えようとしている患者たちがいます。こうした作業は、彼らには大変な魅力です……これは一種の「魔術のような」効果で、言ってみれば、イメージからその人に向かう暗示的な影響です。このようにして、患者の無意識は拡大され変化するのです。[38]

イメージから「暗示的な影響」が出ているというのは、テウルギアによって達成される魂の変容は神が送る「秘密のシンボル」に依存するというイアンブリコスの言葉と同じようなことに思える。

> 形相の支配下でもたらされた形を超える存在、イメージによって複製されたすべてのイメージより上のもの。[39]

「テウルギア」という言葉には長い歴史があり、人間の宗教的想像とつながりのあるほかの多くの言葉と同様、とりわけ魔術との区別あるいは同一性をめぐる、継続中の学問的論争の対象となっている。この言葉が正確に何のことを意味しているのかについて、まだ学者たちの意見は一致していない。[40] もともとのギリシア語のテウルゴス（Θεοργος）は造語――テオス－エルゴン（Θεος＋εργον）つまり「神の働き」――で、これが最初に登場したのはユングもよく知っていた『カルデア神託』と呼ばれる古代末期の儀式文書であり、神官的《プリーストリー》プラトン主義についてのイアンブリコスの解釈に大きな影響を及ぼした。[41]『神託』はおもにほかの著者により引用された断片によって知られており、普通、哲学的なものではなく魔術的なものだと考えられている。それでも、この文書のもとになっている哲学は間違いなく新プラトン主義である。現存している断片は、さまざまな神やダイモンの召喚に関するものであり、そのような技法は、古代末期のギリシア語魔術パピルスから中世および初期近代の魔道書《グリモワール》、そして二〇世紀初めのアレイスター・クロウリー、ダイアン・フォーチュン、イスラエル・リガルディのような現代の魔術師たちのオカルト文書に至るまで、大量かつ多様な魔術の資料にかなり詳しく書かれている。

実践者の立場からは、テウルギアは魔術師の意志を日常生活に強引に反映させることではなく、神との交流さらには合一に関する「高次の」種類の魔術だと説明される。テウルギアは、高次の諸力に強要するのではなく、神自身のシンボルつまりシュンテマータに喜んで応えようという神の意志に依存している。[42] つまり、それはイアンブリコス自身が詳しく述べているテーマである祈禱《プレイヤー》の概念に近いと考えられるのだ。

祈禱は我々と神々の間に親密なつながりを確立し、我々がテウルギアによって神から三つの恩恵を確実に得られるようにする。ひとつ目は覚醒《イルミネーション》を、ふたつ目は一般的な目標達成を、三つ目は（魂の）完全な充足をもたらす……祈禱に含まれる嘆願なしに実施できる神聖な行為はない。[43]

テウルギアを巡っては、この魔術と祈禱の接合点を中心として多くの論争がある。イアンブリコスが真摯な宗教的実践について述べていると理解するとなると、ミサのようなキリスト教の行事との類似性を無視するのは難しくなる。そうなれば儀式的な行為と祈禱、象徴的なもの、何かに集中した想像、祈りを込めた嘆願を組み合わせたテウルギア以外のものとしてミサを定義するのは難しくなってくる。ユングの『新たなる書』を精読すると、その文章とイメージをもたらした活動をテウルギア以外のものと考えるのは難しくなる。『新たなる書』も儀式的行為と祈禱、絵のかたちをとる象徴的なもの、集中した想像、宇宙の卵からの太陽神の誕生を促す長い呪文など、祈りを込めた嘆願が組み合わさっているのである。[44]

ユングの祈禱についての議論に関してはあいまいで、年月がたつにつれてその意味と有効性についての考えは変わっていったようだ。『タイプ論』では、祈禱の存在論ではなくその心理学に関心を寄せた。パウル・ドイセンによるヒンドゥー教の聖典のドイツ語訳と注釈に言及して、[45]「祈る」という言葉は「ふくれ上がる」ことを意味するヒンドゥー語のバーに由来するとユングは指摘している。つまり、祈禱は「聖者や神の域にまで向上せんとする人間の意志」だというのである。そして、ユングは次のように述べている。

この語源はある心的状態を示している。つまりそれはリビドーの特異な集中であって、これは過剰な神経刺激伝達によって全般的な緊張状態を呼び起こし、その状態が膨満感と結びついているのである。それゆえ日常語においてもそうした状態について、溢れる・堰を切る・破裂する・などの比喩が好んで使われる。……このようにして太陽・火・炎・風・息などのあらゆる比喩が現われてくるが、これらは昔から世界を動かす産出的創造的な力とみなされてきた。[46]

しかし、「世界を動かす創造的な力」はすでに『新たなる書』のイメージにおいて「膨満感」よりもっと力があることを証明していた。上で引用した文章を書いた一九二〇年でさえ、ユングは、祈禱の効果をたんに想像された神に投影された感情が「溢れる」状態とみなすようなことはしなかった。

『ユング選集』の注意深く修正され書き直された内容は、社会全般、とくに彼らから嘲笑されることをユングが恐れた精神医学の専門家に残した、ユングの遺産である。ドイツで一九三六年に最初に出版された元型に関する論文[47]でユングは、宗教的思想の背後にある生の元型的力を含む「異端」的ヴィジョンと、「教義に合致し」「祈禱、自己暗示、他者暗示によって呼び起こされた意識の内容の視覚化」である従来型のヴィジョンの間の違いについて論じている。[48] 後者の文脈では、祈禱はたんに、集団に受け入れられる定式に従い、集団に受け入れられる宗教的「体験」をもたらす一種の自己暗示にすぎない。[49] しかし、二〇年近くのちに、ローマカトリックの聖職者であるウィリアム・ラシャ神父への手紙に、ユングは次のように書いている。

真の祈りの深い感動が超越に達するかもしれないことは少しも否定しませんが、それは私たちの理解を超えています。[50]

つまり、ユングにとって祈禱は、心理学的説明を拒む超越的な神秘への扉を開くものだったのである。
イアンブリコスもユングと同じように、意図的な人間の作用によって誘導されるイメージと、テウルギアによって経験される真のグノーシス（神秘的直観）から生じるイメージを区別することに関心をもっていた。『秘儀論』の第三巻には、技巧的手段によって人為的に生み出される「不安定で偽物の」ヴィジョンと対照的に、神により起こされ霊感を与えられた「真の」占い、夢、予言の記述が多くあり、次のように述べている。

「たんなる空想とは区別される想像」は、ひとりでに生じるのではなく神によって喚起されるから、人間の正常な行動が完全に押しのけられたときに、想像の状態にまで高められる。[51]

ユングの用語で言い換えると、想像は元型自体によって喚起され、その侵入によって意識的な自我の「正常な」機能が「押しのけ」られるときに起こるというわけである。テウルギストはその目的――神に吸収されること――をあるきまった魔術的行為を正しい儀式で実行することにより達成する。その行為はテウルギストには理解できないかもしれないが、神々はその重要性を知っていると、イアンブリコスは主張した。[52] この儀式は、人間の魂と神あるいはダイモンとの間の一種の問答とみなされた。参与しようという神の意志は儀式行為のシンボルによって引き起こされ、それは目に見える世界に埋め込まれた神のシュンテマータであり、テウルギアの過程に神が参与することを確実にする。変容は、人間の意志の力によってではなく、神のシンボルの自律的な力によって起こる。

イアンブリコスは、テウルギアと普通の魔術《マジック》や妖術（γοητεια、ゴエーティア）の区別もした。

> さらに、神の非常にくっきりとしたヴィジョンを、魔術によって人為的に生み出されたイメージと同じようなものだと思ってはならない。それは、エネルギーも、目に映るものの本質も、真実ももたず、出現しているだけのものである。[53]

テウルギアが神聖なものに関わるものであるのに対し、ゴエーティアは「たやすく使用でき、大衆の間に広まって」いて、「嘘と偽り」を用い、「神の不在を楽しむ」。さらに、その実践者は「有効な観照《コンテンプレーション》の手順を完全には踏まない」[54]。これに対しユングは、テウルギアと「低次の」魔術の区別について何も述べていない。『ユング選集』には「テウルギア」という言葉は登場しない。ただし、当然のことながら、ユングは魔術について多くのことを述べている。[55] 彼は魔術のことを、光と闇の両方の次元に広がるもので、それは魔術の力は「分離」より前の原初のレベルのこころから生じるからだと書いている。

彼（魔術師）は太古的な異教の一部を救い出した、つまり彼自身がキリスト教の分裂によって得られなくなったある本質をもっている、すなわち彼は無意識への通路をもっているのである。無意識は依然として異教的で、そこではいまだ対立物同士が始原のまま素朴に共存しており、また罪の観念とは縁もゆかりもないが、しかし意識的に生に取り上げられると、善とおなじほどに根源的でそれゆえデモーニッシュな力をもった悪を作り出すことができる。[56]

十九世紀後半から二〇世紀初めのイギリスのオカルティストたちは、「魔術《マジック》」という言葉と「テウルギア」という言葉を同義として使うことで、自分たちが行っている種類の魔術に威厳を添え、神聖プラトン主義にまでさかのぼる古代に起源があるとした。当時のオカルティストたちの著作にはイアンブリコスが頻繁に紹介されている。[57] 暁の星と呼ばれる黄金の夜明け団の分派のメンバーであるイスラエル・リガルディ（一九〇七〜八五年）は、『生命の樹 *The Tree of Life*』というカバラの魔術に関する著作を執筆しており、ユングはこの本をこの人物のほかの著書とあわせて入手している。リガルディは、イアンブリコスに負うていることを率直に認めている。

魔術の技法は大昔の伝統に厳密に一致していること、最高の権威からの明示されたあるいは暗黙の承認を得ていることを示しておきたい。神聖なるテウルギスト、イアンブリコスは、魔術についてのさまざまな著作で多くのことを述べている。[58]

ユングの聖美術的《ヒエラティック》絵画

イアンブリコスの見解をユングと比較してみると、このシリアの新プラトン主義者のテウルギアについての考え方とユングの能動的想像の技法に非常に大きな関連性があることがわかる。能動的想像は心理学的技法であるだけでなく、言い方を変えれば、周到に構造化されたテウルギア的儀式であると結論せざるを得ない。[59] ただしそれは、香、植物、宝石のような具体的シュンボーラを必要としない「内的儀式」である。しかし、『新たなる書』にある絵画はそれ自体、聖美術的《ヒエラティック》なシュンボーラとみなすことができ、ユングがボーリンゲンで彫った、惑星の記号がテレスポロス（童子神像）を囲む石もそうである。[60] ユングはいくつかの種類の樹木や動物など、『新たなる書』の絵に正確な詳細を描き込んでおり、イアンブリコスの物質的シュンボーラと同じ目的を達成しようとしていたのかもしれない。[61] たとえばユングのフィレモンの絵にあるナツメヤシの木立のイメージは、この木の実際の枝と同じテウルギア的目的を果たすとも見られる。これは、物理的実体と、夢、ヴィジョン、あるいは魔術による召喚におけるそのイメージの間、そして物体とそれが芸術作品に表れるときのイメージの間の複雑な関係について疑問を提起する。ユングの絵画がイアンブリコスのいうところの意図的なシュンボーラであると見るなら、絵は完全に自発的に生まれてきたものと考えられるだろうか。

ユングのもともとのヴィジョンは、一九一三年十二月に書き始めた『黒の書』と呼ばれる一連の日記に書きとめられていた。[62] 彼は一九三二年まで『黒の書』に書き続けた。しかし、ユングが「私のもっとも困難な実験[63]」と呼んだこの日記は、抜粋して修正し編集され、砥石でとがれ、のみで彫られ、装飾されて、私たちが『新たなる書』と呼ぶ一冊の本になった。その姿を最初に見たのは夢の中でだったとユングが断言したフィレモンのものをはじめとするイメージは、よく考えられ、注意深く細かく描かれている。一九一四年に描かれたもののような、もっと前の「下書き」があり、一九八七年に出版されたゲルハルト・ヴェーアによるユングの伝記に掲載されている。[64]この初期の絵では、フィレモンは『思い出、夢、回想』（『ユング自伝』）でユングが記述しているような姿になっている。つまり後光を頂き、雄牛の角を生やし、ミトラ教のアイオーン神像のように右手に鍵束の輪をもっている。[65]『新たなる書』のために製作された最終版の絵では、雄牛の角はなくなって鍵は消え、輝く石で置き換えられているが、後光は残っている。これら異なるフィレモンの表現に、ジョン・ソーバーンが「芸術家の選択的瞑想」と呼んだものが、流動的なものと形式的なものの統合、あるいはソーバーンとユングの両方が述べたような無意識と意識の統合をもたらしている。[66]

ユングの絵画に詳細な象徴的関係付けが意図的に含まれていたとしても、絵の純粋な自発的ヴィジョンとしての力を妨げるものではない。それどころか、このことが絵を芸術作品にしている。自発性についての同じような疑問が、自動書記で生まれた資料をめぐって起こるかもしれない。描き写され、編集され、発表の準備がされるときに、（自然発生的なものも）その人の意識的な選択のフィルターにかけられるのは避けられない。[67]同様に、言葉によるものでも視覚によるものでも、「合一」体験あるいは「宗教的変性意識状態」と呼ばれる「神秘」体験の直後になされる描写は、それが伝えられた瞬間の個人の選択的認識を含んでいる。[68]自動書記も「宗教的な変性意識状態」も、ユングがトランスパーソナルだと感じた出会いを記述し、独立した未知の源からやってくるものとして体験した考えやイメージを表現する『新たなる書』を形容するのにふさわしい。

『カルデア神託』のような古代末期の儀式に関する文書は、霊媒がトランス状態で話すのと同種の、自動書記によるものだといわれてきた。二〇世紀中頃の非常に大きな影響力をもつ古典学者であるE・R・ドッズは、『カルデア神託』は「何らかのヴィジョンを見たりトランス状態の霊媒が受けた『啓示』に」由来すると書いている。[69]ユングの「自動書記」のもっともいきいきとした例は、一九一七年の冬に完成した「試練」と題された『新たなる書』の三部分である。ユングは自分の受けた啓示をフィレモンの「声」の結果だと考えた。このような体験は完全に文化的に決定されるのかどうか、あるいは何らかの本質的で言葉では言い表せないような核を含むのかどうかについて学問上の論争が続いているが、この体験が正確にどんなものだったのか、あるいはその起源について何も明確な結論は出ていない。[70]占星術自体の場合と同じように、直接的な体験と科学的「証拠」の欠如との対立は決着がつかないようだ。ユングの幻想的な題材は最初は純粋に自発的なものだったようだが、この種の体験が言葉、イメージ、あるいは芸術家がそれを通して表現するそのほかの媒体に変換されるプロセスに関しては、完全に自発的なものなどないのかもしれない。絵画は意図された護符的シュンテマータであった可能性もあるが、だからといってユングが絵にあると考えた力、信憑性、真の自律性がなくなるわけではない。

エピテデイオテス：「適切性」、「適性」、「受容性」

ユングは中世の大魔術師アルベルトゥス・マグヌス（一二〇六年頃～一二八〇年）の言葉を引用することにより、無意識の魔術的な力を強調した。

人間の魂には物事を変える力が宿っており、とくに度が過ぎた愛や憎しみなどの中に放り込まれたとき、ほかのものを自らに従属させる。このため、人の魂が何か過度の情熱にはまり込むと……それ［過剰なもの］が物事を［魔術的に］縛りつけ、望むように変える。[71]

ユングは、このような強烈な情緒状態のときに無意識から生じるイメージが、「自発的に姿を現す」のではないかと述べた。[72] それは、出会いを引き起こすのは神またはダイモンで「神は自ら行動する」[73]というイアンブリコスの主張と完全に一致していた。ユングにいわせれば、自ら行動するのは集合的無意識の元型なのであり、それに対しては敬意をもって受容的に応じなければならない。

けれども自らの関与を認識すれば、自らこのプロセスに入りこみ、自らそれに応答しなければならない――あたかも自分自身が空想のなかの人物であるかのように、というよりも目の前で演ぜられているドラマが現実であるかのように。[74]

こうして目に見える世界と見えない世界の間、そして個人のこころと集合的無意識あるいは新プラトン主義者の言葉でいえば世界霊魂の間に、コミュニケーションの経路が開かれる。[75] ユングは、入り口を開く魔術的プロセスを、無意識との交流の中でも「理解できないものの使者やメッセージを受け取り、それらを呼び出すことができるためには[76]」必要なものだと書いている。ユングがイメージへの敬意ある気配りを強調したことは、イアンブリコスのεπιτεδειοτες（エピテデイオテス）つまり「適切性《フィットネス》」、「適性《アティチュード》」、あるいは「受容性《レセプティヴィティ》」の概念と一致している。イアンブリコスは「魂の乗り物」すなわち「アストラル体」――魂を体に結びつける半霊半物質的な媒介物――を、イメージを作る機能すなわちパンタシアーの座だと考えた。テウルギアの儀式の間、パンタシアーは個人的イメージをすべて除かれて、神々から送られたイメージに対して受容的になる。[77]

イアンブリコスはエピテデイオテスの考え方を使って、テウルギアの間、なぜ誰もが最高度の神秘の境地に到達できるわけではないのか説明した。[78] 神々はどこにでもおわすが、意図的であろうがなかろうが、受容性をもたない者に「受け入れられる」ことはありえないのだ。[79] 五世紀に、プロクロスと同時代の新プラトン主義哲学者ヘルミアスも、自分のダイモンから与えられる予言的霊感について同じような考え方をした。

誰もが自分のダイモンを知っているわけではない。人がその保護に気づくには、大きな適性［エピテデイオテス］があることが必要だからである……すべてのものが神の摂理の対象だが、生まれながらに見る能力をもち浄化されていないかぎり、すべての人がそのことを自覚しているわけではないのと同じように、ダイモンの監督に関してもすべての人が気づいているわけではないからである。[80]

ユングは、自我はより深いレベルの無意識との折衝に耐える意志と能力をもっている必要があると考えていた。イアンブリコスのエピテデイオテスと同じように、それには適性に加え受容性もかかわっている。意識が脆弱すぎると、集合的無意識の元型的権威に自我が圧倒されて精神障害が起こることもある。[81] しかし、意識があまりに厳重に守られていると、無意識が侵入を始め、「宿命」として経験される強制力として表出されることになるかもしれない。[82]

個人は意志の働きによって簡単に元型的力を呼び出すことはない。カイロスつまり「ふさわしい時」と呼ばれる、意味ある徴候、夢、ヴィジョン、あるいは人生の危機の時機を待たなければならないのである。この「ふさわしい時」を見分ける能力は、一部は適切な時の性質（別の言葉でいえば、ふさわしい占星術上の星の配置）に、そして一部はエピテデイオテスに依存するとされる。イアンブリコスもユングも、個人的なものと普遍的なものの動的な関係を強調した。この関係においては、人間の意識は能動的な受容者であって、受動的で不本意な被害者ではない。イアンブリコスによれば、このとき神のイメージはパンタシアーを手に入れ、真の啓示の体験が可能になる。[83] エピテデイオテスの概念に含まれる心理学的および哲学的意味は深遠である。適切なシュンボーラによって入念に準備をし、それに守られた人間は、天体がもたらす宿命あるいは心的宿命の無力な餌食としてではなく、尊重されるべき共同創作者として、元型の領域に相対することができる。

「マスター・オブ・ハウス」について

イアンブリコスの考えでは、テウルギアは占星術と手を取り合う関係であるが、それはホロスコープを使って予言をする占星術ではない。プラトンに始まりプロティノスとポルフィリオスが引き継いだ伝統にしたがって、[84] イアンブリコスは「個人的ダイモン」（オイケイオス・ダイモンあるいはイディオス・ダイモン）を、個人の人生と行動の道案内をし「魂にさまざまな段階の人生を全うさせる者」として働く「我々の魂の監督者であり指導者[85]」だと言っている。

ダイモンは人のどこか一部を導くのではなく、すべてを同時に導き、それが宇宙のどこから我々に割り当てられていても、我々のすべてを支配する。[86]

プロティノスは、それより前に、個人の守護ダイモンは「選択された人生を全うさせる力」だと述べ、それは「我々自身の完全に外側にあるのではなく……それは我々の魂に属するものとして我々に属す」と述べていた。[87] イアンブリコスはダイモンをきわめて個人的な内的影響力だとするこの考え方に従って、ある書簡において、この神聖な存在を「この世で各人に割り当てられたダイモン」と呼んだ。[88]『秘儀論』ではもっと具体的に書いている。魂は、特定の生涯でひとつしか支配的なダイモンをもたない。その要求を満たすため、人はまずそれを認識して結びつき《ラポール》（交信できる状態）を形成しなければならない。[89] それはテウルギアによってのみ完全に達成することができ、テウルギアの間にダイモンは「その名前だけでなく特有の礼拝方法を明かし」、「彼を召喚する特別な方法を教える」[90]。個人的あるいは守護神としてのダイモンは、その人の運命すなわち「人生全体を支配する超自然的人格」と同義である。[91]「個人的ダイモン」との結びつき《ラポール》は、まさにユングがフィレモンの召喚で意図していたことだと考えられる。

イアンブリコスは、個人の人生の運命の展開を容易にするこの天界の仲介者を見つけて体験するふたつの方法を挙げた。「技巧的」方法は出生ホロスコープを使うものである。それは古代末期の占星術師はたいていが、個人のダイモンは誕生の瞬間の支配的な惑星に表れていると信じていたからである。ポルフィリオスは『アネボーへの手紙』の中で、出生ホロスコープを調べることによって個人的ダイモンを見つけるという考えについて論じている。[92] 占星術において個人的ダイモンを示すシグニフィケーターには、オイコデスポテスつまり「マスター・オブ・ハウス」という名が与えられた。[93]『テトラビブロス入門 *Introduction to the Tetrabiblos*』で、ポルフィリオスはホロスコープでオイコデスポテスを突き止める細かな技術的指南をしたが、「これについては多くの議論がある」と認めている。[94] 論争は、各人の宗教および占星術の志向を反映しながら、何世紀も続いた。[95]

イアンブリコスの考えでは、オイコデスポテスを明らかにするような技法は有用だが、真のグノーシスより劣っている。そうしたやり方は「たんに人間のレベル」で機能するのであり、このため当て推量と間違いをしがちである。

> 人は前者［テウルギア］の手順に従ってダイモンを高次の因果律から呼び出す一方で、後者［技巧的な手順］に従って、結果と生じた世界［出生ホロスコープ］の目に見える周期に頼ることもある……前者はより普遍的なものに基づいて作用して自然の領域を超越するのに対し、後者は自然の指示に従って個人のレベルで礼拝を行うものである。[96]

テウルギアによるダイモンの召喚はこのように元型的（普遍的）性質を反映しているが、ホロスコープに表れるものは個々の人生の特定の条件下での表れ方を反映する。このふたつのやり方を組み合わせることができる。テウルギアによるダイモンの啓示が、オイコデスポテスに相当する惑星と結びつけられたイメージに対する瞑想を通して得られることもあるのだ。同じように、特定の花やジェムストーンのような、惑星のシュンテマータが儀式で役立つかもしれない。イアンブリコスの考えでは、これらのシュンテマータはほかの「自然の」シンボルと同様、神が形のある世界に埋め込んだ神聖な「しるし《トークン》」だからである。[97]

ユングが、古代末期の占星術師たちが提示したような一連の複雑な技法を利用してオイコデスポテスを特定した可能性は低く、[98] またそうした文書を手に入れた証拠もない。[99] それに、たとえユングがヘレニズム占星術の著作をそろえていたとしても、その技法を試みたとはかぎらない。彼はホロスコープを作成するときの数学的な部分を嫌っていて、のちには娘のグレーテに計算をしてもらったほどだからだ。[100] グレゴリー・ショウは、イアンブリコスのオイコデスポテスの考え方について論じ、マスター・オブ・ハウスは通常、誕生時のアセンダント——誕生の瞬間に東に昇ってくる黄道十二宮のサイン——の支配星だと考えられたのではないかと述べている。ただし、これはその惑星が強力で、他の天体とよい関係にあることが条件だ。アセンダントの支配星が出生ホロスコープ全体の「支配者《ルーラー》」だという考えは、ダイモンやテウルギアとの関連性を省いた形で、二〇世紀初めにアラン・レオが始めた新しい「近代」占星術に再び現れた。これによって、ユングにとってすべてがずっと単純になったのは間違いない。[101]
ユングの出生ホロスコープではアセンダントの支配星は土星である。それはユングが生まれたとき、水瓶座が誕生した場所の東に昇っていて、土星は古くからこのサインの支配星とされているからである。ユングの出生ホロスコープの土星は、さらにポルフィリオスによるもっと細かいオイコデスポテスの要件を満たしている。[102] というのは、自らのサインである水瓶座に位置しているのに加え、東の空に昇っており、ほかのいくつもの惑星とよい関係を形成しているため、とくに強化されているのだ。[103] 驚くにはあたらないが、土星は、生涯を通じてユングの著作において目立つ存在であった。土星は錬金術で非常に重要なため、『ユング選集』で繰り返し言及されている。ニグレドつまり「黒化」[104]と呼ばれる錬金術の作業の最初の段階――ユングはこのプロセスを、無意識と本当に対決する前にかならず必要な自我の防衛の打破と結びつけた――は土星が「君臨する」といわれ、錬金術で自己を象徴する重要なシンボルである「賢者の石」が、最終的にそれから現れる第一義的な物質つまり基質とみなされた。[105]
『新たなる書』では多数の人物が明らかに土星のシュンボーラであることが判明している。もっとも顕著なのはフィレモンで、彼のこの惑星との関係は年齢、片足を引きずる歩き方、「秩序」と「法」の生成者としての役割、魔法使いと「老賢者」としての役割によって示されている。[106] ユングが能動的想像により意図的にフィレモンを召喚したことは、『思い出、夢、回想』（『ユング自伝』）にはっきり述べられている。[107] このダイモン的人物が本質的に土星的なことは、ユングの彼についてのさまざまな記述により明らかである。彼がユングの個人的な内的指導者であることも、ユング自身により明確に述べられている。これらの言及は、「老いたサトゥルヌス」が自分の支配者であるとユングが述べていることと相まって、テウルギアによって、ホロスコープで意味を明確にされた、古代の新プラトン主義の「マスター・オブ・ハウス」に、フィレモンが非常によく似ているのは偶然ではないことを強く示唆している。

古代の文書に示されたダイモンが何者であるかの解釈はひとつではない。オルフェウス教の紀元前四世紀の『デルヴェニ・パピルス』を翻訳したガーボル・ベテフ（Gabor Betegh）は、「δαιμον（ダイモン）という言葉の意味領域はギリシア語の用法では悲しくなるほど広い[108]」と述べている。「ダイモン」という言葉は「割り当てる」とか「分割する」という意味のギリシア語ダイオマイに由来し[109]、したがってダイモンは、「割り当て」を意味する。それは宿命を表すギリシア語表現のひとつであり、割り当てられた寿命ともその目的とも考えられるモイラの概念と関係がある。そしてモイラは語源学的にヘイマルメネーと関係がある。これは、次章で見ていくように、ユングが天体のもたらす宿命と同じ意味で繰り返し使った言葉である。この概念――ダイモン、割り当て、占星術的宿命――の複合体は、古代末期のテウルギアと占星術だけでなく、宿命としての個性化についてのユングの考えの中心をなすテーマとなった。

ダイモンはユダヤ教、イスラム教、キリスト教の宗教思想における天使にも似た、半神のメッセンジャーか仲介者のような、「下位の」神とみなされることもあれば、天界と地上の世界の間を仲介するが、魂が自由へと上昇しようとするのを執念深く妨げることもある死者の魂とみなされる場合もある。『デルヴェニ・パピルス』に、正体不明の著者が、ダイモンは「神の助手と呼ばれる」と書いている。[110] また、『デルヴェニ・パピルス』は一つひとつの魂に割り当てられた「個人的ダイモン」という概念も示している。この文書がもとにしているオルフェウス教の詩はプラトンより少なくとも一世紀前のもので、プラトンはこの概念を、ほかの多くの人々と同じように、ソクラテス以前のオルフェウス教から得たようだ。[111] ダイモンは持って生まれたもののこともあるし、それが付き添う人から独立して存在することもある。それはいつも存在論的に「外側」のものだと思われたわけではなく、内的なもののこともあった。ドイツ・ロマン主義者たちが「人間の性格はその人のダイモン」であるという考えを持つようになる二五〇〇年前の紀元前六世紀に、ヘラクレイトスが同様の考えを述べている。[112]

ジェイムズ・ヒルマン（一九二六～二〇一一年）の元型的心理学はユングに大きく依拠している。新プラトン主義の多神教の影響を受けていることを公然と明言した点で特色がある。ヒルマンの『魂のコード』はダイモンについての古代の思想に大きく依拠している。ヒルマンは、ダイモンを「個性化された魂のイメージ[113]」と定義した。

わたしたちひとりひとりの魂は生まれる前から独自の守護霊《ダイモーン》を与えられている。それがわたしたちがこの世で生きることになるイメージやパターンを選んでいるのである。わたしたちの魂の伴侶、ダイモーンは、そこでわたしたちを導いている……ダイモーンは、あなたのイメージのなかに何があるのか、そしてそこにはどんなパターンがあるのかを忘れはしない。あなたのダイモーンはあなたの宿命の担い手でもあるのだ。[114]

個人の肉体、両親、誕生の場所と時刻は――つまり環境や遺伝的性質だけでなく出生ホロスコープも――みな、ダイモンなしには考えられないものであるゆえに「選ばれ」ている。ダイモンはホロスコープの星の配置としての「外」にも存在する。そして誕生の重要な瞬間は魂自身の選択を反映しているのだから、ダイモンは「内」にもいることにもなる。ユングのダイモンの訪れがどんなものだったか論じて、ヒルマンは次のように述べている。

彼［ユング］は深みから声を呼び出したが、ギリシア語的にいえばそれはダイモンである……彼らは中間の世界の人物だった。必ずしも黄泉の国からだけ来るのではなかった。ある意味では仲介者だったが、生きている人物だった。[115]

「聖守護天使」

ユダヤ教、キリスト教、イスラム教では、「個人的ダイモン」は最終的に「守護天使」に融合された。[116]「天使」という言葉は、神または人間の「メッセンジャー」を意味するギリシア語のアンゲロスに由来し、この言葉はヘルメスやイリスのようなメッセンジャーの役割を果たす神に使われることもあった。[117] ユングは『新たなる書』でそのような存在を表すのに「メッセンジャー」という言葉を使った。

理解できぬ存在からのメッセージを受けたり呼び出したりできるようになるには魔術が必要だ。[118]

アブラハムの［アブラハムの宗教と呼ばれるユダヤ教、キリスト教、イスラム教の］守護天使は伝統的な神学の流れでは内的なものとはみなされていない。ホロスコープの目的論とも関係はない。天使は、まさしく文字通り、個人を守るために神によって天国から遣わされたメッセンジャーである。これはとくにキリスト教の天使にいえることで、一二七七年に教皇ヨハネス二十一世の指示で行われた公式の「天国のデアニメーション」［アリストテレス的世界観が異端とみなされ、二一九箇条の反キリスト教的命題の断罪の布告が出された］が宣言されてから、天使はかつてのような天体との結びつきを失い、天界における神の従順なしもべとなった。天界は、神が計画し創造し管理するがもはや住んではいない、巨大な時計仕掛けの機構とみなされるようになった。[119]

このように守護天使は普通、存在論的には人間の魂から切り離されたものとみなされている。この個人的な天使の内的性質が人間の内にある神の火花の一側面だといわれるのは、ユダヤ教とイスラム教の秘教的な教派の周辺においてのみである。十二世紀から十三世紀にかけて、イスラム教の神秘思想に影響を与えると同時に影響を受けた離散ユダヤ人のコミュニティの中で、守護天使すなわちマッギードを魂のもっとも高次の側面のイメージとする明確な記述が登場する。これらの解釈は重層的な土台をもっている。それはユダヤ教の宗教的枠組みの中に、古代末期以降の多数の新プラトン主義およびグレコ・エジプト（プトレマイオス朝時代のエジプト）の魔術的な考え方と儀式[120]を取り入れ、ソロモンとモーゼにまでさかのぼると信じられていた、すでによく発達していたユダヤ教の魔術の伝統[121]と結びつけたものだった。こうしたユダヤ教の秘教的な流れから生まれた文書は、天使がアストラル性をもち儀式的な召喚に反応することを認めた[122]。古代末期の世界では魔術は国際的で、宗教の境界を超える傾向があり、ユダヤ教魔術における守護天使は新プラトン主義の個人的ダイモンと非常によく似てくるのである[123]。

存在論的には自律しているが、守護天使は内なる存在でもあり、神と同質の人間の要素を構成している。そしてそれに、想像という手段によってテウルギア的に召喚できる可能性をもつ。そのような思想と儀式が、六世紀後半のアレオパギタのディオニシウス、十六世紀後半のハインリヒ・コルネリウス・アグリッパのような、異端のキリスト教徒によって論じられた彼らの著作をユングはよく知っていた[124]。こうしたテウルギアの実践が、大部分の中世および初期近代の魔道書《グリモワール》の基礎になった。魔道書は西洋の魔術の伝統のよりどころとなった文書で、さまざまな種類の天使と悪魔が登場する。天使や悪魔をうまく説得あるいは強要すれば彼らから得た賜物により、人間は天使化されることもできた。中世ユダヤ教の秘教的宗派では、天使のような「ハイアーセルフ」

の召喚も行われた。ユングもその著書を知っていた、十二世紀のユダヤ教徒で博識家、占星術師、哲学者のアブラハム・イブン・エズラ（一〇八九～一一六四年）[125]は、ある意味、イアンブリコスが提唱したムンドゥス・イマジナリス（想像界）によく似た、天使の上位の世界について述べている。そこではテウルギアの儀式によって人間は神との「自然で分かちがたい」結びつきを体験することができるとされた。[126]そうした天界を知ることを可能にする想像は、魂の「霊的な体《スピリチュアル・ボディ》」つまり「霊の乗り物《スピリチュアル・ビークル》」である。[127]

イブン・エズラは、人間の魂はもともとはこの天界で生じているという考えを提唱した。[128]そして、恒星や惑星も同様にそれぞれの魂をもち、人間の魂がするのと同じようにしてその源へ戻ろうと努力するという。イブン・エズラははっきりとこれらの惑星や恒星の魂を天使と呼び、ポルフィリオスやイアンブリコスが論じたアストラル界のダイモンと直接結びつけた。[129]高次の領域を体験したいと思う人間は、「自分の心の瞳」を通して見ることを学ばなければならない。[130]自分自身の魂を知ることにより、ミクロコスモスである個人がマクロコスモスである宇宙を知ることができる。内から天使に近づくことができるのは、天使が内にいるからである。内面の旅のゴールについてのイブン・エズラの考え方は、個人は神を直接体験することにより変容するという古代末期のテウルギアの考え方と一致している。ユングの心理学用語でいえば、個人の意識は自己を直接体験することによって変容するのである。

中世のユダヤ教の秘教的グループでは、最終的には人間の天使化に至るような神のヴィジョンを促すことを意図した、複雑なテウルギアの儀式が作り出された。[131]ヴォルムスのエレアザール（一一七六～一二三八年）の著作は、やはりユングがよく知っていた『セファール・ハ・ラジエル』（『天使ラジエルの書』）のような魔術書群を継承、発展させたもので、これは初期近代に入っても、そしてその後も読まれ続けることになった。[132]エレアザールはイブン・エズラと同じように、天使と同じ素材でできていて、それ自体天使のような姿形をした新プラトン主義の「霊の乗り物」の概念を取り入れた。ツェレム（tselem）と呼ばれる人間の内にあるこの神のイメージを通して、上位の世界に通じることができるというのである。[133]エレアザールは、この内なる天使は、その人がそのもとに生まれた黄道十二宮のサインを支配すると考えた。

ある人の黄道十二宮のサインのアルコーンである天使はいずれも、下界へ遣わされるとき、その支配下にある人物の姿をとる……そしてこれが「そして神は人間をご自身の形に作られた」の意味である。[134]

このように各人は、物質界へ生まれるとき、内なる星の天使《アストラル・エンジェル》を有することになる。エレアザールの「ある人の黄道十二宮のサインのアルコーン」は、太陽が位置するサインではなくアセンダントの支配星のことをいっており、出生ホロスコープにおけるオイコデスポテスという新プラトン主義の概念とよく似ている。これは、天使的存在についてのまごうことなき心理学的な理解である。天使の姿は個人の心的次元の想像界的《イマジナル》表現であり、それが今度は、死を免れぬ人生において、魂とその宿命に表されたアストラル界の特性と意味の複合体を、人間の姿に具現させるのである。

ユングの魔道書《グリモワール》

もっとも重要な中世の魔術書のひとつが、ラテン語で『リベル・ラツィエル』つまり『ラツィエルの書』と呼ばれるものである。[135] この著作は、とりわけユングの想像の儀式的利用[136]について議論するときに問題となる。リベル・ラツィエルはヘブライ語の『セファール・ハ・ラジエル』のラテン語訳である。[137] それにはヴォルムスのエレアザールの著作の大部分が含まれ、『モーゼ第六、第七の書』と称される初期近代の魔道書のおもな情報源でもあった。この魔道書はユングの蔵書の中に含まれており、『新たなる書』では魔法使いフィレモンの持ち物だとされている。[138]『モーゼ』は、ほかの多くの魔道書と同様、惑星や黄道十二宮のシグニフィケーターと関係のあるダイモン的存在との対話があることから、アストラル魔術の書物で、グノーシス主義、ヘルメス主義、初期ユダヤ教、新プラトン主義の起源にまでさかのぼることができる星界の宇宙論《アストラル・コスモロジー》にルーツがあると考えられる。当然のことながら、ユングが手に入れた魔道書は『モーゼ』だけではない。ユングの蔵書にはほかにも多数この種の文書があるが、これらは一種のグノーシスつまり合一の体験への魂の上昇を扱うもので、もっぱら「下位の」ゴエーテイアに関心をもつようなことはないため、テウルギア的なものとみなしたほうがいいかもしれない。『新たなる書』の作業を始めたときにはすでに、ユングは魔術と、想像を入り口とする儀式的な技法が生じさせる心理学的変容に興味をそそられていたようだ。

中世と初期近代の魔術を研究する学者たち以外の人々におそらくもっともよく知られている魔術書が、ネテスハイムのハインリヒ・コルネリウス・アグリッパによる十六世紀の聖典『隠秘哲学について *De occulta philosophia*』である。この魔術師志願者にとっての聖典三巻は、占星術、錬金術、カバラ魔術についての総合的な論文である。アグリッパは、『モーゼ』の著者と同様、原典資料として『セファール・ハ・ラジエル』を参考にした[139]。ユングはアグリッパによるドイツ語版の文書を二種類もっていた。ひとつは一八五五年、もうひとつは一九一六年に出版されたものである[140]。それに加え、もうひとつのアグリッパの著作『あらゆる芸術と科学の虚しさについて *On the Vanity of All Arts and Sciences*』の希少な初期のラテン語版を二冊所有していて、それぞれ一五八四年と一六五三年に出版されたものである[141]。

また、『新たなる書』との関係で同じくらい重要な、十八世紀初めにドイツで出版された魔道書もユングは入手しており、それはアブラハム・フォン・ヴォルムス[142]という中世のユダヤ教徒の魔術師によるとされる、『太古の神聖な魔術と驚嘆すべきことのまことの方法の書 *Buch der wahren Praktik in der uralten göttlichen Magie und in erstaunlichen Dingen*』である[143]。この本は四つの部分に分かれていて、英語で『アブラメリンの書　*The Book of Abramelin*』と呼ばれる書物の、最初に印刷された版である。二〇〇六年に出版された新しい英語訳の序文を書いたロン・ミロ・ドゥケットによれば、もとの原稿は一三八七年から一四二七年の間に書かれたという。[144] さまざまなアストラル界の天使や霊に関することが書かれた『アブラメリン』第三の書の大部分と同じことが『モーゼの第六、第七の書』に書かれている。[145]『アブラメリン』は、黄金の夜明け団の設立者のひとりであるサミュエル・リデル・マグレガー・メイザースによって、十九世紀の終わりに初めて英語に翻訳された。[146] メイザースが翻訳しアレイスター・クロウリーがこの本の儀式を広めたことに加え、二十一世紀に英語とドイツ語でふたつの新版が出版されたことにより、『アブラメリン』は現在のオカルト集団にも人気のある著作となっている。[147]

『アブラメリン』は、その著者がアブラメリンと呼ばれるユダヤ系エジプト人の魔法使いから教えられたと主張する、ある特別な占星術と天使がかかわる儀式を紹介している。『アブラメリン』の儀式は十八か月にわたる断食、禁欲といった、さまざまな心的霊的訓練準備を要求している。その目的は魔術師の変容と「救われない」霊に命令する力をもたらす一種のグノーシスの獲得である。この本を最初に英訳したメイザースによれば、儀式の目的は次のようなものだ。

純粋さと無私により、その人の守護天使についての知識を得て守護天使と会話をすることで、それによって、その後、あらゆる物質的なことで悪い霊を自分の召使として利用する権利が手に入るかもしれない。[148]

長期にわたる儀式的な準備に続いて、アブラハムによれば

私はこのヴィジョンを、連続して三日間、無私と無上の喜びのうちに経験した。私の守護天使から、愛情と友情をもって話しかけられた。彼は神の知恵とカバラについて説明し、そののち、この魔術についての完全な真実についてあますず説明した。[149]

ユングのフィレモンについて非常によく似たことがうかがえる。『新たなる書』によるとフィレモンはユングに魔術の秘密を教えたという。ドゥケットの考えでは、『アブラメリン』の聖守護天使は「各個人に一対一で結びついた神聖な存在――要するにその魔術師の個人的な霊的パートナー――である」[150]。ドゥケットはインドのヨガの実践にそのルーツがあるのではないかと考えているが、中世西洋の魔術の流れにおけるこの考えの源は新プラトン主義のオイコデスポテスの概念とユダヤ教の〝マッギード〟にある可能性のほうが高い。ただし、どちらも「救われない」悪霊を呼び出す手段としてではなく、ほとんどの場合魂の変容のために召喚された。[151]

ユングのいう「影《シャドウ》」の概念――個人的無意識の、問題があったり受け入れられなかったりする要素[152]――の心理学的文脈の場合を除いて、ユングが救われない霊を召喚することに関心をもっていたということはありそうにないが、なぜ彼が心理学的見地から『アブラメリン』に関心をもっ

たのか理解するのは難しくない。フィレモンは、ユダヤ教とキリスト教に共通の宗教的文脈では、一種の守護天使と考えられるだけでなく、集合的無意識の知恵の元型的イメージとみなすこともできるかもしれない。ユングが『アブラメリン』の「聖守護天使」と新プラトン主義のオイコデスポテスの類似点を見落としたというのもありそうにないことである。どちらも内的で心理学的であると同時に、具象的でありつつ天上界的であるというリミナルな位置にある。またどちらもムンドゥス・イマジナリス（想像界）の住人で、そしてどちらも個人のミクロコスモスと普遍的なマクロコスモスの間の橋渡しの役目をもっているのである。ユングがイアンブリコスのテウルギア、新プラトン主義に触発されて十五世紀後半にマルシリオ・フィチーノによって生み出された星辰魔術《アストラル》[153]とロヨラの『霊操』についての彼の心理学的理解に適合させた形で『アブラメリン』の儀式を試し、「私の心の先導者」だといい、フィレモンと呼んだ、想像上の内的指導者の存在を体験したというのはありうることだ。[154]

ユングが儀式的魔術に深い関心をもったことは、驚くに当たらない。魔術の実践と心理学的探究の境界ははかなくて絶えず変わるものだからである。ユングの調査は古代末期、中世、初期近代の魔道書の範囲を超えて、土星兄弟団《フラタニタス・サトウルニ》のような同時代の魔術教団の文献に及んだ。一九二〇年代後半にユングが短期間ながらその雑誌を入手したこの教団は、土星に支配される新たな「水瓶座の時代」がもうすぐやってくるという考えを広めた。[155]ソヌ・シャムダサーニは、一九一二年にドイツの化学教授ルードヴィッヒ・シュタウデンマイアーによる『実験科学としての魔術』という本が出版されたと述べている。この本で、シュタウデンマイアーは「自動書記」及び意図的に誘導された視覚性幻覚の実験について説明している。シャムダサーニによれば、シュタウデンマイアーの目的は「魔術の科学的説明をする」ことだった[156]。ユングはこの本を一冊所有していて、その中のいくつもの文章にしるしをしている。ユングは、時代および職業の慣習と文化的期待に制限されながらも、このリミナルな領域の重要性を認める勇気をもつようになった。そこでは、目に見えない世界にアクセスできる想像という「魂の道具」を用いて人間の意識の発達に儀式的魔術を適用することで心理学的洞察を得ることができるのである。

ユングが魔術――おそらくもっと正確にはテウルギア――について読むだけでなく実践した証拠があっても、それがすぐさま、アグリッパやマグレガー・メイザースの場合と同じような意味でユングが「信者」だったこと、あるいは毎晩就寝前にアストラル界の存在を召喚していたことを意味するわけではない。ユングにとっては、すべてが結局、人間の心理学の文脈の中で理解される必要があったのだ。魔術は疑いなく『新たなる書』において重大なテーマである。そしてアストラル魔術――天体のもたらす宿命の強制の鎖を断つために、惑星層を通過する魂の上昇を誘導しようとするような儀式――も、同様に、『ユング選集』のさまざまな巻にある心理学のテーマとして重要な位置を占めている。太陽神を召喚する魔術的儀式が『新たなる書』に登場するが、ひとつには『ミトラの典礼』にある儀式的召喚に触発されたものである。同じような召喚が『黒の書』のひとつに登場し、アイオーンの新たな神、オルフェウス教の原初の神ファネスに捧げられているが、[157] それはトマス・テイラーによって英訳された神聖オルフェウス教の『プロトゴノスへの讃歌 *Hymn to Protogonos*』にあるいくつものテーマと一致する。このような召喚に応じるも、存在は何者であれ、その「真の」性質は集合的無意識の元型的潜在力が人格化されたものであるとユングはみなした。しかし、この説明をもってしても、リミナルな領域についての確固とした科学的検証を期待している人々を安心させることはできそうにない。

第五章 「大いなる宿命」

性格こそがその人の宿命である。[1]

——ヘラクレイトス

宿命と魂は同一の概念のふたつの名前である。[2]

——ノヴァーリス

古代の人々は宿命を屈服させるために魔術を考え出した。彼らは外的な宿命を見定めるためにそれを必要とした。我々は内的な宿命を見定めるため、そして自分では想像もできない道を見つけるためにそれを必要とする。[3]

——C・G・ユング

バラをどんな名前で呼ぼうとも

ローマに通じる道のように、ユングの占星術についてのどんな議論も、遅かれ早かれ、彼が宿命《フェイト》をどのように理解していたのかという疑問にいきあたる。宿命についての占星術と哲学的思索は、両者が生まれたときからずっと深くかかわりあってきた。近代占星術の文書の多くが、個人の宿命がホロスコープによって説明されているかという疑問に、より現代的な言葉で答えている。場合によっては「運命《デスティニー》」というような違うニュアンスをもつ別の言葉が使われることもある。[4] 二〇世紀後半の多くの占星術師は、宿命的な状況という考え方をすべからく拒否するようになり、「ヘイマルメネー」すなわち「星々の強制力」という古代の概念を捨て、「傾向《トレンド》」と呼ぶようになった。こうした天体のもたらす宿命の近代化の例が、イギリスの占星術師ジェフ・メイヨ（一九二一〜九八年）によって示されており、彼は次のように明言している。

占星術でいう未来に関するアスペクト（の意味）は、さまざまな現れ方のどれかひとつとだけと一致するのである。大部分はたいてい関係する個人の「選択の自由」によって決まるが、それでもこのアスペクトは状況の実際の「傾向」やその状態に対する個人の反応の「性質」を予言している。[5]

ほかの占星術師たちは、原則として天体のもたらす宿命という考え方を受け入れたが、それは個人の物質的状況のみにかかわるもので、魂に対しては関与しないと考えた。この擬プラトン主義的、擬グノーシス主義的なアプローチは、一九五一年にイギリスの占星術師マーガレット・ホーン（一八九二〜一九六九年）によって次のように表現されている。

人は肉体的な自己と自分の周囲の物質的な世界を自分そのものだと考える限り、物質と不可分であり、軌道上にある惑星によって形成されたその変化パターンの影響にさらされる。自分自身より大きいと感じられるものを認識することによってのみ、人は地上のパターンを超えるものに自分を合わせることができる。こうして、地上の出来事を免れることはできないかもしれないが、自由で自発的な「受容《アクセプタンス》」を信条とすることにより、本当の自己が出来事に対して自由に反応することを「意志《ウィル》する」ことができる。[6]

この見方は、宿命とともにある種の自由を認めることも可能にする。しかし、これは精神と物質の二元性を反映するものであり、ユング自身の統合という考え方にはそぐわない。古代には、哲学体系や宗教体系によってさまざまな形の天体のもたらす宿命の理解があった。ヘルメス主義のいくつかの派は、天体のもたらす宿命は肉体あるいは魂の下位の次元に対して働くが、高次の魂すなわちヌースはその影響を受けないと主張している。

我々は選択する力をもっている。自分の力の範囲内で、自分の意志に従って、よりよいもの、そして同じようにより悪いものを選ぶのである。そして［我々の］選択が邪悪なものに固執する場合、その選択は物質的性質と合致している。［そして］それが理由で、この選択をする者を宿命が支配する。このときも、我々の中にある知性の本質は完全に自由だから……そのため宿命はそれに手が届かない。[7]

二〇世紀中頃に占星術師のマーガレット・ホーンが、これと同じような見解を述べている。『ヨハネのアポクリュフォン』[8]のようないくつかのグノーシス主義の論文は、魂が下降して受肉するとき、各惑星のアルコーンが一種の心的な膜を人間の魂の上に置き、その結果、それぞれが七つのアルコーンのうちのひとつの支配下にある、七つの層からなる魂の乗り物《ソウル・ビークル》ができるという考えを提示している。[9]これらの層はまとめて「偽の霊」と呼ばれて有害なものとみなされ、惑星のアルコーンが肉欲的な衝動で魂を物質に縛り付け、魂がその神聖な源を思い出すのを妨げるのである。[10]

初期のキリスト教的文脈の中では、ヘイマルメネーの概念が神学的議論の重要なテーマだったが、天体のもたらす宿命はキリスト教の洗礼を受けた人々に対しては無力だとみなされた。しかし中世に、ドミニコ派の聖職者でアリストテレス派の哲学者トマス・アクイナス（一二二五～七四年）の説の大きな影響により、ヘルメス主義とグノーシス主義の論文に提示された二元論的なアプローチが、容認可能なキリスト教的概念として再び浮上した。星によって定められる宿命は、肉体的欲望と欲求に関するものだと理解されていた。それは肉体がアリストテレス的なコスモロジー（口絵2）でいう、「月下」の滅びることのある領域に属しているからである。しかし、魂は神に属し、天体の影響の届く範囲外にあった。[11]

現代の哲学者たちも先人たちと同様、意見の完全な一致に至っていない。[12]「宿命」という言葉は、宗教をあまり連想させない上に、天体の力というのに比べて経済、気候、社会、政治的に受け入れやすい「決定論《デターミニズム》」という言葉で置き換えられた。占星術は当然、こうした現代の哲学的な議論からは除外されてしまっている。しかしユングは、天体と結び付いた運命の問題に大きな関心をもち続けた。そして、カント、ショーペンハウアー、ニーチェに哲学的解決を求めたが、ジレンマに対するより実際的な洞察を得ようとして、新プラトン主義、ストア派、ヘルメス主義、グノーシス主義へ目を向けた。それはとくに、これらの古い教派では天体のもたらす宿命が議論の中心となっていたからである。現代の心理学と精神医学も、宿命の問題に関心をもっている。しかし、認知心理学や行動心理学の学派では、哲学の場合と同様、占星術的な言説はほとんど消え去り、[13]宿命は、ほかの名前で呼ばれるのが通例となった。器質性疾患を扱う精神医学の領域では、しだいに遺伝学の研究とのかかわりが深くなり、今では「ジェネティック・ソウルイトマッピング」と呼ばれている。[14]

生まれ、育ち、輪廻転生

人間の精神的苦痛における因果律の役割は、その言葉に代えてどんな同義語が使われようと、いつも宿命を取り巻く謎へと戻る。たとえば、人はもともと「悪く」生まれる——遺伝的に「悪い」行いをするようにプログラムされて（そのように運命づけられて）いる——のだろうか、それとも自分が選んだわけではない外的な条件の圧力によって「悪く」なる（そして同じくそのように運命づけられている）のだろうか。そしてもし後者なら、その後、選択肢はあるのだろうか、あるいは適切な社会的、臨床的資本が与えられれば治る可能性があるのだろうか。現代心理学において、いわゆる氏か育ちか論争の重要な要素であるふたつのアプローチが生まれた。ひとつ目の結論は、二〇世紀初めのロシアの生理学者イヴァン・ペトロヴィッチ・パブロフによって考え出された古典的条件付けの理論にルーツをもち、人間を環境条件に完全に影響されるタブラ・ラーサ（「白紙状態」）だとする見方を取る。この立場の心理療法のアプローチは、現在では「行動療法と総称されている。[15] ふたつ目の結論は因果論的で、純粋に生物学的な見方に基づいており、脳の化学が個人の心と肉体の未来を決定するというものである。[16] これらふたつの極端な考えの中間の考え方もできるかもしれない。つまり、生理学（生まれ）と環境（育ち）が両方、程度を変えながら人格の形成にかかわっているという考え方である。精神医学に関する初期の著作で、ユングはこの種の折衷を試みたようで、次のように述べている。

文明対自然という果てしないディレンマは結局のところいつも、「多すぎるか、すくなすぎるか」の問題なのであって、「文明か、自然か」なのではない。[17]

しかし、『新たなる書』の作業を始めたときには、ユングは第三のアプローチを採用したようだ。

それは古代末期に好まれたが、今日では医学や器質精神医学の領域ではあまり支持されていないものだ。これは因果律に支配されず、科学的方法論による証明ができないものだからである。このアプローチでは、人間の宿命は、ア・プリオリな生得的性格、自己、あるいは魂の布置を具象化し、本人の人生の外的条件を通して神秘的なやり方で表れると考える。この生得的「本質《エッセンス》」の源と性質は隠されたままであり、直観的な推測の仕方でかいまみることはできるが、残念ながらその存在を「証明すること」は現在の研究パラダイム内では不可能なものである。遺伝からも環境からも独立しているが両者に対して補完的な気質であるという考えは、人があらかじめ定められた状況に静的に束縛されているのではなく、内面の発達という有意義な目的があることを暗に示している。そして、この本質《エッセンス》の意図――ダイモンによって体現される――は、出生ホロスコープのパターンによって表される時の性質に反映されている。

最終的にはこのアプローチが、ユングの宿命についての考えを方向付けたようだ。古代にはこの考え方と並んで、魂の受肉は連続して何度も起こるもので、一人ひとりの一生と個人的ダイモン、そして個別の運命は、前の一生になされた選択によって決まると信じられていることが多かった。[18] このことについての個人の認識が大きいほど、その人は意識的な選択をして、一定の範囲内で創造的に成長することができる。その結果、個人とダイモンの意図の間により大きな調和が生まれる。「カルマ」つまりある特定の一生で生じた心的実体が次の一生の課題と報いを生み出すという輪廻転生の考え方は、西洋の秘教的な流れの中に非常に古くからあった。ブラヴァツキーとその信奉者たちは、ヒンドゥー教と仏教の思想をプラトン主義や新プラトン主義の概念に同化させ、明らかにキリスト教のものである道徳を少しばかり加味して、それを現代に復活させたのである。アラン・レオはこの考え方を心から受け入れ、自分の占星術の著作に組み入れた。そして占星術は前世の出来事を組み込まなければ「永続的な価値をもたない」と主張した。[19]

ユングが晩年、そしてもしかしたらもっと早くから輪廻転生の考えに対し受容的だったことが、『思い出、夢、回想』(『ユング自伝』)の中の記述によって示されている。

「あの世」のどこかに、世界を規定する必然性、ひとつの決定因が存在し……この創造的な決定因は……どの魂が再び生まれ出るかを決定するに違いない……ある魂がある段階の理解を達成したときは、それ以上、三次元の世界の生活をつづけることは無意味であることもあろう……その魂はもはや、この世に帰ってくる必要がないのである……しかし、まだ片づけねばならないカルマが残されているときは、魂は欲望へと逆戻りをし、再びこの世に帰る。多分、そのようにしながらも、何か完成すべきことが残されていることが解っているのであろう。[20]

ユングも、自分自身の人生が「完了していない」ことについて深く考えた。

私の場合は、私に生をもたらしたものは、根本的には、理解することに対する情熱的な欲求であったに違いない……私は昔に生きていて、答えることのできぬ問題にぶつかって、そこで、自分に与えられた仕事を完成していないので、再び生まれて来なければならなかったと考えることもできる。[21]

ユングはカルマという東洋の概念の文脈で輪廻転生に言及したが、一方でプラトン主義と新プラトン主義の文献にもその重要性が説かれているのを理解していた。そしてさらに、両者からアイデアを借りた近代の神智学の見解も十分に知っていた。出生ホロスコープと輪廻のつながりは、一九〇七年に神智学協会の会長になったアニー・ベサント（一八四七〜一九三三年）によって明確に記述されている。[22]

前世のカルマは、精神的、情動的、他者との関係という点で非常に多様な表現が可能な素材を要求する……その気質に応じて、肉体の誕生のときとなる。それは、物質的な惑星の影響が適したものであるときに世界に生まれ出なければならず、こうしてその占星術上の「星」のもとに生まれる。星がその気質をもたせるのではなく、気質が誕生というエポックをその星のもとに定めるのである。[23]

ユングは、再生の観念は「カルマの観念と分離することができない」[24]と主張した。ユングはアラン・レオの本で、再生とカルマはそれ自体、肉体的誕生の瞬間およびそれに基づくホロスコープと切り離すことができないという確信に何度も出会った。ユングはどの出版物でも再生とカルマを占星術と関係付けてはいない。しかし「完成していないこと」と自身でみなしたものに関しては、多分に自分のホロスコープについての解釈をもとにしていたように見える。

宿命と個性化

フロイトと決別した頃、あるいはその後まもなく、ユングは非因果律的な古い宿命の考え方を受け入れた。『リビドーの変容と象徴』の中で、ユングは好んだ言葉遊びをしている。語源学的連想、この場合はギリシア語で運命を意味するモイラを、「死ぬこと」を意味する印欧語根 mer または mor と関係のあるさまざまな単語と関連付けたのだ。彼はこれらの単語を次にローマの「母」神であるマトレスやマトロナエと関連付けたが、それらはチュートン神話のノルンでありギリシア神話のモイライである[25]［どちらも三姉妹の運命の女神］。このような単語、語根、シンボルの想像力に富んだ連想は、言語を純粋に意味論上の文化的に作られた伝達の道具と考える人々にとっては挑発的であろう、ユングの思考の一側面である。しかし、ユングの類推的脱線が「科学的」方法であろうがなかろうが[26]、『新たなる書』の作業を始めたときには、彼はすでに宿命と魂を同一視していた。

これは、ノヴァーリスのようなドイツ・ロマン主義の作家の影響を反映しているのかもしれない。また、占星術、とくにアラン・レオによって提示されたような占星術をユングが勉強したことも反映しているかもしれない。それがユングを、出生ホロスコープに映された、あるいはそれと同期した、性格構造のア・プリオリな存在の明確な証拠だと彼が思ったものへと導いたのである。宿命と性格が分けがたく絡み合っていることは、レオによって『土星：死神 *Saturn: The Reaper*』という著作に示されている。この本が一九一六年に出版されると、ユングはすぐに入手したようだ。その序文にレオは、「性格が運命なり《キャラクター・イズ・ディスティニー》」と書いている。[27] ユングが明言したように、時は「しばしば宿命を象徴する[28]」のだから、ユングにいわせれば、占星術的シンボルに表れた時間自体の特性が天体のもたらす宿命を構成していることになる。したがって、誕生の瞬間は、「ある特定の瞬間のリビドーの代表的な特性」が肉体に具現された一種のスナップ写真である。ユングが宿命の本質に対し深い関心を生涯にわたって抱き続けたのは、精神的苦痛の理解と癒しについて研究する人なら当然のことであろう。『ユング選集』だけでなく『思い出、夢、回想』および『夢分析』にも宿命と自由意志の難問への言及が多数ある。『新たなる書』の作業を始めた一年前にあたる一九一二年、ユングは宿命は元型と同じものだと考えていた。

無意識的形象のはたらきには何か宿命的なものがある。恐らく――何ともいえないけれども――これら永遠の諸形象こそ、ひとが宿命と名づけているところのものなのだろう。[29]

『リビドーの変容と象徴』で、ユングは宿命を「リビドーの推進力」と呼んだ。

宿命の力が不快に感じられるのは、あらゆることが自分の意志に反しているとき、つまり自分がもはや自分自身と一致していると思えないときだけである……宿命の力は、比較的狭い範囲でリビドーの強制力として現れる。[30]

これは宿命を極めて内面的なものとする見方である。ここでは宿命は外的事象としてではなく、意識のあらゆるよき意図をも妨げ、安易な解決策などない外的環境に人を巻き込むよう、無意識的な選択をさせてしまうものとして考えられている。グノーシス主義やヘルメス主義の多くの文書も宿命を同様なかたちで描写している。ユングはそうした文書を「無意識に関する自身の心理学に対する歴史上の等価物」[31]を与えたと信じていた。

一九三七年に一連の講義として最初に発表された「心理学と宗教」というタイトルの論文で、ユングは、個人が自由意志を経験することは無意識のこころの「支配と権威」によって厳しく制限されているという確信を簡潔に表現した。

我々はそれぞれ、自分の自由をひどく制限しそれを事実上幻想にしてしまうような心的傾向をもっている……我々はどこからも制約をうけない自由を享受しているわけではない。「自然現象」のふりをしていつ我々にとりつくかもしれない心的要因にたえず脅かされている……「権天使と能天使」はつねに我々とともにあり、たとえできたとしても作り出す必要はない。[32]

かなり晩年になって、デイリーメール紙に掲載されたインタビューで、ユングは宿命とこころの合一についてどう考えているか表明して次のように述べ、「宿命と心は同一の概念のふたつの名前である」とノヴァーリスの言葉と同じ内容を述べている。[33]

人に起こることとは、その人の特徴をよく示しています。人はあるパターンを示し、すべての断片が適合しています。一歩一歩、人生が進むにつれ、それらはあらかじめ定められたデザインに従ってしかるべきところにおさまります。[34]

『新たなる書』に示されているように、運命と魂はじつはあるひとつの原理に与えられたふたつの異なる名前である。自分の魂に対して、ユングは次のように述べた。

つかもうと思ったらあなたは去り、何も期待していないときに私に与え、繰り返し、新たに予想していなかったところから宿命をもたらした。[35]

ユングはまた、宿命を個性化過程のゴールである自己《セルフ》と同一視した。「それが、我々が個性と呼んでいるあの宿命的な結合体のもっとも完全な表現だから」である。[36] したがって個人に起こることは――「集団の宿命」の一部として経験されることは除く[37]――、この神秘的な内的プロセスの反映である。それは意識によって（完全に避けることや無化することはできないが）変容することが可能なのである。ユングはチューリッヒ工科大学での講義のひとつで、「我々自身が明確に見ることができなければ、宿命が我々にとってかわってそれをしてしまう」と述べた。[38]

ストア派的ヘイマルメネー

ユングは、宿命についての考えの一部をストア派、とくにヘイマルメネーの概念から取り入れたようで、それを「星の強制力」[39]と表現した。また、ヘイマルメネーを「人間の性格と運命は特定の時間的契機に左右されるという認識」[40]と定義した。「運命《デスティニー》」という言葉は、カルマの報いあるいは病的な衝動強迫という宿命《フェイト》の概念とは微妙に異なり、むしろ個人的ダイモンの目的性という新プラトン主義の概念に似たものを思わせる。宿命は天体の強制力であるだけでなく、アストラル界の目的論、つまり魂の要求、そして最終的にはストア哲学の普遍的な神である「原初の光《プライマル・ライト》」または「原初の火《プライマル・ファイア》」の知的な計画を成就するために個人が人生において従わなければならない道や個人的神話のおおまかな概要でもある。[41]『ユング選集』におけるヘイマルメネーへのさまざまな言及から、この天界の宿命という古代ストア派の概念にユングが魅了されていたことがわかる。ユングはそれを、惑星の配置、無意識のコンプレックス、個人の重要な宿命を構成する元型的パターンの間のさまざまなアナロジーを使って心理学の言葉で明確に表現した。

ストア主義は紀元前三世紀に登場し、何世紀もの間、占星術の哲学と実践に大きな影響を及ぼした[42]。ストア派的ヘイマルメネーは、広い意味での「宿命」としても、とくに占星術的な意味での「星による強制力」とも受け取ることができる。ヘイマルメネーという言葉は、ギリシア語で「割り当て」を意味し、宿命の女神の名前でもあるモイラと同じルーツをもつ。オルフェウス教の『デルヴェニ・パピルス』では、モイラはあらゆる創造物に浸透するゼウスの知恵を表し、この知恵すなわち神の「息」（プネウマ）は全体の中での個々のものの「割り当て」あるいは本質的な目的だと述べられている。

> オルフェウスはこの「神の」息をモイラと名付けた……ゼウスがその名を受ける前は、モイラが、つねにあらゆるものに及ぶ神の知恵だった[43]。

ヘイマルメネーは、世代から世代へ伝わって生き物の一つひとつの種の基礎をなす鋳型《テンプレート》となる遺伝による継承の糸も包含する。しかし、鋳型の心理学的側面を決定するのは遺伝である。ユングは、心理学的側面――元型――と、シュンパテイアの表れである天体がもたらすヘイマルメネーの、非因果的な共時的性質に、より大きな関心を寄せていたようだ。ストア派は神を、あらゆる創造物の背後にある、生気を与える火のような生命力とみなした。[44] この文脈でのヘイマルメネーは「星の邪悪な強制力」ではなく、プロノイアつまり神意（神の意志あるいは意図）と区別できない存在である。すでに第三章で論じたストア派の哲学者ポセイドニオスは、この生命力を「宇宙《コスモス》の火のような知性の息《インテレクチュアル・ブレス》」と呼んだ。[45] モイラをゼウスの神聖な息とする古代オルフェウス教の考え方と同じように、ポセイドニオスは「神はあらゆるものに行きわたる知性の息《インテレクチュアル・ブレス》」だと述べた。[46]

『タイプ論』でユングは、このストア派の神聖な火のような息を、ヒンドゥー教の全宇宙エネルギーの源リタの概念と比較した。そして、リタをヘイマルメネーと同一視した。宿命、天体の強制力、火のような宇宙のリビドーは、生命の基質という同じものを表現する異なる方法である。

> したがってこの概念（リタ）は、ストア派の《運命《ヘイマルメネー》》の概念に直接喩えられるような、すでに哲学的なリビドーシンボルである。ストア派の《運命《ヘイマルメネー》》は周知のように創造的な原＝熱の意味を持つと同時に、ある特定の法則的な経過という意味を持っている（ここからまた「星辰の強制」という意味を持つ）。[47]

この「ある特定の法則的な経過」は、元型的イメージの自発的発生を通して人間のこころで体験され、「惑星神」に象徴されるという意味のことを、ユングは述べている。これらのイメージは、周期的な運動をするリビドーの自画像である。「生のリビドー」(ユングがヘイマルメネーと同一視したコンクピセンティア[48] concupiscentia) を象徴的なイメージに変えるプロセスは、意識のその部分に対する意図的な努力によるのではなく、リビドー自体にもともと備わっていて、「霊的《スピリチュアル》な源から生まれる。つまり決定因子は神の原初のイメージである[49]」。こうして、無意識自体、シンボルを媒体にして意識を探り、シンボルだけが個人的なものと普遍的なものの間の架け橋の役割を果たすことができる。この考えは、ユングより一五〇〇年前にイアンブリコスが明確に述べたことである。

ユングによれば、「原初《プリモーディアル》のイメージ」は宿命でもあるという。

これらの空想はおそらく初めは当然ながら特定の法則・経過を表わす特定の「道」に従って起こるエネルギーの変容過程の自画像である……この道は、運命というものがわれわれの心理に異存しているという意味で、運命でもある。それはわれわれを運命づけ法則づける道である。[50]

さらに、内的強制として宿命を体験することは、魔術的（な体験）とみなすことができる。

魔術は、犠牲の意識や意識的意志にさからって自分を貫く抗しがたい魔力（Zwang）を意味する。すなわち魔術をかけられた人間の内部には、本人のまったく知らない意志決定が登場するが、これは自我よりも強いわけである。似たような心理学的に確認しうる作用を持つものとしては、無意識の諸内容があるのみである。無意識の諸内容は、まさしくその抗いがたい力を通じて、無意識諸内容が人間の全体に属するというか依存しているものであること、つまり自己《セルフ》とその「因縁《カルマ》」的なさまざまの定めに依存しているものであることを示している。[51]

魔術と内的強制との密接な関係、そして魂のあらかじめ定められた旅は、『新たなる書』、とりわけユングの魂との会話そしてフィレモンとの会話で明らかにされている。そうした宿命、天体の強制力、魔術、リビドー、集合的無意識の間のさまざまな結びつきの中に、ユングの占星術についての深遠で伝統にとらわれない見方がより明確に現れ始めており、「カルマ」のような神智学的な概念を心理学の概念に翻訳したユングのやり方もそうである。占星術的イメージは、無意識的な人間のこころによって生み出された天への「投影」である。しかし、エルンスト・ゴンブリッチによるいまなお有効な定義によれば、これらのシンボルは「秘儀的意味と魔術的効果」を結合させるものである。[52]それらは時がもつ固有の特性を表現し、時は元型自体によって開始され、人間に宿命として経験される周期的で秩序のある「あらかじめ定められた」プロセスで展開してゆく。個人の成長に関心をもつ心理学者であるユングは、個人が自分の無意識の「飼いならされていない」リビドーが「子どもっぽい段階に固着する」のを許して、もともとあった親との関係を強制的に再現してしまうケースについて多く言及している。[53] ユングのヘイマルメネーへのアプローチでは、注意深い臨床のワークの価値が過小評価されることはなかった。しかし、苦しむ患者の背後には集合的無意識のもっと大きな領域があって、その「永遠のイメージ」はイアンブリコスの『秘儀論』の神々のように、個人のこころを媒介にして、それ自体が変容しようとするのである。

ストア哲学では宇宙の構造は霊的であると同時に物質的であり、それはすなわち、ユングが「プシコイド」的無意識の概念に含めた対立するものの合一である。[54] ユングは「プシコイド」という言葉をオイゲン・ブロイラーから借りたのかもしれないが、ストア派は二〇〇〇年前にその概念をもっていたのである。このストア派の心的物質的宇宙はそれ自体、神のエッセンスであり、ストア派の体系の「外側」に超越的な神はいない。それは古代末期の文書に、しばしば織物、あるいは三人のモイライが紡いだより糸で織られた布と表現されている。[55] ユングがとくに気に入っていた作品らしい、アプレイウスの『転身譜』の中で、天の女王イシスに祈っているルキウスは、イシスの救いの手のことを次のようにいっている。

御身は……もつれて解き難くからみつく運命の糸をも解き放ち給う……運命の暴風雨をなだ

め、天体の不吉な運航を阻止し給う。[56]

ルキウスは天体の影響を「不吉」なものとみなしたが、必ずしもほかの著者も同じ意見だったわけではないし、ユング自身もそうは考えなかった。『転身譜』のこの文章に表わされたアンチコスモス的な気分は、古代に続いた天体のもたらす宿命とは何かについての議論におけるひとつの理解の型を表しているにすぎない。場合によってはヘイマルメネーは、神意の加護のもとにある鎖とみなされることもある。やはりユングが気に入っていたらしい、ローマのストア派の哲学者で政治家、劇作家でもあるセネカ（紀元前四～西暦六五年）は、次のように述べた。[57]

われわれはみな運命の女神に結びつけられている。或る者は黄金の鎖で、しかもゆったりと結びつけられているが、他の者はきっちりと悪質のかねの鎖で結びつけられている。だが、そこに何の相違があろうか。同じ監獄の塀が世の中のすべての人間を取り囲んでいて、他人を縛った人も、自分が縛られている……どの生もみな、奴隷的屈従である。[58]

織物、鎖、糸のもつれ、あるいは織られた布というヘイマルメネーのイメージは、十八世紀のスイスの法学者で人類学者のヨハン・ヤーコプ・バッハオーフェン（一八一五～一八八七年）をはじめとする、のちの著作家たちに取り上げられた。バッハオーフェンのもっともよく知られている著作『母権論』に、ユングは少なからず関心をもった。[59] バッハオーフェンは次のように述べている。

地上の創造という織物は運命の織物になり、その糸は人間の宿命を伝えるものになる……星々に書かれた創造の至高の法則を伝える織機が、天の神々にそれぞれの星の性質というかたちで割り当てられた……人間の一生と全宇宙は運命の大いなる織物とみなされた。[60]

この宿命の布を織り出すモチーフは、『新たなる書』にも登場する。ユングは、「深みの精神」の宿命的な力に言及して、次のように述べている。

生み出される生の流れに沈み、呑み込まれながら、われわれは圧倒的で超人間的な諸力に近づいていく。それらの力は、来たるべき時代を創り出す仕事にかかりっきりである。深みはどれだけ多くの未来を含んでいることか！　深みの中で、何千年にもわたって糸が紡がれてはいないのか。[61]

このメタファーは、エーリッヒ・ノイマン（一九〇五〜六〇年）をはじめとするユング派の人々にも使われてきた。彼は、「生命の織物を織り、宿命の糸を紡ぐ」グレート・マザー元型との関連で「織り紡ぐという原初的秘儀」を論じている。

われわれが身体の一部を《織物》とか《帯》とかよぶのも偶然ではない。なぜなら、大きくは大いなる女性が《さらさら鳴る時間の織り椅子》で織るのも、小さくは女性が子宮の中で織り上げるのも、生命と運命であるから。占星術、すなわち星に決定された運命の研究が教えるように、この両者は、誕生の瞬間から、同時に始まる。[62]

宿命の糸は惑星の強制力と同じものである。ストア派にとって宇宙は、「計画者の火」から発散し吹き込まれる生き物であり、あらゆるものを生み出し、プロノイア（神の意図）そしてヘイマルメネー（天体のもたらす宿命）のエッセンスを形成する。ヘイマルメネー自体、時のサイクルで表現されるプロノイアが具体化されたものである。[63]

さまざまなストア派の人々が宿命と自由意志のパラドックスに取り組み、時がたつにつれて異なる主張が展開されたが、人間はどんな種類の宇宙に住んでいるのか、どうしたらそこで平和に暮らせるようになるのかという重要な疑問が残った。やはりユングがその著作を入手した、ストア哲学に傾倒したローマ皇帝マルクス・アウレリウスは、二世紀にその選択肢について雄弁に語った。[64]

宿命的必然か、動かすべからざる秩序か、慈悲深き摂理か、または目的もなく指導者もない混沌か。[65]

宇宙が人格をもたない力によって完全に運命づけられているのなら、よくも悪くも選択肢は存在しえない。しかし、神が善で、マルクス・アウレリウスが暗に述べたように神の摂理が「すべてを見守る」とするなら、個人は自由意志を行使して、自分自身がプロノイアと協調するように意識的に選択し、たとえその努力が最終的に失敗するとしても、邪悪で不合理な衝動と闘うことができる。

ユングはこの難題を、それぞれの特有の性質に従って出来事に対応する個人の性格のジレンマととらえていたようだ。出来事は、コンプレックスの強制力によって「あらかじめ定められて」いて、元型の「プシコイド」的表れとみなされるシュンパテイアの法則によって「引き寄せられる」のかもしれない。しかし、個人の反応は生まれつきの性格に左右される。ヘイマルメネーの織布のように生まれつきの性格は複雑で、意識的な価値観と元型的パターンを基盤とする無意識的なコンプレックスだけで構成されているわけではなく、家族、先祖、その人が生まれるずっと前の文化から生じたような価値観やコンプレックスも含まれている。人は無意識的な衝動強迫によって、願望に反する行動をとらずにはいられなくなるかもしれないが、自覚することによって破壊的な行為を理解し避ける努力をすることができる。ユングは、X大人のホロスコープの月と水星のスクエアの配置を、定められた宿命ではなく「危険」と呼んだ。意識と無意識の相克から、限界はあるものの自由意志が生まれる余地があると考えていたのである。ユングには自分自身やほかの人々の人生において宿命が働いているという感覚が生じるのを無視することはできなかった。だが、彼の個性化の概念――そうなることをつねに「運命づけられていた」ものに向かう人格の進化――は、何世紀もの間、ストア派の哲学者たちを悩ませたパラドックスを解決する努力として理解できるかもしれない。ユングの解決法は簡潔かつ明解だった。

自由意志とは自分がしなければならないことを喜んで、自由に行うことだ。[66]

グノーシス主義的ヘイマルメネー

近年、ユングのいわゆるグノーシス主義的傾向については、学問的な議論がかなりなされている。[67]リチャード・ノルは、ユングは太陽崇拝のカルトを創設しようとしていたとみなす文脈の中で、「一九一六年までにユングは、自己認識と個人の運命をグノーシス主義と結び付け始めた[68]」と明言している。ランス・オーウェンスも同じようなことを主張しているが、個人的敵意をさしはさむことなく、「その旅の最初に、ユングは自分の経験とグノーシス主義とを非常に密接に関連付けた[69]」とのみ述べている。そして、ユングがしていた指輪[70]――「古代のモチーフ」の「アブラクサス」という言葉が刻まれた「グノーシス主義の」指輪とされる――さえ、この古代末期の宗教的傾向への帰属を示唆しているという。

中世および初期近代の錬金術に残るグノーシス主義的な考えが自分の心理学の理論のもとになっているとユング自身が認めている。[71] このことが研究者たちによる「グノーシス的ユング」という呼称を生みだすことにもなった。ユングが『死者への七つの説教 *Septem sermones ad mortuos*』と題した「試練」を出版するときに使用した、二世紀のアレキサンドリアのグノーシス主義の教師にちなむ「バシリデス」というペンネームも同様である。[72] また、この「試練」の文章にグノーシス主義の概念が入り込んでおり、ユングがシステマ・ムンディトティウスつまり「全世界の体系」と呼んだコスモロジー的な図の中に見られる。[73] しかし、「グノーシス主義」は、それが「主義」だとしても、他と明確に区別できる一つのカテゴリーに限定するのは非常に難しいことがわかっている。魔術を定義することは「頭がおかしくなるような仕事[74]」であるが、「グノーシス主義」の定義についても同じような混乱が生じる。グノーシス主義についてのユングのきわめて個人的な解釈は、二〇世紀初めの数十年に彼が手に入れることのできた限られた情報源に基づいており、今日の多くの学者の文化特異性を重視する見方とは根本的に異なる、彼の心理学的な理解のレンズを通して見たものだった。

グノーシス主義に関する文献は、学術的なものもそうでないものも入れると膨大な数にのぼり、参考文献目録で簡単に数百冊を埋めることができる。ブリルが出版した『ナグ・ハマディとマニ教 *Nag Hammadi and Manichaean Studies*』というグノーシス主義の文書に関する研究書のシリーズは、すでに九〇冊近くになり、いまなお増え続けている。[75] これらの文献の多くは、グノーシス主義のムーヴメントがキリスト教徒から始まったのか、それともユダヤ教徒あるいは異教徒から始まったのか、どのグノーシス主義の「体系」がこの宗教的傾向の「真の」典型例なのか、グノーシス主義の神話的コスモロジーはプラトン主義、ヘルメス主義、ゾロアスター教、アブラハムの宗教のいずれに根差しているのか、それともこれらすべてが混在したものなのかなどについて明らかにしようとしてきた。「二元論」――「善」である超越的な神と「悪」である物質的世界の厳格な区別――のような、しばしばグノーシス主義のグループの特質とされる概念は、極度に単純化されていることが多いが、実際にはグノーシス主義のどの文書あるいは教導者を調べたのかによって変わってくる。同様に、すべてのグノーシス主義者が「異端の」キリスト教徒、さらにはキリスト教徒だという考えには問題がある。ユダヤ教内にグノーシス主義的な教派があったし、グノーシス主義者の中にはどんなかたちでもキリスト教に属していない人もいたのである。[76] さらに、「異端」は宗教的カテゴリーであって、歴史的カテゴリーではない。そして、学問的研究がますます高度になっていることを考えれば、もはやグノーシス主義と対比できるような二世紀の「主流」のキリスト教を規定することすらできないかもしれない。[77]

ロバート・シーガルは、ユングがグノーシス主義者だったのかという疑問に答えを出そうとして、グノーシス主義を「善である非物質性と悪である物質が対照をなす二元論を信じること」と説明している。[78] しかし、グノーシス主義の諸派は決して一様に「二元論的」なわけではない。精神と物質の両極性を仮定していることが明らかな文書においてでさえ、物質的実在がかならずしも悪とみなされていないのである。この両極性についてプラトンも述べており、彼は物質的存在を悪ととらえてはいなかったが、それは世界霊魂の発出《エマネーション》で、自然界に映った不安定な影と対照的に、その神性を認識するには別の種類の意識が必要だと考えた。[79] 多くのグノーシス主義の文書に見られる、物質的実在についてのプラトンの好意的な見方の影響については、古代末期にキリスト教の異端研究者であるエイレナイオスやヒッポリュトスに加え、プロティノスも言及している。[80]

グノーシス主義のスペクトルの一方の端にマニ教の極端にアンチコスモス的な議論がある。それはふたつの永遠に続く両立しない宇宙の力、つまり天の光の領域と地の闇の領域という考え方を唱道するものである。[81] そしてスペクトルのもう一方の端には、それほどアンチコスモス的でない、プラトン化されたグノーシス主義者のアプローチがある。たとえば『マルサネース』に、次のように書かれている。

私は熟考し、感覚で認知できる世界の境界に達したことがある。肉体のない存在の場所すべてを少しずつ(私は知るようになり)、知性によってのみ理解される世界を知るようになった。私が熟考していたとき、すべての点で、感覚で認識できる世界は完全に保たれる（に値する）ということを（私は知るようになった[82]）。

ユングの心理学モデルはいつも、物質的実在を超越あるいは、完成させたり、あるいは拒絶することではなく、統合という目標を採用する。意識と無意識の元型的権威の直接的な出会いによって起こる変容の結果、個人は「全体性《ホールネス》に近づくのであって、完全《パーフェクション》に近づくのではない[83]」のである。

完全と全体とのあいだには本質的な差異があることを考慮に入れなければならない……この元型が支配的であるところでは、その原始的な本性に応じて、一切の意識的な努力にさからって全体は力ずくで手に入れられることになる。たしかに個体は完全を得ようと努めるかもしれない……個人は完璧さを求めて努力するかもしれない……しかし自分の全体のことを思えばこそ、いわば自分の意図と逆のことに堪えなければならない。[84]

この文章から、ユングはこころと物質はスペクトルの両極だと考えていたが、朽ちる運命の肉体と朽ちることのない精神は相容れないものだとする極端なグノーシス主義の考え方には賛同していなかったことがうかがえる。また、ユングの占星術は、惑星のアルコーンは「邪悪な」性質を有するというグノーシス主義の考え方を反映していない。ユングは、グノーシス神話の壮大なコスモロジーのドラマは、人間の無意識の心理学的プロセスに関する比喩的描写であるととらえていた。彼は、「無意識の概念は彼ら［グノーシス主義者］には知られていなかった[85]」、そしてグノーシス主義の天界のアントロポスつまり「原人」――宇宙の贖い主であると同時にあらゆる人間の中の神の火花――は「超越的な中心が存在することを表しており、それは……全体性を象徴するものとみなさなければならない」[86]と述べた。

絶対的な参照基準となるような「本質的」あるいは「代表的」なグノーシス主義の文書はない。[87]一九四五年にエジプトのナグ・ハマディに隠されていたグノーシス主義とヘルメス主義の驚くべき文書が発見されたことで、エイレナイオス、ヒッポリュトス、エピファニオスのようなキリスト教の異端研究者に基づくそれまでの見解が変わった後では、グノーシス派を「異端」とする単純な見方は、二〇世紀中頃以降、根本的に変更を迫られたのである。[88]しかし、今日の学術的著作においてさえ、グノーシス主義的コスモロジーが占星術的であることについては、掘り下げた調査がなされていない。ユングは、異端研究者とミードが翻訳した限られた数のグノーシスの論文[89]と、ウィルヘルム・ブセットとリヒャルト・ライツェンシュタインのような初期の研究者のみに頼らなければならなかった。もちろん彼らの著作は当時の学問および宗教の流行を反映したものであった。[90]ミードのグノーシス主義者についての考えは、異端研究者の見解が「真の」キリスト教についての彼らの認識というレンズを通して見たものだったのと同じように、神智学のレンズを通して見たものだった。『リビドーの変容と象徴』だけでなく『新たなる書』にもはっきり表れているように、ユング自身がグノーシス主義、ヘルメス主義、そしてミトラ教を省略して扱っているのは、一部はこれらの文献にもとづいているためのようである。しかし、おそらくもっと重要なのは、彼がギリシア語のグノーシスという言葉について、かならずしも古い学問的定義にも現在の学問的定義にもそっていない彼なりのとらえ方を表明したことである。ユングは、「意識の基質と組織化原理[91]」である自己の元型の直接的な心理学的体験としてのグノーシスに焦点を合わせていた。

土星とアブラクサス

ユングのグノーシス主義への傾倒については多くの議論があるが、ユングが宿命についてのさまざまな議論で細心の注意を払った、実質的にすべてのグノーシス主義の文献に存在する占星術的な核はほとんど見過ごされてきた。ユングによれば、天体のもたらす宿命すなわちヘイマルメネーは、グノーシス主義の文書でも錬金術でも中心をなすものである。この二つは七つの段階あるいは天球層を通過する、魂の神話的な旅によって宿命の鎖を断つことに深くかかわるものであった。この上昇《アセント》は、グノーシス主義の文書では惑星と天体として、錬金術の文書では惑星と金属として表現される。ユングは三世紀の錬金術師ゾシモスの言葉を引用して、アントロポスすなわち「神の息子」を「グノーシス主義のキリスト」と呼び、次のように述べた。

のちのキリスト教の錬金術にあるように、神の息子は昇華、すなわちヘイマルメネーの手からの魂の解放という、一種のパラダイムである。[92]

ユングにとって錬金術は、天界の七つの惑星のアルコーンにではなく、地上の七つの惑星の金属に投影された神秘的直観《グノーシス》だった。[93]

初期中世の錬金術の文書についての議論の中で、ユングはヘルメスによって与えられる「勝利の冠」について次のように書いている。

これ「ヘルメスの言葉」は、惑星つまり金属と太陽を統合して冠を作り、それはヘルメスの「内」に存在することになるといっている。その冠は王者にふさわしい完全性を表す。それは統一を意味し、ヘイマルメネーの支配下にない。これは、グノーシス主義の宝石に彫られたアガトダイモンの蛇がかぶっている七条または一二条の光線を放つ光の冠を思い出させる。[94]

天体のもたらす宿命の影響を受けないこの「勝利の冠」は、無意識のコンプレックスに内在する元型的パターンをうまく意識に統合し、そうして天体の強制力から自由になった人のものである。

すべての惑星圏を克服したあかつきには、強制から解き放たれ、「勝利の冠」corona victoriaeを、したがってまた神との類似性を獲得するのである。[95]

『新たなる書』の第二の書では、ユングが「空と地の間」の十字架にかけられる。そしてどんな心的統合の努力にもかかならず付随する苦しみを経験していると、蛇がユングにこの冠を与えるのだ。[96] 冠は錬金術のプリマ・マテリアすなわち「原初の素材」、神の隠された火花を含む無意識の生のリビドーでもあり、ユングはそれは土星に属すと述べている。それは「もっとも嫌われ拒絶されるもので、放り出され」ている。そして意識的な自我が「時間と空間に縛られている」ほど、この隠れたダイモンはますます宿命のように感じられるのである。[97] このようにして人格のトランスパーソナルな中心と直接対面することにより、天体のヘイマルメネーの内的強制力を最終的に断つことを目指す、グノーシス主義的な魂の上昇《アセント》の象徴体系は、人間の内にある無意識の闇から始まるはずだという見解をユングは提示した。それはもっとも嫌われる「下等な」もので、ユングは占星術的に土星と定義したものである。グノーシス主義でいう惑星のアルコーンの中でも最高位にありもっとも妨害的なヤルダバオトは、「土星と同一」である。[98] しかしユングにとって、このアルコーンは悪ではなかった。ひそかに未知の無意識の自己を含めているのだ。

古代末期の魔術的な護符の図像において、蛇の体と獅子の頭をもつ神クノウミス（口絵3）は太陽の冠をかぶっており、ユング自身の「グノーシス主義の」指輪は、彼自身の説明によれば、この太陽神の古代末期のギリシア・エジプト風の代表的彫刻を表しているという。[99] ユングはクノウミスをいわゆるグノーシス主義の神アブラクサスと同一視することが多い。しかし、アブラクサスはもっぱらグノーシス主義の神というわけではない。その名前は、クノウミスも含め、古代末期の混合主義的状況においていくつもの神と関連付けられた魔術的な「力ある者の名前」である。古代末期の護符に非常に多く登場する、頭が雄鶏で脚が蛇の姿形がアブラクサスとされることがあり、これは普通、ヘブライ語のYHVH（ヤハウェ）をギリシア語に転写したIAOの名で呼ばれる。[100] ユングは、当時の学術的研究に従って、これらの姿をどちらもグノーシス主義のものとみなした。[101] しかし彼は、アブラクサスは一年の太陽周期で変化するリビドーを象徴し、「充満と空虚、発生と破壊」を表すと考えた。[102]

グノーシス主義的象徴のアブラクサスは作られた名前であり、３６５を意味する。……グノーシス主義者はこの名を彼らの最高神に与えた。アブラクサスは時間の神だった。ベルクソンの哲学では、〝創造的持続〟の中に、これと同じ観念が現れる。[103]

ユングは、アブラクサスはリビドーのシンボルである――占星術では基質である土星とそれから生まれた光である太陽によって象徴される――ということの認識について、『ヴィジョン・セミナー』でさらに詳しく述べた。

アブラクサスの像は、はじまりかつ終わりを意味します。それは生であり死でもあります。

だから怪物的な姿で表現されるのです。植物の一年間の生［のすべて］であるがゆえに、それは怪物です。つまり、春にして秋、夏にして冬、自然による然りにして否ということです。[104]

ユングにとって、アブラクサスは周期的な動きをする集合的無意識のシンボルであり、一年で一周する太陽の通路を象徴する黄道十二宮の円でも表された。アブラクサスは、土星の地上の死すべき運命の領域の闇を、太陽の不死の霊的な光と結合させる。

太陽と比較することで、神はリビドーであることを繰り返し教えられる。我々のその部分は不死である……無意識の深みから湧き出るその泉は、一般に我々の命がそうであるように、人類全体の根から生じる……我々の中の神はリビドーである。[105]

アブラクサスはデミウルゴスすなわち「世界の創造者」であると同時に世界霊魂としてのリビドーである。[106] ユングのグノーシス主義的ヘイマルメネーに関する議論は、存在論的な意味で他に依存せず、対立的な惑星的存在によって動きを与えられる二元論的な宇宙をユング自身が文字通りに信じていることを示すのではない。ユングが「個性化」と呼んだ心的プロセスのことをいっているのであり、グノーシス主義の論文にある星界への上昇《アストラル・アセント》が、個性化のもっとも初期のもっとも豊かなモデルとなるとユングは確信していたということなのだ。

C・R・S・ミードと『ピスティス・ソフィア』

一八九〇年から一九八一年にかけてG・R・S・ミードは、『ピスティス・ソフィア』と呼ばれる二〜三世紀のグノーシス主義文書の最初の英訳を、神智学の雑誌『ルシファー』に発表した。連載されたこの翻訳には、H・P・ブラヴァツキーによる注釈がつけられていた。予想できることだが、ブラヴァツキーはグノーシス主義とヒンドゥー教の概念を互いに関係付け、前者が後者から生まれたと主張しようとした。[107] 翻訳はすべてが一八九六年に一冊の本として出版され、一九〇〇年には要約がグノーシス主義についてのミードの長い解説である『忘れられたある信仰の断片 *Fragments of a Faith Forgotten*』に含められた。[108]『ピスティス・ソフィア』は、『新たなる書』に取り組んでいた数年の間にユングが入手できたグノーシス主義の文書の中でもおそらくもっとも重要なものである。当時入手可能な文書で、キリスト教の異端批判者の介入のない完全な写本で存在していたのはこれが唯一であった。そしてその精巧なコスモロジーは完全に占星術的である。[109]『ピスティス・ソフィア』のミードによる翻訳はユングにとって非常に重要だったため、ユングの親しい友人で、グノーシス主義諸派についての研究で高く評価される学者のギレス・クィスペルによれば、ユングはミードにこの本の礼を言うためにわざわざロンドンへ足を延ばしたという。[110]

ミードは占星術に関する本を一冊も書いていないが、アラン・レオとの親交と、レオが『ザ・クエスト』に寄稿した多数の占星術の記事から、占星術について相当の知識を得ていた。『ピスティス・ソフィア』はそのメッセージの基礎として占星術の概念とイメージを用いている。父なるジュー[111]により上位の霊的な領域から遣わされる救済者たる神つまり天のアントロポスは、七つの惑星のアルコーンの「宿命の天球」に参入し、「すべての魂の救済のために」宇宙の軸を回転させ、「彼らの力の三分の一」を断つというのである。[112] この考え方は、心理学の言葉に翻訳されて、自己の直接的な個人的体験の結果として生じる拡大した意識、つまり「意識の組織化原理」は、少なくとも部分的に、コンプレックスの背後にある元型の強迫的な表出を変えることができるというユングの主張に見ることができる。

『ピスティス・ソフィア』の文書では、黄道十二宮の星座はアイオーンと呼ばれている。

そしてそれらのことのあと、天球が回ると……世界のゼウス［ユーピテル］と呼ばれるこの神、中央の彼がやって来て、蠍座と呼ばれる八番目のアイオーンに来る。そして、アプロディーテー［ウェヌス］と呼ばれるブバスティスがやって来て、彼女は牡牛座と呼ばれる二番目の天球のアイオーンに来る。それから左のものと右のものの間にあるベールがわきに引かれる。[113]

近代占星術で「アイオーン」という言葉が黄道十二宮のサインあるいは星座の同義語として使われることはめったにない。次章で見ていくように、占星術上の「時代」、つまり黄道十二宮の星座を通過する春分点の歳差移動の大周期の二一六五年分を表す、ユングのこの言葉の使い方はかなり特徴的なものである。水瓶座の新しいアイオーンが近づいているというユングの思想は、明らかに『ピスティス・ソフィア』から影響を受けたものであろう。[114]『ピスティス・ソフィア』の文書では、宿命は人の一生の長さの割り当てという意味で登場する。

> そして、モイラという名の運命は人を導きもするが、最後にはその人に定められた死によって滅ぼす。[115]

『ピスティス・ソフィア』はヘイマルメネーという言葉も使っている。しかし、それが意味する「大いなる宿命」は、富、貧困、病気、結婚、寿命といったあらかじめ決定された外的な事象にかかわることではない。それは惑星のアルコーンによって課された、抵抗しがたい強い罪への衝動に直面したときに生じる個人の苦しみだと表現されている。

> 口にしてはならない方の神秘、さらには第一の神秘の方の神秘を受けるすべての人間は、宿命の強制力によっていつも罪を犯す。[116]

宿命が内なる強制力であるという考え方は、それよりずっと前のオルフェウス教の断片にも見られ、「疲れをもたらす重い嘆きの環」――黄道十二宮の星座――のことを、強制的な繰り返す苦しみの内的体験だと述べている。[117] ある特定の種類のグノーシス――人の神聖な起源の回想または再発見――は魂を天体のもたらす宿命の強制的な内的苦悩から解放できるという考えは、『ヘルメス文書』にも見ることができ、黄道十二宮の星座は「内向的な人を感覚の苦しみで拷問にかける」と書かれている。[118] グノーシス主義やヘルメス主義の諸派は、プラトン主義哲学と同じように、オルフェウス教的な概念に非常に多くのものを負うており、ユングがそれらの間に類似性を認めたのは間違いではなかった。[119] また、これらの内在化された占星術的描写は「古代の心理学の知識すべてを要約するものだ」という彼の理解も間違ってはいなかったようだ。[120]

ミードとユング

グノーシス主義の文書に関するミードの知識は、ユングにとって非常に有用で、したがってグノーシス主義のコスモロジーについてのユング自身の解釈は神智学的だと考えることができる。[121] しかし、ミードの翻訳と注釈のユングにとっての重要性は、資料に書かれた特定の信念体系にあるのではなく、ミードがその著書で見せた活気と直観的洞察にあると考えた方がいいだろう。一世紀前のトマス・テイラーと同様、ミードは個人的に、ヘルメス主義、新プラトン主義、グノーシス主義の著作に示された世界観のもっとも重要な側面に共感した。そして、ユングの時代のドイツの学者たちの翻訳は正確で完全だったかもしれないが、ミードのような素材に対する純粋な愛と理解、そして詩的表現法は、彼らの著作には欠けていた。ミードのやり方は、今日の学問的枠組みではあまり高く評価されないかもしれない。しかし、それは素材に命を吹き込むものではあった。そしてユングにとってはその素材そのものがそもそも生き生きしたものであり、人間のこころの特徴的な表現だとすぐに見て取れるようなヴィジョンや観念に満ちていたのである。

ユングは、教義の面では神智学信者ではなかった。それはユングがグノーシス主義者でなかったのと同じである。ユングの個人的蔵書には神智学の主要な文献が多数あり、ユングが一貫して神智学に関心を持っていたことが伺える。しかし、それはユングの神智学への強い嫌悪によって相殺されている。ユングにしてみると、神智学者には心理学的な理解が全くもって欠けていたのである。[122]「霊的な中心太陽」をはじめとする多数の神智学の概念は、心理学の枠組みの中で解釈すると、ユングには魅力的に思えた。知性の太陽《ノエティック・サン》という考え方は古代末期のプラトン主義、新プラトン主義、ヘルメス主義の諸派に認められるが、ブラヴァツキーは自分の目的に適合させるためにそれを取り入れたのだということを、ユングはよくわかっていた。ブラヴァツキーは、このような長く生きながらえてきた概念は、原初の叡智の宗教が秘密裏に受け継がれてきたことの証拠だとし、自分をその最新の継承者とみなした。しかし、ユングはそれを元型だとみなしたのであった。ユングは決して、神智学の「疑似グノーシス的直観[123]」の集団の心に訴える力を過小評価しなかった。「この時代の精神」の極端な物質主義に対抗するための、無意識的な集合的欲求の爆発と考えた。[124] もし誤った方向に導かれれば、これはきわめて危険なものである。ユングは神智学の教義を「心理学的因子の稚拙な投影[125]」とみなし、「もったいぶった専門用語[126]」であふれていると述べ、「これらのムーヴメント［神智学とクリスチャン・サイエンス］を特徴づける宗教的確信の態度に非常に近い[127]」と感じたフロイトの断固とした独断的態度とも比較している。ミードは、一八八四年から一八九一年までブラヴァツキーの個人秘書を務め、一九〇九年まで神智学協会の会員であったが、ユングが彼に出会った頃には、ユングと同じくらいこの組織とそのイデオロギーに対して懐疑的になっていた。ミードはケンブリッジで古典学の学位を取得したばかりの二十一歳のときに神智学協会に加わったが、かつては完全にブラヴァツキーの影響下にあったとしても、一八九一年に彼女が亡くなったときにはすでにその影響から脱却していた。

私は、会員のときでさえ、H・P・ブラヴァツキーの聖者の福音を伝導したことも、ネオ神智学とその啓示を宣伝したこともなかった。しかし（小文字の）「神智学」は完全に世界の偉大な宗教と哲学にある知恵の要素を意味すると信じていた。[128]

一九〇六年から一九〇八年に起きた、著名な協会員であるC・W・リードビーターをめぐる性的スキャンダルが原因で、ミードは一九〇九年に七〇〇人のほかの協会員たちとともに、神智学者たちと袂を分かった。[129] ミードは、協会で依然として続いている問題、とくにブラヴァツキーの霊的「マスター」たちおよび彼らの知恵と交流できると主張する人々への盲従を問題視していた。また何年も前からミードは、ブラヴァツキーと政治的野心をもつ彼女の後継者たちが熱心に普及させた東洋の教義ではなく、グノーシス主義とヘルメス主義の諸派の伝統に引かれていた。使徒ではなく学者の気質をもっていたミードは、協会の「数えきれないほどある教条的な断定、そのゆがんだ手法、非難されるべき事態」に耐えられなかったのである。[130] それは、協会の最初の目標や倫理を損なうと感じられたのだ。

ミードはおそらく、イギリスにおけるオカルトの復興がもたらしたもっとも優れた古代宗教の学者で、なぜ彼の学識、独立の精神、見事な翻訳がユングにとって魅力があったのか容易に理解できる。何人もの著者がミードのユングへの影響について言及している。これはユングの蔵書の中にミードの著作が一八冊あったこと、またユングの『リビドーの変容と象徴』にミードの本への言及が多数あることによる。ユングが『新たなる書』に取り組んでいた期間、古代末期の宗教諸派について理解するうえでミードが刺激となったのは確かである。しかし、ユングは完全に、いかなる神智学の「影響」からも独立した自分自身の心理学的解釈を打ち立てることができた。

リチャード・ノルは、ユングへのミードの影響は「まだ一般に認められたものではない」し、「ふたりの個人的関係がどんなものだったかについて書かれたものはまだ見つかっていない」とコメントしている。[131] しかし、ミードの重要性は、多くのユング研究者たちに、かなり前から認められている。そして、ミードからユングへ宛てた一九一九年十一月十九日付の手紙も「明るみに出た」[132]。この手紙はやや噂話的な内容のものではあるが、そこから文通の直前にふたりが会っていたこと、そして昔一度会ったときより楽しいものとなったことがわかる[133]。ふたりは指導者と弟子の関係ではなく、友人や同輩の間柄で、本やその著者について語るのを楽しんでいたのだ。手紙の中でミードは、ふたりが前に会ったときに議論していたと思われる著者、オーストリアの小説家グスタフ・マイリンク（一八六八～一九三二年）に言及している。ユングが大いに関心をもっていたマイリンク[134]は、二〇世紀初頭の数十年、ヨーロッパのオカルト「シーン」で主役を演じていた。マイリンクは一八八九年に、創設一年後の黄金の夜明け団に参入しており、一八九一年にはプラハに「青い星」という神智学のロッジの設立もしていた[135]。ユングは、一九一五年に出版されたマイリンクの「オカルト」小説『ゴーレム』は霊感的つまり「自動」書記の作品、すなわちユング自身の『死者への七つの語らい』に似た無意識の自発的な産物だと推測していた。ミードは、マイリンクは実際には『ゴーレム』を生み出すのに何年も費やしたと明言して、この推測が間違いであることを指摘している。

ミードは手紙の中で、ユダヤ人の歴史家で古代の密儀宗教と占星術を研究するロバート・アイスラー（一八八二～一九四九年）の著作もユングに勧めている。アイスラーは大戦前にミードの雑誌『ザ・クエスト』へ寄稿したことがあり、ユングはのちに彼の豊富な著作を熱心に集めて自身の蔵書に加えた[136]。ミードはふたりを引き合わせたらしい。ユングは、原初の神ファネス――アイスラーはオルフェウス教の神とみなしており、したがってミトラ教に起源があるとするフランツ・キュモンの仮説を否定している――の浅浮彫りの図像を『アイオーン』の口絵として使い、典拠としてアイスラーを引用している。[137] そしてアイスラーはというと、オオカミ憑きの歴史と心理学に関する著作を書き、元型と集合的無意識のユングの説を支持する付録をつけた。[138]

クレアとニコラス・グッドリック＝クラークは、彼らが書いたミードの伝記の中で、ミードが象徴的対応の複雑な連鎖に注目して「神的な存在の状態と意識の内的状態」を結びつけたことが、ミードの「カール・グスタフ・ユングとその精神分析の理論への重要な遺産」の源になったと断言している。[139] ユングは以前から新プラトン主義とヘルメス主義の文献でこの心的コスモロジーのモデルに出会っていたが、ミードがその考え方を現代の言葉を用い、よりはっきりした形で熱心に説明したことがユングの興味を引いたのは間違いない。ほかにもミードが訳したものに、ユングの著作『新たなる書』と『リビドーの変容と象徴』の両方に顕著な影響を与えていることが判明した、二つの書物を含む翻訳がある。それは、古代末期の文書をドイツ人のアルブレヒト・ディートリッヒが翻訳・編集した、原題『ミトラの典礼 *Eine Mithrasliturgie*』をもとにした『ミトラの儀式 *A Mithraic Ritual*』[140] と、ミトラのカルトについて説明する古代末期のさまざまな著作の断片をミードが翻訳して載せた『ミトラの秘儀 *The Misteries of Mithra*』[141] である。いわゆる『ミトラの典礼』はグノーシス主義的でもミトラ教的でもない。[142] それは自ら「不死化の儀式」と称しており、[143] じつはヘリオス・ミトラスと呼ばれる中心をなす霊的な太陽の直接的体験を通して個人の変容を狙った神働術《テウルギア》の儀式である。『ミトラの典礼』はミトラ教の「秘儀」よりもヘルメス主義の文書との共通点の方が多い。[144] ユングはこの事実をよく知っていた。それは、彼がこの文書のフランツ・キュモンによる翻訳に加えキュモンのもうひとつの著作を入手していて、その中でこの考古学者であり宗教史家であるベルギー人が『典礼』とミトラ教の関係は小さいと考えていたからである。[145] 驚くにはあたらないが、このテウルギアの儀式は占星術的枠組みに依っている。『オルフェウスの歌』とともに『ミトラの典礼』も、『新たなる書』と『黒の書』にある太陽とファネスへのユング自身のテウルギア的讃歌のインスピレーションを与えたようだ。

ミードのグノーシス主義理解は、古代末期のグノーシス主義の諸派の特色とみなされるアンチコスモス的二元論に限定されておらず、『ミトラの典礼』のような文書をグノーシス主義に含めてよいとみなすものであった。彼はグノーシスの体験を、知性と感情、男性と女性、そして個人を「全なる自己《オール・セルフ》」と統合する、あらゆる対立物の合一だと考えていた。[146]

私が信じていることが正しいとすれば、グノーシスの真髄とは、人が、彼を人にしている二元論の限界を超越でき、意識的に神聖な存在になれるという信念である。[147]

ミードは、天体のもたらす宿命を、神智学の文献でいわれているように、「カルマ」と同一視した。誕生時の占星術上の星の配置《コンフィギュレーション》は、その人の展開のパターンだけでなく、以前に人間の姿を取ったときにした選択の結果も反映しているというのである。[148] しかし、惑星の力は部分的なものにすぎず、自由意志とともに「自然」つまり生まれつきの遺伝的構造も、個人の展開において一定の役割を果たす。ミードが指摘したように、これらの因子の一つひとつが「それぞれに反応し合っており、絶対的なものはない[149]」のである。ユングが同意しなかったとは考えられない。

天体のもたらす宿命と「精妙体《サトル・ボディ》」

神智学者に「アストラル体」あるいは「精妙体《サトル・ボディ》」と呼ばれている、オケーマ・プネウマすなわち「霊の乗り物《スピリット・ビークル》」の概念は、大いにユングの関心を引いたようだ。[150] 彼は、イアンブリコス、プロクロス、ストア派の自然哲学[151]、『ヨハネのアポクリュフォン』や『ピスティス・ソフィア』のようなグノーシス主義の文書、チベットの『死者の書』[152]、錬金術の論文、キリスト教のコルプス・グロリフィカティオニス（復活のあとに正しき人に与えられる朽ちることのない「精妙体」）など、さまざまな資料を通じてこの概念に出会った。[153] ユングは、アメリカ先住民のハイアワサの物語にもこの概念を発見したと思っていた。ヘンリー・ワーズワース・ロングフェローの詩で、ハイアワサは北西の風に勝利した褒美として「朽ちることのない気息の体、精妙な体」を手に入れるというのである。[154]

ハイアワサの「精妙な体」はグノーシスの文書にある浄化されていない惑星の「偽の霊」には似ておらず、ユングが自己とみなした、各個人において神の火花を運ぶものに近い。しかし、これらのふたつの認識——惑星、魂、体を結びつける媒介物としての「精妙体」と、死に至る腐敗から解放された浄化された霊の乗り物としての「精妙体」——はしばしば一部重なりあってはいるものの、その著者が天体を悪と見るか神の流出物と見るかによって変わってくる。ユングは「精妙体」を、こころと物質界の相互接続を表し、元型のプシコイド性という彼の考え方と、霊と物質の秘密の合一を反映していると考えていた。

いくつかの心的プロセスとその肉体的対応物の間に存在する密接な関係を考えると、こころの完全な非物質性をすんなり受け入れることはできない……霊と物質は、ひとつの同じ超越的な存在のふたつの形態だろう。[155]

ミードは一九一九年に「精妙体」に関する著作を発表し、それをのちにユングが引用して、この「プシコイド」的中間物と無意識のこころの間には類似性があるのではないかと書いている。[156] ミードの本では、新プラトン主義、キリスト教のグノーシス主義、ヘルメス主義の錬金術、『ミトラの典礼』にある、古代の「地上から光の世界へ上昇する梯子」について検討されていた。ミードによれば、これら古代末期の宗教的アプローチはすべて、共通して「魂を解放する再生の教義」に関心をもっており、それは精妙体の浄化と理解することもできる。[157] ミードの短い本が、ユングの魂の惑星圏上昇と個性化過程の同一視に貴重な洞察を与えたようだ。ミードは、テウルギアの儀式を通して求められる「再生」を「人の完成された精妙体を誕生させること」、つまりユングの個性化の考え方に非常によく似た「内的変質《ミューテーション》と意識の高まり」とみなした。[158] 精妙体の浄化は、ユングがのちに錬金術のプロセスとの関係で説明したように、無意識自体の浄化――つまり瞑想による意識の統合――である。

ムンディフィカティオ（Mundificatio　浄化）とは……たんなる天然物、そしてとくに物質に投影されているのを錬金術者が気づく象徴的な無意識の内容につねに付着している余分なものの除去である……錬金術師は、コルプス、アニマ、スピリトゥスをもつ新たな翼ある（つまり空気のように軽い「霊的」な）存在を作り出そうと企てる。ここでコルプスは、当然、「精妙体」あるいは「息の体」だと判断できる。分析家は、特定の態度や気分、つまり特定の「スピリット」を引き出そうとする。[159]

ユングによれば、錬金術の究極の目的は「精妙体（コルプス・サブタイル）、つまり変容した復活体を作り出すこと」だった。[160] 精妙体に関するこれらのコメントは占星術的な因子に直接言及していないし、錬金術と、錬金術的金属への無意識の内容の投影についてのユングの議論は、『新たなる書』の作業が完了してかなりたってから書かれたものである。しかし、ユングの言葉は、「金属の神はつねに占星術的な観点からも考えるべきである……錬金術の象徴は占星術で満ちている」[161]という主張の文脈の中で理解する必要がある。錬金術の作業《オプス》の目標である金をもたらす浄化された精妙体は、結局のところ、その人がグノーシスを通して変容したときに初めて惑星の「付属物」である強制力を捨て去る、グノーシス主義とヘルメス主義の浄化された魂の乗り物と大きな違いはない。

精妙体の概念は、とくにガレノスのほか、パラケルスス（一四九三〜一五四一年）やマルティン・ルーラント（一五六九〜一六一一年）のような錬金術師も論じていたため、何年にもわたってユングの心をとらえ続けた。これらの著者によれば、精妙体はたんなる「偽の霊」ではない。ガレノスは精妙体を、それを通して魂が天体と交流できる「輝くエーテル的な」ものだといっている。[162]十六世紀初めに、パラケルススはガレノスにならって、惑星の本質をもつこの「輝く」ものを、人間の魂と世界霊魂あるいはルーメン・ナトゥラエ（「自然の光」）の媒介者ととらえていた。[163]そしてルーメン・ナトゥラエは「人の中の『星』」で、だから占星術は「ほかのすべての技芸にとって母」[164]なのだという。マルティン・ルーラントはパラケルススにならって、この「輝いている」ものを想像力と同一視し、それを「天界の、あるいは天より上のもの」と呼んだ。[165]パラケルススとルーラントへのイアンブリコスの直接的または間接的な影響は、肉体と霊の仲介者として新プラトン主義のパンタシアーを精妙体と同一視する考え方にはっきり表れており、それが能動的想像が心理学的変容を達成する最適の手段だとするユングの確信の根拠になっている。錬金術では、霊であるメルクリウスは神秘的な「翼ある」もので、金属の物質的な変化と錬金術師の霊的な変容の両方を促進する。[166] ユングによれば、メルクリウス自体が精妙体、すなわち自身の変容を求める世界霊魂である。[167]

宿命と強制力

ヘイマルメネー――「星の強制力」――は、精妙体、あるいはユングの理解では「無意識の諸内容」つまりコンプレックスとその元型的基盤を通して作用する。フロイトには、占星術的因子を強制力との関係で議論する傾向は――少なくとも印刷されたものには――なかったが、それでも無意識的な衝動強迫の反復性や不快な「他者の感じ」を表すのに「ダイモン的な力」という言葉を使った。

> 衝動強迫が繰り返し発現すれば……本能的な特徴を非常に強く呈し、快感原則に反して作用するとき、何らかの「ダイモン的」な力が働いているように見える。[168]

ユングは衝動強迫について多くのことを述べているが、フロイトとは異なり――そしてグノーシス主義者とも違って――それを本質的に病的な状態とはみなさなかった。ユングは強迫的な行動をする傾向を、あらゆる本能的衝動にもともと備わっている特質であると考えた。ときには意識的な目標に反したものとして経験されることもあるが、個性化に向かう本能をはじめとして、その大部分は人生を充実させると考えていた。つまり「衝動強迫は無意識の願望[169]」なのである。したがって、精妙体が及ぼす強制力――あの厄介な「無意識の諸内容」――は、結局のところ病的なものではなく何かを意味するしるしで、「人の総体すなわち自己」によって生み出されるものである。[170]

ユングは、強迫症状を「良心」の突然の爆発、個人の意識的に採用された価値観にはなじみのない内的な「道徳的反応」ともとらえていた。

道徳的反応が自律的な力から来るもので……この力は適切にも守護神、守護霊、守護天使、「よりよい自己」、心《ハート》、内なる声、内なる高貴な人などと呼ばれている。これらの肯定的な「正しい」良心のすぐそばに否定的ないわゆる「間違った」良心があり、悪魔、誘惑者、試《こころみ》る者、悪霊などと呼ばれている。[171]

『ピスティス・ソフィア』が、「大いなる宿命の支配者が魂に命じたあらゆる罪と邪悪なことをもくろみ感知する[172]」惑星の「偽の霊」という考え方で強調していると思われるのは、後者の「間違った」良心である。グノーシス主義の教導者であるバシリデスは「偽の霊」を、魂を悪に誘い込む七つの惑星の「付属物」と呼んだ。[173] この考え方は、あからさまな占星術的コスモロジーを取り除かれて、七つの大罪のかたちで現在までキリスト教神学に残っている。それは元来は惑星のアルコーンたちの敵意に満ちた層を通過して魂が肉体へ下降する様子として始まったものなのだろう。[174] 本能的欲望の本質が悪とみなされる宗教的文脈においては、惑星と黄道十二宮で象徴される抑圧された本能の強制力は、悪霊的なものとして感じられてしまうというのがユングの見方であった。[175] ユングは『ピスティス・ソフィア』からヘイマルメネーについて多くを学んだが、より自身の嗜好に沿う惑星の強制力のモデルを見つけたのは、ヘルメス文書の中においてであった。

ヘルメス主義的ヘイマルメネー

ヘルメス文書と呼ばれる古代末期の文献について知られているもっとも古い例は、紀元前一世紀のものである。[176] 現存しているヘルメス主義の文書はほとんどがそれより後に作成されたものだが、ヘルメス主義の発祥はグノーシス主義の諸派より早いか、時期が重なっている。それらの文書はユングにとって、グノーシス主義の文書と同じくらい心引かれるものだった。ヘルメス文書は、グノーシス主義の文書と同様、グレコ・ローマン時代のエジプトの融合文化を素地として生まれ、[177] 同じように天体のもたらす宿命、グノーシス、個人の変容、最終的な「魂の至福」に関心を抱いている。[178] ヘルメス主義の文書を新プラトン主義と考える学者もいるが、[179] いくつかの文書――すでに引用したCH XIII（ヘルメス選集第一三巻）など――がアンチコスモス的な世界観を明瞭に表明していることから、グノーシス主義とみなす学者もいる。こうしたテクストには、天体のもたらす宿命の内面的かつ強制的な性質が明確に表現されている。ナグ・ハマディでグノーシス主義的なものとヘルメス主義的なものが混交した状態で発見されたことは、これらふたつの宗教的な流れの間に活発な相互交換が起こったことを示している。[180] ヘルメス文書を決定づける特徴は、多くのグノーシス主義の文献と異なって、キリスト教との密接な関係が示されておらず、ユダヤ教の要素がはっきり認められることである。[181] ヘルメス主義の世界では、救い主はキリストではなく、錬金術、占星術、魔術といった「オカルト・サイエンス」の神話的な半神の教導者である。それはヘルメス・トリスメギストスつまり「三重に偉大なヘルメス」と呼ばれ、エジプト神話において相当する神であるトート神の名でも呼ばれる存在だ。

ヘルメス文書については多くの学者が詳細に論じており、マルシリオ・フィチーノが一四七一年に一四編のテクストをギリシア語からラテン語へ初めて翻訳して以来、この驚くべき文書集に関する文献は増え続けてきた。[182] 一九一三年に『新たなる書』の作業を始めたとき、ユングは当時入手が可能なヘルメス文書に関する学者の著作をほとんどすべて収集していた。[183] ユングはヘルメス主義とグノーシス主義の思想の相違を気にかけず、三世紀の錬金術師ゾシモスをヘルメス主義者にしてグノーシス主義者だと述べた。[184] これにはユングなりの理由がある。ユングは、どちらの主義もかなり心理学的で、どちらも教義にではなく個人的な啓示に従うもので、両者ともテウルギアの儀式と占星術に基づいたコスモロジーを含むと確信していた。また、どちらもイアンブリコスとプロクロスの著作に影響を与えた。そして、ヘルメス主義者もグノーシス主義者も、天体がもたらすヘイマルメネーの内的強制力の束縛から魂を解放することに強い関心を向けていた。

ユングは、一八八七年に出版されたマルセラン・ベルテロ編纂の『古代ギリシア錬金術師選集 *Collection des anciens alchemistes greques*』と、一九〇六年に出版されたミードによるその英語訳により、ヘルメス主義の文書のことをよく知っていた。『リビドーの変容と象徴』でどちらの著作も引用している。『新たなる書』の作業を完了したあと何年も、ユングは錬金術の心理学的重要性を完全に認識するには至っていなかったが[185]、グレコ・エジプトで成立したヘルメス主義の資料は、ユングの初期の占星術と魔術の探究にとって非常に重要な意味をもっていた。その重要性は、『新たなる書』に登場することからもわかる。『新たなる書』には、魔法使いフィレモンの戸棚に「ヘルメス・トリスメギストスの知恵」が隠されていると書かれている[186]。ユングの占星術の理解という点でもっとも重要な論文のひとつは『ポイマンドレス』と呼ばれるCH I（ヘルメス選集第一巻）である[187]。この著作では、ヘイマルメネーから自由への魂の解放が、各惑星層を通ってその向こうの神的な領域へ行く旅として描かれている。魂は順次その七つの「衣」を除かれて清められ、七つの惑星の悪徳を「捨てる」。最後に魂は、八番目の崇高な恒星の天球に参入する[188]。ヘルメス主義の上昇《アセント》の目的は、『ミトラの典礼』の場合と同じように、秘儀参入者《イニシエート》の神化である。『ポイマンドレス』は、その約七世紀前に書かれたオルフェウス教の死者のための黄金のタブレットのひとつにある言葉、「人間を出でて汝は神になるであろう」[189]と同じことを述べている。ヘルメス主義のイニシエーションは、天体のもたらす宿命の強制力からの解放というかたちのグノーシスを得ようとするものだった[190]。『ポイマンドレス』の惑星の悪徳は、『ピスティス・ソフィア』に描かれているもののように本質的に邪悪なわけではないが、それでも各惑星は強制力を及ぼし、その支配はテウルギアの儀式によってのみ弱めることができる。[191]

ミードは、ロマン主義の作家マクロビウスによる『スキピオの夢への注釈』という、大きな影響力をもつ十五世紀の作品——これについてもユングはよく知っていて、『リビドーの変容と象徴』で引用している——に、『ポイマンドレス』の上昇《アセント》との一致が見られると述べている。しかし、マクロビウスの書いたものでは、惑星の「不徳」は美徳に変えられている。マクロビウスは、火星によって与えられた「大胆な心」のような肯定的な属性を魂へ渡す七つの光る「エンベロープ」（星を覆う雲）について書いている。[192] ミードが書いている、さまざまな著者によって各惑星に付与された不徳と美徳のスペクトルにより、ユングはプトレマイオスから受け継がれた「吉《ベネフィック》」の惑星と「凶《マレフィック》」の惑星という静的な表現よりもずっと豊かな、占星術的な性格描写ができるようになった。[193]『ポイマンドレス』とそれに触発されて書かれた文献では、各惑星の属性として善と悪の両方が提示されていて、この両極性への対処は、天界から遣わされた救い主たる神の介入によるのではなく、個人の意識が責任を負う。

現代の学者の中には、ヘルメス文書に含まれている専門的《テクニカル》な占星術に困惑した者もいたようで、一九二四年から一九三六年にかけて出版された、サー・ウォルター・スコットによる一五の論文の校訂版翻訳は、スコットが「くだらないこと」とみなしていたためその占星術的題材の大部分を省略している。[194] キリスト教の異端研究者がグノーシス主義の文献に対してしたように、スコットのような研究者もヘルメス文書を個人的意図によって大きく歪めたのである。文書は、スコットとドミニコ会修道士で文献学者のアンドレ＝ジャン・フェストゥジエというフランス人翻訳者によって、「高尚」あるいは「哲学的」なヘルメス文書と「低級」「通俗的」あるいは「魔術宗教的な」ヘルメス文書が人為的に仕分けされた。[195] この恣意的な区分は、文書の著者たちにとって意味があったとは考えられず、魔術と占星術と錬金術が高度に洗練された哲学的宗教的な世界観の欠くことのできない部分だった古代末期の世界と遭遇したことで近代に生じた戸惑いを表している。古代末期のほかの文書で言及されている専門的なヘルメス文書の多くは失われており、[196] そのほかの文書はまだ現代の校訂版翻訳も出ていない。[197] しかし、『ポイマンドレス』のような「哲学的な」ヘルメス文書の明らかに占星術的な内容は、ミードの翻訳によってユングにも簡単に入手できた。

そうした論文のひとつによれば、魂が惑星天ではなく黄道十二宮の環を通って下降して、地上の体という「すみか」が形成されるという。つまり、肉体は黄道十二宮のサインを通してヘイマルメネーに支配されているというのである。[198] ヘルメス主義者はグノーシス主義者と同じように、それを通して惑星と黄道十二宮の影響が作用する精妙体の概念を採用した。しかし、ヘイマルメネーは変更不能とはみなされていなかった。それはカイロスつまり占星術的に適切な瞬間がやってきたときに克服することが可能であり、神の火花をテウルギアによって「肉体という牢獄から解放し、宿命の支配から逃れさせる」ことができる。[199] ヘルメス文書とイアンブリコスの『秘儀論』に加えゾシモスの著作やさまざまなグノーシス主義の文書に書かれている、ヘイマルメネーに立ち向かうのに占星術的によい時期があるという考え方は、ユングの人生のある時期——とくに一九二〇年代後半から一九三〇年代初め——のホロスコープで起こっている動きに彼が夢中になったことと関係がありそうだ。ユングは外的事象についてだけでなく、何らかの種類の内的な現状打破あるいは覚醒のための「ふさわしい時」を探していたのではないか。[200]『新たなる書』の出版以降、多数の占星術師が、ユングのホロスコープに認められるトランジットとプログレッションについて検討し、この作業に取り組んでいたときに彼に何が「起こっていた」かを突き止めようとした。[201]こうした分析は非常に洞察に満ちている場合も多い。しかしヘルメス主義者ならそうしたと思われるように、占星術的にふさわしい時を選んで意図的に召喚された人物像も『新たなる書』にはあるのではないかという可能性までは考えられていない。残念ながら、そのような重要な時を見つけるための具体的な指示は、現存しているヘルメス主義の文書には書かれていない。しかし、この種の占星術的診断によく似たものが、ユングもよく知っていた『ミトラの典礼』に示されている。ユングが占星術上の星の配置を動的な心理学的プロセスを象徴的に表すものとして理解していたこと、そしてヘイマルメネーの鎖の打破を無意識の元型的影響力の統合の個人的体験と認識していたことを考えると、彼が『典礼』に示されている指示を参考にしようとしなかったのなら驚くべきことである。

ユングは、宿命は個性化過程に欠くことのできない側面であり、占星術の象徴体系はこの過程の展開を映すものだと考えていたようだ。『新たなる書』に取り組んでいた時期にユングが研究していた古代末期の宗教思想のさまざまな宗派が、宿命は天体の周期的な運動と密接に結びついていると述べ、ユングはそれは集合的無意識の元型の権威を象徴するもので、時の性質を通して表出すると考えた。宿命、時間、天の運動はユングの個性化の概念と分かちがたく結びついているのである。古代末期のアプローチでは、宿命から自由になるには惑星のダイモンの強制力を断つことのできる一種のグノーシス、つまり突破《ブレイクスルー》ないし内面的悟り《イルミネーション》を必要とした。宿命は受肉の際に魂に与えられた内的構造と理解されていたため、テウルギアの実践によって外的状況を変えることに触れた記述はない。ヘイマルメネーから自由になるには意識の改変を必要とし、苦しみをもたらす強迫的な行動からその人が解放されるようにし、神の目的を反映するような宿命の側面の受け入れを促す。占星術的なコスモロジーに重点を置くオルフェウス教、新プラトン主義、ヘルメス主義、グノーシス主義の思想という基質は、ユングに一種の強力な解釈学を与えたようで、『新たなる書』に書かれている自発的ヴィジョンの解釈を助けただけでなく、ユングのもっとも重要な心理学的概念、つまりそれによって人が自分がいつもそうあろうと思っているものになっていくような内的プロセスの象徴的モデルを提示したのである。

第六章　「来たるべきものの道」

新しい水瓶座タイプの人のことを語るとき、じつはその人たちによって解放されるような人間のことをいっている……エネルギー、信念、流れ下る熱狂、ニューエイジの啓示……こうした真の「水瓶座人《アクエリアンズ》」は……新たな精神の代弁者で、彼らの多くが、新たな周期の始まりにその精神を解放する生まれながらの「媒体」と呼んでいいかもしれない。[1]

――ディーン・ルディア

双子座の月が終わったときに、人びとは自分の影に向かって語りかけた。「あなたは私だ」……こうして二つは一つになり、この衝突によって強烈なことがもたらされた。まさにそれは意識の春で、文化と呼ばれるもので、それはキリストの時代まで続いた。けれどもうお座は、結合していたものが分離され、逆方向の永遠の法則によって、地獄と上の世界とになったときを意味する……けれども分離されたものは永遠に分けられたままであるわけにいかない。それは再び一つになり、まもなくうお座の月は終わってしまう。[2]

――C・G・ユング

「ニューエイジ」の思想

この二〇年の間に、いわゆるニューエイジ信仰と活動へのユングの影響についてかなりの数の学術文献が書かれている。[3] オラフ・ハマーは、リチャード・ノルにならって、ユングをカルトめいたニューエイジの導師とみなす、一種の「現代の心理宗教《サイコ・レリジョン》」を表すのに、「ユンギアニズム」という言葉を使っている。[4] またポール・ヒーラスはユングを、H・P・ブラヴァツキーとゲオルギィ・イヴァノヴィッチ・グルジェフ（一八六六〜一九四九年）と並ぶ、ニューエイジ思想発展に寄与した三大人物の一人とみなしている。グルジェフの「第四の道」と呼ばれる霊《スピリチュアル》的な体系は、高次の意識状態の開発に焦点を合わせている。[5] ウーター・ハネグラアーフもノルにならって、ユングを「伝統的な……秘教的世界観とニューエイジ・ムーヴメントの鍵となる接点を代表する現代の秘教主義者《エソテリシスト》」と見ている。[6]

ユングの心理学モデルと、「ニューエイジ」思想の中でも意識の拡大を強調するようなものとの間には、確かにゆるやかな類似点がある。それは、ユングが有力なニューエイジ思想の土台となった十九世紀後半のオカルトの復興と、同じ情報源を利用したという事実によって一部は説明できる。すなわち、ヘルメス主義、プラトン主義、新プラトン主義、グノーシス主義、ユダヤ教の秘教的な見解と実践、そしてヒンドゥー教と仏教思想の自由主義的な面である。こうしたニューエイジの多くの宗教的アプローチが、十九世紀の終わりにはすでに十分に形成されていた。ロデリック・メインは、ユングの考えとニューエイジ思想の関係に関する論文で、次のように意見を述べている。

ユング自身によるオリジナルの叙述においてさえ、ユング心理学そのものがニューエイジ思想の影響を受けていたかもしれないとみなすことは可能である。……ユングがニューエイジ運動に影響を与えたことは間違いがないが、同時にユング自身がニューエイジの宗教に影響を受けた、あるいはその代表者の一人であると見ることとさえできる。[7]

ニューエイジを占星術的に定義される時代とする――来るべき「水瓶座の時代」が始まろうとしていると想定されるとする――考え方は、十八世紀後半に今のような形をとるようになり、十九世紀に結晶化した。そしてこの観念は今なお人気がある。ディーン・ルディアは水瓶座の時代が二〇六〇年に始まると信じていたが、その「種子の時期《シード・ピリオド》」は一八四四～四六年に始まっていたと考えた。[8] ウーター・ハネグラアーフは、重要な著書『ニューエイジ宗教と西洋文化 *New Age Religion and Western Culture*』の中で、「狭い意味で」はニューエイジは、迫り来る水瓶座の時代への期待と、それに付随するこの占星術上の星座の意味を反映した意識の根本的な変化に焦点を合わせる思想の流れだと述べた。さらにハネグラアーフは、「広い意味で」はニューエイジはかならずしも明確に占星術的な意味をもたない、「一般的な意味での」革新的なムーヴメントだと述べている。[9]

これは、現在の多くの霊性《スピリチュアリティ》について検討するときに役立つ視座である。とはいえ、広い意味でニューエイジを構成するものが何かということだけでも、著者たちの間に一致した意見を見つけるのは難しい。ニューエイジ思想の基礎をなす考え方の多くは非常に古く、やはり著しくあいまいな用語である「近代《モダニティ》」によってもその要素はあまり大きく変えられなかった。これは、大きな力をもち非常に文化的に適応力のあるいくつかの一貫したコスモロジーと人類学のテーマを反映する一方で、二〇〇〇年以上構造的完全性を維持しているのだから、「オールドエイジ」とみなしてもよいかもしれない。ニューエイジは、現代の支持者が「世俗化」したという意味でも、特定の組織化された宗教の形を避けるという意味でも、かならずしも「非宗教化」しているわけでもない。ユングはこのような考え方を元型的とみなした。それは「深みの精神」に属するのであって、「この時代の精神」ではない。

ニューエイジの思想――とりわけ自己認識と神の認識は不可分で、神を内に見つけることができるという確信――を、「近代の」霊性に特有のことだとみなす学者もいる。この想定を支持する文書の証拠はない。「神を知ること」と「自己を知ること」の同一視は、ヘルメス主義、新プラトン主義、グノーシス主義、初期ユダヤ教の秘教的文献にはっきりと表明されている。[10] この意味で、ハネグラアーフがニューエイジ思想の近代性を想定したことは誤解を招き、もっと微妙な差異を考慮した方がよい歴史的時代、文化、人間の表現の領域の間に、はっきりした人為的な区分を設けた。しかし、広い意味でのニューエイジの定義に問題があるにしても、来るべきニューエイジについてのユングの考えは、明らかにハネグラアーフが「狭い意味で」と呼ぶカテゴリーに属している。ユングは、水瓶座の象徴体系を反映する新たな時代が始まろうとしており、そのように大きな変化に直面して集合的意識に葛藤が起こるのは避けられず、そうした場面で自分の心理学が重要な貢献をすると、心から信じていたようだからである。

卵の中の神

一九五一年、二度の心臓発作の直後にユングは『アイオーン』を著した。[11] 口絵に選んだのは、学者たちからアイオーン、イーオン、クロノス、ズルワーンとさまざまな名で呼ばれるミトラ教の神のローマ時代の彫像である（口絵4）。[12]『新たなる書』に取り組んだとき、ユングはおもに、『ミトラの典礼』のディートリッヒによるドイツ語版とミードによる英語版を参考にしている。また、ミトラ教に関するフランツ・キュモンの二冊の本、すなわち『ミトラの密儀』とそれより前の長大な『ミトラの密儀に関する文書と記念像 *Textes et monuments figures aux mysteres de Mythra*』も入手した。[13] ユングはキュモンを「ミトラ信仰に関する卓越した権威」と呼んでいる。[14] しかし、キュモンはローマのミトラ崇拝における占星術の中心的重要性を否定し、その占星術的図像は、じつは教団の初期の「カルデア人」の信仰に属すものだと考え、この古い「オリエント起源の」宗派が西洋の信仰に占星術の「いくつもの誤ちと恐怖」をもたらしたとして非難している。[15] この点についてはユングは賛成しなかったようだ。

近年、ロジャー・ベックとデイヴィッド・ウランゼイは、とくにローマ時代のミトラ教の占星術的基盤に注目して、キュモンの説に異を唱えた。[16] ミトラ教に関する考古学的発見が、こうした議論のおもな典拠となっている。教団のイニシエーションは厳重に秘密が守られ、メンバーによって直接作成された文献はまったく存在しない。唯一残っているのはオリゲネスやポルフィリオスのような古代末期の著者による言及で、それも伝聞に基づいていることが多い。[17] 一方、アイオーンの像は多数、何世紀も耐えて残り、ヨーロッパ中のローマ時代のミトラ神殿で発見されている。それらはたいてい翼と獅子の頭をもつ男性の姿をしていて、杖と鍵をもっており、蛇が体に巻きついていて、普通——いつもというわけではない——周囲または体に黄道十二宮のサインがある。[18]

ギリシア語のアイオノスという言葉にはいくつも異なる意味と使用法があり、そのすべてが、ユングが『新たなる書』で予見した、すぐ近くに迫った集合的な心的変化についてのユングのとらえ方と関係がある。[19] ホメロスとヘロドトスはこの言葉を個人の一生を表すのに使った。[20] エウリピデスは、いくつかのヘルメス主義の論文と同じように、アイオーンを神的な存在として擬人化し、「多くのことを起こさせる」「時の子《クロノス》」と呼んだ。[21] アイスキュロスとデモステネスは、この言葉を時代《エポック》と世代《ジェネレーション》の両方を表すのに使った。[22] ソフォクレスはこれを、モイラの概念にも似た人の運命あるいは定めととらえた。[23] ヘシオドスは、黄金の時代や鉄の時代といった時代を定義するのに使っている。[24]パウロは、時代だけでなくこの世を指すのに使った。[25]プラトンの『ティマイオス』には、アイオノスが永遠を構成する要素であるのに対し、クロノスは天体の運動によって一時的にアイオノスを表に出すと書かれている。

ところで、永遠であることがその生き物の本性だったが、生み出されたものに永遠という性質を完全に付与することはできなかった。それにもかかわらず、神は、永遠を写す何か動く似像［アイオノス］を作ろうと考えて、宇宙を秩序づけるのと同時に、一のうちに静止している永遠を写す、数に即して動く不滅のその似像を作った。この似像をわれわれは「時間」「クロノス」と名づけたのである。[26]

ユングは、アイオーンの概念を占星術上の時代《エポック》――およそ二一六五年続く時代、つまり彼が「プラトン大年」と信じていた二万六〇〇〇年の一二分の一――と、人間の宗教的想像力から生まれその時代の特質を具象化する神のイメージの両方とみなす考え方を気に入っていたようだ。こうした占星術上の時代は、春分点歳差という天文現象、つまり春分点（一年のうちで太陽が黄道十二宮の牡羊座のサインに入るとき）が黄道十二宮の一二星座の星々の間をしだいに後退していく動きによって表現される。[27]

『ピスティス・ソフィア』には、アイオーンは宇宙の特別な領域を支配する天の力であり、その領域自体、つまり救い主たる神が救済の業をやり遂げるときに通る扉あるいは門のある黄道十二宮の星座でもあると書かれている。[28] これに対し、『ミトラの典礼』はアイオーンを、黄道十二宮の星座、惑星のアルコーン、もしくは時代としてではなく、ヘリオス・ミトラスとも呼ばれる燃え盛る原初の至高神として描いている。ユングが考えていたような、リビドーつまり生命力のイメージである。[29] この永遠の存在のヴィジョンが儀式の目標であり、参加者に一時的な「不死化」をもたらす。[30]

私は今日、不死なる目で見るから――私は死すべき者の子宮より生まれた死すべき者だが、［今は］偉大な力、朽ちることのない正しき手によりできるようになった――不死なる霊のおかげで不死なる《アタナトン》アイオーン、火の王冠の主が［今日は見えるはずだ］。[31]

儀式の後半で、「天の七つの宿命」すなわちヘイマルメネーを支配する惑星神へ祈りがささげられる。それからアイオーンへ向けて、その主要な属性と機能を列挙しつつ、召喚の呼び掛けがなされる。

光を与える者［そして］火をまく者、火を解き放つ者、その命は光の中に。火を回し動く光をつける者。御身は雷鳴をとどろかせる。おお、御身は栄光の光を増す。光の天空の支配者。

おお、星を従わせる者！[32]

「星を従わせる」アイオーンは影響力を発出して天の各層を統御する。そして『ミトラの典礼』ではイニシエーションの参加者に与えられたヴィジョンが、少なくともしばらくの間はヘイマルメネーの力を破って、神との同一化を可能にするのである。[33] すでに見てきたように、ユングは、この天体の強制力による束縛からの解放を、自己《セルフ》の直接的体験がもつ統合の力と関連付けた。一方で『典礼』と同じように、ユングはこの状態の永続性が保証されていないことを明記している。『典礼』のアイオーンを、『新たなる書』で太陽神であることが明かされる火の卵から生まれる巨人イズドゥバルの言葉と比較してみると、ユングの太陽の占星術的象徴についての理解に『ミトラの典礼』がいかに大きな影響を与えたかがわかる。

火焔の奔流が私の輝く体からほとばしり――
私自身も燃えさかる炎の中に揺れ動き――
私自身もたえず押し寄せる生命に満ちた炎の海を泳ぎ――
全き光、全き憧憬、全き永遠――
……
われは全き太陽であった[34]

ユングのアイオーンについての記述にはKronos《クロノス》（サトゥルヌス）の名前も含まれているが、彼はchronos《クロノス》（時間）で置き換えて、この人物の獅子に似た属性を強調した。［Kronosはギリシャ神話の大地と農耕の神で、ローマ神話の農耕の神サトゥルヌスと同一視される。chronosは時の神で、別のもの。］

ミトラ教には奇妙な時間の神アイオーンがいる。クロノスまたは、きまってライオンの頭をもつ人間の姿に描かれていることから「獅子の頭の神《デウス・レオントケファルス》」とも呼ばれる。その直立した像には蛇がからみついて、後から前へライオンの頭の上に鎌首をもたげている……そのほか体に獣帯の動物の像がついていたりする……夏至点の宮である獅子は抑制のない欲望の象徴である。[35]

逆説的ではあるが、ユングはこの「デウス・レオントケファルス」を、太陽だけでなく、グノーシス主義のアルコーンであるヤルダバオトやこのアルコーンの惑星である土星とも関連付けた。[36] アイオーンはユングにとって多くのものを意味した。それはすべての対立物を受け入れる火のようなリビドーのシンボル、黄道十二宮を巡る太陽の進路によって表現される時間のシンボル、そして彼自身のホロスコープの支配星《ルーラー》である惑星神サトゥルヌス＝クロノスを人格化したものでもある。つまり、アイオーンはユングの「個人的ダイモン」であるフィレモン、すなわち「マスター・オブ・ハウス」の普遍的あるいは集合的側面とみなすこともできる。[37] そして、ユングにとってアイオーンは、占星術上の時代――水瓶座の時代――を体現するもので、その姿と意味に、人間の姿をした水瓶座と、それとオポジションの位置にある獅子の姿をした獅子座が結合されている。「第一の書」にある初期の絵のひとつに、新たなアイオーンの両極性を象徴する水瓶座と獅子座が示されている。この絵の左上には獅子が立ち、その頭上に赤い太陽円盤があるのに対し、青いローブを着た水をもつ人（のちの「聖水をまく人」ではピエロのようなまだら模様の服をまとっている）が、絵の右上部に立って、赤い瓶から水を注いでいる。彼の左肩のあたりには土星の記号が書かれている。[38] ウィリアム・バトラー・イェイツも同じような黄道十二宮の両極性に心を奪われ、大戦の壊滅的決戦《ハルマゲドン》の直後に書いた詩「再臨」で、近づきつつあるニューエイジの彼自身のヴィジョンを、ユング自身のものとは違う予言的な悲観主義をもって表現した。獅子の体と人間の頭をもつ恐ろしい存在が、混沌と社会秩序の崩壊の真っただ中を「おのれの生まれるべき時が来て、ベツレヘムへ向い　のっそりと歩みはじめた」というのである。[39]

『新たなる書』でユングは、彼自身が、蛇に取り巻かれて「十字架に貼りつけにされた人のように腕を伸ばした」獅子の頭をもつ神に変身したことを書いている。[40] のちにユングは、このヴィジョンをアイオーンのミトラ教の図像と明確に関係付けている。[41]

私の顔が変容したように感じられた野獣の顔は、ミトラ教の秘儀において有名なレオントケファルス［神］です。とぐろを巻いて人間を締め上げる蛇、締め上げた人間の頭上に置かれた蛇の頭、そしてその人間の顔はライオンの顔をしている。このようにこの神の像は示されています。[42]

このさりげない言及は、ユングによる『アイオーン』の口絵の選択にきわめて個人的な意味があることを示唆している。『新たなる書』にあるヴィジョンは、『ミトラの典礼』のヴィジョンと同じように、拡大された意識、ユングの用語でいえば人格のより完全な統合につながる、大きな変化をもたらす一時的な内的体験を描写している。ユングの出生ホロスコープでは、ユング自身もよく知っていたように、水瓶座と獅子座のオポジションが支配的である。ユングの誕生のときに水瓶座が上昇しており、太陽は獅子座に位置していた。アイオーンが象徴するものが集合的なこころだけでなく、自分自身のこころにも当てはまるとユングが思ったのは、当然のことである。

水瓶座の時代

『新たなる書』の最初のページにある最初の絵には、中世ドイツの写本のスタイルで彩色されたDの文字が組み込まれており、この作品の冒頭の文'Der Weg des kommenden'（「来たるべきものの道」）への導入となっている。

絵の上の方には占星術の記号が並んだ「帯」が見え（口絵5）、天体のある空の色より明るい青で塗られている。[43] それぞれの伝統的な記号によって表された黄道十二宮の星座は、反時計回りに、一番左の蟹座から始まって双子座、牡牛座、牡羊座、魚座と続き、一番右の水瓶座で終わる。「帯」の中で、魚座の記号で表される星座と水瓶座の記号で表される星座がちょうど接する位置に、四本の光線を放つ大きな星がある。この星は明らかに、年に一度の春分のときの太陽を表している。[44]この春分点は何世紀もかけてゆっくりと星座を通過して後退してゆき、ユングによれば、現在、魚座の端に達していて、水瓶座を通過する二一六五年の旅に入ろうとしている。ユングはこの天文学的な出来事を新たなアイオーン、「来たるべきものの道」と呼んだ。そして、のちには「『神々の変貌』の時機《カイロス》」と呼んだ。[45]

『アイオーン』の主要テーマは、人間の意識の転換と、同時に起こる神のイメージの転換で、それは魚座の時代が終わることに表れている。魚座の二匹の魚は、キリスト教におけるイエスとサタンのシンボルとみなされ、水瓶座のアイオーンの到来は新たなシンボル、すなわち水をもつ者に象徴される人間と関連付けられている。ランス・オーウェンスは、『アイオーン』と『新たなる書』を理解するには両者を相互に参照することが必要ではないかと述べている。『アイオーン』は、ユングが晩年に『新たなる書』の貴重な体験を合理的に説明しようとしたもので、ふたつの作品は「根本的にかたく結びついている」というのだ。[46]『アイオーン』は、ユング自身のホロスコープへの強い関心よりも、もっと非個人的な占星術とのかかわりを提示しているようだ。しかし集合的サイクルへの彼のアプローチには、個人における心的動態についての彼の認識と同じ心理学モデル、すなわち元型、タイプ論、コンプレックス、時の性質のシンボルである占星術のシグニフィケーターが組み込まれていた。ユングは、占星術上の新たな時代《アイオーン》によって表される大転換はそれぞれ、中心的な位置を占める黄道十二宮の星座とその支配惑星のイメージに映し出されていると思っていたのである。

> どうやら心的優性形質（dominante）、すなわち元型や「神々」の布置に変化が生じて、それが集合的な魂の長期的な変容を伴ったり、その原因となったりするらしい。この変化は歴史の流れのなかで起り、その痕跡をはっきり残していく。まず牡牛座の時代から牡羊座の時代への、ついで牡羊座の時代から魚座の時代への移行のときがそうであった。そして魚座の時代の始まりはキリスト教の成立と時を同じくしている。われわれはいま、大きな転換の時にさしかかりつつあるが、それは春分点が水瓶座に入るときと考えてよい。[47]

『アイオーン』が宗教的表象に示されている変容の歴史的性質を論じているのに対し、『新たなる書』は、すべての個人は集団の一部であり、集団の未来は個人の意識によって決まるという確信にのっとって、迫っている転換におけるユング自身の役割をユング本人がどう理解しているのかを明らかにしている。[48]

春分点の動きと関連したニューエイジの概念をユングがどこで知ったのかについては、かなりの推測がなされてきた。これがとりわけ重要に思えるのは、昔からささやかれていたニューエイジが水瓶座の時代であるという考えを、現代において広めた最初の人がユングだとされてきたからである。この水瓶座の時代という観念のルーツは十八世紀後半の啓蒙主義にある。この頃、太陽神の長い系譜のひとりとしてのイエスというキリスト教の人物に焦点を当てた学術書が多数発表された。[49] ニコラス・キャンピオンによれば、これらの著作で提示されている考えは、三つのカテゴリーにはっきり分けることができる。ひとつ目は、宗教の共通の起源を確定しようとする試み。ふたつ目は、この共通の起源が天体、とくに太陽の崇拝にあるという説である。そして三つ目は、ヴェーダと呼ばれるインドの聖典の時期を特定するための春分点歳差の利用である。[50] こうした十八世紀の本の著者たちは誰もユングと同時代の占星術師がしたような解釈をしなかったが、彼らはみな、宗教的イメージと概念の歴史的発展における歳差移動の周期の重要性を強調していた。

一七七五年、フランスの天文学者で数学者でもあるジャン＝シルヴァン・バイイ（一七三六～九三年）が、すべての宗教的形態の起源は星界にあるという考えを提唱した。[51] そしてバイイに続いてフランスの法律家で修辞学の教授であるシャルル＝フランソワ・デュピュイ（一七四二～一八〇九年）は、『すべての宗教の起源 *Origine de tous les cultes*』で、あらゆる宗教は太陽崇拝から生じたのであり、キリスト教も太陽神話の一形態にすぎないと主張した。[52] デュピュイは、一世紀以上のちのマックス・ハインデルやユング自身と同じように、占星術の乙女座と、太陽たる救世主の母の類似性に注目した。デュピュイは著書の口絵にした版画を説明して、「子どもを抱き、星の冠をかぶって、蛇の上に立つ女性は、天の乙女と呼ばれる……彼女はイシス、テミス、ケレス、エリゴネ、キリストの母と続いてきた[53]」と書いている。

デュピュイの口絵（口絵6）は、普遍的な太陽信仰と、春分点歳差に関係のある宗教的テーマを組み合わせている。左上隅の天に、牡羊座と牡牛座という黄道十二宮の星座があり、両者の中間点に輝く太陽がある。つまり春分点は牡牛座から牡羊座へと横切っており、それは版画に表現されたさまざまな牡牛座の宗教的表現形式（宇宙の雄牛を屠るミトラス、エジプトのアピスと呼ばれる聖牛、金の子牛）から牡羊座のもの（天の神として王位に就いたゼウス、契約の箱の前のイスラエル人の大司祭）への移行に表れている。口絵の上中央にはキリスト教の特免のシンボル、すなわち四人の使徒とそれぞれを象徴する動物、星の冠をかぶった「天上の乙女」、生まれたばかりの太陽を意味する幼児キリストがいる。デュピュイは魚座から水瓶座よりも牡牛座から牡羊座への移行に焦点を合わせているが、牡牛座と牡羊座の間の中間点にあるデュピュイの太陽の絵と、『新たなる書』の最初のページの魚座と水瓶座の中間にある四箇所尖ったユングの太陽の間には、著しい類似性がある。ユングは自身の出版物でデュピュイにまったく言及していないし、ユングの蔵書カタログにも『起源』は載っていない。しかし、おそらく彼はデュピュイの本をよく知っていたのだろう。

春分点歳差と宗教的表現形式の変化の関連性についての議論は、十八世紀後半から十九世紀にかけて続いた。フリーメイソンリーに関する著書が二冊あるフランソワ＝アンリ＝スタニスラ・

ド・ロルネイ（*Francois-Henri-Stanislas de l'Aulnaye*）（一七三九～一八三〇年）は、一七九一年に『宗教とカルトの一般および個別の歴史 *L'histoire generale et particuliere des religions et du cultes*』を発表した。[54] キャンピオンは、この著作は春分点の水瓶座への移動の意味を検討した最初のもので、ド・ロルネイは一七二六年にそれが起こったと信じていた。[55] 宗教史家でその著作がブラヴァツキーに大きな影響を与えたゴッドフリー・ヒギンズ（一七七二～一八三三年）[56] は、一八三六年に出版した『アナカリプシス *Anacalypsis*』の中で、春分点の牡牛座から牡羊座への移動は、「屠られた子羊」が「屠られた雄牛」に取って代わるときだと明言している。[57] 十九世紀後半に、イギリスの詩人で独学のエジプト学者ジェラルド・マジー（一八二八～一九〇七年）は、春分点が黄道十二宮の星座を通過していくにしたがって起こる宗教的表現形式の進化について詳しく解説した。[58] 英語での最初の水瓶座の時代への言及が見られるのは、一八八七年に個人的に出版された「歴史的イエスと神話的キリスト」というマジーの論文である。[59]

紀元前二四一〇年には天界の基点牡羊座のサインに位置していたが、紀元前二五五年に再び春分点が魚座のサインに入った。今世紀［十九世紀］の終わり頃に春分点が水瓶座のサインに入ると、予言が「再び」成就される。[60]

これらの著者たち――デュピュイ、ド・ロルネイ、ヒギンズ、マジー――はみな、宗教的な表現形式と認識に起こる大きな集合的変化を神話を使って説明しており、また神話を歳差移動のサイクルにおける黄道十二宮の特定の星座と結び付けた。ユングは自身の出版物で彼らの著書のいずれにも言及していないが、それでも同じ考え方が『アイオーン』の中心をなしている。新たな水瓶座の時代が始まる時期について誰も意見が一致していなかったようだが、それは驚くにあたらない。ユング自身、「星座の範囲の定め方はある程度人によって違う」と述べているのだから。[61]

ニューエイジに関する古代の資料

ニューエイジの始まりを春分点歳差と明確に関連付けている文書は、近代になって初めて現れたのは確かである。しかしユングは、占星術上の新たな時代《アイオーン》が始まろうとしているという自分の考えを支持する、もっと古い資料があると信じていた。やがて始まる水瓶座の時代という考えの歴史的証拠を探索することで、ユングは、二十一世紀の学者なら普遍主義者《ユニバーサリスト》のそしりを受けることを恐れて避けるような連想による推論をすることになった。しかし、長く続いてきた普遍的な思考を認めないという姿勢自体、何かそこに隠れた意図があることを示すのではないか。そしてユングの直観的飛躍は、見当違いの場合よりも正しい場合のほうが多かったように思われる。錬金術の文書に水瓶座の時代の妥当性を見つけようとするユングの調査の一例が、十六世紀の錬金術師で医師のハインリッヒ・クンラート（一五六〇～一六〇五年）[62]の場合で、彼はあまり遠くない未来のある時点で「土星《サターン》の時代」が始まり、それは錬金術の秘密が誰にでも手に届くものになる時代の先触れであると明言している。

私的なものがすべて公共の財産になる土星の時代はまだ来ていない。それは、人がまだ、同じ精神で善意から立派に成し遂げられたものを手に入れて利用してはいないからだ。[63]

クンラートの場合、春分点歳差が黄道十二宮の水瓶座に言及した箇所は、彼の文書のどこにもない。そのほか近代の錬金術のどの文献にもこの考えは登場しない。それでもクンラートが水瓶座の時代に言及しているとユングが考えたのは、伝統的に水瓶座が土星に支配されるとされているからである。一九四〇年にチューリッヒ工科大学で行った講義の中で、ユングはクンラートの言葉を引用したのち、次のようにコメントした。

クンラートがいいたかったのは、土星の時代がまだ始まってないということです……疑問はつまるところ、クンラートが土星の時代という言葉で何を表現したのかということです。昔の錬金術師たちはもちろん占星術師でもあり、占星術的なやり方で考えました。土星は水瓶座のサインの支配星で、クンラートが、もうすぐやって来る次の時代、水瓶座の時代のことをいったという可能性は十分にあります。彼は人類はその頃には変わっていて、錬金術師の秘密を理解できると思っていたと考えられます。[64]

ユングはこの影響力の大きい錬金術師の著作の中に、水瓶座の時代が秘教的で、心理学的性質の開示とかかわっていることを示す証拠を見出した。これまで隠されてきた、あるいはいまだ知られることのなかった秘密が集合的な意識の中に立ち現れてくることは、人類の自己認識の重要な変容の結果に伴うものでもあるはずだったが、神の元型の内面化は世界規模での自己破壊を引き起こすかもしれないと、悲観的にとらえてはいた。しかしユングは、少なくとも初期においては、ニューエイジのもつ潜在的可能性について楽観視していたのである。

ユングは、グノーシス主義の文献の中にも、歳差移動が大きな宗教的変化の予兆だと信じられていたことについて、「証拠」を見つけたのかもしれない。ただし、この場合もクンラートの著作の場合と同じように、春分点の歳差移動と関連した占星術上の時代《アイオーン》についての明確な言及はない。「トリモルフィック・プロテンノイア」と呼ばれるグノーシス主義の文書は、アルコーンとそれが支配する領域の大崩壊について述べている。ホレイス・ジェフリー・ホッジスは、グノーシス主義のヘイマルメネーへの強い関心について論じた論文で、この天界での大きな変化の予言は、春分点の牡羊座から魚座への移動についてのグノーシス主義者の知識を反映しているのではないかと述べている。[65] 歳差移動は紀元前一三〇年にはすでに知られていたため、一世紀の占星術的傾向のあるグノーシス主義者はそれに気づいていたのかもしれないが、彼らがそれを「プラトン年」や占星術上の時代《アイオーン》と結び付けていたことの証拠になる文書は残っていない。しかし、たとえ「トリモルフィック・プロテンノイア」が実際に歳差移動に言及したのだとしても、その文書の正確な写本がナグ・ハマディで発見されたのは一九四五年になってからなのだから、ヤングもミードも二〇世紀初頭にそれについて知らなかったはずである。しかし、ユングが手に入れることのできた別のふたつのグノーシス主義の文書に、天界の「大きな変動」に関するものがある。エイレナイオスが述べているように[66]、『ヨハネのアポクリュフォン』は救い主の出現によって天体のもたらす宿命の鎖が破壊されると語っている。

彼［キリスト］は七つの天を通って降りた……そしてしだいにそれらから力を除いた[67]。

『ピスティス・ソフィア』にも、天における大きな「変動」についての記述がある。しかし、『ヨハネのアポクリュフォン』と同じように、文書の中に歳差移動への明確な言及はひとつもない。デイヴィッド・ウランゼイは、春分点歳差がミトラの密儀、タウロクトニーすなわち宇宙の雄牛を屠る供儀の中心的イメージの基礎となったと主張している[68]。しかし、ウランゼイの著作は、ユングの死から二八年後にあたる一九八九年まで出版されなかった。ただし、フロイトと袂を分かつ前でさえ、ユングはミトラの密儀で雄牛が象徴するものを、牡牛座とそのオポジションの位置にある蠍座の両極性と結び付けて、「能動的リビドー」と「抵抗性（排他的）リビドー」のかたちで「自らを滅ぼす性欲」だと述べている[69]。『リビドーの変容と象徴』を書いた頃には、ユングはすでに星座を通過していく春分点の動きのことをよく認識していた。

牡牛座と蠍座は分点サインで、供儀の場面［タウロクトニー］がおもに太陽の周期を指していることをはっきりと示している……牡牛座と蠍座は紀元前四三〇〇年から紀元前二一五〇年の期間の分点星座《サイン》である。これらの星座がほかの星座に取って代わられてから長いが、キリスト紀元になってからもそのままにされた。[70]

このようにすでにユングは、ミトラ教の図像の意味との関連で春分点歳差に関して、ある洞察に達し始めていた。しかし、当時のミトラ教に関する学術的な文献――おもにキュモンとライツェンシュタインの著作と、ディーテリッヒによる『ミトラの典礼』の翻訳――は、歳差移動について論じていない。ミードも、自身のミトラ教に関する説明で論じていない。それでもユングは、牡牛座と蠍座――紀元前四三〇〇～二一五〇年の期間を支配したと彼が考える占星術上の時代《アイオーン》――は、「取って代わられてから長い」が、古代ローマのミトラス崇拝が始まった魚座の時代にさえ、発生と再生の強力なシンボルとしてまだ意味をもっていたと信じたのである。

歳差移動はプラトンの時代にまだ発見されていなかったため、二万六〇〇〇年のいわゆるプラトン年は決してプラトンによって記述されたものではない。プラトンは「完全年《パーフェクト・イヤー》」を、惑星の動きと恒星の一日ごとの円運動の、創造のときの最初の位置への回帰と定義した。[71] ローマの占星術師ユリウス・フィルミカス・マテルヌスは、プラトンと同じように、それを満了すると天体が世界が創造されたときに置かれた最初の位置に戻る、三〇万年の大周期について論じている。[72] フィルミカスは、プラトンの「完全年」を、世界は火と水の連続的な大災害を経験したのち再生されるというストア哲学の信仰と組み合わせたようだ。しかし、ストア派の人々は、ユングが述べたような意識の変容については何も述べてはいない——前にあったものの正確な反復にすぎないというのだ。[73] ほかにも古代のさまざまな著者が、一万五〇〇〇年から二四八四年までさまざまな長さの大年を提示している。しかし、これらの見解の中で星座を通過する春分点の動きに基づいたものはなかった。[74] ユングが水瓶座の時代《アイオーン》についての彼自身の非常に個人的な解釈へのインスピレーションを得たのは、近代占星術、神智学、オカルトの文献からだった。

ニューエイジに関する新たな資料

来たるべきアイオーンの星座である水瓶座の意味についてのユングのユニークなとらえ方は、古代や中世のどんな資料にもその起源を見出すことはできない。ユングの場合、水瓶座のアイオーンについてのおもな認識は、対立するものの統合、神のイメージの内在化、善と悪を人間のこころの次元として認識し和解させる努力といった主題に関するものだった。

魚（座）にかわって新しい象徴が生じることになる。すなわち、人間の全体性を表わす心理学的概念である。[75]

一九二九年に書かれたヴァルター・ロベルト・コルティへの手紙で、ユングは新たな意識の誕生に先立って混迷の時期が来ることを予言した。

私たちは、道徳の形而上学的前提が崩壊しつつあるキリスト教衰退の時代に生きています……それは無意識に、不安と時代の充足を待ち焦がれる反応を引き起こします……混乱が最高潮に達するとき、すなわち世界の歴史の四番目の月の初めに、新たな啓示がやって来ます。[76]

「世界の歴史の四番目の月」とは水瓶座のアイオーンである。ユングのいう「世界の歴史」は、紀元前四三〇〇〜二一五〇年を占めていたとユングが考えた牡牛座のアイオーンにあたる有史時代とともに始まる。ユングの考えでは、遠からず始まる集合的変容は、個人の中で起こるため、危険もはらむ長い統合のプロセスを必要とする。春分点が水瓶座に入る動きを表す絵が最初に示され、新しい時代の男女両性の闇と光の神ファネス＝アブラクサスに頻繁に言及している『新たなる書』は、ユング自身の内のまさにこの統合のプロセスの非常に個人的な物語と考えることができる。ニーチェの著作に対するユングの関心は、天の水瓶座——黄道十二宮の中でそのイメージが人間の姿をとるのは三つ（双子、乙女、水瓶）しかないが、そのひとつ[77]——は、対立するものを超越する「超人」を象徴しているのかもしれない。人類は「善悪の彼岸」にあるゴールへ向かって進んでいるというニーチェの確信には、新たなアイオーンに現れることをユングが望んでいる、完全に個性化した人間という考えにつながるところがある。[78]しかし、ニーチェは決して彼のいう超人を水瓶座と関係付けたことはない。

春分点歳差に基づいた意識の変容へのユングの期待のもととなった現代の典拠としてわかりやすいのが、迫りくるニューエイジという考えを広めたことがはっきりしている神智学者たちかもしれない。ブラヴァツキーは、ヒギンズやマジーなどの著者をよく知っていた。しかし彼女はニューエイジを春分点が水瓶座へ入ることと同一視せず、春分点と関連性のある特定の恒星と組み合わせた「ヒンドゥーのコスモロジーの考え方」（ユガの概念）と彼女が呼んでいるものを用いる方を好んだ。[79]ブラヴァツキーによれば、水または火による部分的な破壊（ストア哲学からの借用）と一二の部分からなる新たなサイクルをもつ新しい世界の誕生に続いて、世界に一二の変化が起こるという。そしてこの考えは、これら一二の変化は黄道十二宮の一二星座の表れだと説明する「真のサービア教徒の占星術教義」だとブラヴァツキーは述べている。[80]しかし、この考え方に歳差移動は関係なく、一二の変化は二万六〇〇〇年の歳差移動の周期を構成するのではなく、何百万年にもわたる地球の全史を構成する。

シェパード・シンプソンは、ニューエイジの思想の歴史に関する論考で、現代において「水瓶座の時代」という考え方を最初に広めたのはユングだと主張し、彼がブラヴァツキーからその考えを得たはずはないと指摘している。[81] ドイツの秘教主義者ルドルフ・シュタイナーの人智学会は神智学者たちの東洋びいきを拒否したが彼らの考えの多くをそのまま保ち、シュタイナーも同じようにニューエイジの考えに賛同して「キリスト再臨の時代」と呼んだ。しかし、シュタイナーの考えでは一八九九年に始まったこのニューエイジは、水瓶座の時代ではない。

移行の時期については多くのことがいわれている。じつは我々はちょうど、闇の時代が過ぎ去り新たな時代が始まろうとしているときに生きている。人間はこの時代に、ゆっくりと、しだいに新たな能力を発達させる……この時期に始まっているものが、人類が新たな魂の能力を使えるようにゆっくりと準備する。[82]

この「新たな魂の能力」はじつは水瓶座に属してはいるのだが、それはまだ準備段階にすぎないというのだ。シュタイナーの独特な計算法によれば、水瓶座の時代は三五七三年まで始まらず、現在の世界はまだ一四一三年に始まった魚座の時代にあるのだという。[83] シュタイナーは悪の問題について多くの記述を残しており、ユングと同じように、悪はたんなる「善の欠如」ではなく実在であると考えた。やはりユングと同じように、シュタイナーはニーチェの思想に引かれたが同時に嫌悪感も抱いていた。[84] 人間が悪の責任を引き受けなければならないことも理解していた。

これまで、神は人間の面倒をみてきた。だが、今、この第五後アトランティス期において、我々の運命、善と悪に対する力がしだいに我々自身の手に渡される。したがって、善と悪が何を意味するのか知ること、そして世界の中でそれらを認識する必要がある。[85]

しかし、シュタイナーはユングと比べるとグノーシス主義にずっと近い見解をもっていた。悪は肉体をもつ世界に属し、グノーシス主義のアルコーンと同じように人間の生来の利己主義と破壊性に火をつける働きをする霊的な勢力（ルシファーやアフリマン）だと解釈していた。そしてシュタイナーは、善と悪との統合を到来間近の水瓶座の時代と関連付けることもしなかった。シュタイナーもブラヴァツキーと同様、新たなアイオーンについてのユングの理解の源になったとは考えにくい。

一九〇六年、ミードは独自のニューエイジの考え方を提示している。

私もあのニューエイジの夜明けを待っているが、ニューエイジのグノーシスが新しいものかどうかは疑わしいと思っている。確かにそれは新しい形で表明されるだろうが、それは形態が無限にありうるからだ……じつは、私の信じていることが正しいなら、グノーシスの真髄は、人間が彼を人にとどめている二元性の限界を超越でき、意識的に神聖な存在になれるという信念にある。[86]

この二元性の問題の解決という考えは、ユングが述べていることにずっと近いわけで、「来たるべきものの道」に書かれているユングのヴィジョンに、ミードは重要な発想を与えたのかもしれない。ユングは『アイオーン』で、心理学的な文脈でミードの記述について詳しく述べている。

次のプラトン月、すなわち水瓶座との共時性によって、対立統合の課題が問題となることになるであろう。そうなってくると、悪をたんなる善の欠如《プリヴァチオ・ボニ》として帳消しにしてしまうことなど許されなくなり、悪の実際の存在が認められなくてはならない。しかし、この課題は哲学によっては解決されることはないであろうし、また国民経済学や政治や歴史的な信仰告白をもってしても無理である。この課題を解決できるのはただ個々の人間よりほかにはない。すなわち、生きた精神についての原体験にもとづくよりほかにはない。[87]

来たるべきアイオーンについてのユングの考えは、未来への予感に満ちていた。しかし、一九六〇年代に起きたニューエイジの夜明けはブロードウェイ初の「コンセプト」ミュージカル『ヘアー』に見られるような、「調和と理解、あふれる共感と信頼の時代」といった夢みがちなものではないのだ。[88] このような歌詞のロマンティックな理想主義、そしてその文化的背景は、もっと楽天的で、冷笑的《シニカル》でない時代に属している。大戦勃発の一年前にあたる一九一三年に北ヨーロッパ全体を覆う「血の川」の恐ろしいヴィジョンを経験した[89]ユングが、新たなアイオーンの始まりを、悪が「実在」であるという認識を前提とする激しい苦闘になるとまず予想したのは当然のことである。また、ミードは「アイオーンのサイクル」に言及したものの[90]、自身の出版物でこのサイクルを春分点歳差と結びつけることはなかった。ニューエイジは、それが何であれ、ミードにとっては水瓶座の時代ではなかったようだ。ユングは古代末期の多くの文書についての洞察を得るためにミードの著作に目を向けたが、水瓶座の意味についての発想はほかのところに求めたようだ。

ユングが水瓶座の時代について発想を得た可能性がある人物は、ユングに彼の占星術の知識の多くを提供した神智学的傾向のあるふたりの占星術師、アラン・レオとマックス・ハインデルである。レオは、人類は何千年も前からの進化のサイクルの中間点にあるというブラヴァツキーの考えを信奉していた。しかし、彼は春分点歳差の重要性を無視できず、ニューエイジを水瓶座と直接関連付けた。一九一三年――ユングが『新たなる書』の作業を始めた年――に初版が出版された『秘教的占星術 *Esoteric Astrology*』の中で、レオは次のように宣言している。

今、世界で始まろうとしている〝新たな時代〟のために、私は自分が真の占星術だと信じているものを表明しようとする、これ以上なき衝動に駆り立てられている。[91]

この言辞には水瓶座への言及はない。しかし、二年前にレオは、水瓶座の時代は一九二八年三月二十一日に始まると考えていると明言していた。[92] レオはヒンドゥー教のユガについてのブラヴァツキーの考えと歳差移動を両立させようと大変な努力をしたが、彼の結論は結局、ユングのものに近かったのだ。

牡牛座はカリ・ユガの初めに黄道十二宮の最初のサイン［つまり白羊宮］にあり、したがって春分点はそこにあった。このとき、獅子座は夏至、蠍座は秋分、水瓶座は冬至にあった。そしてこうした事実は、世界の宗教的密儀の半分——キリスト教の体系も含まれる——にとって天文学的重要事項となっている。[93]

レオの考えでは、歳差移動の大周期は霊的な進化と関係があり、始まりつつある水瓶座の時代はこの周期の転換点をしるすものである。純粋な霊の領域へ戻る人類のゆっくりとした上昇が始まるのである。[94] ユングは純粋な霊の世界へ戻ることなく、心理学モデルを使って、全体性と対立物の統合について論じたが、この点に関しては原則としてユングもレオに賛成だったようだ。

レオは漠然とした言い方で水瓶座の時代を描写したが、マックス・ハインデルはもっと具体的だった。一九一一年に結成された彼の薔薇十字友邦団の目的に関する声明で、次のようにニューエイジの水瓶座的特性を強調している。

それ［薔薇十字友邦団］は水瓶座の時代の先触れである。水瓶座の時代には、太陽は歳差移動により水瓶座を通過し、このサインに象徴される人の知的および霊的な潜在力をすべて発揮させる。[95]

これらの拡大する「知的および霊的な潜在力」は、ハインデルにとっては善と悪の統合という心理学的な問題とはかかわりはない。一九〇九年に出版された『薔薇十字の宇宙の概念 *The Rosicrucian Cosmo-Conception*』の中で、ハインデルは春分点の歳差移動について詳しく説明し、その周期全体を「世界年《ワールド・イヤー》」と呼んだ。[96] ニューエイジがいつ始まるかについて意見が一致せず、統一見解はみられない。ハインデルもその例にもれず、水瓶座の時代は「二一〜三〇〇〇年」は始まらないだろうと明言した。[97]

ハインデルの『星々のメッセージ』の方がユングにとって有用だったのは、黄道十二宮の各星座に加え、その対向の星座との両極性《ポラリティ》との関係で占星術上の時代を説明しているからである。水瓶座の時代には対向の星座である獅子座の属性も含まれるというハインデルの考えは、占星術の仕組みだけでなく人間の心理を、相反するものの動的緊張とみなす傾向のあるユングにとって、かなり興味のあるものだったに違いない。ハインデルはこのテーマを一九〇六年に『星々のメッセージ』で次のように提示していた。

三対の星座《サイン》が二組ある。一組目が蟹座と山羊座、双子座と射手座、牡牛座と蠍座である。これら対になったサインに、人間の進化と宗教の歴史を読むことができる……これは三つの異なる時期に分けることもできる。山羊座と天秤座の支配下に入るモーゼからキリストまでの山羊座の時代[98]、魚座と乙女座のカトリック信仰の支配下にあるこの二〇〇〇年の魚座の時代、そして太陽の歳差移動によって水瓶座と獅子座のサインに輝きと活気が与えられる水瓶座の時代と呼ばれるこの先二〇〇〇年である。[99]

ハインデルは占星術上の時代の宗教的象徴体系についても論じている。

新約聖書において、もうひとつの生きもの、つまり魚が注目を集めるようになり、使徒は「人間をとる漁師」と呼ばれた。それは当時、歳差移動によって太陽が魚座のカスプ（境界線）に近づいていたからで、キリストは人の子（水瓶座）が来るときのことを語った……新たな理想はユダ族のライオン、獅子座に見つかるだろう。そのとき、信念に従う勇気、性格の強さ、関連する美徳が人をふさわしくも創造の王にするだろう。[100]

ハインデルの「人の子」は獅子座的な「勇気」と「強さ」といった性質を持ち、ニーチェの超人を思わせる特徴に満ちている。ユングは、ハインデルと同じように、占星術上の時代は対向の位置にあるふたつの星座が象徴するものを反映しているという考えを展開した。これは『アイオーン』での魚座－乙女座の両極性についてのユングの議論だけでなく、『新たなる書』においてもイメージによってさまざまなやり方で強調されている。たとえば、「第　の書」にある初期の絵画のひとつには、新たなアイオーンの両極性の象徴である水瓶座と獅子座が示されていて、その絵の左上に頭上に赤い太陽円盤のある獅子が立っているのに対し、絵の右上には青いローブを着て水をもつ人物が立っていて、その人物は赤い瓶から水を注ぎ、左肩のそばに土星の記号が書かれている。[101] これはユングが『新たなる書』に水瓶座と獅子座の両極性を組み入れたひとつの例にすぎない。しかし、ユングは新たなアイオーンについてハインデルほど楽観的ではなかった。ユングは、神智学者や二〇世紀後半の「ニューエイジ」支持者のように、対立するものの統合が、霊的な意識のより愛情深い高次の段階へ向かうスムーズな道のりだなどとは思っていなかったのだ。彼は「人間の発達における新たな前進[102]」を予見したが、水瓶座のアイオーンへの移行を、人間が自己破壊する可能性のある危険な時期とみなした。一九五四年四月に書かれたヴィクター・ホワイト神父への手紙の中で、ユングは水瓶座のアイオーンへの移行について次のように述べている。

［水瓶座のアイオーンは］人が本来、神《ゴッド》と神人《ゴッド・マン》であることを意味しています。この方向を示

すしるしは、自己破壊という宇宙の力が人の手に与えられているという事実にあります。[103]

さらに一年後には、もっとあからさまに悲観的な論調で、アドルフ・ケラーに書いている。

そして今、私たちは水瓶座に移行しようとしていて、それについてシビラの書は「水瓶座がルシファーの残忍な力を燃え上がらせる」といっています。この黙示録的展開は始まったばかりです。[104]

二〇世紀の歴史を見てみると、ユングの暗い予言は間違ってはいなかったように見える。

新たなアイオーンの開始時期

ニューエイジの開始の時期について、著者たちの意見はまったく一致していなかった。十八世紀末にド・ロルネイは、水瓶座のアイオーンはすでに一七二六年に始まったと信じていた。十九世紀末には、ジェラルド・マジーが、紀元前二五五年にイエスの「実際の」誕生とともに魚座の時代が始まり、春分点は一九〇一年に水瓶座に入ると主張した。[105] アラン・レオが一九二八年三月二十一日――その年の春分の日――という非常に具体的な日付を提示したのに対し、ディーン・ルディアは、一九六九年に書いた本で、水瓶座の時代はすでに一九〇五年に始まっているのではないかと述べた。[106] そしてルドルフ・シュタイナーは二〇世紀初頭に、水瓶座の時代は三五七五年まで始まらないと確信していた。

ユングは新たなアイオーンが始まる時期について、最初は他の著者たちと同じように厳密な時期の予測を独自に打ち出していた。一九四〇年八月にH・G・ベインズに宛てて次のように書いている。

今年は私が二五年以上待っていた重大な年です……一九四〇年は、水瓶座にある最初の星の子午線に近づく年です。それはニューエイジの前兆となる地震です。[107]

この年の算定は、秘教的文献ではなく、大学で天文学の学位を取得するために一九一一年にチューリッヒへ移っていたレベッカ・アレイダ・ビーゲル(一八八六〜一九四三年)という若いオランダ系ユダヤ人の天文学者からもたらされたものである。[108]

彼女はユングの患者になり、その後、彼のもとで訓練を受け、一九一六年から一九一八年の間にチューリッヒで分析心理学協会に論文を提出した。そうした論文のひとつが、一九一六年に提出された「数学の精神分析との類似性について」である。彼女の論文に示された見解から、ユングは「超越機能」という言葉が出てきたのはビーゲルに負うところが大きいと述べている。[109] そしてユングはその後まもなく、同年に書いた小論に超越機能は「同じ名前の数学関数とそれなりに

図 6-1　レベッカ・アレイダ・ビーゲル

共通点がある」［超越機能も超越関数も英語ではtranscendental function］と述べ、「意識と無意識の内容の結合」と定義している。[110] そして一九一七年にさらに、「超越機能の概念が高等数学にもあることを」最近発見したばかりだと書いている。[111]

　一九一八年にビーゲルは、当時は都心部であった、グローリアストラッセにあったチューリッヒ天文台で働いていたときにユングに資料を送ったことがあり、ユングはその封筒に「占星術」と記入して自宅の机の中に保管していた。[112] ビーゲルはかなりの労力をかけて春分点――太陽が毎年牡羊座のサインの最初の一度に入るとき――がいつ魚座と水瓶座にある各星と並ぶかを示す長い計算リストを作成した。この計算のほかに、ビーゲルの添え状に水瓶座のアイオーンの始まりの時期として可能性のあるものが三つ書かれていた。一九四〇年（春分点が魚座の最後の星と水瓶座の最初の星の中間点と並ぶ）と、二一二九年と二二四五年（春分点が水瓶座内のふたつの異なる星と並び、そのどちらかがこの星座の時代の「始まり」と考えられる）である。[113] 一九四〇年というビーゲルが提示したひとつ目の時期に従えば、ユングが水瓶座の時代の「前兆となる地震」と呼んだものは、第二次世界大戦の最悪の時期のいくつかの出来事と一致する。このころドイツ軍がノルウェー、デンマーク、ベルギー、オランダ、フランスに侵入し、ヒトラーがムッソリーニと枢軸同盟を結び、ロンドンで電撃戦が始まり、最大の強制収容所であるアウシュヴィッツ＝ビルケナウがポーランドに開設され、そこでその後の五年間で一〇〇万人以上の人々が殺されたのだ。

ユングはのちに水瓶座のアイオーンの開始時期にそれほど関心をもたなくなった。一九五八年に書かれた「魚座」という小論[114]で、春分点は「第三千年紀のうちに水瓶座に入る」と述べている。[115]このパラグラフの脚注でユングは、望ましい起点を用いれば、新たなアイオーンの到来は「西暦二〇〇〇年から二二〇〇年の間になる」が、「この期日は非常に曖昧」で、それは「周知のように星座の境界設定はいくぶん人によって違う」からだと説明している。[116]しかしユングは、期日が「曖昧」で「人によって違う」からといって、水瓶座のアイオーンの到来は迫ってきており、その最初の衝撃は愉快なものではないという生涯にわたる確信を捨てることはなかった。

イエスの出生チャート

ユングは、イエスを魚座のアイオーンの化身であり重要なシンボルであると信じており、アイオーン自体の開始時期についてと同様、イエスの誕生日を明らかにすることに強い関心を抱いていた。イエスの出生時に関心をもったのはユング一人ではないが、集合的無意識における元型的パターンとの関係でそれが重要だと考えていたのは彼一人だった。ユングは、十八世紀後半以降の広範な参考文献を所有していて、それらはすでにキリスト、黄道十二宮の魚座のイメージ、キリスト教信仰の重要なシンボルである魚を明確に結び付けていた。これらの参考文献の中には、一九〇六年に出版されたE・M・スミスの『ザ・ゾディア *The Zodia*』もあり、その中でスミスは「近代占星術の考え方は……魚座とキリストを関係付けている」と述べている。[117]

イエスの「真の」出生ホロスコープの探索は、当然、古代末期の異教の占星術師にとってはとくに興味のあることではなかったが、それでも八世紀のアラブ世界で始まったイエスの出生図の探求は、現在まで続いている。[118]しかし、それはかならずしもイエスのホロスコープと魚座の時代の到来とを同一視することと関係があったわけではない。アラブの占星術師たちは、むしろ木星と土星の「グレートミューテーションのサイクル」とのかかわりにおいて、イエスの誕生に関心をもっていた。このふたつの惑星はおよそ二〇年ごとに、黄道にそってコンジャンクション（合）の位置に並ぶが、この合が同じエレメントのサインでのコンジャンクションに戻るのに九六〇年かかる。この千年近い「グレートミューテーションのサイクル」は、木星と土星のコンジャンクションが、世界史の大きなサイクルと王たちの盛衰の根拠となるというササン朝ペルシア初期の占星術理論に基づいていた。ユングはアブー・マーシャルのようなアラビアの解釈者の著作に加え、十七世紀の初めにこのサイクルについて論じたケプラーの著作もよく知っており、歴史上の木星と土星のサイクルを見逃すことはなかった。[119]

十三世紀の占星術師で魔術師でもあり、イエスが生まれたときに乙女座が上昇していたと主張

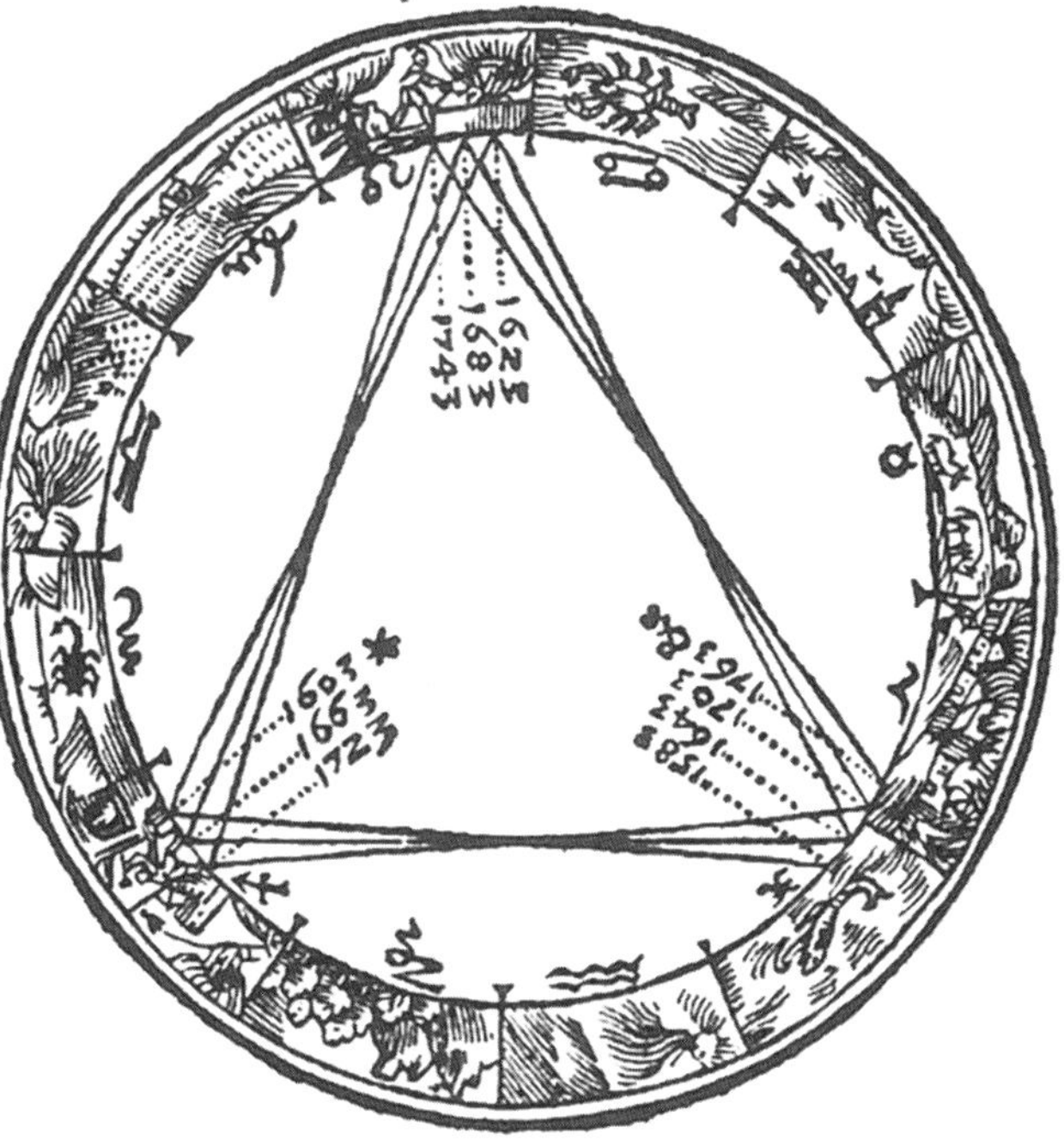

図 6-2 ケプラーによる、木星と土星のグレートミューテーションのサイクルの図 [120]

したアルベルトゥス・マグヌスの著作[121]も、それに賛成した十四世紀の枢機卿ピエール・ダリィの意見[122]も、ユングは無視しなかった。やはりユングが気に入っていた初期近代の占星術師ヒエロニムス・カルダヌスは、冬至のすぐあとの十二月二十五日という伝承されている日付を使ってイエスのホロスコープを作成した。カルダヌスは、紀元前一年を誕生年とすることを提案した[123]。このチャートでは乙女座ではなく天秤座が上昇する。ユングは『アイオーン』の中でこれらの「キリストの理想のホロスコープ」をすべて比較し、[124]イエスの「正しい」誕生日は紀元前七年だと結論づけた。それは、その年、魚座での木星と土星のコンジャンクションが「極端に大きく非常に明るかった」からである。しかも、この二つの天体は乙女座の火星からオポジションとなっていた。[125]さらにユングは、誕生日として十二月二十五日を採用せず、ドイツの天文学者オズワルド・ゲアハルドの計算に従って、木星、土星、火星が上記の配置になった五月二九日を提案した。[126]これに従えば、イエスの太陽の星座《サイン》は双子座になる。これはユングが魚のアイオーンの支配的な元型的テーマのひとつだと考える「敵対する兄弟のモチーフ」にふさわしいものとなる。

魚座の象徴をめぐる議論において、占星術上の図像についてのユングの観点は、性格の描写としての星座ではなく、黄道十二宮のシンボルの元型的意味と、それが人間のこころに「神の似姿」として現れる時のイメージ――自己《セルフ》のイメージと同義――にはっきりと狙いを定めたものであった。

神というイメージは心の位階制の中の至高の価値として、また最高権威として、自己《ゼルプスト》に直結するもの、ないしは同一のものである。そして神のイメージに生じることはすべて、自己《ゼルプスト》に影響をおよぼす。[127]

したがって各黄道十二宮のアイオーンの宗教的シンボルは、想像界的形象《イマジナル・フォーム》の中において、歴史の特定の時代《エポック》についての集合的なこころの「最高の価値と至高の権威」を忠実に反映している。『新たなる書』の最初で、ユングはこの変化する神のイメージの重要性を強調した。

それは来たるべき神自身ではなくて、神のイメージであり、このイメージが超意味の中に現れるのだ。神は一つのイメージであって、神を崇拝する者は。超意味《スプリーム・ミーニング》のイメージの中において崇拝せねばならない。[128]

レベッカ・ビーゲルは春分点の動きに基づいて紀元前四年を魚座のアイオーンの始まりとした。ユングは、そのちょうど三年前の紀元前七年に起こった木星と土星のコンジャンクションに興味をもったこともあり、この配置がイエスの誕生の前兆として現れた「ベツレヘムの星」だったと結論した。

キリストは魚座の時代《アイオーン》のはじめに立っている。紀元前七年の coniunctio magna ♃☌♄ in ♓（魚座における木星と土星の大会合）のことを知っていた教養あるキリスト教徒がいたことは、決してありえないことではない。また、福音書の報告にしたがえば、キリストの誕生地さえ見つけたカルデア人たちがいたことも決してありえないことではない。[129]

ユングは、これから始まる魚座のアイオーンの「超意味」というキリストのイメージを、魚座という黄道十二宮のサインでの木星と土星の大会合と融合させた。[130] そしてユングは、水瓶座のアイオーンを個人が神のイメージを内在化する時代《エポック》とみなしていたのであって新たなアイオーンの新しい化身が「外に」現れるとは思っていなかった。彼はイエスの「再臨」を信じるシュタイナーの考えや、「新しい世界の教師《ニュー・ワールド・ティーチャー》」を待ち望むアニー・ベサントの考えを受け入れるのを拒否したのである。

われわれは今や、この時代の聖香油を注がれた者が、肉となっては現れない神であることに気づく。それは人間ではないが人間の息子であり、しかも精神《スピリット》においてであって肉となって現れるのではないので、ただ人間の精神を通じてのみ、神を宿す子宮として生まれたのである。[131]

『新たなる書』の新たな時代の神ファネスも、決して人間ではない。プラトンの世界霊魂と同じく、彼／彼女は男女両性で球状をしている。[132] ユングは誰かひとりの人が新しい摂理の時代の精神を体現するとは考えていなかった。水瓶をもつ人は「自己を表しているようだ[133]」と思っていたのである。彼は自分自身の役割を重要だと思っていたが、何かの化身としてではなく個人として、出版物を通して内在化という難しい心理学的プロセスを明らかにする助けができると考えていた。ユングの水瓶座のアイオーンについての認識は、突き詰めていくと、「この星座《サイン》の本質と運命は『人間性《ヒューマニティ》』の一言で表わされる[134]」と主張したアラン・レオの認識を映し出している。

おわりに

彼［ソクラテス］は、彼が自分のダイモンと呼ぶ神聖な声から助言を受けたことがあると、しばしば人前で語っていた……彼は友人たちから嘘つきとか空想家だと思われないように注意すべきだった。そして、それでも、彼が自分に明かされたと主張することが本当でないとわかったら、どうしてそのような非難を受けずにすますことができようか。[1]

——クセノポン

無意味さは生命の充足を妨げ、従って病と同様のものである。意味は非常に多くのこと——多分、すべてのこと——を耐えしめる。どんな科学も神話にとって代ることはできないだろうし、神話はどのような科学からも作りあげることはできない。というのは、神話は「神」ではなくて、神聖な生命が人に啓示されたものであるからである。[2]

——C・G・ユング

「あの厄介なことは死んでも続く」[3]

公表されている発言、書簡、個人的な文書庫にある資料を踏まえると、ユングが深く永続的に占星術に関心をもっていたことに議論の余地はない。さらに、解釈学の手法の点でも心的プロセスの象徴的叙述という点でも、占星術が彼にとって錬金術と同じように重要で、自身の成人期を通じて彼が心理療法的治療で積極的に利用したツールであったと考えることができる。しかし、学界や臨床の世界では、ユングの占星術への関心や、心理学モデルの開発に関して占星術の重要性などはすべて、ほとんど調査されないままになっている。

二〇世紀後半に書かれたユングの伝記に占星術への言及がないのは予想のつくことである。また、自身にとっての占星術の重要性をユングが述べていても、『思い出、夢、回想』（『ユング自伝』）を編纂するにあたってアニエラ・ヤッフェがそれを除外してしまったとしても意外ではない。しかし、二十一世紀になり、より包括的で多元論的なやり方をする研究の見地が広がっているというのに、いまだに（占星術への）言及がないことが驚きである。古代ローマ以来のダムナティオ・メモリアエ（記録の抹消）の習慣を利用する傾向の一例を、デビッド・テイシィの著書『ユングとニューエイジ *Jung and the New Age*』に見ることができる。この研究書が扱う範囲は広いが、ユングの占星術への言及は全くないのである。占星術は、ニューエイジの重要な特徴をなす要素であり、また現代のニューエイジ思想とユング自身の理論の開発に多くの発想を与えた一九世紀末《ファン・ド・シェクル》のオカルト復興の中心をなすものであるにもかかわらずである。[4] 同様に、彼自身の占星術ばかりでなく、近代占星術へのユングの影響はかなり大きいのだが、テイシィの本ではこれも論じられていない。

ユングの占星術への関心が論じられるときですら、その扱われ方は同じように問題がある。たとえばユングの占星術の実践を時がたつにつれて関心がなくなるようなもの、あるいは彼の理論や実践に何も重要な意味をもたない一種のエキセントリックな趣味にすぎず、あたかも巨大カボチャへの無害なこだわりのようなものだとみなしている著者もいるのだ。ユングの共時性についての考えを分析したロデリック・メインの『時間の破れ *The Rupture of Time*』は、ユングの占星術への関心とその心理学的解釈の重要性を十分に認めている。しかしメインは、一九五〇年代にはユングは占星術を、共時性の働きについての他の考えで「置き換えた」という意味のことを書いている。[5] しかし、実際には、ユングがたんにもっと新しい、もっと広く受け入れられる、占星術的シュンパテイアを定義する方法を見つけたということなのかもしれない。ユングが占星術の正当性の科学的説明を見出そうとする努力を決して止めなかったことは確かだ。しかし、ユングが晩年に占星術への関心から脱したという考えは、アンドレ・バルボーに宛てた長い文章や、アイラ・プロゴフにすべての心理療法家が占星術を学ぶべきだと勧めたことだけでなく、臨終のときに娘に「あの厄介なことは死んでも続く」と述べたことと矛盾する。メインは、ユングの当初の占星術への関心を、二〇世紀初頭に起こった秘教の「流行《ファッション》」とみなしているようで、ユングがこのテーマに没頭したことが、個性化、コンプレックス、タイプ論といった彼の心理学モデルの形成をいかに益したのかについては論じていない。

ユングの占星術への傾倒が真剣なものだったということを認めるものもある。しかし、それらは彼の心理学が本当はまったく心理学ではなく、心理学を装ったある種の秘教主義《エソテリシズム》で、したがって心理学および精神医学の研究や実践の科学的体系の範囲内にあるのかどうか疑わしいという主張を正当化する根拠として利用している。このような立場は、リチャード・ノルとウーター・ハネグラアーフのふたりに典型的に認められる。ノルは、ユングの占星術への関心が、G・R・S・ミードの影響によって増大した神智学の知識から派生し、[6]この神智学への傾倒がユングの「宗教を作る傾向」の重要な部分を形成し、ユング自身のオカルト「ムーヴメント」を生み出す努力と称されるものを助長したと述べている。[7]しかし、ユングは神智学や人智学のようなムーヴメントに対してかなり懐疑的で、それはおもにそれらに心理学的洞察が欠けていたからだということを、ノルは見落としていたようだ。ユング自身の著作ではなく、おもにノルの見解をもとにユングの分析をしたらしいハネグラアーフは、ユングは人間のこころについて説明するのに「コスモロジーに由来するモデル」に「頼った」と主張しており、まるでそのようなコスモロジー的モデルがこころ自体以外の外的なものから生じたものであるがゆえに、心理学には不適切であるといっているかのようだ。さらに、ハネグラアーフにいわせれば、ユングの著作は「宗教的信仰に科学的妥当性を与えて」いるが、結局のところ、ユングはフロイトよりブラヴァツキーとのほうが共通するところが多く、それは彼が「内的太陽のカルト」を広める「現代の秘教主義者《エソテリシスト》」だからだという。[8]

最初からの思い込みと、そのような理解についての「研究者の先入観」を自覚し、もっと綿密かつ、中立な立場に立つ努力をしながら証拠を調べれば、より適切な問いかけをすることが可能になるだろう。たとえばどんな種類の占星術をユングは行っていたのか？　彼はそれをどこで学んだのか？　なぜそれを有用なものとして体験し、どのようなやり方で体験したのか？　それが長く続いてきたことをどのように理解し、その洞察を心理学の仕事にどのように組み込んだのか？　本書では、ユングが成人期にわたって続けた占星術との深く永続的なかかわりだけでなく、彼がどのように占星術を定義し、人間のこころという文脈の範囲内で占星術のシンボルをどのように理解していたのか、そして占星術は彼が心理学モデルを開発するうえでどのように洞察と構造的要素を与えたのかということも明らかにしようとした。

占星術のより表面的なこと――たとえば「あなたの星座は何？」という推測ゲーム――もユングにとって注目に値しなかったわけではない。

ときには、誕生日を知らないのに、その人の星座をおどろくほど正確に言い当てる人もいます。これまで私も二度そういう経験をしました……ある人が、私の太陽は獅子座で、月は牡牛、アセンダントは水瓶座だと言ったので、私は仰天しました、一体どうしてわかったのだろう。[9]

これは、オイコデスポテスのような複雑なテーマに比べれば、平凡なコメントに思えるかもしれない。しかし、ワグナー、モーツァルト、シューベルトのよさがわかる人は、同時にジャズやポピュラー音楽も楽しめるだろう。ちょうど宗教諸派に「学問的」表現と「口語的」表現の両方があるのと同じで、境界的《リミナル》な知識領域にもこうした幅がある。さらに言えばこのような境界的領域では「高尚」と「低俗」の区別は流動的で、もっと言えば存在しないのかもしれない。[10] ユングの占星術の学術的な側面と日常的な側面の両方の理解は、惑星や黄道十二宮の物質的な「影響」を信じることではなく、周期的な時の性質の想像界的《イマジナル》描写としての占星術の心理学的重要性に基づいている。ユングが占星術を学習し始めた頃に星占いのコラムがあったなら、きっと彼はプロティノスと『ミトラの典礼』の一節を翻訳する合間に、毎日、ノイエ・チュルヒャー・ツァイトゥング紙で自分のホロスコープを確認していたことだろう。

ユングは占星術の有効性を、周期的な時の性質を象徴的なイメージで認識し縮約する人間の生来の傾向と結び付け、小宇宙（個人）と大宇宙（集合的無意識）の共時的あるいは共鳴関係に根拠を求めた。ユングの考え方では、小宇宙にも大宇宙にも「プシコイド」的特性があるのである。肉体的なものと心的なものは、多くのグノーシス主義の論文に書かれているように霊と物質の存在論的二元性ではなく、基本的統一性をもつものの多様な表れだというのだ。このことが、彼の占星術を、霊《スピリチュアル》的な領域と物質的な領域を統合するほかの象徴的な枠組みや、錬金術、タロット、易のような、いわゆる占い術《ディヴィネーション》の実践と結び付けている。これらはすべて同じ理由で彼の興味をそそった。こうした象徴的枠組みはユングにとって、基本的な人間の心理学的パターンを表している。その中でももっとも重要なのが、それによって無意識はシンボルを作る想像の機能を利用して意識になろうとし、そうして個人の人格、最終的には集合的なこころ自体にさらなる統合と充足を導く、大いなる旅《グレート・ジャーニー》だということである。

スキエンティアとアルス

占星術には心理学と同じように多くの定義があり、単一の知識と営為とみなすことはできない。なぜなら、それはリミナルな領域に属しており、占星術はその歴史を通じて異なるパラダイムや異なる文化的背景の中にすすんで身を隠し、時と場所に応じて、自らを科学、芸術、宗教、占い、心理学、哲学、詩的メタファーといったさまざまな形態として自認してきたからである。ドイツ生まれの占星術師アレクサンダー・ルーパティ（一九一三～九八年）は、ユングの分析心理学とアリス・ベイリーの神智学の著作から強く影響を受けて次のように述べている。

大文字のAがつくひとつの占星術（Astrology）は存在しない。時代ごとに、そのときどきの占星術に、各文化が天の動きにどのような秩序を見たか、その文化が天と地の間にどのような関係を見出したかが表れている。[11]

占星術を「信じる」かどうか（そしてユングが「信じた」かどうか）という問題は、「信」とは何かを定義することと同じくらい厄介な問題である。それは、自分で占星術を実践したり占星術師に意見を求める多くの人が、自分の態度を「信じること」つまり「信仰」に属するものだとは考えず、経験や習得した知識のひとつだと考えているからである。[12] ユングは「信者」ではなく、自分にとってそれが「役に立つ」からという理由で占星術に深くわけ入る人々の一人であった。ただし、ユングはほかの多くの占星術師と同様、どういう仕組みあるいは理由でそうなのか、納得のいく科学的説明を思いつくことはついぞできなかった。ユングの共時性の理論は、当代の合理的な思考法にも受け入れ可能だが、結局のところシュンパテイアという古代の概念の書き換えだ。これは宗教的なものを含まず超越的な神へのア・プリオリな信仰を必要としない言葉で表現したものである。しかし、コスモロジー的モデルとしてのシュンパテイアは、現代精神医学によって作られたどんなモデルにも劣らないほど心理学的なのだ。それは結局のところ人間のこころによって生み出されたものだからである。現代の明確に規定された「宗教」と「科学」の境界は、人間の想像というリミナルな領域では揺れ動き消えてしまうおそれがある。そして、共時性を科学的に「証明」する試みは、ユング自身が占星術を用いた実験で示したように、失敗する傾向がある。それは、観察者、そして観察の瞬間が、観察されるものと同じくらい実験の大きな部分を占めている。永久なる周期的な時の性質が科学的検証を求める人々を喜ばせるためだけに静止することはないのだ。

ユングの占星術へのアプローチは当時としてはユニークで、それは占星術の象徴体系の内的、心理学的な次元の深い調査を含むものであった。しかし、彼の関心の深さが広く知られていたとしても、ユングが働いていた環境の中では、占星術は大方の人にとってユングの心理学の理論を汚し疑わしいものにする「信仰」としてみられていた。ユングのマイケル・フォーダムとの文通や、ケアリー・ベインズへのプロゴフの手紙は、ユングが自分の占星術的な仕事を公表することについていかに不安を感じていたかを証明している。今日、多くの人々にとって、新聞や雑誌の占いコラムが占星術について知っていることのすべてであり、そのような大衆向けに書かれたものの一見浅薄な内容が、学界や心理療法に携わる人たちにこのテーマをもっと本気で調査する気を削いできた。二〇世紀初めには現在のような占いコラムはなかったが[13]、占星術に対する偏見は、その当時成長期にあった科学主義の中にすでにしっかり根を下ろしていた[14]。学問的歴史的見地からユングの占星術を探ろうとすれば知的寛容さが必要だが、多くの分析家、そして多くの歴史学者――ユング自身と同じように集団の偏見や意見の影響を受けやすい――は、占星術の探求をやり遂げる覚悟ができていない場合が多いのである。

ユングのスキエンティア（学知）とアルス（技芸）の間の苦しい葛藤が、『新たなる書』に巨人イズドゥバルとの出会いの場面として痛ましいほどに書かれているが、それは彼にかぎったことではない[15]。それは古代からずっと存在しており、占星術が「主流《メインストリーム》」で当時の文化の宗教や哲学の諸派にとって不可欠な部分だったときでさえ、プラトン主義者、逍遥学派、ストア派、懐疑論者たちの哲学的議論にその立場の苦しさを示す証拠がある。[16]『新たなる書』はユングの葛藤の深さと強さの注目すべき個人的証しであるが、その中には感覚による測定可能な証拠と内的体験の非合理的な証拠の間にある、根本的に人間的ともいえる特有の緊張関係が表れている。この緊張関係は、人類が宇宙の中での自分たちの位置に思いを巡らそうとしてきた長い間、沸騰し泡立ち続けてきたようだ。ユングの心理学モデルは、合理的な思考、科学的な方法論——当然、ある特定の文化的背景の中で「科学」がどのように定義されるかによって変動する——、リミナルな領域についての体験に基づく証拠について、文明的な話し合いをする余地を見出すことができるような一種の中立地帯を作り出そうとする個人の努力とみなすことができるかもしれない。二〇世紀への変わり目にイギリスのオカルティズムの世界でも、これと同じ努力がなされていた。

サブリミナルという領域に関し素晴らしいことは、それがあらゆる種類の不思議な現象や超自然現象が起こるための空間を提供してくれたことで……今では我々にはそうしたものが属すことのできる理論上の場がある。頭の中の考えの真実性に関するこの中立性は、ヴィクトリア時代後期のイングランドにおいて、心理学を科学者、聖職者、降霊術者がうまく出会うことのできる便利な緩衝地帯にした。[17]

人が「この時代の精神」——経験科学が唯一権威ある世界観であり続けるという信念——をあくまで貫けば、そのようなアプローチの潜在的価値は退けられるかもしれない。しかし、「サブリミナル」という中立地帯さえ戦場になった。この領域についての学問的研究はどうやら「宗教主義者《レリジョニスト》」（実践者でもある場合が多い）と「経験的歴史主義陣営《エンピリック・ヒストリカル・キャンプ》」（通例、実践者ではない）というふたつの陣営に分かれているようで、「その代表者のかなりの部分が研究と個人的信条の表明の区別を尊重するのを拒むなら[18]、ひとつの学問領域としてのエソテリシズムの研究の未来は危うくなるだろうという警告もある。この発言は一見、経験主義に好意的に思えるが、ここにも純粋な客観性を理想とする個人的信条が表れており、個人的意図のない客観性など実現することが本当に可能なのかという疑問が生じても不思議ではない。ユングは占星術を用いた実験に際してできるだけ「個人的信条の表明」のない結果を得ようと果敢に試みたが、彼自身が認めているように、どんな実験の結果も、科学的に厳格であっても、結局は研究者のこころの影響を受けるものだ。ユングを悩ませ、占星術およびそれと同類の「占いの術《マンティック・アート》」への傾倒に関して多くのグループで続いている論争を、解決することはできず、適度の思慮深さ——議論に個人的意見が入るのは避けられないことを認めるが、そうした意見をできるだけ「括弧」でくくろうとする研究者側の態度——をもって探究することしかできない。ユングが次のように明言したのは、そのような気持ちからである。

あらゆる心理学――私自身のも含まれる――は主観的告白の性格をもっている……あらゆる心理学はひとりの人間の作品であり、主観に色付けされている。[19]

「この時代の精神」

ユングの発想の多くがプラトンに触発されたもののようで、プラトンが理性によって知識を獲得する個人の能力と対照的に集団の意見を信用していなかったことが、彼の『対話篇』の多くの箇所にはっきり表れている。[20]

正しい思わくというものも、やはり、われわれの中にとどまっているあいだは価値があり、あらゆるよいことを成就させてくれる。だがそれは、長い間じっとしていようとはせず、人間の魂の中から逃げ出してしまうものであるから、それほどたいした価値があるとは言えない――ひとがそうした思わくを原因（根拠）の思考によって縛りつけてしまわないうちはね……そして、こうして縛りつけられると、それまで思わくだったものは、まず第一に知識となり、さらには、永続的なものとなる。こうした点こそ、知識が正しい思わくよりも高く評価されるゆえんである。[21]

プラトンと同じように、ユングは「集団心理」とみなしたものを疑わしいと思っていた。これは「エリート主義的」と解釈される場合もあるが、じつは階級、教育、あるいは経済といった問題とはあまり関係がない。[22] ユングにいわせれば、「集団心理」は——生まれ、社会的立場、教育、物質的条件のいかんにかかわらず——集団との同一化という安全を享受するために個人の理性、価値観、経験、意識を自らすすんで捨てることであり、このとき集団は、反省をしたり責任を感じたりせずに無意識的な恐怖、攻撃性、憎悪、貪欲さを発散させる自由を要求するかもしれない。

あらゆる集団の動きは、予想されるように、多数者で築かれた斜面を簡単に滑り落ちていく。大勢がいるところなら安心だ。大勢が信じていることならもちろん本当に違いない。大勢が望むことなら努力する価値があって、必要で、したがってよいことに違いない。大勢の抗議には、無理やり望みをかなえる力がある……この種の社会的状況が大規模に生じるところではどこでも、必ず専制政治への道が開かれ、個人の自由は精神的にも肉体的にも奴隷状態に陥る。[23]

プラトンが貴族政治から寡頭政治、民主政治、専制政治へと政治体制がしだいにシニカルになっていく、三〇年に及ぶペロポネソス戦争の時代を生きたように、ユングは集団心理によって駆り立てられた二度の世界大戦の惨状をくぐり抜けた。そして、ふたりが体験したことを考えると、ユングにもプラトンにも、その不信を正当とするかなりの理由があったといえるだろう。[24]

また、プラトンと同じように、ユングも集団の幸福にとっても欠かせないものとしての個人の責任感に大きな価値を置いた。[25]

世の中で物事がうまくいかないなら、それは個人に何かよくないところがあるからで、つまり私に何かよくないところがあるからだ。したがって、私に分別があるなら、まず自分自身を正すだろう。そのためには——外部の権威はもはや私には何の意味もないから——人間のこころの永遠の事実を根拠として論じることができるように、自分の存在のもっとも深いところについての知識が必要である。[26]

占星術に傾倒していたものの、ユングは人生の有為転変を惑星の配置の「せい」にしなかったし、宿命を、人格をもたない天の秩序によって課された外的で取り消し不能な力とみなすこともしなかった。シェークスピアに登場するカッシウスの「ブルータス、運命の星のせいではない。われわれの罪なのだ」という言葉のように。ただし、ユングの考えでは、それは人間が「惨めな体たらくでいる」からではない。[27]そうではなくて個人が内面を見ることを好まないからであり、それが未知の強制力によって起こる無意識的な選択と結果の連鎖をもたらし、個人の人生だけでなく集団の人生や歴史をも運命づけるように見えるのである。[28]

二十一世紀初頭にしだいに明らかになってきたことだが、「この時代の精神」は、人生を通じてユングの心を占めていたような「大きな」疑問を避けようとする傾向があるようだ。悪の本質、個人の人生の意味と目的、個人や集団を突き動かす深い動機、人間の苦しみの謎といったものは、近頃では多くの心理学者のグループで人気のある話題ではない。そのようなテーマは不適切と受け止められるような意見の地雷原になりかねないからである。その代わり、無意識的な原因を探ることに時間や費用をかけないで症状を消す方法――医薬、心理療法、あるいは社会的方法――を見いだすことに努力が向けられている。そして、歴史は――個人的であろうが集合的であろうが――もはや、現在のジレンマを理解するのに不可欠なツールだとは思われていない。イギリス国民保健サービスのウェブサイトには次のように書かれている。

［認知行動療法は］考え方と行動の仕方を変えることにより問題をうまく処理できるようにする、一種の会話療法である……認知行動療法は、過去の問題に焦点を当てるのではなく、現在の問題に対処する。日常的に心理状態を改善する実際的な方法を探求する。[29]

どんな心理療法の手法の場合でも同様だが、このようなアプローチの有効性が、今なされている議論の主題である。[30] 両方の世界のもっともよいところを組み合わせようと努力して、認知的技法と分析的技法を混合して「統合《インテグラル》」モデルを作った心理療法家やトレーニング・グループもある。[31] しかし、イギリスでは現在のところ権威者集団には「認知行動療法」が好まれていて、あらゆる流派の心理療法のトレーニング・グループ——ユング派のグループも含む——が、今ではそれを実施する専門家が国民保健サービスからの推薦と資金を確保したければ、認知的技法を受け入れざるをえない状況にある。[32]

難しいのは、結局のところ、認知的技法の有用性が低いことにあるのではなく、現在の状態と境遇にのみ注目することから生じてしまう過去との連続感の切断にあるのかもしれない。人類史の内的側面を理解することが——思想史、宗教史、家族や複数世代にわたる物語の情緒的な歴史のいずれでそれを探るのであっても——よりよい未来の展望が開ける転換点となるかもしれない。これがユング自身の見方だった。ユングはそれをまだフロイトとともに働いていた頃に見た夢に現れた、何層にもなった「私の家」についての叙述でいきいきと表現している。ユングの夢の家の上の階には「ロココ様式」の家具が置かれていた。一階はもっと古くて、十五世紀か十六世紀のものだった。石の階段が地下室に通じ、それは古代ローマ時代のものだった。ユングがこの地下室の床をもっと詳しく見ると、石板のひとつを持ち上げることができる輪があった。さらにもうひとつ階段があって底へ続いており、そこで彼は「原始時代の文化の遺物のような、散らばった骨と壊れた土器」を発見した。[33] ユングはこの夢を「一種のこころのイメージ」と解釈した。地面よりかなり上にあるロココ様式の広間は個人的意識を表し、一階は第一段階の無意識を象徴していた。ユングが下へ降りていくほど、あたりは暗く、遺物は古く普遍的になった。

それは、私にとって個人的なこころの下に先験的《アプリオリ》に存在している集合的な心の最初のほのめかしであった。これを私はまずこころの働きの初期の様式の痕跡だとみなした。後に経験を重ねるにつれ、そしてもっと信頼できる情報を基にして、私はそれらが本能の形態、すなわち元型であると認めたのである。[34]

ユングにとって歴史は、孤立した出来事が線状に並ぶ一覧表、つまりアラン・ベネットの劇の登場人物がいうように「ただ次から次へと起こる事」[35]ではなかった。人間の創造性と破壊性のもっと深い内面の歴史が、ユングの心理学的理解の基礎をなしていた。彼が指摘したように、占星術は過去の心理学を包含し、心理学自体の歴史の土台となった。ユングは「この時代の精神」と対照的に、歴史がもっとも重要だというゲーテと同じ考えをもっていた。

三千年を、みずからの責《せめ》として
釈明できる者でないなら、
その日その日を生きのびるにもせよ、
無知なるままに闇にとどまっているがよい。[36]

「この時代の精神」はまた、個人の問題は社会的、経済的要因、あるいは気候的な要因からさえ生じるのであって、心理学的なものではないという確信を抱いているようである。だから、適切な政府、適切な法律、科学的な制度による適切な介入によって「治療」できるはずであると信じているのである。だが科学界は、その測定装置が役に立たなかったり不適当だったりするかもしれないリミナルな領域においてさえ、自分たちは不謬の教皇のように誤った判断や無知とは縁がないと信じている場合があまりに多い。ユングは、相当な苦痛という代償をともなってまでも、ユング自身が「深みの精神」と呼んだものに究極的に、そして後戻りできないかたちで忠誠を尽くそうとした——それが現在、一般に受け入れられている集合的な世界観に対立したものであったとしても。ユングが大きな熱意をもって研究した古い宗教や哲学の諸派は、この「深みの精神」を人間が絶え間なくその表現形態を更新してきた努力の現れだとユングには見えたのである。

「深みの精神」を召喚する

ユングが自身のホロスコープの中で自身と同一視した惑星元型の儀式的召喚に取り組んだこと、そうした召喚の結果として『新たなる書』に多くの人物が登場していることは、ユングが能動的想像と呼んだ技法の歴史的ルーツをよく知らない人たちにとっては、困惑させられる、さらには衝撃的な仮説に思えるかもしれない。しかし、魔術と能動的想像の関係はユング自身によって説明されているのだから、古代末期のテウルギアの儀式と、『新たなる書』をもたらすことになる「内的イメージの追求」を、ユングが自分で結びつけることはできなかったのではないかという主張には説得力がない。ユングは自身が惑星「神」を元型ととらえていること、能動的想像の目的は元型的影響力と個人の意識の対話を成立させることだということも明言している。中世から初期近代の魔道書、『ミトラの典礼』のような占星術的な魔術書、占星術を自身のコスモロジーに統合したプロティノス、イアンブリコス、プロクロスのような新プラトン主義のテウルギア信奉者に関心を寄せたこと、ユングが自分の出生チャートに象徴的に表れていると信じていた内的葛藤に、想像界的《イマジナル》――言い方を変えれば魔術的に――に取り組もうとする意図的かつ意識的な努力をした可能性が高いことを強く示している。

このような内的作業の目的は、古代末期の先人たちと同様、ユングにとっても、意識を、ユングが自己ととらえていた大きなこころの中心と統合することによって人格の変容をもたらすことだった。イアンブリコスやその信奉者であるテウルギストたちはこの中心を神、ダイモンなどとして、あるいは万物の発出源であるプラトン主義的一者とするなど、様々な形で理解していた。シンボルとイメージを用いて統合を目指す彼らの探求の営みは、シュンパテイアを土台としたものであった。この営みがユングの個性化という概念として再び現れたのである。ユングはこの作業は自然ではあるが無意識的な、ときには不必要なほど苦痛に満ち、また失敗することさえある旅としてなされるものだと示唆していた。ユングは、「自然が不完全なままにしておくものを、技術が完成する」という錬金術の格言を好んで引用し、[37]――完璧さという考えではなく全体性という考えを好んだことも考え合わせると――それがユングが開発し実践した心理療法の目的なのである。

ユングは宿命全般、そしてとりわけ天体のもたらす宿命を、パラドックスとみなしていた。占星術家としての見地からすれば、キリスト教神学者タティアノスが考えたような、人が「霊的に再生」するたびにそれに応じて新しいホロスコープを作ることができるなどという宗教的確信を持つことでもなければ、持って生まれたホロスコープを反故にしたり、新たに与えられるよう注文することもできない。[38] 宿命は明確で固定しているという考えを受け入れる占星術師もいるが、心理学的傾向の強い占星術師たちは、宿命を多層的で交渉の余地があるものとみなしている。ユングの考えでは、ホロスコープの宿命は大きな難問を提示する。結局のところ、人は「しなければならないことを喜んで自由に」しなければならないが、「喜んで」と「自由に」という副詞は、人間の努力によって強制したり消去したりできない「永遠の事実」——元型そのもの——との自由意志による意識的な協調を意味する。自由意志は、ユングにとってはダイモンの意志を尊重し受け入れることを意味する。そしてそれは同時に、人格とダイモンの両方がありうるもっとも創造的なやり方で花開くことができるような対話と変容の可能性も包含している。

ユングの文脈においては、人格と自己《セルフ》の結婚は完璧さを目指すことでは実現できないし、また完璧な生を導くものでもない。出生ホロスコープに示された困難な問題を人が「超克」「克服」あるいは「治療」できるなどという考えはユングには不条理に感じられたであろう。と同時に、問題の理由を理解しようともせず宿命が押し付けた苦痛をただ頭を垂れて受け入れるだけなどという姿勢もユングには同じく不条理なものに映ったはずだ。ユングが熱心に追い求めた理想は全体性である。それはホロスコープが象徴する、ときに苦闘や失敗をともなう葛藤を生きることを要求するものでもある。しかし、そんな生は葛藤のうちに意味や目的を、そして自分自身の真実への忠誠を見出すことになるだろう。西洋の占星術に相当するとユングがみなした東洋の易もまた、同じような逆説的認識を示している。

［聖人は］道徳に和順して義を理《おさ》め、理を窮め性を尽してもって命に至る。（道徳に調和順応して義理に違わぬように心がけ、天下の道理を窮め尽くし人間の本性を知り尽して天命を知るの境地に到達したのである）[39]

心理学の領域でも占星術の領域でも、ユングにとっては究極的に重要だったのは知的な推論や科学的方法論よりも経験であった。極めて説得力のある合理的な反論にさらされても、あるいはそのような反論が科学者として訓練を受けたユング自身から提示されたものであったとしても、経験を重んじたのである。人生の終わりが近い一九五九年一〇月に、ユングはＢＢＣの「フェイス・トゥー・フェイス」というテレビ番組のためにプレゼンターであるジョン・フリーマンのインタビューを受けた。フリーマンがユングにまだ神を信じているか尋ねると、ユングは次のように答えた。

今？　答えるのは難しいですね。私にわかるのは、信じる必要がないということです。私は知っているのです。

フリーマンはユングに占星術を「信じている」かどうか尋ねなかった。しかし、その答えも同じだっただろう。

監訳者による解説

ここにお届けするのはリズ・グリーンの最新刊 *Jung's Studies in Astrology Prophecy, Magic, and the Qualities of Time* の全訳である。本書は二〇一八年に『ユングの「新たなる書」の占星術的世界――ダイモン、神々、そして惑星の旅路』[1]と合わせて刊行された。後者はユングの内的作業の記録である『新たなる書』（いわゆる『赤の書』）にみられるさまざまなイメージやヴィジョンを占星術のモチーフとの比較によって解読してゆくことを目論んでいるのにたいして、本書はその前提となるユング自身の占星術のかかわり、ユング心理学の成立にたいして占星術および古代からの秘教の伝統が与えた（かもしれない）影響の分析である。この二冊は相補的な内容となっており、どちらも興味深いものであるが、まずは心理学史研究として重要な貢献であろう本書を訳出することにした。

1 Liz Greene, *The Astrological World of Jung's 'Liber Novus': Daimons, Gods, and the Planetary Journey*, Routledge, 2018

リズ・グリーンは、欧米における著名な心理占星術の泰斗にしてユング派の分析家である。一九七六年に占星術上の土星をユング心理学的に解釈した『サターン』を刊行して以来、現代占星術に圧倒的なインパクトを与えてきた。その著作はほとんどすべていずれもベストセラーあるいはロングセラーとなっている。現代においてもっとも影響力のある占星術家の一人といって間違いないだろう。字義的、予言的な従来の占星術をユング心理学の手法と洞察を加えて、知的な読者層にとってもアピールするものに深化していった業績は、占星術の歴史の中でも重要なものとして今後も記憶されるはずだ。現在、「心理占星術」を標榜する占星術家は多いが、英国占星術界の重鎮ニコラス・キャンピオンが言うように「その詩的で雄弁な独創性と象徴の理解の度合いという点で、リズ・グリーンに匹敵する水準に達したものはいない」。[2] とくに二〇世紀後半、占星術実践者たちの中でグリーンはまさに輝いていた。僕自身、若いころからグリーンには大きな影響を受けてきた。その著書のいくつかを日本に翻訳紹介することができたのは僥倖というほかない。

ところがグリーンは「実践者」であるにとどまらなかった。もともと極めて知的な占星術家ではあるのだが、ここ一五年ほど、よりアカデミックな領域にその軸足を移しているのである。「カルチャー&コスモス」誌を中心に発表されている様々な論文、あるいは二つ目の博士号のための

2 The Astrological Journal, 2018 May/June 所収、Wendy Stacey による Nick Campion へのインタビュー

論文を元にした著書『マギとマギディム　一八六〇年から一九四〇年までの英国オカルトにおけるカバラ』(2012)は、実践者ではなく「研究者」グリーンとしての業績である。現代占星術の歴史を研究するカーク・リトルの表現を借りれば、グリーンは自分自身を「再発明」(reinvent)したことになる。[3] 人生の後半においてなお、立場に甘んじることなく旺盛な探究心を発揮するグリーンの姿勢には、感服する他ない。そして日本語で「研究者」リズ・グリーンの姿が見られるのは、本書において初めてである。

本書を開いてまず驚かされるのは、長大な参考文献および広範で詳細な引用に見られるグリーンの学識である。古代から現代にいたるまでの占星術や神秘哲学の一次文献はもちろん、グリーンが「境界的《リミナル》な領域」を対象にする昨今の秘教研究、そしてこのところ急速に進んでいるユング研究の成果が網羅されている。

そして何よりも貴重なのは、グリーンがユングの遺族の協力を得て、ユングの私的アーカイブに分け入り発掘してきた、ユングと占星術をめぐる新資料の数々である。ユングが占星術を実践していたことはこれまでもよく知られていた。ユングが同時代の占星術家たちと活発に交流した書簡、あるいは、ユング手描きのホロスコープまで、これまで知られていなかった資料をグリーンは発掘して、公開しているのである。

3　The Astrological Journal 2018 Sept/Oct 所収、Kirk Little によるリズ・グリーンのこの2冊の書への書評

ここで簡単に本書の構成と内容を見ておこう。本書はユング研究の第一人者ソヌ・シャムダサーニによる序文に始まり、序章および六つの章と結論の計八章から成り立っている。

序章「哀れな学問の探求」は、現代の学問領域において占星術研究がいかに困難であるか、その方法論をめぐって予備的考察がされている。占星術はやはりユングが関心を示した錬金術とは異なり、現代でも「生きている」伝統である。しかし、それは近代の合理主義的科学とは相容れない。「客観的」に占星術を検討することはできようが、それを「内在的」に理解しようとすればただちに学問上の問題が生じることになる。とはいえ、占星術という生きた伝統を切り刻んでシャーレに入れてしまえば、それを理解することから離れてしまう。ことユング研究においてはこれが重要な問題となる。ユングは単に歴史上の素材として占星術を扱っていたのではない。占星術に一定の、否、相当の信頼をおいていたようなのである。これをどのように理解すればよいのか。研究者たちの態度は揺れ動いてきた。グリーンはこのような「リミナル」な領域全般について、そして占星術を含むユングのオカルト、秘教志向という学問上の問題が先行研究においてどのように扱われてきたかを様々な文献を引用してカバーしている。これは占星術実践者でもあるグリーン自身がアカデミズムの中で張った防衛線の痕跡としてみることもできよう。

第一章「ユングは占星術をどう理解していたか」では、その表題どおり、ユングの占星術理解の一端が示されている。ユングの占星術理解の仕方は実は多様で一筋縄ではいかない。例えば、グリーンも序章で言及しているサフロン・ロッシとケイロン・レ・グライス編『占星術におけるユング』[4]は、ユングの著作や書簡の中から占星術への言及を抜粋し編集したアンソロジーである。これを開いてみよう。その中で編者らは、「上なるものは下なるものに等しい」という「万物照応論」、「無意識の投影」、「数と元型」「共時性」「卜占性《マンティック》」「因果性」など七種類に渡るユングの占星術の説明を拾い出している。それらは相互に重なり合う部分もあれば相互排除的に矛盾するものもある。ユングを捉えるのはグリーンも認めているように極めて難しい。

グリーンは、ユングがフロイトと決別する大きな要因になったユング独自の「リビドー論」における占星術ないし天体神話論の影響を指摘する。さらに伝統的な占星術のエレメント論とユングのタイプ論との密かな連関、惑星象徴と元型の関連などに注目している。とくに興味深いのはユングが「個性化の過程」を、古代の占星術的宇宙論における惑星天球を上昇してゆく魂の旅と類似のものとして見ていたという指摘であろう。これはユング心理学を古代的な伝統の心理学版であるとみなすものである。

第二章は、占星術家にとっても、またユング研究者にとってもとくに興味をそそられるものであろう。この章にはグリーンによる新発見の史料が詰め込まれているからだ。これまで公刊されてきたユングの著作に登場する占星術家といえばプトレマイオスやアブー・マーシャルをはじめ、歴史上の人物ばかりであるが、実はユングは同時代の占星術家の著作を読み、強く影響を受けて

4 Ed.by Safron Rossi and Keiron, *Le Grice C.G. Jung , Jung on Astrology*, Routledge 2018

きた。グリーンによれば、とくにアラン・レオとマックス・ハインデルという神智学的占星術家の影響が大きい。レオとハインデルは占星術家の間ではよく知られている人物であるが、ここに紹介されているジョン・ソーンバーンやフロイト派の精神分析家にして占星術家ヨハン・ファン・オプハイゼンの存在は新情報ではあるまいか。ユングの手描きホロスコープをはじめ、ユングの占星術実践、および同時代の占星術家との交流とその影響はグリーン以外には見いだせなかった精神分析、分析心理学史の一側面と言えるだろう。

第三章、四章は、保守的、あるいは多くのユング派の分析家から異論、議論を招いてしまいそうな挑発的でスリリングな内容を含んでいる。「能動的想像」、そしてユングが「能動的想像」というユング派心理療法における重要な技法を開発するきっかけになった内的作業——これは『新たなる書』(『赤の書』)を生み出すことになった——は、古代の秘教的実践である神働術《テウルギア》や、占星術とも深い関係をもっていた霊的存在の観念、すなわちダイモンと深くかかわっている。ユングは「能動的想像」の作業をこうした古代的概念や占星術の実践を意識しながらやっていた可能性もあるとグリーンは指摘しているからだ。ここにおいてグリーンはそもそも危なっかしい「リミナルな領域」の中でもとりわけ危険な方に傾いていったように見える。さらにグリーンは、ユングは自分のダイモンをホロスコープから土星と特定しており、これがユングの内的指導霊としての「フィレモン」のイメージに結びついた可能性も否定しないのである。

ユングはあくまでも心理学的作業であると認識しつつこうした内的作業に取り組んでいる。しかしこのように言ってしまえば、ユングが「秘教的魔術師」の現代版であったと解釈される危険は拭いきれなくなってしまう。ここは議論があるところだろう。もっともユングの魅力の要素の一つがこうした「あやうさ」であるのも間違いないところではあるが。

第五章は哲学史、思想史としても重要な章である。人生の実存に深くかかわる心理療法においては、いかに科学的・合理的立場をとろうとしていたとしても、やはり「宿命」の問題を無視することはできない。一方で占星術は、いかに「心理学的」であろうとしてもやはり未来の予想を含む営みであることはまぬがれない。自由意志と宿命のパラドクスはつきまとう。ユングの「個性化」の概念は、こころがアプリオリにもっている、「目的論的」な指向性にしたがって自己展開をしてゆくプロセスであるとも捉えられている。あるいはこころの「自律性」という概念も、自我による完全なコントロールができないということを意味するわけで、ここには「宿命」の問題が立ち現れてくる。グリーンは古代の哲学思想や占星術における「ヘイマルメネー」（星の強制力）の概念をユングが重視していたことを指摘して、ユング思想の成立における占星術の重要性を明らかにしようとしている。

第六章は現代人にとってユング思想の中でももっとも理解が苦しいであろう題材を取り上げている。ユングは晩年の大著『アイオーン』などで、「西洋の精神史の変遷が春分点の歳差移動と連動して起こっている」と明確に述べている。キリスト教は春分点が魚座に移動したときに起こり、また魚座を構成する二匹の魚のつなぎ目のあたりに春分点が来た時に数多くの異端運動が起こった、などと平然と述べているのである。これはどうみても占星術的歴史観であり、預言とみてもよい。そしてユングは「水瓶座の時代」を予感していたとグリーンはいう。本書では触れられていないが、『ヴィジョン・セミナー』を見ると、ユングはオーソドクスな黄道十二宮ばかりではなく、ペルセウス座やペガサス座などといった星座までも持ち出して時代精神の変遷について論じている。これに関してユング研究者である入江良平は一九九三年の時点でユング心理学の「噛み砕けぬ石」でありここにユングの「困った」側面が「集約的に出ている」と述べている。だが、これは「老ユングの迷妄あるいは逸脱として一笑に吹くわけにはいかない」「ユング心理学の核心、そのもっとも現代的な意義と不可分に結びついている」[5]という。

ユングの「魚座の時代」論についてはマギー・ハイド『ユングと占星術』[6]でも詳しく論じられているが、グリーンのこの章はいわゆるニューエイジ思想における「水瓶座時代」の観念の発祥とのつながりの中でユング思想が位置づけている点で重要である。ユングは自身のうちに合理的・科学的な「No.1の人格」と非合理的・古代的な「No.2の人格」の葛藤があったと自伝で述べている。そのマクロな対応物はユングのいう「この時代の精神」と「深みの精神」の葛藤であり、時代精神が変容して、集合的意識と無意識におけるその二元論が止揚されてゆくプロセスをユングは占星術象徴を通して幻視したのであろう。

5　入江良平「二匹の魚　ユング心理学と占星術」『ユリイカ』一九九三年六月号所収、青土社

6　マギー・ハイド　鏡リュウジ訳『ユングと占星術』新装版、青土社、二〇一三年

ユングを非近代的、非合理なオカルト主義者とみるか、あるいは、そうしたオカルトを「心理学化」した合理主義者と評価するか、研究者たちの立場の振り幅は極端に大きい。それはユング自身の理解に従えば、我々が未だ二匹の魚に象徴される「この時代の精神」と「深みの精神」の深い淵に引き裂かれているが故なのであろう。

本書はユング研究者には大変重要な素材を提供している。そして占星術家にとっては、昨今、盛んな「伝統・古典占星術」復興、再構築の動きを補完するものとしても重要であることを指摘しておきたい。「心理」占星術と伝統的な占星術は見かけ上対立する面もあった。それは心理占星術が近代において「発明」された、歴史的連続性をもたないものであるという見方によるところが大きい。しかし、本書を読めばそれが短絡的な理解であることがはっきりするはずである。このところ注目されている古典的、伝統占星術は（擬似）アリストテレス的因果論に基づく占星術であり、たしかにこれは技法の上では占星術の伝統の中では主流に属する。しかしその一方でグノーシス主義、新プラトン主義、ヘルメス思想に基づく占星術も存在し、それはユングへと流れ込んでいるのだ。この観点に立てば現代の心理占星術もまた「古典」の系譜の先にあるものなのである。

末尾になるが本書の翻訳についていくつか述べておきたい。作業としては上原ゆうこさんの訳文に鏡が大幅に手をいれていったものである。未だ日本語としてこなれない部分や、僕自身の能力不足のために思わぬ誤りなどもあるかもしれないが、ご教示いただければ版を重ねるごとに改めていきたい所存である。

グリーンはさまざまな文献から引用しているが、その部分に既訳があるものについてはなるべくそれを参考とし用いさせていただいたが、文脈に応じて新たに訳し直したものも多い。

なお、最後に感謝を。

本書は原著が出てすぐに翻訳紹介したいと考え、原書房の大西奈己さんに企画を持ち込み、原書房のご英断で出版企画を通していただいた。また大西さんには面倒な編集を引き受けていただいた。このような専門性の高い本を刊行していただけたことに深く感謝したい。

また訳語のいくつかについては宗教学者の堀江宗正先生、インテレクチュアル・ヒストリー研究のヒロ・ヒライさん、臨床心理学者でありユング派の分析家である大塚紳一郎さんにご教示いただいた。ここに記して感謝いたします。

それでは本書がユングをめぐる理解を、そして現代の霊性の理解の一助となるのを祈って筆をおくことにしよう。

鏡リュウジ

二〇一九年一一月

目前にせまった水瓶座の木星と土星の大会合を待ちながら

リズ・グリーン　(Liz Greene)
ユング派分析家・占星術家。占星術とユング心理学を統合したパイオニアであり、このジャンルで指導的立場にある。英国占星学協会およびロンドンユング派分析家協会会員。心理学占星学センター(CPA)設立者 。ブリストル大学歴史学部名誉リサーチフェロー、ウエールズ大学内ソフィアセンター教官。邦訳のある著書に『占星学』『サターン　土星の心理占星学』(ともに青土社)、『神々の物語　心の成長を導く教え』(柏書房)、『神託のタロット　ギリシアの神々が深層心理を映し出す』(原書房)がある。

鏡リュウジ(かがみ・りゅうじ)
占星術研究家・翻訳家。国際基督教大学卒業、同大学院修士課程修了(比較文化)。占星術の心理学的アプローチを日本に紹介し、従来の「占い」のイメージを一新。占星術の歴史にも造詣が深い。英国占星術協会会員、日本トランスパーソナル学会理事。平安女学院大学客員教授。京都文教大学客員教授。リズ・グリーンの著書ではこれまでに『占星学』『サターン　土星の心理占星学』『神々の物語　心の成長を導く教え』『神託のタロット　ギリシアの神々が深層心理を映し出す』の翻訳を手がけている。また主な著書に『タロットの秘密』、『占星術の文化誌』、訳書にマギー・ハイド『ユングと占星術』、ニコラス・キャンピオン『世界史と西洋占星術』などがある。

上原ゆうこ(うえはら・ゆうこ)
神戸大学農学部卒業。農業関係の研究員を経て翻訳家。広島県在住。おもな訳書に、バーンスタイン『癒しのガーデニング』、トービン『占星医術とハーブ学の世界』、シャリーン『図説 世界史を変えた50の鉱物』、ホブハウス『世界の庭園歴史図鑑』、パーマット『クリスタル・ヒーリング実践ガイドブック』、トマス『なぜわれわれは外来生物を受け入れる必要があるのか』、スネデン『図説 世界史を変えた数学』などがある。

占星術《せんせいじゅつ》とユング心理学《しんりがく》
ユング思想《しそう》の起源《きげん》としての占星術《せんせいじゅつ》と魔術《まじゅつ》

●

2019年12月15日　第1刷

著者……………リズ・グリーン
監訳者……………鏡《かがみ》リュウジ
翻訳者……………上原《うえはら》ゆうこ
装幀……………岡孝治
発行者……………成瀬雅人
発行所……………株式会社原書房
〒160-0022 東京都新宿区新宿 1-25-13
電話・代表　03(3354)0685
http://www.harashobo.co.jp/
振替・00150-6-151594
印刷……………新灯印刷株式会社
製本……………小髙製本工業株式会社

ISBN 978-4-562-05709-2, printed in Japan

原注

引用に関する注

本文中で引用したC・G・ユングの著作は、注でたとえばJung, CW13, ¶82-84のように、『ユング選集 *The Collected Works of C.G.Jung*』の巻番号と段落番号を記載する。出版に関する完全な情報は「参考文献」に示す。引用されているユングの著書で『ユング選集』に収録されていないものは、注でたとえばJung, *Visions Seminars* I:23というように、タイトル、あれば巻、ページ番号を記載し、詳細な出版情報は「参考文献」に示す。ユングの自伝『思い出、夢、回想 *Memories, Dreams, Reflections*』(『ユング自伝』、河合隼雄・藤縄昭・出井淑子訳、みすず書房、一九七二〜一九七三年)は章末の注では*MDR*と記載し、詳細な出版情報を「参考文献」に示す。

英語に翻訳された文章が引用されているプラトンおよびそのほかの古代の著作家の著作については、たとえばPlato, *Symposium, 52a-56c;* Iamblichus, *De mysteriis,* I,21のように、タイトルと段落を示す標準的な参照記号を章末の注に記載し、翻訳と出版情報を含む完全な引用文献情報を「参考文献」に示す。

本文中で引用されているジークムント・フロイトの著作は、たとえばFreud, SE5, p.155のように、『フロイト全集 *Standard Edition of the Works of Sigmund Freud*』の巻番号と私が所有する版のページ番号で示す。翻訳と出版に関する完全な情報を「参考文献」に掲載する。

引用されている著作に副題がある場合は、章末の注にはメインタイトルのみと出版に関する詳細と引用ページを示し、「参考文献」に完全なタイトルを示す。

序章「哀れな学問」の研究

1 William Ralph Inge, *Christian Mysticism* (London: Methuen, 1899), p. 23.(『キリスト教神秘主義』、磯田信夫・中川景輝訳、牧神社、1976年)

2 Jung, *Liber Novus*, p. 229(『赤の書』、河合俊雄・田中康裕・高月玲子・猪股剛訳、創元社、2010年)。『赤の書:新たなる書』からの引用につけられたページ番号はすべて、とくに示されていないかぎり、ユングが書いたドイツ語版ではなく英語版のページである。

3 Otto E. Neugebauer, 'The Study of Wretched Subjects', *Isis* 42 (1951), p.111.

4 Patrick Curry, 'The Historiography of Astrology', in Günther Oestmann, H. Darrel Rutkin, and Kocku von Stuckrad (eds.), *Horoscopes and Public Spheres* (Berlin: Walter de Gruyte, 2005), pp. 261-74を見よ。

5 ドイツ語と英語の「新プラトン主義者」という言葉の発生の経緯については、Robert Ziomkowski, 'Neoplatonism', in Maryanne Cline Horowitz (ed.), *New Dictionary of the History of Ideas*, 6 volumes (Detroit, MI: Charles Scribner's Sons, 2005), 4:1628(『スクリブナー思想史大事典 第6巻』、スクリブナー思想史大事典翻訳編集委員会訳、丸善出版、2016年)を見よ。

6 イアンブリコスの『秘儀論』はもともとは *The Reply of the Master Abammon to the Letter of Porphyry to Anebo* と呼ばれていた。15世紀中頃にマルシリオ・フィチーノがそれに『エジプト秘議論 *De mysteriis Agyptiorum*』というタイトルをつけた。
7 最近の専門用語としての「受容」については、Terry Eagleton, *Literary Theory* (London: Blackwell, 1996), pp. 47-78（『文学とは何か:現代批評理論への招待』、大橋洋一訳、岩波書店、2014年）を見よ。
8 「ルネサンス」という言葉の最初期の使用法については、Jacob Burckhardt, *The Civilization of the Renaissance in Italy*, trans. Samuel George Chetwynd Middlemore (New York: Doubleday 1878)（『イタリア・ルネサンスの文化』、新井靖一訳、筑摩書房、2007）を見よ。
9 ルネサンスへのこのアプローチについては、Frances A. Yates, *Giordano Bruno and the Hermetic Tradition* (London: Routledge & Kegan Paul, 1964)（『ジョルダーノ・ブルーノとヘルメス教の伝統』、前野佳彦訳、工作舎、2010年）を見よ。
10 Edgar Wind, *Pagan Mysteries in the Renaissance* (London: Faber & Faber, 1968); Jean Seznec, *The Survival of the Pagan Gods*, trans. Barbara F. Sessions (New York: Pantheon, 1953)（『ルネサンスの異教秘儀』、田中英道・藤田博・加藤雅之訳、晶文社、2007年）を見よ。
11 Yates, *Giordano Bruno*; D.P Walker, *Spiritual and Dernonic Magic* (London: Warburg Institute, 1958)（『ルネサンスの魔術思想』、田口清一訳、平凡社、1993年）を見よ。
12 Erwin Panofsky, *Renaissance and Renascences in Western Art*, 2 volumes (Stockholm: Almqvist & Wiksell, 1960)（『ルネサンスの春』、中森義宗・清水忠訳、思索社、1973年）を見よ。
13 R.N. Swanson, *The 12th-Century Renaissance* (Manchester: Manchester University Press, 1999) を見よ。
14 John Burrow, *A History of Histories* (London: Penguin, 2009) を見よ。
15「宗教」の学問上のさまざまな定義の概観については、James Thrower, *Religion* (Edinburgh: Edinburgh University Press, 1999) を見よ。
16 コンテンポラリー・スピリチュアリティへの「カルト」という言葉の使用については、Eileen Barker and Margit Warburg (eds.), *New Religions and New Religiosity* (Aarhus: Aarhus University Press, 1998) を見よ。リチャード・ノルによるユングへの言及における「カルト」という言葉の使用については、Sonu Shamdasani, *Cult Fictions: C. G. Jung and the Founding of Analytical Psychology* (London: Routledge, 1998), pp. 1-12 を見よ。
17「世俗化」については、William H. Swatos and Daniel V.A. Olson (eds.), *The Secularization Debate* (New York: Rowman & Littlefield, 2000) を見よ。

18「脱魔術化」の概念については、Asher Horowitz and Terry Maley (eds.), *The Barbarism of Reason* (Toronto: University of Toronto Press, 1994), pp.223-47 にある Alkis Konto, 'The World Disenchanted, and the Return of Gods and Demons' を

見よ。

19 たとえば Ianbricos, *De mysteriis*, trans. Emma C. Clarke, John M. Dillon, and Jackson P. Hershbell (At1anta, GA: Society of Biblical Literature, 2003), Books VII and VIII にあるイアンブリコスによる「古代」エジプトのテウルギアの理想化を見よ。本書で使用した『秘議論』からの引用はすべて、とくに述べないかぎりこの翻訳版からのものである。

20 紀元前 1 世紀の、占星術の占いとしての定義については、Cicero, *De divinatione,* in *On Old Age, on Friendship, on Divination*, trans. W.A. Falconer (Cambridge, MA: Harvard University Press, 1970), II:44.93 を見よ。現代の学者が占星術を占いと同一視することについては、Tamsyn Barton, Ancient Astrology (London: Routledge, 1994), p. 11（『古代占星術：その歴史と社会的機能』、豊田彰訳、法政大学出版局）; Sarah Iles Johnston, ‘Introduction: Divining Divination’, in Sarah Iles Johnston and Peter T. Struck (eds.), Mantiké (Leiden: Brill, 2005), p. 7 を見よ。別の意見については、Liz Greene, ‘Is Astrology a Divinatory System?’, *Culture and Cosmos* 12:1(2008), pp. 3-30 を見よ。

21 歴史を通じて見られる占星術の多様性については、Nicholas Campion and Liz Greene (eds.), *Astrologies* (Lampeter: Sophia Centre Press, 2011) を見よ。

22 Liz Greene, ‘Signs, Signatures, and Symbols: The Language of Heaven’, in Campion and Greene (eds.), Astrologies, pp. 17-46 を見よ。

23 精神科医でキリスト教神秘主義者の M・スコット・ペック (1936-2005) は、*The Road Less Travelled* (London: Hutchinson, 1983)（『愛と心理療法』、氏原寛・矢野隆子訳、創元社、1987 年）と *People of the Lie* (London: Rider, 1988)（『平気でうそをつく人たち』、森英明訳、草思社、1996 年）という 2 冊のベストセラーを書いた。これらの本により、彼は「自己啓発の権威」という評判を得た。キリスト教徒の間では広く尊敬されているが、臨床心理学の世界からは彼の著作の重要性は無視されてきた。

24 Shamdasani, *Cult Fictions*, p. 10.

25「狂信的」実践者の学識に疑問の余地があることについては、Wouter J. Hanegraff, *Esotericism and the Academy* (Cambridge: Cambridge University Press, 2012), pp. 340-70 を見よ。Alasdair MacIntyre, ‘Is Understanding Religion Compatib1e with Believing?’, in Russell T. McCutcheon (ed.), *The Insider/Outsider Problem in the Study if Religion:A Reader* (London: Cassell, 1999), pp. 37-49 も見よ。

26 Shamdasani, *Cult Fictions*, p. 3.

27「方法論的不可知論」については、Ninian Smart, The Science of Religion and the Sociology of Knowleldge (Princeton, NJ: Princeton University Press, 1973) を見よ。

28 この学問的傾向に対する意見については、Gregory Shaw, ‘Theurgy’, *Traditio* 41(1985), pp. 1-28, esp. pp. 4-6 を見よ。

29 Zeke Mazur, *‘Unio Magica* Part I: On The Magical Origins of Plotinus’ Mysticism’, *Dionysius* 21 (2003), pp. 23-52, on p. 24.

30「秘教的」の最近の学問的定義については、Antoine Faivre and Karen-Clare Voss, ‘Western Esotericism and the Science of Religion’, Numen 42:1(1995), pp.

48-77 を見よ。別の定義については Moshe Halbertal, *Concealment and Revelation* (Princeton University Press, 2007), p. 1 を見よ。

31 Faivre and Voss, 'Western Esotericism' を見よ。この定義のもっと詳しい説明は、Wouter J. Hanegraaff, *New Age Religion and Western Culture* (Leiden: Brill, 1996), pp.384-410 を見よ。

32 たとえば Hanegraaff, *New Age Religion*, pp. 497-501; Valentine C. Hubbs, 'German Romanticism and C. G. Jung', *Journal of Evolutional Psychology*4:1-2 (1983), pp. 17-24 を見よ。シャムダサーニはドイツ・ロマン主義をユングの「予言的で診断的な夢」についての理解と関係付けている。Sonu Shamdasani, *Jung and the Making of Modern Psychology* (Cambridge: Cambridge University Press, 2003), p. 147.

33『新たなる書』の出版の歴史については、Jung, *Liber Novus*, pp. viii-xii のソヌ・シャムダサーニによる序文を見よ。『新たなる書』の起源についてのユング自身の説明については、C. G. Jung, Memories, Dreams, Reflections, ed. Aniela Jaffe, trans. Richard and Clara Winston (London: Routledge & Kegan Paul, 1963), pp. 194-225 を見よ。

34 Jung, *MDR*, p. 225.（『ユング自伝 1、2：思い出・夢・思想』、河合隼雄・藤縄昭・井出淑子訳、みすず書房、一九七二年）

35 この著作の一部の素材の信憑性に疑問のあることについては、Sonu Shamdasani, 'Memories, Dreams, Omissions', in Paul Bishop, *Jung In Contexts* (London: Routledge, 1999), pp. 33-50 を見よ。

36 <http://wildhunt.org/blog/tag/liber-novus>.

37 D. W. Winnicott, Review of C. G. Jung, Memories, Dreams, Reflections', *International Journal of Psycho-analysis* 45 (1964), pp. 450-55 を見よ。

38 ユングの解釈学的アプローチと自然科学のアプローチの対比については、William E. Smythe and Angelina Baydala, 'The Hermeneutic Background of C. G. Jung', *Journal of Analytical Psychology* 57 (2012), pp. 57-75 を見よ。

39 イギリスにおけるふたつの例外は注目に値する。すなわち、1993 年に設立され、フロイト派のモデルとユング派のモデルへの臨床的および学問的アプローチについて探求しているエセックス大学精神分析学センターと、『新たなる書』の編集者であるソヌ・シャムダサーニがユング史の教授を務めるユニヴァーシティ・カレッジ・ロンドンにおける精神分析の研究に関する大学院のプログラムである。

40 David Tacey, 'The Challenge of *Teaching Jung* in the University', in Kelly Bulkeley and Clodagh Weldon (eds.), *Teaching Jung* (Oxford: Oxford University Press, 2011), pp. 13-27, on p. 15.

41 たとえば Hanegraaff, *New Age Religion*, pp. 496-513 を見よ。

42 G. William Barnard, 'Diving into the Depths', in Diane Jonte-Pace and William B. Parsons (eds.), *Religion and Psychology* (London: Routledge, 2001), pp. 297-318.

43 John Ryan Haulle, 'Personal Secrets, Ethical Questions', in Bulkeley and Weldon (eds.), *Teaching Jung*, pp. 151-67, on p. 151.

44 Shamdasani, *Cult Fictions*, pp. 107-12.

45 Robert A. Segal, 'Jung as Psychologist of Religion and Jung as Philosopher of Religion', *Journal of Analytical Psychology* 55 (2010), pp. 361-84 を見よ。

46 Ann Bedford Ulinov, '*Teaching Jung* in a Theological Seminary', in Bulke1ey and Weldon (eds.), *Teaching Jung*, pp. 51-59, on p. 53.

47 Thomas Kuhn, The Structure of Scientific Revolutions (Chicago: University of Chicago Press, 1962).（『科学革命の構造』、中山茂訳、みすず書房、1971 年）

48 たとえば Ira Progoff, The Symbolic and The Real (New York: McGraw-Hill, 1973); Abraham Maslow, Toward a Psychology of Being (London: John Wiley & Sons, 1968)（『完全なる人間：魂のめざすもの』、上田吉一訳、誠信書房、1964 年）を見よ。

49 Ulanov, 'Teaching Jung in a Theological Seminary', p. 53.

50 たとえば John P. Dourley, *The Intellectual Autobiography of a Jungian Theologian* (Lampeter: Edwin Mellen Press, 2006); Brendan Collins, 'Wisdom in Juns'g Answer to Job', *Biblical Theology Bulletin* 21 (1991), pp. 97-101 を見よ。

51 ジョイスについては、Hiromi Yoshida, *Joyce and Jung* (New York: Peter Lang, 2007) を見よ。ジョイスの娘ルチアは 1934 年にユングの分析を受けた。ヘッセについては、Miguel Serrano, *C. G. Jung and Hermann Hesse* (Einsiedeln, Switzerland: Daimon Verlag, 1998)（『ヘルメティック・サークル』、小川捷之・永野藤夫訳、みすず書房、1985 年）を見よ。ヘッセはユングの助手 J.B. Lang (1883-1945) の患者として分析を受けた。マンについては、Paul Bishop, Thomas Mann and C. G. Jung', in Bishop (ed.) *Jung in Contexts*, pp.15 4-88 を見よ。

52 Terence Dawson, 'Jung, Literature, and Literary Criticism', in Polly Young-Eisendrath and Terence Dawson (eds.), The Cambridge Companion to Jung (Cambridge: Cambridge University Press, 1997), pp. 255-80; Bettina L. Knapp, *A Jungian Approach to Literature* (Carbondale: Southern Illinois University Press, 1984) を見よ。

53 Gilles Quispel, *Gnosis als Weltreligion* (Zürich: Origo Verlag, 1951), p. 39; Pierre Riffard, *L'esoterisme* (Paris: Laffont, 1990), p. 135. ユングのコルバンへの影響については、Stephen Wasserstrom, *Religion After Religion* (Princeton, NJ: Princeton University Press, 1999) を見よ。エラノス会議に関するもっと詳しいことは、Hans Thomas Hakl, *Eranos*, tnas. Christopher McIntosh (Montreal: McGill-Queens University Press, 2013) を見よ。

54 Wasserstrom, *Religion after Religion*, p. 3 を見よ。

55 動物分類学に関するこの議論は、Stephen Budiansky, *The Character of Cats* (London: Weidenfeld and Nicolson, 2002), pp. 8-9 を見よ。

56「メタナラティヴ」とその方法論的問題については、Charlotte Aull Davies, *Reflexive Ethnography* (London: Routledge, 1999), pp. 4-5 を見よ。

57 いわゆるユングの「本質主義」に関する議論については、David L. Miller, 'Misprision', in Bulkeley and Weldon (eds.) *Teaching Jung*, pp. 29-50, especially pp. 36-39 を見よ。

58 たとえば Jung, CW9i, ¶¶111-147 を見よ。Roger Brooke, 'Jung in the Academy: A

Response to David Tacey', *Journal of Analytical Psychology* 42:2 (1997), pp. 285-96; James S. Baumlin, 'Reading/Misreading Jung', *College Literature* 32:1(2005), pp. 177-86 も見よ。

59 Smythe and Baydala, 'The Hermeneutic Background of C. G. Jung'; John Beebe, 'Can There Be a Science of the Symbolic?', in Bulke1ey and Weldon (eds.), *Teaching Jung*, pp. 255-68 を見よ。

60 Jung, 'The Conception of the Unconscious', in Jung, *Collected Papers on Analytica1 Psychology*, p. 469.

61「ユンギアニズム」については、Olav Hammer, *Claiming Knowledge* (Leiden: Brill, 2004), pp. 67-68 を見よ。

62 Nicholas Campion, 'Is Astrology a Symbolic Language?', in Nicholas Campion and Liz Greene (eds.), *Sky and Symbol* (Lampeter: Sophia Centre Press, 2013), pp. 9-46, on p. 22 を見よ。

63 Hammer, *Claiming Knowledge*, pp.6 9-70 を見よ。

64 ユングとミードについては第 5 章を見よ。ブルクヘルツリ病院については第 4 章を見よ。ユングの Barbault との文通については第 1 章を見よ。

65 ユングのスピリチュアリズムへの傾倒については、F.X. Charet, *Spiritualisrn and the Foundations of C. G. Jung's Psychology* (Albany: SUNY Press, 1993)（『ユングとスピリチュアリズム』、渡辺学・堀江宗正・葛西賢太・高橋原訳、第三文明社、1997 年）を見よ。ユングの水晶透視、自動書記、催眠術への関心については、Wendy Swan, 'C. G. Jung's Psychotherapeutic Technique of Active 1magination in Historical Context', *Psychoanalysis and History* 10:2 (2008), pp. 185-204 を見よ。

66 ユングのグノーシス主義への関心については、Robert A. Segal (ed.), The Gl1osticJung (Princeton, NJ: Princeton University Press, 1992); Stephan A. Hoeller, *The Gnostic Jung and the Seven Sermons to the Dead* (Wheaton, IL: Theosophical Publishing House, 1982) を見よ。

67 Hanegraaff, *New Age Religion* pp. 496-513; Paul Bishop, *Analytical Psychology and German Classical Aesthetics* (London: Routledge, 2009) を見よ。

68 ユングがグノーシス主義とヘルメス主義の資料の解釈をミードに依存していたことについては、Hanegraaff, *New Age Religion*, p. 510; Noll, *The Jung Cult*, pp. 69, 326 を見よ。

69 ベルクソンについては、Shamdasani, *Jung and the Making of Modern Psychology*, pp. 77 and 129; Beatrice Hink1e, 'Jung's Libido Theory and the ベルクソン ian Philosophy', *New York Medical Journal* 30 (1914), pp. 1080-86 を見よ。Driesch と Bleuler については、Ann Addison, 'Jung, Vitalism, and "the Psychoid": An Historical Reconstruction', *Journal of Analytical Psychology* 54 (2009), pp. 123-42 を見よ。

70 Lucy Huskinson, Nietzsche and Jung (London: Routledge, 2004); James L. Jar (ed.) Jung's Seminar on Nietzche's Zarathustra (Princeton, NJ: Princeton University Press, 1997) を見よ。

71 C. G. Jung, *Jung on Astrology*, ed. Keiron le Grice and Safron Rossi (London: Rout-

ledge, 2017).
72 C. G. Jung, Letter to Freud, 12 June 1911, in C. G. Jung Letters, Vol. 1, pp. 23-24.
73 Letter to B.V. Raman, 6 September 1947, in C. G. Jung Letters, Vol. 1, pp. 475-76.
74 アイラ・プロゴフからケイリー・バーンズへの手紙。ソヌ・シャムサダーニの行為による。
75 Jung, CW15, ¶81.
76 宿命と魂の惑星層の上昇に関するユングの議論については、第 5 章を見よ。古代末期の宗教におけるこのテーマについては、Alan F. Segal, 'Heavenly Ascent in Hellenistic Judaism, Early Christianity and Their Environment', in *Aufitieg und Niedergang der römischen Welt* (ANRW), Vol. 2, ed. W. Haase (Berlin: De Gruyter, 1980), pp. 1333-94; Ioan P. Couliano, *Psychanodia I* (Leiden: Brill, 1983) を見よ。

第一章　ユングは占星術をどう理解していたか

1 Alan Leo, *The Progressed Horoscope* (London: Modern Astrology Office, 1905), p. iii.
2 Jung, *Modern Psychology*, Vol. 5-6, p. 120.
3 Patrick Curry, 'Astrology', in Kelly Boyd (ed.), *The Encyclopedia of Historians and Historican Writing* (London: Fitzroy Dearborn, 1999), pp. 55-57.
4 世紀末の占星術については、Nicholas Campion, *A History of Western Astrology,* Vol. 2 (London: Continuum, 2009), pp. 229-39（『世界史と西洋占星術』、宇佐和通・水野友美子訳、柏書房、2012 年）を見よ。この時代のイギリスの占星術の歴史については、Patrick Curry, *A Confusion of Prophets* (London: Collins & Brown, 1992) を見よ。
5 1920 年代に執筆していたドイツの占星術師でユングの蔵書の中に著書があるのは、Karl Brandler-Pracht、Adolph Drechsler、A. Frank Glahn、Alexander von Steiger、H. von Klöckler である。Brandler-Pracht と von Klöckler については Ellic Howe, *Urania's Children* (London: William Kimber, 1967), pp. 81-83 and 99-100、Dreschler については、James H. Holden, *A History of Horoscopic Astrology* (Tempe, A Z: American Federation of Astrologers, 1996), p. 256 を見よ。これらの占星術師で、ユングが勉強していた初めの頃に本を出版した人はいない。
6 Howe, *Urania's Children*, p. 95
7 神智学協会の歴史については、Bruce F. Campbell, *Ancient Wisdom Revived* (Berkeley: University of California Press, 1980) を見よ。黄金の夜明け団の歴史については、Robert A. Gilbert, *The Golden Dawn Scrapbook* (Slough: Quantum, 1997) を見よ。社会的状況については、Alex Owen, *The Place of Enchantmen*t (Chicago: University of Chicago Press, 2004) を見よ。
8 黄金の夜明け団の儀式における天体がかかわる魔術の使用と、団員による文献については、Liz Greene, *Magi and Maggidim* (Lampeter: Sophia Centre Press, 2012), pp. 244-73 と、それに示されている参考文献を見よ。
9 黄金の夜明け団におけるホロスコープ占星術については、J.W Brodie-Innes et

al., Astrology of the Golden Dawn ed. Darcy Küntz (Sequim, WA: Holmes Publishing Group, 1996) を見よ。

10 詳しい議論は第2章と第3章を見よ。ユングは、A.E. ウェイト、アルジャーノン・ブラックウッド、アーサー・マッケン、イスラエル・リガルディなど、黄金の夜明け団とそれから分かれたグループの何人ものメンバーの著作を知っていた。

11 第4章を見よ。ミードはカバラ的魔術にかかわったことがあったようだ。Greene, *Magi and Maggidim*, pp. 289-92 を見よ。

12 C. G. Jung, Letter to Andre Barbault, 26 May 1954, in Jung, C. G. Jung Letters, Vol. 2, pp. 175-77. Andre Barbault の心理学的な見方については、Andre Barbault, *De la psychanalyse à l'Astrologie* (Paris: Seuil, 1961); Andre Barbault, 'L'astrologia, psicologia del profondo dell'antichità', *Ricerca '90* 48 (2001), pp. 105-13 を見よ。

13 分析トレーニング団体はユングの占星術に対してさまざまな態度をとった。チューリッヒ・ユング研究所は、何十年もの間、心理学に関するコースを続けてきたし、近年、ロンドンのユング派分析家協会は、占星術と共時性に関するセミナーを開いてきた。これに対し、ロンドンの分析心理学協会は、カリキュラムの一部として占星術を含めたことはない。

14 Jung, 'Synchronicity', CW8, ¶¶816-968; Jung, 'On Synchronicity', CW8, ¶¶969-997; Jung', On Synchronicity', CW18, ¶1193-1212 を見よ。

15 C. G. Jung, Letter to Michael S. Fordham, 15 December 1954, Wellcome Library, London, PP/FOR/C.1/1/2:Box 7. 引用されているフォーダムとユングの間の手紙はすべてこの資料ファイルの中にある。

16 C. G. Jung, Letter to Michael J. Fordham, 9 November 1954.

17 C. G. Jung, Letter to Michael J. Fordham, 20 October 1954.

18 ユングのフォーダムとの文通は気のおけないものだった。フォーダムは、「占星術の実験」でユングと協力したリリアン・フレイ=ローンが、実験の背後にある占星術的伝統の概要を述べる短い序文を書いてくれるかもしれないと助言した (Michael S. Fordham, letter to C. G. Jung, 20 October 1954)。また、「この難しい話題について権威のふりをして話す」ことはできないが、ホロスコープが何かは知っているとユングに請け合った (Michael S. Fordham, Letter to C. G. Jung, 10 January 1955)。誰の手によるのかわからない、フォーダムのために作成されたドイツの書式での出生ホロスコープが存在するため、それは確かである。このホロスコープには、技術的占星術的な言葉と「アニマをもつ」というようなユングの用語の両方を使ったタイプされた分析結果が添えられている (Wellcome Library PP /FOR/A.4) 。このホロスコープには日付も署名もない。ユングが作成したものではなく、フォーダムはおそらくそれをスイスかドイツの占星術師から依頼されたのだろうが、ユングにそれをいわないことにした。

19 Ira Progoff, letter to Cary F. Baynes, 18 May 1953. Sonu Shamdasani の行為による。

20『ユングとポスト・ユンギアン』村本詔司・村本邦子訳、創元社、一九九〇年。ヘイマルメネーについてのユングの考え方については、第5章を見よ。

21 Andrew Samuels, *Jung and The Post-Jungians* (London: Routledge & Kegan Paul, 1985), p.123.（『ユングとポスト・ユンギアン』、村本詔司・村本邦子訳、創元社、1990年）
22 Segal (ed.), The *Gnostic Jung*, pp. 3-52 を見よ。
23 ギリシアの寓話については、Peter T. Struck, *Birth of the Symbol* (Princeton, NJ: Princeton University Press, 2004) を見よ。オルフェウス教の文書については、Gabor Betegh, ed. and trans. , *The Derveni Papyrus* (Cambridge: Cambridge University Press, 2004); W. K. C. Guthrie, Orpheus and Greek Religion (London: Methuen, 1952) を見よ。カバラがキリスト教の三位一体の教義を暗示するというキリスト教側の解釈のについては、Joseph Dan (ed.), *The Christian Kabbalah* (Cambridge, MA: Harvard University Press, 1997) を見よ。
24 Nicholas Campion and Nick Kollerstrom (eds.), 'Galileo's Astrology', *Culture and Cosmos* 7:1(2003) を見よ。
25 ユングは占星術の探求をもっと早くから始めたのかもしれない。ユングは、1910年にアラン・レオの雑誌 *Modern Astrology* に登場した火星についてのレオの論文の初版を手に入れた。レオはのちにこの題材を *Mars the War Lord* (London: L.N. Fowler, 1915) として出版した。ユングはこの本も購入しており、最初に出版されたときの早い版を入手していたと考えられる。
26 *The Freud-Jung Letters*, ed. William McGuire, trans. Ralph Manheim and R.F.C. Hull (London: Hogarth Press/Routledge & Kegan Paul, 1977), 254J, p. 421.（『フロイト / ユング往復書簡集』、平田武靖訳、誠信書房、1979年）
27 *Freud-Jung Letters*, 255F, p. 422.
28 *Freud-Jung Letters*, 259J, p. 427.
29 Wilhelm Fliess, *Der Ablauf des Lebens* (Leipzig: F. Deuticke, 1906) を見よ。フリースの「生命の周期性」については、とくに占星術に言及してはいないが、Frank J. Sulloway, *Freud, Biologist of the Mind* (Cambridge, MA: Harvard University Press, 1992), pp. 152-58 を見よ。
30 Sigmund Freud, Letter to Wilhelm Fliess,9 October 1896, in JeffreyMoussaieff Masson (ed. and trans.), The Complete Letters of Sigmund Freud to Wilhelrn Fliess, 1887-1904 (Cambridge, MA: Harvard University Press, 1985), p. 200（『フロイト フリースへの手紙 : 1887-1904』、河田晃訳、誠信書房、2001年）。Nicholas Campion, 'Sigmund Freud's Investigation of Astrology', *Culture and Cosmos* 2:1(1998), pp.49-53; Frank McGillion, 'The Influence of Wilhelm Fliess' Cosmology on Sigmund Freud', *Culture and Cosrnos* 2: 1 (1998), pp. 33-48 も見よ。
31 Jung, *MDR*, p. 173.
32 Jung, *MDR*, p. 175.
33 Jung, *Wandlungen und Symbole der Libido* (Leipzig: Due.ticke Verlag, 1912)『リビドーの変容と象徴』（『変容の象徴——精神分裂病の前駆症状　上、下』野村美紀子訳、ちくま学芸文庫、1992年）. 最初の英語版 *Psychology of the Unconscious* は1917年に登場し、改訂されて1956年に Jung, CW5 として再発行された。このため、1917年の版からの引用は *Psychology of the Unconscious* からのものである。

34 Jung, *Introduction to Jungian Psychology,* p. 27.
35 Jung, *Psychology of the Unconscious*, pp. 77-86 を見よ。
36 ベルクソンのエラン・ヴィタールの概念は、ユングのリビドーの理解に強い影響を与えた。ユングはベルクソンの『精神のエネルギー』（渡辺秀訳、白水社、1965 年）のドイツ語訳を入手し、*Collected Works* で頻繁にエラン・ヴィタールに言及している。Jung, CW3, ¶418; Jung, CW4, ¶568; Jung, CW6, ¶540; Jung, CW8, ¶55 を見よ。ユングは「クリプトムネシア」（記憶の改竄）をしたとしてベルクソンを非難し、ベルクソンはデュレ・クレアトリスの考えを無意識のうちに新プラトン主義のプロティノスから得たのだと主張した。Jung, *Visions Seminars*, Vol. 2, p. 325 を見よ。この考えは、ベルクソンのユダヤ教ハシド派という背景から生まれた可能性の方が強い。Ben-Ami Scharfstein, *The Roots of Bergson's Philosophy* (New York: Columbia University Press, 1943) を見よ。
37 Jung, *The Visions Seminars*, Vol. 2, p. 325.
38 Jung, *The Visions Seminars*, Vol. 1, p. 44.
39 Plato, *Timaeus,* 37c-e.（『ティマイオス』、岸見一郎訳、白澤社、2015 年、『ティマイオス / クリティアス』所収）
40 Jung, *The Visions Seminars*, Vol. 1, pp. 175-76.
41 Jung, *The Visions Seminars*, Vol. 1, pp. 39-40.
42 Sonu Shamdasani, 'Introduction: New York, 1912', in Sonu Shamdasani (ed.) *Jung contra Freud* (Princeton, NJ: Princeton University Press, 2011), pp. vii-xxi; John Ryan Haule, 'Freud and Jung: A Failure of Eros', *Harvest* 39 (1993), pp. 147-58 を見よ。
43 フロイトとのアメリカ旅行についてのユングの記述は、Jung, *MDR*, pp. 400-404 にあるエンマへの手紙を見よ。
44 Jung, 'Versuch einer Darstellung der psychoanalytischen Theorie', in *Jahrbuch für psychoanalytische und psychopathologische Forschungen*, V (Vienna and Leipzig, 1913); Jung, 'The Theory of Psychoanalysis', *The Psychoanalytic Review* (New York), 1 (1913-14), pp. 1-4 and II (1915), p. 1.
45 Jung, CW4, ¶477
46 フォーダム大学は、1841 年にニューヨークのカトリック司教区によって設立され、その後まもなくイエズス会系になった。独立した研究大学だが、現在の評議会は「イエズス会の伝統」に従っていると述べている。
47 バビロニアの叙事詩 エヌマ・エリシュを見よ。その中で太陽神マルドゥクは、殺された彼の母親ティアマトの体から天と黄道十二宮の星座を作り出す。神が最初に太陽と月を創る創世記の最初の部分を見よ。
48 Robert A. Segal, 'Jung's Very Twentieth-Century View of Myth', *Journal of Analytical Psychology* 48 (2003), pp. 593-617, on p. 593.
49 'Zur Empirie des Individuationsprozesses' は 1934 年に最初に the *Eranos-Jahrbuch* に発表され、Jung, *The Integration of the Personality*, trans. Stanley Dell (New York: Farrar & Rinehart, 1939; London, 1940) として英語で出版された。この英

語版は CW9i に収められており、ユングによれば「完全改訂増補版」である。
50「X 夫人」は、アメリカ人開業医で 1921 年から 1922 年にユングの患者だったクリスティン・マン (1873-1945) である。Thomas B. Kirsch, *The Jungians* (London: Routledge, 2012), p. 65 を見よ。
51 Jung, CW9i, ¶606.
52 ユングがこの小論を書いた当時、冥王星は発見されたばかりで、ユングの評価に含まれていない。つまり、彼の知っていた惑星は 9 つだった。
53 Jung, CW9i, ¶606, n. 166. この記号は、火星と「スクエア」つまり 90 度のアングルの月を示している。
54 C. G. Jung, *Psychologische Typen* (Zürich: Rascher Verlag, 1921)（『タイプ論』、林道義訳、みすず書房、1987 年）。この著作は英語ではまず Jung*, Psychologiml Types, or Psychology of Individuation*, trans. H.G. Baynes (London: Kegan Paul, Trench, Trubner, 1923) として出版され、ほとんど改訂されていないが、1959 年に R.F.C. Hull による新しい翻訳で CW6 として再び登場した。Jung, CW6, pp. v-vi の 'Editorial Note' を見よ。
55 MBTI については、Isabel Briggs Myers, *An Introduction to Type* (Oxford: Oxford Psychologists Press, 2000 [1990])（『Myers-Briggs Type Indicator(MBTI) 受検者のタイプ検証のためのガイド』、園田由紀訳、JPP、2011 年）を見よ。批判については、David J. Pittinger, 'Measuringthe MBTI... and Coming Up Short', *Journal of Career Planning and Employment* 54:1(1993), pp. 48-52 を見よ。
56 <www.capt.org/research/psychological-type-journal.htm#>. グレアム・チャップマン、ジョン・クリーズ、エリック・アイドル、テリー・ジョーンズ、マイケル・ペイリン、テリー・ギリアムによって書かれた『全英プルースト要約選手権』は、BBC により 1972 年 11 月 16 日に『空飛ぶモンティ・パイソン』のシーズン 3 エピソード 5 としてテレビ放映された。
57 たとえば Stephen Arroyo, *Astrology, Psychology, and the Four Elements* (Davis, CA: CRCS, 1975) を見よ。
58 Jung, *Liber Novus*, p. 275. 赤い男についてもっと詳しいことは、Liz Greene, *The Astrological World of* Jungs' '*Liber Novus*' (London: Routledge, 2018), chapter 1 を見よ。
59 第 2 章を見よ。
60 Jung, *Liber Novus*, pp. 267-73.
61 Jung, CW6, ¶960.
62 John Burnet, *Early Greek Philosophy* (London: A &C Black, 1920), pp. 215-16（『初期ギリシア哲学』、西川亮訳、以文社、1975 年）。Empedocles, Frag. 71 からの引用。ユングはエンペドクレスを頻繁に引用している。Jung, CW8, ¶55; Jung, CW9ii, ¶35; Jung, CW11, ¶62, 93, 104, 246; Jung, CW12, ¶109, 433, 436; Jung, CW13, ¶242; Jung, CW15, ¶11 を見よ。
63 Plato, *Timaeus*, 48 b を見よ。
64 Jung, Letter to Michael J. Fordham, 20 October 1954.
65 Aristotle, *On Coming-to-Be and Passing Away*, trans. Forster and Furley, in *Aristotle*

III (Cambridge, MA: Harvard University Press, 1955), II:4, pp.27 9-81（『生成と消滅について』、池田康男訳、京都大学学術出版会、2012 年）を見よ。ガレノスの著作におけるこの考えの展開については、Peter Brain, *Galen on Bloodlet-tillg* (Cambridge: Cambridge University Press, 1986) を見よ。

66 Ptolemy, *Tetrabiblos*, I:3.27 を見よ。ユングはプトレマイオスの著作をよく知っていた。Jung, CW8, ¶869; Jung, CW9ii, ¶128and 149; Jung, CW14, ¶576 を見よ。

67 ユングは *Jung,* CW13, ¶412 で Valens の *Anthologiarium* を引用している。

68 Vettius Valens, *The Anthology,* trans. Robert Schmidt (Berkeley Springs, WV: Golden Hind Press, 1993-96), Book I, pp. 7-16.

69 エレメントの初期の歴史については、Dorian Gieseler Greenbaum, *Temperment* (Bournemouth: Wessex Astrologer, 2005), pp. 5-44 を見よ。

70「機能型」の説明は、Jung, CW6, ¶¶556-671 を見よ。

71 Jung, CW6, ¶933.（『タイプ論』、林道義訳、みすず書房、1987 年）「オリエント」はここではメソポタミア、バビロニア、あるいは中東を意味する。

72 Jung, CW6, ¶883-84.

73 Greenbaum, *Temperament,* p.47 を見よ。

74 Alan Leo, *The Art of Synthesis* (London: Modern Astrology Office, 1912), p. 179; Alan Leo, *How to judge a Nativity* (London: Modern Astrology Office, 1903), p. 14.

75 Jung, CW6, ¶¶577-81.

76 Leo, *The Art of Synthesis*, pp. 177-78; Leo, *How to Judge a Nativity*, p. 14.

77 Jung, CW6, ¶¶604-5

78 C. G. Jung, 'The Swiss Line in the European Spectrum', in Jung, CW10, ¶¶903-924. この論文は最初は 'Die Bedeutung der schweizerischen Linie im Spektrum Europas', *Neue Schweitzer Rundschau* 24:6 (1928), pp. 1-11 として発表された。

79 Jung, CW10, ¶914.

80 アニムスの批判的敵対的な形で現れる傾向については、Jung, CW7, ¶¶296-340; Jung, CW13, ¶¶57-63; Jung, CW9ii, ¶¶20-42 を見よ。

81 この区分は、占星術の「四元性」すなわち活動（カーディナル）、不動（フィクスト）、柔軟（ミュータブル）に関する、それぞれ 4 つのサインからなる 3 つのグループを構成する。したがって各サインは、どれかひとつのエレメント（トリプリシティ）と反応の仕方（四元性）の性質をもつ。Leo, *How to Judge a Nativity*, pp. 14-15 を見よ。

82 ユングによる月と本能的な女性性の関係付けについては、Jung, CW4, ¶¶154-73; Jung, CW9i, ¶156 を見よ。占星術における惑星の関係（アスペクト）の説明は、Leo, *How to Judge a Nativity*, pp. 39-67; Charles E. O. Carter *The Astrological Aspects* (London: Theosophical Publishing House, 1930) を見よ。ユングは、このイギリス人占星術師によるもっと前の著書 *An Encyclopaedia of Psychological Astrology* (London: Theosophical Publishing House, 1924) を所有していた。

83 先人たちというのは、ジャン＝マルタン・シャルコー (1825-93)、ピエール・ジャネ (1859-1947)、ヨーゼフ・ブロイアー (1842-1925)。シャルコーの著作については、Jean-Martin Charcot, *Clinical Lectures on Diseases of the Nervous System,*

ed. Ruth Harris, trans. Thomas Savill (London: Routledge, 1991[1886]) を見よ。コンプレックスを「イデア形相」とするジャネの考えについては、Pierre Janet, *The Major Symptoms Of Hysteria* (New York: Macmillan, 1924) を見よ。ブロイアーについては、Freud and Breuer, SE2 を見よ。 フロイトのコンプレックスの考え方については、Freud, SE7 を見よ。

84 Jung, CW8, ¶¶194-219 を見よ。

85 Freud, SE7, p. 188.

86 オイディプスの神話に対するこのアプローチについては、Erich Neumann, *The Origins and History of Consciousness* (Princeton, NJ: Princeton University Press, 1954) を見よ。

87 Jung, CW5, ¶644.

88 コンプレックスに関する分析心理学者による著作については、Erel Shalit, *The Complex* (Toronto: Inner City Books, 2002); Edward F. Edinger, *Ego and Archetype* (New York: Putnam, 1972) を見よ。集団のコンプレックスと歴史的サイクルについては、Thomas Singer and Samuel L. Kimbles (eds.) *The Cultural Complex* (London: Routledge, 2004); James L. Henderson, *A Bridge Across Time* (London: Turnstone, 1975) を見よ。

89 Jung, CW14, ¶308.

90 イアンブリコスのテウルギアについてさらに詳しいこと、およびユングの著作におけるその重要性については、第 3 章を見よ。

91 Jung, CW7, ¶266.

92 Jung, CW14, ¶309. この場合の「圏」（ハウス）は、グノーシス主義やヘルメス主義の文献に登場する天界の「住まい」あるいは「惑星層」をいっている。「神との類似性」はヘルメス主義の『ポイマンドレス』のような文書には、神との統合へと惑星層を超えて昇り個人の変容に至る体験だと説明されている。ユングは『ポイマンドレス』のミードによる翻訳を所有していた。対応する文章については、G. R. S. Mead (ed. and tans.), *Thrice-Greatest Hermes*, 3 volumes (London: Theosophical Publishing Society, 1906), II:15-16 を見よ。もっと最近の翻訳については、Brian P. Copenhaver (ed. and trans.), *Hermetica* (Cambridge: Cambridge University Press, 1992), *CH*1:25-26 を見よ。

93 Jung, CW14, ¶¶297. *Hypnerotomachia*（『ヒュプネロートマキア・ポリフィリ』、大橋喜之訳、八坂書房、2018 年）の唯一の完全な英訳は、Joscelyn Godwin (trans.), *Hypnerotomachia Poliphili* (London:Thames and Hudson, 1999)。 Greene, The Astrological World of Jung's '*Liber Novus*', conclusion も見よ。

94 Jung, CW14, ¶¶752-55.

95 Jung, CW14, ¶¶311 and 353.

96 Jung, CW14, ¶222.

97 Jung, CW12, ¶40. ユングのヘイマルメネーのとらえ方についてのもっと詳しい議論は第 5 章を見よ。

98 Jung, CW14, ¶308.

99 B. V. ラマン (1912-98) は影響力のあるインドの占星術師で、ヒンドゥー教あ

るいはヴェーダ占星術に関する本と記事を多数発表し、ユングが手紙の中で言及した *The Astrological Magazine* という雑誌を編集した。B. V. Raman, *How to Judge a Horoscope*, 2 volumes (Columbia, MO: South Asia Books, 2000) を見よ。

100 C. G. Jung, Letter to B.v Raman, 6 S eptember 1947, in Jung, *C. G. Jung Letters,* Vol. 1, pp.475-76.

101 Jung, Letter to André Barbault, p. 176.

第二章　ユングの占星術師たち

1 Plotinus, Ennead II.3.7.（『エネアデス』、水地宗明·田之頭安彦訳、中央公論社、1986-1988 年、『プロティノス全集』所収）

2 Jung, *Liber Novus*, pp. 136-37, trans. p.310（『赤の書』、河合俊雄、田中康裕、高月玲子、猪股剛訳、創元社、2014 年）

3 プトレマイオスについては、第 1 章の注 66 を見よ。アブー・マーシャルについては、Jung, CW 9ii, ¶¶128, 131-33, 153-54 を見よ。カルダヌスについては、Jung, CW8, ¶869; Jung, CW9i, ¶436; Jung, CW9ii, ¶¶130and 136; Jung, CW14, ¶474 を見よ。

4 Jung, CW8, ¶¶816-968.（河合隼雄訳、海鳴社、一九七六年、『自然現象と心の構造』所収）

5 J.B. Rhine, *Extra-Sensory Perception* (Boston, 1934); J.B. Rhine, *New Frontiers of the Mind* (New York: Farrar & Rinehart, 1937). Jung, CW8, ¶833, n. 29 を見よ。

6 Kar1 Ernst Krafft, *Le premier traité d'astro-biologie* (Paris: Wyckmans, 1939); Paul Flambart (a.k.a. Paul Choisnard), *Preuves et bases de l'astrologie scientifique* (Paris: Bibliothèque Chacornac, 1921).

7 Philo, *De opificio mundi*（『世界の創造』、野町啓·田子多津子訳、教文館、2007 年）については、Jung, CW8, ¶855 を見よ。Plotinus, *Enneads* については、Jung, CW8, ¶927 を見よ。Schopenhauer, *Parega und Paralipomena* については、Jung, CW8¶, 829 を見よ。

8 Private letter from Ulrich Hoemi, 15 December 2012.

9 Noll, 'Jung the *Leontocphalus*', p. 67. ノルはこの言葉の出典を明らかにしていない。

10 James Holden, 'Preface to the 2006 Reprint', in Pearce, *The Text-Book of Astrology*, p. vii.

11 Curry, *A Confusion of Prophets,* p. 111 での引用。

12 たとえば Alfred J. Pearce, *The Science of the Stars* (London: Simpkin, Marshall, 1881) と *The Weather Guide-Book: A Concise Exposition of Astronomic-Meteorology* (London: Simpkin, Marshall, 1864) を見よ。.

13 そうした雑誌は、1892 年に発刊され 1894 年に廃止された *The Future*、*Urania*、*Star Lore* があった。ピアースは、やはりユングの蔵書にはない大衆向けの年間雑誌 *Zadkiel's Almanac* の編集者でもあった。

14 ユングは *The Occult Review* を 1920 ～ 30 年の 4 巻所有していた。ユングが多年（1910 ～ 24 年と 1929 ～ 30 年）にわたって収集した *The Quest* は 17 巻に及ぶ。

15 Raphael, *The Key to Astrology* (London: W. Foulsham, 1896).

16 Kim Farnell, 'Seven Faces of Raphael', <www.skyscript.co.uk/raphae.lhtml> を見よ。
17 Curry, *A Confusion of Prophets*, pp. 46-60 を見よ。ロバート・クロス・スミスとロバート・トマス・クロスの名前が似ているのは偶然（あるいは同時性）のようだ。
18 アラン・レオの生涯と業績については、Curry, *A Confusion of Prophets*, pp. 122-59; Bessie Leo, *The Life and Work of Alan Leo* (London: Modern Astrology Office/ N.L. Fowler, 1919); Campion, *A History of Western Astrology*, pp.23 1-34　を見よ。
19 Bessie Leo, *The Life and Work of Alan Leo*, p. 43. Campion, *A History of Western Astrology*, p. 232 も見よ。
20 Leo, *The Life and Work of Alan Leo*, pp.11-12.
21「不可能の」についてのブラヴァツキーの議論については、Bravatsky, *Iris Unveiled: A Master-Key to the Mysteries of Ancient and Modern Science and Theology*, 2 volumes (London: Theosophical Publishing, 1877), Vol. 1, p. 302（『ベールをとったイシス』、老松克博訳、竜王文庫、2010 年）; Blavatsky, *The Secret Doctrine: The Synthesis of Science, Religion and Philosophy*, 2 volumes (London: Theosophical Publishing, 1888), Vol. 1, p. 100 を見よ。
22 Greene, *The Astrological World of Jung's 'Liber Novus'*, chapter 2 を見よ。
23 Alan Leo, *Astrology for All, Parts I and II* (London: Modern Astrology Office, 1 899; repr. 1904, 1912, 1921, およびその後の多くの版).
24 1906 年の惑星の位置が載せられている *Planeten-Calendarium* と呼ばれるドイツ語のエフェメリスが、ユングの蔵書に存在する。
25 ユングの長女アガテーは 1904 年 12 月 28 日に生まれ、次女のグレーテは 1906 年 2 月 8 日に生まれた。1906 年は、Leo, *Astrology for All*, Part II のユングが所有している版にある恒星時の表には含まれていない。この表は、この本の出版年である 1904 年で終わっている。ユングは、p182 のコラムの下に鉛筆で 1906、1907、1908 年の恒星時を書き加えている。ユングの息子フランツは 1908 年生まれである。
26 ユング所有の Leo, *How to Judge a Nativity* にも、鉛筆で多くの書き込みがされている。
27 © 2007 Foundation of the Works of C. G. Jung, Zürich.
28 ファン・オプハイゼンについては、*The International Dictionary of Psychoanalysis*, 3 volumes, ed. Alain de Mijolla (Farmington Hills, M I: Cengage Gale, 2004) の彼の項目とそこに書かれている参考文献を見よ。
29 Alan Leo, *The Key to Your Own Nativity* (London: Modern Astrology Office, 1910).
30 Leo, *The Key to Your Own Nativity*, p. 283.
31 Leo, *The Key to Your Own Nativity*, p. 21.
32 これらの惑星の動きは「セカンダリー・プログレッション」と呼ばれる。この占星術の技法については、Alan Leo, *The Progressed Horoscope* (London: Modern Astrology Office, 1905) を見よ。
33 Jung private archives, © 2007 Foundation of the Works of C. G. Jung, Zürich. An-

dreas Jung の厚意により転載。

34 3 つの論文の英訳については、Frances A. Yates, *The Rosicrucian Enlightenment* (London: Routledge & Kegan Paul, 1972), pp. 294-322（『薔薇十字の覚醒』、山下知夫訳、工作舎、1986 年）を見よ。

35 Joscelyn Godwin, *The Theosophical Enlightenment* (Albany: SUNY Press, 1994), pp. 216-22; Roland Edighoffer, ‘Rosicrucianism: From the Seventeenth to the Twentieth Century’, in Antoine Faivre and Jacob Needleman (eds.), *Modern Esoteric Spirituality* (New York: Crossroad, 1992), pp. 186-209 を見よ。自分たちを最初の薔薇十字団と関係付ける現代の団体の文献については、H. Spencer Lewis, *Rosicrucian Questions and Answers with Complete Answer*s(San Jose, CA: Supreme Grand Lodge of AMORC, 1969); R. Swinburne Clymer, *The Rosy Cross* (Quakertown, PA: Beverly Hall, 1965) を見よ。概観については、Christopher McIntosh, *The Rosicrucians* (York Beach, ME: Weiserbooks, 1998) を見よ。神智学的および人智学的解釈については、A.E.Waite, T*he Real History of the Rosicrucians* (London: George Redway, 1887); Rudolf Steiner, *The Secret Stream* (Great Barrington, MA: An throposophic Press, 2000) を見よ。

36 Jung, CW6, ¶¶314-16; Jung, CW7, ¶¶385, 494; Jung, CW9i, ¶652; Jung, CW10, ¶764; Jung, CW12, ¶¶99, 422; Jung, CW13, ¶391 を見よ。

37 Waite は薔薇十字会に関する本を The *Real History of the Rosicrucians* と *The Brotherhood of the Rosy Cross* (London: William Rider & Son, 1924) の 2 冊書いている。ユングは前者を入手し、Jung, CW14, ¶312 と Jung, CW16, ¶500 でそれに言及している。ユングはほかにもウェイトの著書を多数所有していて、その中にはタロットやカバラに関する本もある。ウェイトについては、R.A. Gilbert, A. E. Waite (Wellingborough: Crucible, 1987); Greene, *Magi and Maggidim*, pp.301-76 を見よ。

38 薔薇十字友邦団については、<www.rosicrucianfellowship.org/> でも確認できる。現在ほかにも薔薇十字の組織はあり、アメリカの AMORC (Ancient Mystical Order Rosae Crucis) とイギリスの SRIA (Societas Rosicruciana in Anglia) はどちらも独自にウェブサイトを開設している。

39 シュタイナーの著作は多数あるが、とくに Rudolf Steiner, *The Way of Initiation,* trans. Max Gysi (London: Theosophical Publishing Society, 1910); Rudolf Steiner, An Outline of Occult Science, trans. Max Gysi (London: Theosophical Publishing Society, 1914) を見よ。Gilbert Childs, Rudolf Steiner (Hudson, NY: Anthroposophic Press, 1996) も見よ。

40 Jung, CW10, ¶170; Jung, CW11, ¶859.

41 Hanegraaff, *New Age Relision*, pp. 496-513 を見よ。

42 ユングとシュタイナーに共通する立場を見つけようとする人智学者の努力については、Gerhard Wehr, *Jung and Steiner,* trans. Magdalene Jaeckel (Great Barrington, MA: Anthroposophic Press, 2002) を見よ。

43 Max Heindel, *Simplified Scientfic Astrology* (London: L.N. Fowler, 1928) も見よ。

44 アンドレアス・ユングからいわれたように、本というものは所有者の死後、

家族や友人の求めにより、個人の書庫から「出歩く」傾向がある。ユングの占星術に関する文書は多くが、彼女自身占星術を実践している、娘の グレーテ (1906-95) の蔵書に紛れ込んでいた。ユングはたいてい自分の本に名前を書かなかったので、グレーテ の占星術に関する蔵書のうちどの本がもともとはユングのものだったのか確実なことはわからない。

45 Heindel, *Simplified Scientific Astrology*, p. 201.

46 © 2007 Foundation of the Works of C. G. Jung, Zürich.

47 © 2007 Foundation of the Works of C. G. Jung, Zürich.

48 多数あるユングの患者のチャートには、誰かわからない「BW」というイニシャルがサインされている。ふたつの同じ内容のチャートがトニ・ウルフのために作成されており、ひとつはエンマ・ユング、そしてもうひとつは不明の人物の手による。チャートの中には、その人自身がユングに渡したものもある。手描きの場合、占星術の記号に、筆跡の場合と同じように個人の特徴が現れる。ユングの手書きの占星術資料をエンマのものと区別して特定する作業は、親切にもアンドレアス・ユングの夫人ヴレニ・ユングがしてくださった。夫人は、筆跡学に通じている。

49 © 2007 Foundation of the Works of C. G. Jung, Zürich. この惑星の記号を、Greene, *The Astrological World of Jung's 'Liber Novus'*, chapter7 で議論されている *Systema Munditorius* にある記号と比較してみるとよい。

50 © 2007 Foundation of the Works of C. G. Jung, Zürich. 計算の筆跡と、ページ上部に書かれていた「Jung」の名前は、Shamdasani, *Jung*, p. 43 に転載された、ユングの資格論文の最初のページのものと同一である。

51 Heindel, *Simplified Scientific Astrology*, p. 16 0.

52 Max Heindel, *The Message of the Stars* (Oceanside, CA: Rosicrucian Fellowship, 1918), p.192.

53 Heindel, *The Message of the Stars*, p. 28.

54 Heindel, *The Message of the Stars*, p. 10. 乙女座の冬至の「真夜中のアセンダント」は、太陽と東の空を上昇するサインの関係をいっている。北半球では、冬至の真夜中の前に、山羊座のサインに入る太陽が、死と再生と結びつけられるイマム・コエリ（天底）すなわち北あるいは「真夜中」の点に達しようとする。このとき、東の空に乙女座の最後の数度が昇りつつある。

55 キリストに関する太陽神話の最近の議論については、David Fideler, *Jesus Christ, Sun of God* (Wheaton, IL: Quest Books/Theosophical Publishing House, 1993) を見よ。

56 F. Max Müller, *Lectures on the Origin and Growth of Religions as Illustrated by the Religions of India* (London: Longmans, Green, 1878), p. 213.

57 F. Max Müller, *Theosophy* (London: Longmans, Green, 1917); F. Max Müller, *Vorlesungen* über *den Urspnmg und die Entwickelungder Reilgion* (Strasbourg: Trubner, 1880).

58 Jung, CW9ii, ¶¶164-66 and 194. ユングは、上記の資料のいずれかから幼子を抱く乙女座のイメージを得たのかもしれない。しかし、大部分の占星術の文書

で、乙女座を表す女性は赤ん坊ではなく小麦の穂をもっている。

59 ユングの私的アーカイブにあったふたつのホロスコープによる誕生のデータ：Antonia Anna Wolff, 18 September 1888, 2.30 pm, Zürich.

60 Jung, CW9i, ¶¶604-605.

61「もとに生まれた」でユングは、X 夫人の誕生の時刻に東の地平線に蟹座が上昇していたこと（アセンダント）をいっていたようだ。アラン・レオはこの言い方を、出生時に太陽が位置する黄道十二宮のサインではなく、アセンダントを表現するのに使った。たとえば Leo, *The Art Of Synthesis*, p. 203 を見よ。

62 John M. Thorburn, letter to Emma Jung, 15 February 1929, Jung Private Archives. デイヴィッド・ベインズはヘルトン・ゴッドウィン・ベインズ (1882-1943) であり、彼と妻のケアリー・ベインズ (1883-1977) はユングの親しい友人で、ユングの著書を多数英語に翻訳した。

63 J.M. Thorburn, 'Mysticism and Art', *The Monist* 30: 4 (1920), pp. 599-617; J. M. Thorburn, *Art and the Unconscious* (London: Kegan Paul, Trench, Trubner, 1925); J.M. Thorburn, 'Analytical Psychology and the Concept of Individuality', *International journal of Ethics* 35: 2 (1925), pp. 125-39; J.M. Thorburn, A. H. Hannay, and P. Leon, 'Artistic Form and the Unconscious', *Proceedings of the Aristotelian Society* 13 (1934), pp.119-58 を見よ。

64 Thorburn, *Art and the Unconscious*, pp. 39-80 を見よ。その中でソーバーンはユングの『リビドーの変容と象徴』から多く引用したり言い換えたりしている。Jung, CW15, ¶¶133-162 も見よ。

65 Diana Baynes Jansen, *Jung's Apprentice* (Einsiedeln, Switzerland: Daimon Verlag, 2003), p. 271 を見よ。

66 J.M.Thorburn, 'Do The Gods Exist?', Harvest 6 (1959), pp. 72-87.

67 この会議へのソーバーンの出席については、'Astrologers' Weekend', *Picture Post: Hulton's National Weekly*, 29April 1939, pp. 3-4 を見よ。

68 © 2007 Foundation of the Works of C. G. Jung, Zürich.

69 レオはソーバーンがユングのチャートを作成したときには死亡していたが、彼の印刷されたホロスコープの書式は引き続き入手できた。レオの書式はいつも中心に大球図が表示されていて、ホロスコープの水平軸と垂直軸は 2 重線が引かれていた。この独特の車輪状の形の例を、Leo, *The Art of Synthesis,* pp. 228, 232, and 238 で見ることができる。

70 このチャートは Leo, *The Progressed Horoscope*, p. xvi に掲載されている。

71 John M. Thorbur'n, Analysis of Jung's Natal Horoscope', Jung private archives, p. 4.

72 Thorburn, 'Analytical Psychology and the Concept of Individuality', p. 128.

73 Jung, CW6, ¶601.

74 Jung, CW6, ¶9.

75 Jung, Letter to Oskar Schmitz, 26 May 1923, in 'Letters to Oskar Schmitz', p. 82. 1955 年にユングは「誰もが私を内向的だというだろう」と述べた。Stephen Black, 'The Stephen Black Interviews', in C. G. Jung Speaking, p. 256 を見よ。

76 Jung, CW6, ¶¶658-59.
77「トライン」は、ふたつの惑星のアングルが 120° の場合で、一般に吉兆と解釈される。
78 Thorburn, 'Analysis of Jung's Natal Horoscope', p. 1.
79 Jung, Letter to Upton Sinclair, 25 February 1955, in *C. G. Jung Letters*, Vol. 2, pp. 230-32.
80 © 2007 Foundation of the Works of C. G. Jung, Zürich.
81 Robert Zoller, To ols & Techniques0 1 the N!edieval Astrologer (London: New Library, 2001), Book 1, p.17 を見よ。
82 アラビアの資料については、Zoller, *Tools& Techniques*, p. 22 を見よ。中世の議論については、Guido Bonatti, *Liber Astronomiae* (1277), ed. Robert Hand, trans. Robert Zoller (Berkeley Springs, WV: Golden Hind Press, 1994-96), Vol. 3, pp. 45-48 を見よ。
83 この計算は、胎児の形成を支配する月と誕生の瞬間を指定するアセンダントの間に関係があるという考えに基づいている。
84 http://astrozet.com/Manual/trutina.html を見よ。
85 Sepharial, *The Solar Epoch* (London: W. Foulsham, 1925). セファリアルについては、Kim Farnell, 'That Terrible Iconoclast: A Brief Biography of Sepharial', at <www.skyscript.co.uk/sepharial.html> を見よ。セファリアルは以前に Sepharial, *The New Manual of Astrology* (Philadelphia, PA: David McKaym, 1898), Book 3, pp.151-74 でプレネイタル・エポックにひとつの章を割いたことがあった。この技法についての初期の記述は、月からアセンダントへの交代という点で、古典時代のヘルメスの秤に従っている。
86 1915 年にアラン・レオによって設立されたロンドンの占星術ロッジのメンバーだった George H. Bailey (1896-1959) は、1928 年に 'The Descent to Birth and the Soli-Lunar Interchanges', *Modern Astrology* (1928) という記事を発表した。ベイリーの技法は、正確な出生時刻を突き止める「レクティフィケーション」に使用された。
87 A.E. Thieren's *Elements of Esoteric Astrology* (Philadelphia, PA: David McKay, 1931), pp. 145-47. ユングはティーレンスの著作にいくらか関心をもっていたようで、ほかにもタロットに関する彼の本 A.E. Thierens, *The General Book of the Tarot* (London: Rider, 1930) を入手しており、その序文は A.E. ウェイトが書いている。
88 このチャートは実際には、ユングの誕生より前の年のソーラー・リターン・チャートである。ソーラー・リターン・チャート（生涯の各年について計算し、太陽がその出生時のサインの正確な度・分に戻るときについて作成する）に関するさまざまな見解については、Lynn Bell, *Cycles of Light* (London: CPA Press, 2005); J. Lee Lehman, *Classical Solar Returns* (Atglen, PA: Schiffer, 2012) を見よ。
89 John M. Thorburn, Jung 'Epoch' Chart, Jung private archives, pp. 2-3.
90 Thorburn, Jung's 'Epoch' Chart, p. 5.

91 エンマの出生チャートと「エポック」チャートの両方が入っていた、エンマに宛てたソーバーンの手紙（1929 年 2 月 15 日）に、その前の 9 月にエンマが彼にこれらのチャートを頼み、どうしたら占星術を「個性化のため」に使えるか尋ねたことが示されている。

92 これらの動きは、「プライマリー・ディクレッション」として計算されている。これは、ホロスコープを出生時からプログレスさせる方法に与えられた名称で、プトレマイオスの『テトラビブロス』に起源があり、今日でもまだ使用されている。Sepharial, *Directional Astrology* (London: Rider, 1921) を見よ。

93 Angela Graf-Nold, 'C. G. Jung's Position at the Swiss Federal 1nstitute of Technology Zürich', *Jung History* 2: 2, at <www.philemonfoundation.org/resources/Jung_history/volume_2_issue_2> を見よ。分析心理学に関するフレイ＝ローンの主要な業績については、ありい, *From Freud to Jung*, trans. Fred E. Engreen and Evelyn K. Engreen (New York: Putnam, 1976; repr. Shambhala/Daimon Verlag, 1990) を見よ。

94 リリアン・フレイ＝ローンのゲーン・F・ナメシとのインタビュー、C. G. JungB iographical Archive 1968-73, Countway Library of Medicine, Harvard University, interview 2, p. 25.

95 Jung private archives, © 2007 Foundation of the Works of C. G. Jung, Zürich. アンドレアス・ユングの厚意により提供を受けた。

96 © 2007 Foundation of the Works of C. G. Jung, Zürich.

97 © 2007 Foundation of the Works of C. G. Jung, Zürich

98 Richard Wilhelm, *Das Geheitnnis der goldenen Blüte* (Munich: Dorn, 1929)（『黄金の華の秘密』、湯浅泰雄・定方昭夫訳、人文書院、1980 年）; 英語版 *The Secret of the Golden Flower*, trans. Cary F. Baynes (London: Kegan Paul, Trench, Tubner, 1931) が出版されている。錬金術の心理学的重要性についてのユングの後期の認識については、Jung, *MDR*, pp. 229-31; Jung, CW13, 'Foreward to the Second German Edition', in Wilhelm, *Secret of the Golden Flower*, p. 4; Jung, *Liber Novus*, p. 360 and p. 305, n. 232 を見よ。

99 このコンフィギュレーションでは、メディウム・コエリ（中天）つまり出生チャートの南中点をトランジットの土星が通過しており、説明は Leo, *The Progressed Horoscope*, p. 263 を見よ。

100「伝統的な」という形容は誤解を生みやすい。これらの流派は、占星術の中でも特定の伝統を反映するヘレニズムあるいはアラブの技術の重要性を強調する。こうしたアプローチに関する現代の文書については、Bejamin Dykes, *Traditional Astrology for Today* (St. Paul, MN: Cazimi Press, 2011) を見よ。しかしユングは、彼が関心をもつ内的象徴的な占星術を強調する古代末期の新プラトン主義やヘルメス主義の著作の伝統に頼った。占星術の中には多くの「伝統」があり、いずれもそれを追究する人々には有効に思えるのだ。

101 これらの著者による著作については、Heinz Arthur Strauss, *Astrologie* (Leipzig: Kurt Wolff, 1977); Heinz Arthur Strauss and Sigrid Strauss-Klöbe, *Die Astrologie des Johannes Kepler* (Munich: Oldenbourg, 1926) を見よ。'Kosmobiologie' という言葉はのちに占星術師のラインハルド・エバーティン (1901-88) の著作に

取り入れられ、彼がこの流派の設立者とみなされる場合もある。しかし、シュトラウスはこの概念をエバーティンより 10 年以上早く使っており、この言葉自体は 1914 年までさかのぼることができる。

102 *C. G. Jung Bibliothek Katalog* DF 16-17 を見よ。

103 Jung, 'Appendix: In Memory of Richard Willielm', in *The Secret of the Golden Flower,* p. 144. この追悼文が最初に発表されたのは 1930 年 5 月 10 日である。

104 Sigrid Strauss-Klöbe, 'Uber die psychologische Bedeutung des astrologischen Symbols', in *Eranos Jahrbuch*1934, B and 2 (Zürich: Rhein-Verlag, 1935).

105 Jung, 'Uber die Archetypen des kollektiven Unbewussten'. この論文は最初に *Eranos Jahrbuch* 1934 に登場し、改訂、翻訳されて、Jung, CW9i, pp. 3-41 で出版された。

106 Hakl, Er an.os, p. 96.

107 Ferne Jensen and Sidney Mullen (eds.), *C. G. Jung, Emma Jung, and Toni Wolff* (San Francisco, CA: Analytical Psychology Club of San Francisco, 1982), p.90（『回想のユング』、藤瀬恭子訳、創元社、1988 年）の中のシュトラウス＝クローベ自身の言葉を見よ。

108 Sigrid Strauss-Klöbe, *Kosmische Bedingtheitder Psyche* (Oberbayern: O.W Barth, 1968); Sigrid Strauss- Klöbe, *Das Cosmopsychische Phanomen* (Freiburg: W alter-Verlag, 1977); Heinz Arthur Strauss, Psychologie u1.da strologisdle Symbolik (Zürich: Rascher Verlag, 1953) を見よ。

109 Jensen and Mullen (eds.), *C. G.Jung, EmmaJung, and Toni Wolff*, pp. 89-90.

110 シュミッツについては、Andre Barbault, *From Psychoanalysis to Astrology* (Munich: Hugendubel, 1991[1961]); Carl-Ludwig Reichert, 'Oskar Adolf Hermann Schmitz', in *New German Biography*, Vol. 23 (Berlin: Duncker and Humblot, 2007), pp.25 4-55 を見よ。

111 セミナーへのシュミッツの出席については、William McGuire, 'Introduction to the 1989 Edition', in Jung, *Introduction to Jungian. Psychology*, p. xxxi を見よ。Jung, 'Letters to Oskar Schmitz, 1921-193r, trans. James Kirsch, *Psychological Perspedives* 6: 1(1975), pp. 79-95 にあるシュミッツへのユングの手紙も見よ。これらの手紙のうち 3 通は、C. G. Jung Letters, Vol. 1, pp. 39-41, 53-54, 82 で見ることができる。

112 たとえば Oskar A. H. Schmitz, Geist der Astrologie, 2 volumes (Munich: Müller, 1922) を見よ。その中でシュミッツは 'atro-psychology' という言葉を使っている。ユングは蔵書の中にほかにも シュミッツ の著書をもっていたが、それらは占星術に関するものではない。*Collected Works* の中でのユングのシュミッツへの言及については、Jung, CW9i, ¶51; Jung, CW10, ¶¶188 and 921; Jung, CW18, ¶1825 を見よ。これらの言及の中に占星術に関するものはないが、その代わりに心理分析と民間伝承の関係に注目している。ユングはシュミッツの死後に出版された *Marchen aus dem Unbewussten* (Munich: Karl Hanser, 1932) の序文も書いており、これは占星術ではなくおとぎ話に関する本である。

113 C. G. Jung, Letter to Oskar Schmitz, 26 May 1923, in 'Letters to Oskar Schmitz', p.

82.

114 Howe, *Urania's Children*, pp. 98-99.

115 Howe, *Urania's, Children,* p. 99.

116 *Eranos*, p. 66。C. G. Jung, Letter to Gustav-Richard Heyer, 4 December 1931 からの引用。ハクルは、ユングが異教の神秘主義的カルトの宣伝をしているといわれているというリチャード・ノルの「単純化しすぎた批判」に対して、この手紙が雄弁な証拠となると述べている。

117 ベイリーの 7 本の光線説については、Alice A. Bailey, *Esoteric Astrology* (New York: Lucis, 1951) を見よ。ユングは、ベイリーの仕事についてはエラノスの知人を通してよく知っていて、それに強く反対した。Hakl, *Eranos*, pp. 27-32 を見よ。

118 Dane Rudhyar, 'Preface to the Third Edition', in Dane Rudhyar, *The Astrology of Personality* (New York: Doubleday, 1970 [1936]), pp. vii-xvi を見よ。

119 Rudhyar, *The Astrology of Personality*, pp. 75-82.

120 ルディア は芸術家であるだけでなく多産な作家でもあり、小説に加え、音楽や芸術に関する著作もある。占星術に関する著作の多くはホロスコープの洞察に満ちた解釈に焦点を当てたものである。ほかに *The Planetarization of Consciousness* (New York: Harper, 1972) などもあり、ベイリーのコスモロジーへの強い傾倒が続いていたことがわかる。

121 Dane Rudhyar, *The Rebirth of Hindu Music* (Adyar: Theosophical Publishing House, 1928).

122 James Hillman, 'The Azure Vault: The Caelum as Experience', in Nicholas Campion and P atrick Curry (eds.), *Sky and Psyche* (Edinburgh: Floris Books, 2006), pp. 37-58) を見よ。ヒルマンの占星術とのかかわりについて私が知っていることは、個人的な付き合いと文通による。

第三章　能動的想像とテウルギア

1 Iamblichus, *De mysteriis*, I. 11.

2 Jung, *Liber Novus*, p. 295.

3 Jung, 'New Paths in Psychology', in Jung, *Collected Papers on Analytical Psychology*, pp. 352-77. この論文は現在では Jung, CW7, ¶¶407-441 に収められている。

4 Jung, CW6, ¶¶711-722.

5 'Tavistock Lectures' は Jung, CW18, ¶¶1-415 に収められている。能動的想像についてのユングの議論は、Lecture V, ¶¶390-406 で読むことができる。

6 Joan Chodoro', wIntroduction', in Joan Chodorow (ed.), *Jung on Active Imagination* (Princeton, NJ: Princeton University Press, 1997), p. 3 を見よ。

7 Chodorow, 'Introduction', p. 4.

8 Jung, CW8, ¶167.

9 1893 年に最初に発表された、フロイトの「自由連想」法についての最初期の記述は、Freud, SE2, p. 112 を見よ。もっと詳しい説明は Freud, SE5, pp. 176-78 を見よ。

10 Jung, CW9i, ¶101. この記述が登場する論文は 1936 年に最初に発表された。
11 カヴァナーについては、Gershom Scholem, ‘The Concept of Kavvanah in Ear1y Kabbalah’, in Alfred Jospe (ed.), *Studies in Jewish Thought* (Detroit, MI: Wayne State University Press, 1981), pp. 162-80; Elliot R. Wolfson, *Through a Speculum That Shines* (Princeton, NJ: Princeton University Press, 1994), pp. 270-325 を見よ。ロヨラの「霊躁」については、George E. Ganss (trans.), *The Spiritual Exercises of Saint Ignatius* (Chicago: Loyola Press, 1992) を見よ。スーフィーの幻視の実践については、Henry Corbin, *Avicernna and the Visionary Recital* (Princeton, NJ: Princeton University Press, 1960) を見よ。新プラトン主義的テウルギアについては第 3 章を見よ。
12 心理療法を重視する能動的想像に関する著作については、Marie-Louise von Franz, Alchemical Active Imagination(Boston, MA: Shambhala, 1997); Benjamin Sells (ed.), *Working with Images* (Woodstock, CT: Spring, 2000) を見よ。Chodorow の *Jung on Active Imagination* の pp. 177-79 に、広範な「ポスト・ユンギアン」の参考文献リストが掲載されている。
13 Marie-Louise von Franz, ‘On Active Imagination’, in Ian Baker (ed.), *Methods of Treatment in Analytical Psychology* (Fellbach: Verlag Adolf Bonz, 1980), p. 88.
14 Jeffrey Raff, Jung and the Alchemical Imagination (York Beach, ME: Nicholas-Hays, 2000), pp.4-5.
15 ユングが「秘教的伝統」に属しているという考えの根拠として、ラフは Gerhard Wehr, ‘C. G. Jung in the Context of Christian Esoterici5m and Cultura1 History’, in Faivre and Needleman (eds.), *Modern Esoteric Spirituality*, pp. 381-99 を引用している。
16 Leon Hoffman, ‘Varieties of Psychoanalytic Experience’, *Journal of the Arnerican Psychoanalyitc Association* 58 (2010), pp. 781-85, on p. 783 を見よ。
17 Jung, ‘On the Psychology and Pathology of So-called Occult Phenomena’, in Jung, CW1, pp. 3-92. この論文は 1916 年に Jung, *Collected Papers on Analytical Psychology*, pp. 1-93 で、初めて英語で出版された。この論文集は英語版を入手できるユングによる最初の著作で、『リビドーの変容と象徴』の 1 年前に出版された。この論文は 1902 年にライプツィヒで *Zur Psychologie und Pathologie sugennanter occulter Phänomene* として出版された。
18 Charet, *Spiritualism and the Foundations of C. G. Jung's Psychology*, p.283. Jung, *C. G. Jung Letters* I, p. 511 も見よ。
19 ベルヌーリ、アレマン、シュラークについては、W. P. Mulacz, ‘Oscar R. Schlag’, *Journal of the Society for Psychical Research* 60 (1995), pp.2 63-67; Hakl, *Eranos*, pp. 93-95; Riccardo Bernardini, *Jung a Eranos* (Milan: FrancoAngeli, 2011), pp. 176-78. を見よ。
20 Hakl, *Eranos*, p. 93 を見よ。交霊会でユングの内的導き手であるフィレモンによって起こされたとされる騒ぎについては、Peter-Robert Koenig, ‘Did You Know Oscar R. Schlag?’, at <www.parareligion.ch/sunrise/sch1ag1.htm>。Charet, *Spiritualism and the Foundatios of C. G. Jung's Psychology*, p. 283 nn.23 0-31;

Roderick Mai'n, 1ntroduction', in Roderick Main (ed.), Jung, *Synchronicity, and the Paranormal* (London: Routledge, 1997), pp. 6-7; Nandor Fodor, *Freud, Jung and Occultism* (New Hyde Park, NY: University Books, 1971); Roderick Main, The Rupture of Time (London: Routledge, 2013), p. 71 も見よ。

21 ユング自身の体験については、Jung, *MDR*, pp. 215-17 を見よ。

22 James Hillman, 'Some Early Background to Jugs Ideas: Notes on C. G. Jung's Medium by Stephanie Zumstein-Preiswerk', *Spring* (1976), pp. 123-36 も見よ。

23 Michael Thompson, *Roots and Role of Imagination in Kant* (unpublished PhD dissertation, University of South Florida, 2009); Janet Kaylo, 'Imagination and the Mundus Imaginalis', *Spring* 77 (2007), pp. 107-24 を見よ。

24 ユングは *Collected Works* で多数カバラに言及しており、蔵書の中にも多数のカバラに関する著作があった。Christian Knorr von Rosenroth, *Kabbala denudata* (Sulzbach/Frankfurt: Abraham von Lichtenthal, 1677-84); Christian D. Ginzburg, *The Kabbalah* (London: Longmans, G reen, 1863); A.E. Waite, *The Holy Kabbalah* (London: Williams & Norgate, 1929); Ernst Müller (ed. and trans.), *Der Zohar* (Vienna: Heinrich Glanz, 1932); Harry Sperling and Maurice Simon (ed. and trans.), *The Zohar* (London: Soncino Press,.1949).

25 第 4 章のユングの魔術に関する著作のコレクションについての議論と文献を見よ。

26 キリスト教的テウルギアの伝統については、Gregory of Nyssa, *On the Soul and Resurrection,* trans. Catherine P. Roth (Yonkers, NY: St. Vladimir's Seminary Press, 1993); Basil of Caesarea, *Hexaemeron*, trans. Blomfield Jackson (Amazon CreateSpace, 2014); John F. Callahan, 'Greek Philosophy and the Cappadocian Cosmology', *Dumbarton Oaks Papers* 12 (1958) を見よ。ユングはグレゴリウスのこともバシリウスのこともよく知っていて、*Collected Works* のさまざまな巻で言及している。

27 ユングは *Collected Works* でディオニシウスに何度も言及しており、たとえば 1921 年に最初に出版された Jung, CW6, ¶62 を見よ。ディオニシウスのテウルギアについては、Gregory Shaw, 'Neoplatonic Theurgy and Dionysius the Areopagite', *Journal of Early Christian Studies* 7: 4 (1999), pp. 573-99; Sarah Klitenic Wear and John M.Dillon, *Dionysius the Areopagite and the Neoplatonist Tradition* (Farnham: Ashgate, 2007) を見よ。ユングが所有していたドイツ語版は、Max Remmerich (trans.), Was mir das jenseits mitteilte (Diessen: C. Hubers Verlag, Diessen vor München, 1928)。

28 Jung, *Modern Psychology*, Vol. 3-4, p. 154. これはユングの ETH（チューリッヒ工科大学）での講義を転載したもので、個人的に出版され、ユング自身は編集していない。ETH レクチャーの新たに編集された版が、現在、フィレモン財団によって準備されている。<www.philemonfoundation.org/forthcoming/eth_lectures> を見よ。

29 Jung, 'Exercitia spiritualia of St. Ignatius of Loyola', in *Modern Psychology*, Vol. 3-4, pp. 153-57 を見よ。この講義は、もともとは 1939 年になされたもので

ある。 Ken L. Becker, *Unlikely Companions* (Leominster: Gracewing/lnigo, 2001); Dan Merkur, *Crucified with Christ* (Albany: SUNYPress, 2007), pp. 47-68 も見よ。

30 St. Ignatius of Loyola, 'The Spirirual Exercises', in *Personal Writings*, trans. J. Munitiz and P. Endean (London: Penguin, 1996), p. 298（『霊操』、門脇佳吉訳、岩波書店、1995 年）。Jung, *Liber Novus*, p. 200, n. 62 で Shamdasani が引用。

31 Jung, *Modern Psychology*, Vol. 3-4, pp.178-79.

32 Jung, CW9i¶, 232.

33 Jung, CW9i¶, 231.

34 James Frazer, *The Golden Bough* (New York: Macmillan, 1922), 3: 1-2.（『金枝篇』、永橋卓介訳、岩波書店、1966 年）

35 Jung, CW8, ¶599. この定義が見られる論文 'The Psychological Foundations of Belief in Spiris' は、もともとは H. G. and C.F. Baynes がユングのドイツ語原稿から翻訳したもので、*Proceedings of the Society for Psychical Research* 31 (1920) で最初に発表された。フロイトもユングも SPR の SPR の会員だった。

36 *Liber Novus*, p. 196 にあるシャムダサーニのコメントを見よ。20 世紀初頭の水晶透視については、Sepharial, *How to Read the Crystal* (London: Foulsham, 1922); Theodore Besterman, *Crystal-Gazing*(London: Rider, 1924), p. 160 を見よ。Greene, *Magi and Maggidim*, pp. 177-81 も見よ。

37 たとえば Jung, *Liber Novus*, pp. 239, 248, 252 を見よ。

38 ユングによる Jame, *The Varieties of Religious Experience* (London: Longmans, G reen, 1902)（『宗教的経験の諸相』、桝田啓三郎訳、岩波書店、1969-1970 年）への言及は多数あるが、とくに Jung, CW5, ¶¶18-19; Jung, CW6, ¶¶506-509, 864-66; Jung, CW18, ¶1144 を見よ。マイヤースについては、William Jame's, Frederic Myers's Service to Psychology', *Popular Science Monthly* (August 1901), pp. 380-89 を見よ。ジルベラーについては、Letter from C. G. Jung to Erich Neumann, 22 December 1935, in *C. G. Jung Letters*, 1: 206; Herbert Silberer, *Hidden Symbolism of Alchemy and the Occult Arts* (New York: Dover, 1917) を見よ。マイヤース自身の著作については、F.H.W Myers, *Human Personality and Its Survival of Death* (London: Longmans, 1903) を見よ。マイヤースの「自動書記」への関心については、Ann Casement, *Carl Gustav Jung* (London: Sage, 2001), pp. 46-47 を見よ。ユングは CW1¶, 91 で、1895 年に発表されたマイヤースの論文 'Automatic Writing' を引用している。

39 現代の力動精神医学と心理学のルーツに関する全般的背景については、Henri Ellenberger, *The Discovery of the Unconscious* (New York: Basic Books, 1970), pp. 53-109（『無意識の発見：力動精神医学発達史』、木村敏・中井久夫監訳、弘文堂、1980 年）を見よ。19 世紀後半の精神分析のオカルト起源については、James Webb, *The Occult Establishment* (London: Richard Drew, 1981), pp. 347-81 を見よ。

40 the Medico-Psychological Clinic（医療心理学クリニック）については、Suzanne Raitt, 'Early British Psychoanalysis and the Medico-Psychological Clinic', *Histoly Workshop Journal* 58 (2004), pp. 63-85; Philippa Martindale, 'Against All Hushing Up and Stamping Down', *Psychoanalysis and History* 6: 2 (2004), pp. 177-

200 を見よ。
41 Swan, 'C. G. Jung's Psychotherapeutic Technique of Active Imagination' を見よ。
42 Robert Kugelman, 'Review of the Red Book', *Journal of the History of the Behavioral Sciences* 47: 1(2011), pp. 101-4, on p. 101.
43 Wouter J. Hanegraaff, 'Romanticism and the Esoteric Connection', in van den Broek and Hanegraaff (eds.), *Gnosis and Hermeticism*, pp. 237-68. 分析心理学者の立場からの同じような見解については、Gilbert Durand, 'Exploration of the Imaginal', in Sells (ed.), *Working with Images*, pp. 53-68 を見よ。
44 これらドイツ・ロマン主義の起源については、Ernst Benz, *The Mystical Sources Of German Romantic Philosophy*, trans. Blair R. Reynolds and Eunice M. Paul (Eugene, O R: Pickwick, 1983) を見よ。
45 Jung, CW6¶, 722.
46 Dion Fortune, 'Types of Mind Working', in Dion Fortune and Gareth Knight, *An Introduction to Ritual Magic* (Loughborough: Thoth, 1997), pp. 32-39, on p. 22.
47 フォーチュンによるユングのモデルの適用については、Greene, *Magi and Maggidim*, pp. 283-363 を見よ。
48 フォーチュンのイアンブリコスへの言及と、彼女自身がこの新プラトン主義者とロヨラを結び付けたことについては、Dion. Fortune, *The Goat-Foot God* (London: Norgate, 1936), p. 49 を見よ。フォーチュンは、ユングが CW9i でロヨラの霊操について書いた 3 年前の 1936 年に、この小説を書いた。
49 古代末期のさまざまな教派の実践方法については、Dan Merkur, *Gnosis* (Albany: SUNY Press, 1993); Gregory Shaw, *Theurgy and the Soul* (University Park: Penn State University Press, 1971); Dan Merkur, 'Stages of Ascension in Hermetic Rebirth', *Esoterical* (1999), pp. 79-96; Rebecca Macy Leslli, *Ritual Practices to Gain Power* (Harrisburg, PA: Trinity Press, 1998) を見よ。
50 プラトンの世界霊魂については、Plato, *Timaeus*; Proclus, *Commentary on Plato's Tirnaeus,* trans. Dirk Baltzly (Cambridge: Cambridge University Press, 2010), Book 3 を見よ。
51 Jung, *Psychology of the Unconscious,* の 'Miss Miller' に関する事例資料、Jung, CW12 の一連の絵、CW9i の視覚的資料、Jung, CW18, ¶¶1-415 の事例資料を見よ。
52 たとえば、Jung and Kerényi, *Essays on a Science of Mythology*, p. 176 にある、表向きは名前が明かされていない患者が伝えたとされる 'a dream-series' に表れているというアニマのイメージの説明を見よ。'Dream xi' はじつは『新たなる書』のユング自身の絵である。Jung, *Liber Novus*, p. 317 のソヌ・シャムダサーニによる注 n. 283 も見よ。
53 Liesl Silverstone, *Art Therapy ExercIses* (London: Jessica Kingsley, 2009); Joy Schaverien, *The Revealing Image* (London: Jessica Kingsley, 2009) を見よ。
54 ユングが精神病を無意識の氾濫と呼んだ例は多数あるが、とくに Jung, CW18, ¶1159 を見よ。
55 Iamblichus, *De mysteriis*, II I.4-8 を見よ。古代末期のユダヤ教に見られる天体

のヴィジョンにある危険については、*The Book of Enoch, or 1 Enoch*, trans. R.H. Charles (Oxford: Clarendon Press, 1912) を見よ。これは古代末期のユダヤ教の文書を集めたもので、ユングも入手して蔵書に加えた。

56 象徴についての現在の理論の概観は、Dan Sperber, *Rethinking Syrnbolisrn*, trans. Alice L. Morton (Cambridge: Cambridge Univerity Press, 1974) を見よ。

57 Mary LeCron Foster, 'Symbolism: The Foundation of Culture', in Tim Ingold (ed.), *The Companion Encyclopedia of Anthropology* (London: Routledge, 1994), pp. 366-95, on p.366.

58 Foster, 'Symbolism', p. 370.

59 Jung, *Liber Novus*, p. 311.

60 Alexander Altmann, 'Myth and Symbol', *Philosophy* 20: 76 (1945), pp. 162-71 を見よ。

61 新プラトン主義の象徴の考え方については、Struck, *Birth of the Symbol*, pp. 204-53; Shaw, *Theurgy and the Soul* を見よ。

62 Iamblichus, *De mysteriis,* 4: 12。Plato, *Timaeus*, 30a-e を見よ。

63 Struck, *Birth of the Symbol*, p.230 にある Proclus の 'Chain of the Moon' の図と、pp.230-32 にある彼の考察を見よ。

64 古代のメロセシック人体図については、Mladen Popovic, *Reading the Hurnan Body* (Leiden: Brill, 2007); Roelofvan den Broek, *Studies in Gnosticism and Alexandrian Christiallity* (Leiden: Brill, 1996), pp.67-85 を見よ。

65 ヘイマルメネーと天体のもたらす宿命をユングがどう理解していたかについて詳しいことは、第 4 章を見よ。

66 Gilbert Murray, *Four Stages of Greek Religion* (Oxford: Oxford University Press, 1912), 115. Zeno of Citium (c. 334-262 BCE) はストア派哲学の創始者。

67「道具的因果関係」については、Wouter J. Hanegraaff, 'How Magic Survived the Disenchantment of the World', *Reilgion* 33 (2003), pp. 357-80 を見よ。

68 Peter Struck, 'A World Full of Signs', in Patrick Curry and Angela Voss (eds.), *Seeing With Different Eyes* (Cambridge: Ca mbridge Scholars Press, 2008), pp. 3-20, on p.12.

69 Jung, CW16, ¶163.

70 I. G. Kidd (trans.), *Poseidonius* (Cambridge: Cam.bridge University Press, 2004) を見よ。

71 集合的無意識の「プシコイド」性についてのユングの議論は、Jung, CW8, ¶¶419-20; Jung, CW14, ¶788; Jung, CW10, ¶¶ 851-52 を見よ。

72 Jung, CW18, ¶568.

73 Jung, *Liber Novus*, pp. 136-37.

74 Kathleen Raine, *Yeats, the Tarot, and the Golden Dawn* (Dublin: Dolmen Press, 1972), p. 44。William Butler Yeats, Letter to Florence Farr からの引用。ユングは、自動書記による Yeats の疑似占星術的著作 *A Vision: An Explanation of Life Founded upon the Writings of Giraldus and upon Certain Doctrines Attributed to Eusta Ben Luka* (Private Publication, 1925; repr. New York: Macmillan, 1939)（『幻想録』、島津彬郎訳、摩書房、2001 年）を 1 冊入手した。この限定版は 600

冊しか出版されなかった。

75 Struck, *Birth of the Symbol*, pp. 90-94 を見よ。

76 Proclus, *On the Sacred Art*, trans. Stephen Ronan (Chthonios Books, 1998), at <www.esotericism.co.uk/proclus-sacred.htm>, 150.

77 たとえば Jung, CW6, ¶817; Jung, CW8, ¶88 を見よ。

78 Jung, CW6, ¶202.

79 Jung, *Liber Novus*, p. 371.

80 Proclus, *The Elements of Theology*, 83: 26-84.12

81 Proclus, T *The Elements of Theology* 83: 12-22.

82 Reitzenstein, *Poimandres* (Leipzig: Teubner, 1904), p. 108; Reitzenstein, *Hellenistic Mystery-Religions*, trans. John E. Steely (Pittsburgh, PA: PickwickPress, 1978), pp.100 n. 72, 104 n. 96, 383 を見よ。

83 Mead, *Thrice-Greatest Hermes*, III: 285. 1879 年にミードは、イアンブリコスをはじめとする新プラトン主義者たちに関する長い記事を発表している：G.R.S.Mead, 'The Lives of the Later Platonists', *Lucifer* 18 (March-August 1896), pp.185-200, 2 88-302, 3 68-80, 4 56-69; *Lucifer* 19 (September 1896-February 1897), pp. 16-32, 103-13, 186-95。G.R.S. Mead, 'Hermes the Thrice-Greatest According to Iamblichus an Initiate of the EgyptianWisdom', *The Theosophical Review* 25 (September 1899-February 1900), pp.9-19 も見よ。ユングはミードの著作を熱心に収集していたから、彼がこれらの記事に気づかなかったとは考えられない。

84 John Dillon, 'Iamblichus' Defence of Theurgy', *International Journal of the Platonic Tradition* 1 (2007), pp. 34-35; Shaw, *Theugy and the Soul,* p. 7 を見よ。

85 Plotinus, Ennead III.8.7.

86 Iamblichus, *De mysteriis*, 96: 13.97.9. Shaw, *Theurgy and The Soul*, p. 84 も見よ。

87 Jung, Letter to Andre Barbault, in *C. G. Jung Letters*, Vol. 2, p. 175.

88 Jung, CW6¶¶, 822.

第四章　ダイモン召喚

1 Iamblichus, De mysteriis, I X: 3.

2 Jung, *MDR*, pp. 369 and 391.

3 ユングのグノーシス主義の文書とのかかわりについては、第 5 章を見よ。

4 John Dillon, *The Middle Platonists* (Ithaca, NY: Cornell University Press, 1997), pp. 384-96 を見よ。ユングは『ミトラの典礼』と『カルデア神託』の G.R.S. ミードによる英訳 (G.R.S.Mead, *The Mysteries of Mithra* [London: Theosophical Publishing Society, 1907] と G.R.S. Mead, *The Chaldean Oracles* [London: Theosophical Publishing Society, 1908]) に加え、アルブレヒト・ディートリッヒによるドイツ語訳 *Ein Mithrasliturgie* (Leipzig: Teubner, 1903)、そしてこの文書に関する Franz Cumont の考察 *Die Mysterien des Mithra* (Leipzig: Teubner, 1903)（『ミトラの密儀』、小川英雄訳、筑摩書房、2018 年）を入手した。ユングは『リビドーの変容と象徴』で、これらの文書すべてに言及している。もっ

と最近の英訳と注釈は、Hans Dieter Betz, *The Mithras Liturgy* (Tubingen: Mohr Siebeck, 2003); Hans Lewy, *Chaldaean Oracles and Theurgy* (Paris: Institut d'Etudes Augustiniennes, 2011[1956]) を見よ。

5 *MDR*, p. 186 によると、この時期、ユングはゲオルク・フリードリヒ・クロイツアーの著書 *Symbolik und Mythologie der alten Völker* (Leipzig: K.W Leske, 1810-12) を「気が違ったように読んで」いたという。クロイツアーはプロティノスとプロクルスの著作のラテン語への翻訳もした。クロイツアーによる新プラトン主義者の著作の翻訳については、Georg Friedrich Creuzer (trans.), *Plotini Enneades cum Marsilii Ficini Interpretatione Castigata* (Paris: Dubner, 1855) を見よ。ユングの考えと新プラトン主義者の考えの関係については、James Hillman, 'Plotino, Ficino, and Vico as Precursors of Archetypal Psychology', in James Hillman, *Loose Ends* (Zürich: Spring, 1975), pp. 146-69; Bruce MacLennan, 'Evolution, Jung, and Theurgy', in Robert Berchman and John F. Finamore (eds.), *History of Platonism* (New Orleans, LA: University Press of the South, 2005) を見よ。

6 ユングが入手した『秘儀論』のもうひとつの版は、Pierre Quillard (trans.), *Le livre de Jamblique sur les mystères* (Paris: Libraire de l'art indépendant, 1875) だった。ユングはイアンブリコスの『秘儀論』に CW9i, ¶573 で、『ピュタゴラス伝』に CW18, ¶1521 で言及しており、どちらの著作も熟知していたことがわかるが、イアンブリコスのテウルギアについて *Collected Works* ではまったく論じていない。

7 ルネサンス期の新プラトン主義については、Yates, *Giordano Bruno*; Michael J.B. Allen, Valery Rees, and Martin Davies (eds.), *Marsilio Ficino* (Leiden: Brill, 2002); Moshe Idel, 'The Magical and Neoplatonic Interpretations of the Kabbalah in the Renaissance', in Bernard Dov Cooperman (ed.), *Jewish Thought in the Sixteenth Century* (Cambridge, MA: Harvard University Press, 1983), pp. 186-242; Lenn E. Goodman (ed.), *Neoplatonism and Jewish Thought* (Albany: SUNY Press, 1992) を見よ。19 世紀後半のイギリスのオカルト復興の時期の新プラトン主義については、Hanegraaff, *New Age Religion*, pp.386-92 を見よ。神智学者が自分たちが新プラトン主義に負うところが大きいことを認めている点については、Anonymous, 'Ancient Landmarks', *Theosophy* 28: 2 (1939), pp. 53-57 を見よ。

8「神聖プラトン主義」という言葉については、Lewy, *Chaldaean Oracles*, p. 464 を見よ。

9 後期の新プラトン主義者については、Crystal Addey, 'Oracles, Religious Practices, and Philosophy in Late Neoplatonism' (2007), <www.practical-philosophy.org.uk>, pp.31-35; Sebastian R. P. Gertz, *Death and Immortality in Late Neoplatonism* (Leiden: Brill, 2011) を見よ。

10 キリスト教化されたプラトン主義については、Andrew Louth, T*he Origins of the Christian. Mystical Tradition* (Oxford: Oxford University Press, 1983)（『キリスト教神秘思想の源流』、水落健治訳、教文館、1988 年）; I. P. Sheldon-Williams, 'The Greek Christian Platonist Tradition fromthe Cappadocians to MaximUS

and Eriugena', in A.H. Armstrong (ed.), *Later Greek and Early Medieval Philosophy* (Cambridge: Calllbridge University Press, 1967), pp. 421-534 を見よ。

11 *Collected Works* でのプロティノスへの言及は、Jung, CW6, ¶21; Jung, CW9ii, ¶342; Jung, CW14, ¶761; Jung, CW5, ¶198; Jung, CW8, ¶927 にある。Jung, *Psychology of the Unconscious* と Jung, *Modern Psychology* にも多数の引用がある。

12 プロティノスの魔術とのかかわりに関するまざまな見方については、Wendy Elgersma Helleman, 'Plotinus and Magic', *Intemational Journal of the Platonic Tradition,* 4 (2010), pp. 114-46 を見よ。キリスト教思想へのプロティノスの影響については、John M. Rist, 'Plotinus and Christian Philosophy', in Lloyd P. Gerson, *The Cambridge Companion to Plotinus* (Canlbridge: Ca mbridge University Press, 1996), pp. 386-413; Henry J.Blull1enthal and Robert A. Markus (eds.), *Neoplatonisrn and Early Christian Thought* (Farnham: Ashgate, 1981) を見よ。プロティノスは完全に魔術を嫌っていたわけではない。Philip Merlan, 'Plotinus and Magic', Isis 44: 4 (1953), pp. 341-48; A.H. Armstron'g, Was Plotinus a Magician?', *Phronesis* 1: 1 (1955), pp.73-79; Zeke Mazur, 'Unio Magica: Part 1: On The Magical Origins of Plotinus' Mysticism', *Dionysius* 21(2003), pp. 23-52; Zeke Mazur, 'Unio Magica: Part II; Plotinus, Theurgy, and the Question of Ritual', *Dionysius* 22 (2004), pp. 29-55 を見よ。

13 Jung, CW14, ¶761.

14 プロティノスの頭部（Museo Ostia Antica, Inv. 436)。いずれもオスティアで発見された 4 つのレプリカのうちのひとつ。十中八九プロティノスだとされているが、証明されていない。

15 Jung, CW9ii, ¶342。Stephen MacKenna (trans.), *Plotinus* (London: Medici Society, 1917-30) 所収の Plotinus, Ennead VI からの引用。プロティノスはもともとは 6 巻に分けで出版されたが、のちに 1 巻にまとめて再発行された (London: Faber & Faber, 1956)。下記の注 17 を見よ。

16 Jung, *MDR*, p. 222.

17 標準的なもっと古い英訳は MacKenna (trans.), *Plotinus*。もっと最近の英訳は A.H. Armstrong, trans., *Plotinus*, 7 volumes (Loeb Classical Library, 1966-88) 。ギリシア語の *enneas* (εννεας) は、9 つのものの集まりを意味し、9 を意味する εννεα に由来する。ポルピュリオスが師の書いたものを、さまざまな長さの 54 の論文に編集し、それぞれを、特定のテーマを扱う「エネアス」つまり 9 ずつのグループに分けた。したがってこうしたグループが 6 あって、マッケンナの 6 巻からなる翻訳はこれをもとにしている。

18 Arthur C. Drews (trans.), *Plotin und der Untergang der antiken Weltanschaunng* (Jena: E. Diederichs, 1907). Drews は 1910 年に出版した *Die Christusmythe* (Jena: E. Diederichs, 1910) で、古代占星術がいっていることを宗教の起源と福音書の隠された構造に結び付けた。当然かもしれないが、ユングはこの著作に加え、Drews によるプロティノスの翻訳も入手した。

19 Paul Henry and Hans-Rudolf Schwyzer (eds.), *Plotini opera, Porphyrii vita Plotini, Enneades* I-III, IV-VI (Paris: Desclee de Brouwer, 1951-59).

20 Jung, *Psychology of the Unconscious*, p. 82。Plotinus, Ennead 11.5.3からの引用。「イデア」という言葉でユングは、プロティノスの考えるプラトン的イデアの概念、つまり元型的形相のことをいっている。
21 Jung, *Psychology of the Unconscious*, p. 81.
22 Jung, CW5, ¶¶ 296-97.
23 Plotinus, Ennead IV4.41.
24 Plotinus, Ennead II.3.7.
25 Plotinus, Ennead II.3.7-8.
26 Jung, *Psychology of the Unconscious*, p. 81.『新たなる書』におけるファネスについてもっと詳しいことは、Greene, *The Astrological World of Jung' s 'Liber Novus'*, chapter 6 を見よ。
27 Thomas Taylor (trans.), *The Mystical Hymns of Orpheus* (London: Robert Triphoon, 1824). ユングは 1912 年よりも前にこの著作を 1 冊手に入れていたようだ。*Psychology of the Unconscious* (p.544, n. 34) でオルフェウスの歌のひとつを引用しているが、翻訳者については言及していない。しかし、*Psychology of the Unconscious* の改訂版である Jung, CW5 では、同じ箇所でテイラーの翻訳が引用されている (¶528, n. 62)。
28 Reitzenstein, *Hellenistic Mystery-Religions*, pp. 90 n. 2, 241, 279 を見よ。
29 Isaac Preston Cory, *Ancient Fragments of the Phoenican, Chaldean, Egyptian, Tyrian, Carthaginian, Indian, Persian, and Other Writers* (London: Reeves and Turner, 1876); Erwin Rohde, *Seelencult und Unsterlichkeitsglaube der Criechen* (Tubingen: Mohr, 1903).
30『新たなる書』の執筆中にユングがコーリィを参考にしたことについては、Jung, *Liber Novus*, p. 301, n. 211 のシャムダサーニによる注を見よ。
31 G.R.S. Mead, *Orpheus* (London: Theosophical Publishing Society, 1896).
32 Taylor (trans.), *The Mystical Hymns of Orpheus*, p. 1. テイラーの言葉は、ひとつには、イアンブリコス 、ピュタゴラスは彼の教義をすべてオルペウス教から得たと明言したことに根拠がある。Iamblichus, *On the Pythagorean Life*, trans. Gillian Clark (Liverpool: Liverpool University Press, 1989), 28.146, 28.147, and 28.151 を見よ。
33 Thomas Taylor (trans.) *Ocellus Lucanus, On the Nature of the Universe* (London: John Bohn, 1831).
34 この版画の出所は不明で、現存する古代末期のイアンブリコスの胸像はない。
35「神聖なる」(θεοις) という形容句は、古代末期の多数の資料でイアンブリコスのことを述べるのに使われている。Shaw, *Theurgy and the Soul,* p. 26, n. 13 を見よ。
36 Iamblichus, *De mysteriis*, IX: 1-3 を見よ。Crystal Addey, 'Oracles, Dreams, and Astrology in Iamblichus' *De mysteriis*', in Curry and Voss (eds.), *Seeing with Different Eyes,*pp. 35-58; John Dillon (ed. and trans.), *Fragments of Iarnblichus' Comrnentary on the Timaeus* (Leiden: Brill, 1973) も見よ。
37 想像が仲介の働きをするというイアンブリコスの説は、今でも非常に高く評

価されている Murray Wright Bundy, *The Theory of Imagination in Classical and Medieval Thought* (Urbana: University of lllinois Press, 1927) で説明されており、1927 年に出版されたあとのいつかの時点でユングは入手した。

38 Jung, CW18, ¶407. この講義はもともとは 1935 年に実施され、出版物としては C. G. Jung, *Analytical Psycholoy* (London: Routledge & Kegan Paul, 1968)（『分析心理学』、小川捷之訳、みすず書房、1976 年）で最初に登場した。

39 Iamblichus, *De mysteriis*, 1. 21. Clarke, Dillon, and Hershbell (*De mysteriis*, p. 79, n. 112) には、シュンテマータという言葉はここでは「さまざまな魔術的物質と、テウルギアの実践の基礎をなす物質の組み合わせ」のことをいっているのではないかと書かれている。

40「テウルギア」という言葉の歴史については、Lewy, *Chaldaean Oracles*, pp. 461-66; E.R. Dodds, *The Greeks and the Irrational* (Berkeley: University of California Press, 1957), pp.283-310（『ギリシァ人と非理性』、岩田靖夫・水野一訳、みすず書房、1972 年）を見よ。

41 Shaw, *Theurgy and the Soul*, pp. 40-42; Garth Fowden, *The Egyptian Hermes* (Princeton, NJ: Princeton University Press, 1993), pp.1-2, 86-87 を見よ。『カルデア神託』の G.R.S. ミードによる翻訳と注釈が、2 巻に分けて出版された (London: Theosophical Publishing Society, 1908)。ユングは当然、これを入手した。

42 Helleman, 'Plotinus and Magic' を見よ。

43 Iamblichus, *De mysteriis*, V. 26.

44 Jung, *Liber Novus*, pp. 284-85 を見よ。詳しいことは第 7 章で論じられている。

45 Paul Deussen, *Allgemeine Geschichte der Philosophie*, 2 volumes (Leipzig: FA. Brockhaus, 1894-1917)

46 Jung, CW6, ¶336.

47 Jung, 'Über den Archetypusmit besonderer Berucksichtigung des Animabegriffes'. 英訳は Jung, CW9i, ¶¶111-155。

48 Jung, CW9i, ¶130, n.19.

49 ユングは、文化的背景がどの程度宗教的体験を方向づけるかという問題に関心をもっていた。この議論は学界で続いており、下記の注 70 に示す参考文献を見よ。

50 Jung, CW18, ¶1536.

51 Iamblichus, *De mysteriis*,, III.14.

52 Iamblichus, *De mysteriis*, II.11.

53 Iamblichus, *De mysteriis* III.25.

54 Iamblichus, *De mysteriis*, II I.14. Shaw, 'Theurgy', p. 1 も見よ。

55 ユングの *Collected Works* における魔術への言及は多すぎてここに列挙することはできない。Jung, CW20, 'magic' の項を見よ。

56 Jung, CW6, ¶316.

57 グレゴリー・ショウは、これら近代のオカルティストたちの著作はイアンブリコスのテウルギアの現代的流用について有用な証拠を提供してくれるため、「学者は無視すべきではない」と強調した。Shaw, 'Theurgy', p. 4, n. 12 を

見よ。
58 lsrael Regardie, *The Tree of Life* (London: Rider, 1932), p. 36. ユングが入手したふたつ目のリガルディの著作は、*The Philosopher's Stone* (London: Rider, 1938) 。
59 テウルギアを「内的儀式」ととらえる考え方については、Mazur, '*Unio Magica*: Part II' を見よ。
60 石については、Greene, *The Astrological World of Jung's* '*Liber Novus*', chapter 2 を見よ。
61 Greene, *The Astrological World of Jung's* '*Liber Novus*', pp. 37-39 で論じられている太陽の巨人イズドゥバルの絵で、ユングが占星術の獅子座の記号に似た形をしたサラマンダーを使っているのを見よ。
62 この資料の起こりについては、Shamsasani, 'lntroduction', in *Liber Novus*, pp. 198-203 を見よ。
63 Jung, *Liber Novus*, p. 200, n.67。Jung, *Black Book 2* からの引用。
64 Gerhard Wehr, *An Illustrated Bioraphy of Jung*, trans. M. Kohn (Boston, MA: Shambhala, 1989), p. 72（『C.G. ユング：記録でたどる人と思想』、安田一郎訳、青土社、1996 年）。のちに Shambhala から再版された The later Shambhala reprint of this work, *Jung* (Boston, MA: Shambhala, 2001) には、このイメージは含まれていない。Jay Sherry, *A Pictorial Guide to The Red Book* (Archive for Research in Archetypal Symbolism, ARAS Connections, 2010) も見よ。シェリーは、ユングの 1914 年のフィレモンの「下描き」を転載し、これとウィリアム・ブレイクの絵画《アダムを創造するエロヒム》との類似性を指摘した。シャムダサーニも、ユングの絵へのブレイクの影響についてコメントしている。Scott Horton, 'Inside Jung's *Red Book* : Six Questions for Sonu Shamdasani', *Hapers Magazine*, 12 July 2014, at <http: /harpers.org/blog/2009/10/inside-jungs-_red-book_-six-questions-for-sonu-shamdasani/> を見よ。
65 ローマのアイオーンの像については、第 5 章を見よ。
66 Thorburn, *Art and the Unconscious*, pp. 3-38; Jung, CW15, ¶¶155-162 を見よ。
67 例は H.P ブラヴァツキー、アリス・ベイリー、マックス・ハインデルの著作で、いずれも自らの著作は高度に進化した肉体をもたない存在のおかげ書けたと述べている。「自動書記」あるいは「念写」についてのユングの見方は、Jung, CW1, ¶¶28, 45, 49, 88, 96 ; Jung, CW18, ¶¶725-26, 731, 795 を見よ。
68「合一」体験については、Dan Merkur, M*y stical Mornents and Unitive Thinking* (Albany: SUNYPress, 1999) を見よ。「宗教的変性意識状態」（RASC）という言葉については、Alan F. Segal, *Life After Death* (New York: Doubleday, 2012), p. 402 を見よ。Jung, CW11, ¶¶474-487 も見よ。
69 E.R. Dodds, 'Theurgy and Its Relationship to Neoplatonism', *Journal of Roman studies* 37: 1-2 (1947), pp.5 5-69, on p. 58. ユングは『カルデア神託』を、ミードの翻訳だけでなく Cory, *Ancient Fragments* により知っていた。その p. 355 で、『カルデア神託』が原初の力を火と同一視していると述べられている。
70 このテーマに関する学術的文献の豊富さは、認知科学から神学的意見にまで及ぶ。ユングは James, *The Varieties of Religious Experience* から強い影響を

受けた。ユング自身の考察については、Jung, CW11 の論文を見よ。もっと最近の議論については、Jensine Andresen (ed.), *Religion in Mind* (Cambridge: Cambridge University Press, 2001); Steven T. Katz (ed.), *Mysticisrn and Language* (Oxford: Oxford University Press, 1992); F. Samuel Brainard, 'Defining"Mystical Experience"', *Journal of the Arnerican Academy of Religion*, 64: 2 (1996), pp. 359-93; Ralph W. Hood, Jr., 'The Construction and Preliminary Validation of a Measure of Reported Mystical Experience', *Journal for the Scientific Study of Religion* 14 (1975), pp. 29-41 を見よ。

71 Jung, CW8, ¶859. Albertus Magnus, *De mirabilibus mundi* (1485) からの引用。.

72 Jung, CW9i, ¶334.

73 Iamblichus, *De mysteriis*, 11 5.3-7. Gregory Shaw, 'The Talisman', in Angela Voss and Jean Hinson Lal. (eds.) *The Imaginal Cosmos* (Canterbury: University of Kent, 2007), pp.25-34 も見よ。

74 Jung, CW14, ¶753. さらに「能動的想像」に関するユングの多数の議論については、Jung, CW8, ¶¶166-175; Jung, CW9i, ¶621; Jung, CW14, ¶¶752-755 を見よ。Chodorow (ed.) *Jung on Active Imagination*; Marie-Louise von Franz, *Alchemical Active Imagination* (Irving, TX: Spring, 1979; repr. New York: Shambhala, 1997)(『ユング思想と錬金術』、垂谷茂弘訳、人文書院、2000 年) も見よ。

75 ユングによる、錬金術のウヌス・ムンドゥス、プラトンの世界霊魂、集合的無意識の関連付けについては、Jung, CW8, ¶393; Jung, CW11, ¶448 を見よ。

76 Jung, *Liber Novus*, p. 314.

77 Crystal Addey, 'In the Light of the Sphere', in Geomey Samuel and Jay Johnston (eds.), *Religion and the Subtle Body in Asia and the West* (London: Routledge, 2013), pp. 149-67 を見よ。霊の乗り物、および媒介としての想像については、John F. Finamore, *Iamblichus and the Theory Of the Vehicle of the Soul* (Chico, CA: Scholars Press 1994) も見よ。

78 Shaw, *Theurgy and the Soul,* pp. 86-87 を見よ。E.R. Dodds (ed. and trans.), *Proclus: The Elernents of Theology* (Oxford: Clarendon Press, 1963), pp. 222-23 and 344-45 も見よ。

79 Shaw, *Theurgy and the Soul*, p. 87 を見よ。たとえば、Iamblichus, *De mysteriis*, 105.1; 125.5; 127.9 を見よ。テウルギアにおいて不可欠な要素である「受容性」に関しては、Crystal Addey, 'Divine Possession and Divination in the Graeco-Roman World' *On the Mysteries'*, in Bettina E. Schmidt and Lucy Huskinson (eds.), *Spirit Possession and Trance* (London: Continuum, 2010), pp 17 1-81 を見よ。

80 D. A. Russel, 'Some Texts Similar to *De genio*', in Plutarch, *On the Daimonion of Socrates*, p. 204。Hermias, *Commentary on Plato's Phaedrus,* 65.26-69.31 からの引用。

81 精神障害を無意識の氾濫とみなすユングの考えについては、たとえば Jung, CW3, ¶¶317-87;CW18, ¶¶594 and 1159; CW5, ¶474;CW16, ¶196 を見よ。

82 Jung, CW5, ¶644 を見よ。

83 Iamblichus, *De mysteriis*, 3: 14. Addey, 'In the Light of the Sphere', p. 155 も見よ。

84 Plato, *Republic*, 617d（『国家』、藤沢令夫訳、岩波書店、2008 年）は魂が肉体に入る前にする個人的ダイモンの選択について説明している。個人的ダイモンは Plato, *Phaedrus*, 248c（『パイドロス』、脇條靖弘訳、京都大学学術出版会、2018 年）にも登場する。Plotinus, *Ennead* III, 4. 3.18-20; Porphyry, *Letter to Anebo* 2, 14-17 も見よ。

85 Iamblichus, *De mysteriis*, IX.6.

86 Iamblichus, *De mysteriis*, IX.7.

87 Plotinus, *Ennead* III.4.5.

88 Iamblichus, *Iamblichus of Chalcis: The Letters*, trans. John M. Dillon and Wolfgang Polleichtner (Atlanta, G A: Scholars Press, 2009), p. 95.

89 Iamblichus, *De mysteriis,* 282.1-5. Plato, *Timaeus*, 90 a-c および Shaw, *Theurgy and the Soul*, p. 218 の議論も見よ。

90 Shaw, *Theurgy and the soul*, pp. 218-19。Iamblichus, *De mysteriis,* 283:19-284:10 からの引用。

91 Dodds, *The Greeks and the Irrationa*l, p. 42. Georg Luck, *Arcana Mundi* (Baltilllore, MD: Johns Hopkins University Press, 1985), p.171 も見よ。

92 Porphyry, *Letter to Anebo*, 14 a-d, 15 a-b. Dorian Gieseler Greenbaum, *The Daimon in Hellenistic Astrology* (Leiden: Brill, 2015), pp. 266-75 も見よ。

93 新プラトン主義の個人的ダイモンとはどのようなものか、およびヘルメス主義の占星術師が用いたオイコデスポテスを計算する手法の分析については、Greenbaum, *The Daion*, pp. 236-75 を見よ。

94 Porphy, *Introduction to the Tetrabiblos, in Porphyry the Philosoph, reIntroduction to the Tetrabiblos*, trans. James Holden (Tempe, AZ: American Federation of Astrologers, 2009), pp. 22-25.

95 たとえば、ユングもその著書をよく知っていた 15 世紀のマクロビウスは著書『サトゥルナリア』の中で、ホロスコープにおいて個人的ダイモンがつねに太陽によって表されると主張した。Macrobius, *The Saturnalia*, trans. Percival Vaughan Davies (New York: Columbia University Press, 1969), 1.19.16-18, p.136 を見よ。ユングの『サトゥルナリア』への言及については、Jung, CW5, ¶425; Jung, CW14, ¶¶154-155, 173, 70 1 を見よ。

96 Iamblichus, *De Mysteriis* lX.1, 27 3.2-9.

97 イアンブリコスは、『秘儀論』の中でこれらのシュンテマータを列挙していない。しかし、Proclus, *Commentary on Plato's Timaeus*, 1.3.10 には、ヘリオトロピウス（その花が太陽を追って回る）とブラッドストーンというジェムストーン（一種のグリーンジャスパーで赤い斑点がある）が太陽のシュンテマータだと書かれている。

98 中世アラビア占星術では、オイコデスポテスはアルココデンすなわち「天使の守護者」あるいは「寿命を定める者」と呼ばれた。アルココデンについては、James R. Lewis, *The Astrology Book* (Canton, MI: Visible Ink Press, 2003), pp. 18-19, 346-47 を見よ。

99 イアンブリコス、プトレマイオス、ポルフィリオス、プロクロスはユングの

蔵書を代表する著者だが、ユングはポルフィリオスによる『テトラビブロス』の入門書も、おもに 1898 年から 1953 年の間に出版された *Catalogus Codicum Astrologorum Graecorum* にあるオイコデスポテスに関するそのほかのヘルメス主義的占星術師による写本も、入手しなかったようだ。

100 1985 年 7 月のグレーテ・バウマン＝ユング（スイス、シュトース）からの私信。第 2 章の、ユングが娘のヘレネのために作成した計算シートを見よ。

101 たとえば Leo, *The Key to Your Own Nativity*, pp. 10-14 を見よ。

102 出生データ：カール・グスタフ・ユング、1875 年 7 月 26 日、午後 7 時 27 分、スイス、ケスヴィル。ポルピュリオスによる要件については、Porphyry, *Introduction to ptolemy's Tetrabiblos*, pp. 23-24 を見よ。ヘレニズム時代の占星術用語についての現代の説明は、Joseph Crane, *Astrological Roofs* (Bournemouth: Wessex Astrologer, 2007) を見よ。

103 ユングの出生時の土星の他に類のない強さとよい影響力に関するジョン・ソーバーンのコメントについては、第 2 章を見よ。

104 Jung, CW14, p.229, n. 585. Michael Maier, *Symbola aureae mensae duodecim nationum* (Frankfurt: Julius Ägidius von Negelein, 1617) からの引用。

105 土星を賢者の石の基質とみなすことについては、Jung, CW13, ¶401; Jung, CW14, ¶703 を見よ。

106 フィレモンにある土星的な要素についての詳しい検討は、Greene*, The Astrological World of Jung's* '*Liber Novus*', Chapter 5 を見よ。

107 Jung, *MDR*, p. 207.

108 Betegh, *The Derveni Papyrus*, p. 86.

109 Dorian Gieseler Greenbaum, 'Allotment and Fate', *The Astrological Journal* 56: 2 (2014), pp. 27-31 を見よ。

110 Betegh, *The Derveni Papyrus* Col. 3, p. 9. この文書は、ダイモンのもっとあいまいな面も明かしている。Betegh, *The Derveni Papyrus*, Col. 6, p. 15 を見よ。

111 このオルフェウス教の文書における「個人的ダイモン」については、Betegh, *The Derveni Papyrus*, Col. 3, p.9 を見よ。プラトンのいう各魂の「守護霊」については、Plato, *Phaedrus*, 107d.5-7; Plato, *Republic*, 617 d を見よ。*The Derveni Papyrus*, p. 87 における Betegh のコメント；K. Tsantsanoglou, 'The First Columns of the Derveni Papyrus and their Religious Significance', in André Laks and Glenn W. Most (eds.), *Studies on the Derveni Papyrus* (Oxford: Oxford University Press, 2001), pp. 93-128, On pp. 96 and 105 も見よ。

112 Heraclitus, DK B 119, in Charles H. Kahn (trans.), *The Art and Thought of Heraclitus* (Cambridge: Cambridge University Press, 1981), CX, VI p. 81. この断片で使われているギリシア語 δαιμων は通例、fate（宿命）という英語に翻訳される。ユングは *Collected Works* の中で頻繁にヘラクレイトスを引用している。Jung, CW8, ¶¶99, 278, 916; Jung, CW12, ¶¶157, 182, 333, 435 を見よ。

113 James Hillman, *The Soul's Code* (New York: Warner Books, 1997), p. 10.（『魂のコード』、鏡リュウジ訳、河出書房新社、1998 年）

114 Hillman, *The Soul's Code*, p. 8.

115 James Hillman, 'Jung's Daimonic Inheritance', Sphinx 1 (1988), pp. 9-19. James Hillman and Sonu Shamdasani, *Lament of the Dead* (New York: W. W. Norton, 2013), p. 119（『ユング『新たなる書』の心理学』、名取琢自訳、創元社、2015 年）も見よ。

116 この存在はイスラム占星術では *Hafaza* と呼ばれる。ヘブライ語では、個人を守るものも含め、どの天使も「メッセンジャー」を意味する *mal'akh* と呼ばれる。Saul M. Olyan, *A Thousand of Thousnds Served Him* (Tubingen: Mo rhSiebeck, 1993), p. 4 と、同ページの n. 10 に示されている参考文献を見よ。

117 アンゲロスとしてのヘルメスについては Homer, *Odyssey* 5: 29（『オデュッセイア』、松平千秋訳、岩波書店、2001 年）; イリスについては、Homer, *Iliad* 2: 786（『イーリアス』、ホメーロス著、呉茂一訳、岩波書店、1964 年）を見よ。グレコ・ローマン時代の神聖なアンゲロスについては、Rangar Kline, *Ancient Angels* (Leiden: Brill, 2011) を見よ。

118 Jung, *Liber Novus*, p. 314.

119 D. Piche (ed. and trans.), *La condamnation parisienne de 1277* (Paris: Vrin, 1999); Henrik Wels, 'Late Medieval Debates on the Location of Angels After the Condemnation of 1277', in Isabel Iribarren and Martin Lenz (eds.), *Angelsi in Medieval Philosophical Inquiry* (Aldershot: Ashgate, 2008), pp. 113-27 を見よ。

120 古代末期と中世のユダヤ教魔術における新プラトン主義的要素については、Idel, 'The Magical and Neoplatonic Interpretations'; Goodman (ed.), *Neoplatonism and Jewish Thought* を見よ。ギリシア語魔術パピルスにおけるユダヤ教の魔術的儀式とグレコ・エジプトの魔術的儀式の融合については、Hans Dieter Betz, *The Greek Magical Papyri in Translation* (Chicago: University of Chicago Press, 1986), pp. xliv-xlviii を見よ。

121 ソロモンとモーゼにかかわる魔術の伝統については、Pablo A. Torijano, *Solomon the Esoteric King* (Leiden: Brill, 2002); Andreas Kilcher, 'The Moses of Sinai and the Moses of Egypt: Moses as Magician inJewish Literature and Western Esotericism', *Aries* 4: 2 (2004), pp. 148-70 を見よ。

122 古代末期のユダヤ教の文献における天使の召喚については、Rebecca Macy Lesses, 'Speaking with Angels', *Harvard Theological Review* 89: 1 (1996), pp. 41-60; Peter Schäfer, 'Jewish Magic Literaturei n Late Antiquity and the Early Middle Ages', *Journal of Jewish Studies* 41: 1(1990), pp. 75-91 を見よ。

123 守護天使はギリシア語魔術パピルスのパラドスつまり「霊の助手」にも似ている。Betz, *The Greek Magical Papyri*, p. 160 を見よ。ユングは、*Das Mithrasliturgie* でのディートリッヒによる魔術パピルスへの言及とコメントを読むことができた。

124 ディオニシウスの天使に関するテウルギアについては、Wear and Dillon, *Dionysius The Areopagite,* pp. 117-29; Gregory Shaw, 'Neoplatonic Theurgy and Dionysius the Areopagite', *Journal of Early Christian Studies 7* (1999), pp. 573-99 を見よ。

125 Jung, CW 9ii, ¶169 を見よ。

126 Iamblichus, *De mysteriis*, 1. 3. Henry Corbin, 'Mundus Imaginali, or, the Imaginary and the Imaginal', trans. Ruth Horine, *Cahiers internationaux de symbolisme* 6 (1964), pp. 3-26 も見よ。

127 Finamore, *Iamblichus* and *The Theory of the Vehicle of the Soul* を見よ。この考えが 15 ～ 16 世紀に伝わったことについては、D. P. Walke'r, The Astra1 Body in Renaissance Medicine', *Journal of the Warburg and Courtauld Institutes* 21: 1/2 (1958), pp. 119-33, on p. 123 を見よ。「霊的な体」あるいは「精妙体」への錬金術的な言及は、Agrippa, *De occulta philosophia*, I: 5, III: 50; Martin Ru1and, *A Lexicon of Alchemy or Alchemical Dictionary* (York Beach, ME: Samuel Weiser, 1984 [1893]), p. 182; Paracelsus, *Sämtliche Werke*, ed. Karl Sudhoff, 14 volumes (Munich and Berlin: Oldenbourg, 1922-33), VI II: 161-70 を見よ。

128 Aaron Hughe's, The Three Worlds of ibn Ezra's Hay ben Meqitz', *Joumal of Jewish Thought and Philosophy* 11: 1 (2002), pp. 1-24, on p. 5。Abraham ibn Ezra, *Commentary to Exodus* 3: 15 からの引用。

129 Elliot R. Wolfson, 'Merkavah Traditions in Philosophical Garb', *Proceedings of the American Academy for Jewish Research* 57 (1990-91), pp. 179-242。Abraham ibn Ezra, *Pirqei rabbi 'Eli'ezer* (Chapters of Rabbi Eliezer), MS HUC 75ff.4b and 6b からの引用。

130 Hughes, 'The Three Worlds', p.14.

131 Elliot Wolfson, 'Theosis, Vision, and the Astral Body in Medieval German Pietism and the Spanish Kabbalah', in Nicholas Campion and Liz Greene (eds.), *Sky and Symbol* (Lampeter: Sophia Centre Pr・ess, 2013), pp. 119-42 を見よ。

132 Jung, CW14, ¶572, n.106 を見よ。

133 ツェレムに関する詳しい議論は、Gershom Scholem, *On the Mystical Shape of the Godhead*, trans. Jonathan Neugroschel, ed. Jonathan Chipman (New York: Schocken Books, 1991), pp. 251-73 を見よ。

134 Wolfson, 'Theosis and the Astral Body', p. 131。Eleazar of Worms, *Hokhmat ha-Nehesh* (Benei Beraq, 1987), Ch. 48: 80 からの引用。

135 この書物の重要性については、Sophie Page, 'Uplifting Souls: The *Liber de essentia spirituum* and the *Liber Razielis*', in Claire Fanger (ed.), *InvokingAngels* (University Park: Penn State University Press, 2012), pp.79-112 を見よ。Don Karr, *Liber Salomonis*, at <www.digita1-brilliance.com/kab/karr/So1omon/LibSal.pdf> も見よ。ヘブライ語版原典は『セファール・ハ・ラジエル *Sefer ha-Raziel*』と呼ばれる。Joseph Dan, 'Book of Razier', in *Encyclopaedia Judaica* 13: 15691-93 を見よ。英訳は、Steve Savedow (ed.and trans.), *Sepher Rezial Hemelach* (York Beach, M E: Samuel Weiser, 2000) を見よ。

136 Jung, CW13, ¶173 を見よ。

137 1701 年の出版よりかなり前に出たさまざまな『セファール・ハ・ラジエル』の写本版については、Frrançois Secret, 'Sur quelques traductions du Sefer Raziel', *REJ* 128 (1969), pp. 223-45 を見よ。さらに詳しい議論については、Ioan P. Couliano, *Eros and Magic in the Renaissance*, trans. Margaret Cook (Chicago:

University of Chicago Press, 1987), p.167（『ルネサンスのエロスと魔術――想像界の光芒』、I.P. クリアーノ 著、桂芳樹訳、工作舎 1991 年）も見よ。

138『モーゼ』の書物のもっとも最近の翻訳者であるジョセフ・ピーターソンによれば、この魔道書の核は *Liber Razielis* によって与えられたという。Joseph Peterson (ed. and trans.), *The Sixth and Seventh Books of Moses* (Lake Worth, FL: Ibis Press, 2008), p. ix を見よ。『モーゼ』のユングが所有していた版は、Johann Scheible (ed.), *Das sechste und seibente Buch Mosis* (New York: William Radde, 1865) だった。

139 Peterson (ed.and trans.), *Sixth and Seventh Books of Moses*, p. ix

140 Heinrich Cornelius Agrippa von Nettesheim, *Die Cabbala des E.C.A. von Nettesheim* (Stuttgart: Johann Scheib1e, 1855); H. C. *Magische Werk samt den gehimnisvollen Schrifien des Petrus von Abano* (Berlin: Hermann Bardsdorf, 1916).

141 Heinrich Cornelius Agrippa von Nettesheim, *De incertidome & vanitate omnium scientiarum & atrium liber* (Hagae-Cornitum: A. Ulacq, 1653).

142 アブラハム・フォン・ヴォルムスが何者だったかについては、Raphael Patai, T*he Jewish Alchemists* (Princeton, NJ: Princeton University Press, 1995), pp. 272-88; Bernd Roling, 'The Comp1ete Nature of Christ', in Jan N. Bremmer and Jan R. Veenstra (eds.), *The Metamorphosis of Magic* (Leuven: Peeters, 2002), pp. 231-66, on pp. 245-46 を見よ。

143 Abraham von Worms, *Die egyptischen großen Offenbarungen, in sich begreifend die aufgefundenen Geheimnisbücher Mosis* (Cologne: Peter Hammer, 1725).

144 Lon Milo DuQuette, 'Foreword', in Abraham von Worms, *The Book of Abramelin*, ed. Georg Dehn, trans. Steven Guth (Lake Worch, FL: Nico1as-Hays, 2006), p. xiii.

145 おそらく、どちらの著作も『セファール・ハ・ラジエル』をもとにしている。『モーゼ』はラテン語版の *Liber Razielis* をもとにしているようだが、『アブラメリン』はもっと古いヘブライ語版に直接依拠しているのかもしれない。

146 S.L. MacGregor Mathers (ed. and trans.), *The Book of the Sacred Magic of Abrarnelin the Mage* (London: John M.W atkins, 1897). メイザースはこの文書の不完全なフランス語版を使用した。

147 新しいドイツ語版は *Buch Abramelin das ist Die egyptischerl grossen Offenbarungen* (Leipzig: Editions Araki, 2001) である。

148 Mathers (ef. and trans.), *The Book of the Sacred Magic of Abramelin*, xxvi.

149 *The Book of Abramelin*,, I.7, p. 28.

150 DuQuette, 'Foreward', in *The Book of Abramelin*, p. xv.

151 ユングが入手した『アブラメリン』の印刷版だけでなく、ドイツ語、ヘブライ語、イタリア語の写本版が存在し、それらはすべて 17 世紀初めのものである。Gershom Scholem, *Kabbalah* (New York: Mer吋ian, 1978), p. 186 を見よ。

152 ユングの「影」の理論については、多くの言及の中でもとくに Jung, CW10, ¶¶444-57; Jung, CW9ii, ¶¶13-19 を見よ。心理的衝動強迫としての悪霊についてのユングの考えは、第 2 章を見よ。

153 ユングはフィチーノの著作をよく知っていた。Jung, CW20 にある多くの言

及を見よ。惑星のイメージをシュンテマータとして使って天体の勢力を呼び出すフィチーノのやり方については、Couliano, *Eros and Magic*, pp. 32-34 を見よ。

154 このフィレモンとの最初の出会いについてのユングの記述は、Jung, *MDR*, pp. 207-10 を見よ。シャムダサーニによれば、フィレモンが『黒の書』に最初に登場したのは 1914 年 1 月 27 日だった。Jung, *Liber Novus*, pp. 200-201 のシャムダサーニによる序文を見よ。

155 ユングは土星兄弟団の雑誌 *Saturn Gnosis* の 1928 年 7 月から 1930 年 3 月の 5 巻を入手した。この秘密主義の教団に関する英語の唯一の出版物については、Stephen E. Flowers,, *The Fraternitas Saturni heute* (Smithville, TX: Rûna-Rav-enP ress, 2006 [1990]) を見よ。Hakl, *Eranos*, p. 38 も見よ。この教団の関係者によるドイツ語の出版物は、Aythos, *Die Fraternitas Saturni* (Munich: ARW, 1979); Frater V.D., *Die Fraternitas Saturni heute* (Bullingen: Verlag Ralph Tegtmeier Nachf, 1994) を見よ。この教団は現在もまだ存在しており、<www.fraternitas.de> で確認できる。

156 Ludwig Staudenmaier, *Die Magie als Experimentelle Narurwissenschaft* (Leipzig: Akademische Vedagsgesellschaft, 1912). Jung, *Liber Novus*, p. 200 の、シャムダサーニによるシュタウデンマイアーに関する注を見よ。

157 Greene, *The Astrological World of Jung's 'Liber Novus'*, chapters 2and 6 を見よ。

第五章　「大いなる宿命」

1 Heraclitus, D KB l19, in Kahn (trans.), *The Art and Thought of Heraclitus*, p. 81.

2 'Schicksal und Gemut sind Namen eines Begriffes'. Friedrich von Hardenberg [Nova lis], *Heinrich von Ofterdinge*, trans. John Owen (Cambridge: Cambridge Press, 1842), Part Two, p. 84, at <www.gutenberg.org/files/31873/31873-h/31873-h.htm>.

3 Jung, *Liber Novus*, p. 311.

4 たとえば Dane Rudhyar, *The Astrology of Americas' Destiny* (New York: Random House, 1974) を見よ。*The Astrology of Americas' Fate* だったら時代精神にそっていなかっただろう。

5 Jeff Mayo, *Astrology* (London: Teach Yourself Books, 1964), p. 6.

6 Margaret Hone, *The Modern Textbook of Astrology* (London: L.N. Fowler, 1951), p. 17.

7 Stobaeus, Excerpt XX, in Mead, *Thrice-Greatest Hermes*, III: XX: 2, pp. 84-85.

8 天体のもたらす宿命についてのこの考え方のグノーシス主義的解説として重要な『ヨハネのアポクリュフォン』の情報源としてユングが使用したのは、Irenaeus, *Irenaei episcopi lugdunensis contra omnes haereses* (Oxford: Thomas Bennett, 1702) と Mead, *Fragments*, pp. 580-82 である。1945 年にエジプトのナグ・ハマディで、さらに 2 種類の『アポクリュフォン』が発見された（『ヨハネのアポクリュフォン』、大貫隆訳、岩波書店、1997 年、『ナグ・ハマディ文書 1』所収）。*Apocriphon of John*, trans. Frederick Wisse, in James McConkey Robinson (ed.), *The Nag Hammadi Library in English* (Leiden: Brill, 1977), pp. 98-

116 を見よ。

9『アポクリュフォン』にある7層の「魂の乗り物」については、Roelof van den Broek, 'The Creation of Adam's Psychic Body in the *Apocryphon of John'*, in Roelof Van den Broek and M.J. Vermaseren (eds.) *Studies in Gnosticism and Hellenistic Religions* (Leiden: Brill, 1981), pp. 38-57 を見よ。

10 グノーシス主義の教義における「偽の霊」の有害な特性については、van den Broek, 'The Creation of Adam's Psychic Body'; Couliano, *The Tree of Gnosis,* pp. 102-5 を見よ。

11 Thomas Aquinas, *Summa Contra Gentiles*, trans. Anton C. Pegis, James F. Anderson, Vernon J. Bourke, and Charles J. O'Neil (New York: Hanover House, 1955-57), III.84-87, 91-92 を見よ。Campion, *A History of Western Astrology*, pp. 49-51 も見よ。

12 ユングに関係のある自由意志と決定論に関する議論は、Arthur Schopenhauer, *Prize Essay on the Freedom of the Will*, trans. Eric F.J. Payne, ed. Günter Zöller (Cambridge: Cambridge University Press, 1999 [1839])（『倫理学の二つの根本問題』、前田敬作・芦津丈夫・今村孝訳、白水社、2004 年）; Immanuel Kant, *Critique of Practical Reason*, trans. Lewis White Beck (Upper Saddle River, NJ: Prentice-Hall, 1993 [1788])（『実践理性批判』、宇都宮芳明訳、以文社、2007 年）を見よ。

13 完全に消えたわけではない。Hans Jurgen Eysenck and David K.B. Nias, *Astrology: Science or Superstition?* (New York: St. Martin's Press, 1982) を見よ。

14 たとえば J. C. Kim and S. M. Dumecki, 'Genetic Fate-Mapping Approaches', *Methods in Molecular Biology* 493 (2009), pp.65 -85; Stanley Fields and Mark Johnston, *Genetic Twists of Fate* (Carnbridge, MA: MIT Press, 2010) を見よ。

15 Pavlov (1849-1936) の業績については、Ivan Petrovich Pavlov, *Conditioned Reflexes*, trans. G. V. Anrep (Oxford: Oxford University Press, 1927) を見よ。Barbara R. Saunders, *Ivan Pavlov* (BerkeleyHeights, NJ: Enslow, 2006) も見よ。

16 この見解については、Bernardo J. Carducci, *The Psychology of Personality* (Chichester: John Wiley& Sons, 2009); Susan Hart, *Brain, Attachment, Personality* (London: Karnac, 2008) を見よ。

17 Jung, CW7, ¶41.

18『プラトン』とこのテーマについては、Plato, *Republic*, 617e-6620b（『国家』、藤沢令夫訳、岩波書店、2008 年）を見よ。

19 Alan Leo, *Esoteric Astrology* (London: Modern Astrology Office, 1913), p. vii.

20 Jung, *MDR*, pp. 353-54.

21 Jung, *MDR*, pp.350 and 354.

22 ベサントとその業績について詳しいことは、Anne Taylor, *Annie Besant* (Oxford: Oxford University Press, 1991) を見よ。ユングのベサントへの否定的な言及は、Jung, CW10, ¶176; Jung, CW10, ¶90; Jung, CW11, ¶859 を見よ。

23 Annie Besant, *A Study in Consciousness* (London: Theosophical Publishing Society, 1904), pp.98-100.

24 Jung, *MDR*, p. 349.

25 Jung, *Psychology of the Unconscious*, p. 155

26 この種の類推的思考のユングによる初期の調査については、Jung, CW2, trans. Leopold Stein (London: Routledge & Kegan Paul, 1969) を見よ。これは最初はドイツ語で *Journal für Psychologie und Neurologie* 3-16 (1904) で一連の論文として発表され、英語では *Studies in Word-Assoaation*, trans. M. D. Eder (London: William Heinemann, 1918) として出版された。Jung, 'Concerning the Two Kinds of Thinking', in Jung, *Psychology of the Unconscious*, pp. 4-21 も見よ。

27 Alan Leo, *Saturn, The Reaper* (London: Modern Astrology Office, 1916), p. 5.

28 Jung, *Psychology of the Unconscious,* p.173

29 Jung, CW7, ¶183.

30 Jung, *Psychology of the Unconscious*, p. 42 and n. 30.

31 Jung, *MDR*, p. 205.

32 Jung, CW11¶143. イエール大学で行われた講義が、1938 年に Yale University Press and Oxford University Press から出版され、のちにドイツ語に翻訳されて 1940 年に *Psychologie und Religion* として出版された（『心理学と宗教』、村本詔司訳、人文書院、1989 年）。

33 ユングへの影響という点でノヴァーリスが重要なことについては、Hanegraaff, *New Age Religion,* p. 513; Hanegraaff, *Esotericism and The Academy,* p. 286 を見よ。ノヴァーリスの占星術への関心については、Brian W.Kassenbrock, *Novalis and the Two Cultures* (unpublished PhD dissertation, Department of Germanic Languages and Literatures, New York University, 2009), p. 19 を見よ。

34 C. G. Jung, 'Men, Women, and God', *The Daily Mail* (London), 29 April 1955.

35 Jung, *Liber Novus*, p. 233.

36 Jung, CW7, ¶405.

37「国民の宿命」については、Jung, *Liber Novus*, pp. 239 and 241 を見よ。「包含」の原則（個人のホロスコープが「より大きな原因」に取って代わられるつまり「包含」されること）については、プトレマイオス , *Tetrabiblos*, II: 1, 117-119 と Abraham ibn Ezra, *The Book of the World* (Leiden: Brill, 2010), p. 283 に書かれている。

38 Jung, *Modern Psychology*, Vol. 1 & 2, p. 223.

39 Jung, CW15, ¶31

40 Jung, CW12, ¶40.

41 Jung, *Psychlogy of the Unconscious*, p.42, n. 30.

42 ストア哲学については、John M. Rist, *The Stoics* (Berkeley: University of California Press, 1978); Mauro Bonazzi and Christoph Helmig (eds.) *Platonic Stoicism, Stoic Platonism* (Leuven: Leuven University Press, 2007) を見よ。占星術へのストア派の影響については、Robert Zoller, *Fate, Free Will and Astrology* (New York: Ixion Press, 1992), pp. 94-115 を見よ。

43 Betegh, *The Derveni Papyrus*, Col. XIX.

44 Zoller, Zoller, *Fate, Free Will and Astrology*, p. 101 を見よ。

45 υευμαυοερον και πυρωδες. Poseidonius, *The Fragments*, Vol. 1, ed. L. Edelstein and I.

G. Kidd (Cambridge: Cambridge University Press, 1972), Frag. 101, p.104（翻訳は本書著者）。

46 θεof εστι πνευμα υοερου διηκου δι απαση ουσιας. Poseidonius, *The Fragments*, Vol. 1, p. 104（翻訳は本書著者）。

47 Jung, CW6, ¶355（『タイプ論』、林道義訳、みすず書房、1987 年）。

48 ユングがテウルギアの用語であるコンクピセンティアをヘイマルメネーと同一視して「飼いならされていないリビドー」として使用したことについては、Jung, CW6, ¶33 を見よ。

49 Jung, CW5, ¶223.

50 Jung, CW6, ¶355.

51 Jung, CW9ii, ¶216.

52 Ernst H. Gombrich, 'Icones Symbolicae', *Journal of the Warburg and Courtauld Institutes* 11 (1948), pp. 163-92, on p. 175.

53 Jung, CW6, ¶33, n. 9; Jung, CW5, ¶644.

54 第 1 章を見よ。

55 Zoller, *Fate, Free Will, and Astrology*, p. 103 を見よ。

56 '*Qua jatorum etiam inextricabilitercontorta retractas licia et Fortunae tempestates mitigas, et stellarurn noxios meatus cohibes*'. 翻訳は Jung, *Psychology of the Unconscious*, p. 42, n. 30 より。Apuleius, *The Golden Ass*, trans. Thomas Taylor (Frome: Prometheus Trust, 1997), 11.25（『黄金の驢馬』、呉茂一訳、岩波書店、2013 年）を見よ。

57 ユングはセネカの原典のラテン語版を、*L. Annaei Senecae opera, quae exstant* (1673); *L. Annaei Senecae operum tomus secundes* (1672); *L. Annaei Senecae rhetoris opera, quae existant Integris Nicolai Fabri, Ander. Schotti, accuratissimo aucta* (1672) の 3 冊入手した。

58 Thomas G. Rosenmeyer, *Senecan Drama and Stoic Cosmology* (Berkeley: University of California Press, 1989), p. 72。Seneca, *De tranquillitate anirni* 10.3（「心の平静について」、茂手木元蔵訳、岩波書店、1991 年、『人生の短さについて』所収）より引用。

59 Johann Jacob Bachofen, *Das Mutterrecht* (Stuttgart: Krais und Hoffmann, 1861)（『母権論序説』、吉原達也訳、創樹社、1989 年）。その英語版は *Myth, Religion and Mother Right*, trans. Ralph Manheim (Princeton, NJ: Princeton University Press, 1967) として出版された。Jung, CW15, p. 84; Jung, CW5, Fig. 43 を見よ。

60 Bachofen, *Myth, Religion and Mother Right*, p. 18.

61 Jung, *Liber Novus*, p. 308

62 Erich Neumann, *The Great Mother* (Princeton, NJ: Princeton University Press, 1955), p. 230.（『グレート・マザー』、福島章・町沢静夫・大平健・渡辺寛美・矢沢昌史訳、ナツメ社、1982 年）

63 Jung, CW5, ¶423 を見よ。

64 ユングが所有していた *Meditations*（『自省録』、神谷美恵子訳、岩波書店、2007 年）のドイツ語版は、Marc Aurel, *Selbstbetrachtungen* trans. Otto Kiefer

(Leipzig: E. Diederichs, 1903)。
65 Marcus Aurelius, *Meditations*, 12: 14.
66 Jensen (ed.), C. G. *Jung, Emma Jung, and Toni Wolff,* p.119（『回想のユング』、藤瀬恭子訳、創元社、1988 年）で、患者のメアリー・S・ハウエルズが引用したユングの言葉。
67 ユングの「グノーシス主義」的傾向についての議論の詳しいことは、Alfred Ribi, *The Search for Roots* (Los Angeles, CA: Gnosis Archive Books, 2013); E. M. Brenner, 'Gnosticism and Psychology: Jung's *Septem Sermones ad Mortuos*', *Journal of Analytical Psychology* 35 (1990), pp. 397-419 を見よ。さらに、Jung, *Liber Novus*, p. 346, n. 81 にシャムダサーニにより参考文献が示されている。
68 Richard Noll, 'Jung the Leontocephalus', in Bishop (ed.), *Jung in Contexts*, pp. 51-91, on p.72.
69 Lance Owens, 'Jung and Aion', *Psychological Perspectives* 54: 3 (2011), pp. 253-89, on p.260.
70 この指輪については、Hakl, *Eranos*, p. 45; Paul Bishop, 'Introduction', in Bishop, *Jung in Contexts,* pp. 1-30, on p. 6 を見よ。アブラクサスに対するユングの考えについて詳しいことは、Greene, *The Astrological World of Jung's 'Liber Novus'*, chapter 7 の考察を見よ。
71 中世の錬金術が古代のグノーシス主義の思想を永続的なものにしたというユングの考えについては、Jung, CW9ii, ¶¶267and 368; Jung, CW11, ¶160; Jung, CW12, ¶¶234-35; Jung, CW14, ¶¶104, 759, and 763-64 を見よ。
72 バシリデスについては、Birger A. Pearson, 'Basilides the Gnostic', in Antii Marjanen and Petri Luomanen (eds.), *A Companion to Second-Century Christian 'Heretics'* (Leiden: Brill, 2008), pp. 1-31 を見よ。Charles William King, *The Gnostics and Their Remains* (London: Bell & Dalby, 1864) はユングがバシリデス派の教義を理解するうえで重要な情報源になった。
73「試練」の内容とユングのシステマ・ムンディトティウスの図については、Greene, *The Astrological World of Jung's 'Liber Novus'*, chapter 7 を見よ。
74 Owen Davies, *Magic* (Oxford: Oxford University Press, 2012), p. 1.
75 いくつかの有用な（そして矛盾していることも多い）文書については、Hans Jonas, *The Gnostic Religion* (Boston, MA: Beacon Press, 1958)（『グノーシスの宗教』、秋山さと子・入江良平訳、人文書院、1986 年）; Roelof van den Broek, *Gnostic Religion in Antiquity* (Cambridge: Cambridge University Press, 2013); Kurt Rudolph, *Gnosis,* trans. P.W Coxon, K.H. Kuhn, and R. McL. Wilson (San Francisco, CA: Harper Collins, 1987)（『グノーシス』、大貫隆・入江良平・筒井賢治訳、岩波書店、2001 年）; Birger A. Pearson, *Gnosticism, Judaism, and Egyptian Christianity* (Minneapolis, MN: Fortress Press, 1990) を見よ
76 ユダヤ教内のグノーシス主義的教派については、Gershom Scholem, *Jewish Gnosticism, Merkabah Mysticism, and Talmudic Tradition* (New York: Jewish Theological Seminary, 1970) を見よ。
77 Nicola Denzey Lewis, *Cosmology and Fate in Gnosticism and Graeco-Roman Antiq-*

uity (Leiden: Brill, 2013); Couliano, *The Tree of Gnosis*, p. 23 を見よ。

78 Segal, *The Gnostic Jung*, p. 3.

79 たとえば Plato, *Symposium*, 201d-212b（『饗宴』、中澤務訳、光文社、2013 年）を見よ。

80 グノーシス主義の文書へのプラトンの影響については、Irenaeus, *Haer.* 2: 14; Hippolytus, *Refutatio* 1: 11; Plotinus, Ennead 2.9.6 を見よ。Pearson, *Gnosticism, Judaism, and Egyptian Christianity*, pp. 148-64、および Richard T. Wallis and Jay Bregman (eds.), *Neoplatonism and Gnosticism* (Albany: SUNYPress, 1992) に収められている論文も見よ。

81 マニ教の極端な二元論については、Jonas, *Gnostic Religion*, pp. 206-38; Johannes van Oort, 'Manichaeism', in van den Broek and Hanegraaf (eds.), *Gnosis and Hermeticism*, pp.37-51 を見よ。

82 *Marsanes*, NHC X.5.24-26, trans. Birger A. Pearson, in *The Nag Hammadi Library*, p. 418.（「マルサネース」、大貫隆訳、岩波書店、2010 年、『グノーシスの変容』所収）

83 Jung, CW14, ¶616.

84 Jung, CW9ii, ¶123.

85 Jung, CW9ii, ¶298.

86 Jung, CW9ii, ¶308; Jung, *Liber Novus*, p. 363.「原人」の概念については、ユングはおもに Reitzenstein, *Das iranische Erlösungsmysterium* と *Die hellenistiche Mysterienreligionen* で引用されているマニ教の文書を参考にした。Jung, CW14, ¶450 を見よ。

87 Robert McLachlan Wilson, 'Gnosis and the Mysteries', in van den Broek and Vermaseren (eds.) *Studies in Gnosticism and Hellenistic Religions*, pp. 451-66, on p. 451 を見よ。グノーシス主義の起源に関するさまざまな仮説は、Ioan P. Couliano, 'The Angels of the Nations and the Origins of Gnostic Dualism', in *Studies in Gnosticism and Hellenistic Religions*, pp.79-80 を見よ。

88 これらの異端研究者については、Gérard Vallée, *A Study in Anti-Gnostic Polemics* (Waterloo, ON: Wilfrid Laurier University Press, 1981) を見よ。ユングはエイレナイオスのラテン語版とドイツ語版、*lrenaei episcopi lugdunensis contra ornnes haereses* (1702) と *Des heiligen Irenäus fünf Bücher gegen die Häresine* (1912) を所有していた。また、エピファニオスのドイツ語版 *Ausgewählte Schriften* (1919) も入手し、Jung, CW9ii, ¶¶287-346 で頻繁に Hippolytus, *Elenchos* を引用している。

89 ミードはグノーシス主義に関するふたつの著作集、*Fragments of a Faith Forgotten* (London: Theosophical Pub lishing Society, 1900) と *Echoes from the Gnosis* (London: Theosophical Publishing Society, 1906-8) を出版した。ユングは、どちらも出版されるとすぐに入手した。

90 Wilhelm Bousset, *Hauptprobleme der Gnosis* (Göttingen: Vandenhoeck & Ruprecht, 1907); Richard Reitzenstein, *Poimandres* (Leipzig: Teubner, 1904); Richard Reitzenstein *Mysterionreligionen nach ihren Grundgedanken und Wirkungen* (Leipzig:

Teubner, 1910). ユングは3つの著作をいずれも『リビドーの変容と象徴』で頻繁に引用した。

91 Jung, CW9ii, ¶310.

92 Jung, CW13, ¶457.

93 このテーマに関するユングの考察は、Jung, CW12, ¶461 を見よ。

94 Jung, CW14, ¶6.「アガトダイモン」すなわち「よいダイモン」は、古代末期の魔よけにしばしば登場し、7条の光線を放つ光の冠は惑星を表すと考えられるのに対し、12条の光線の冠は黄道十二宮を表しているのかもしれない。

95 Jung, CW14, ¶308.

96 Jung, *Liber Novus*, p. 325.

97 Jung, CW13, ¶¶209-10.

98 Jung, CW9ii, ¶128. ユングが土星を獅子の頭をもつヤルダバオトと同一視したことについては、Jung, CW9ii, ¶325; Jung, CW13¶, ¶275 も見よ。

99 ユングは、この指輪について McGuire and Hull (eds.) *C. G. Jung Speaking,* p. 468 で詳しく書いている。この指輪の写真は <http: //gnosticwarrior.com/the-gnostic-ring-ofcarl-Jung.html> と <http: //gnosis.org/Jung.ring.htm.l> にあるが、これらの画像に関する文献は示されていない。

100 アブラクサスの混合主義的なところについては、Gilles Quispel, *Gnostica, Judaica, Catholica*, ed. Johannes van Oort (Leiden: Brill, 2008), pp. 40-65, 243-60 を見よ。多数の古代末期のジェムストーンの護符で、アブラクサスという名前とクノウミスの姿が組み合わされている。ユングは、King, *The Gnostics and Their Remains* の挿絵により、こうした護符の多くをよく知っていた。Greene, *The Astrological World of Jung's 'Liber Novus'*, chapter 7 を見よ。

101 Jung, *Liber Novus*, p. 349, n. 93 の編集者によるコメントを見よ。ユングのアブラクサスについての理解は、多くが Albrecht Dieterich, *Abraxas* (Leipzig: Teubner, 1891) に依拠している。ユングは 1913 年にこの著作を詳しく研究していて、所有していた本に注釈が書き込まれている。アブラクサスという名前の語源は、King, *The Gnostics and Their Remains*, p.37 にも書かれている。

102 Jung, *Liber Novus*, p. 349.

103 Jung, *Liber Novus*, p. 349, n. 93 でシャムダサーニにより引用されている。ユングがベルクソンのデュレ・クレアトリスをリビドーと同一視したことについては、第1章を見よ。

104 Jung, *Visions Seminars,* Vol. 2, pp.806-7.

105 Jung, *Psychology of the Unconscious*, p. 125.

106 ユングがアブラクサスをデミウルゴスすなわち「世界の創造者」と同一視したことについては、Jung, *Liber Novus*, p. 349, n. 93 を見よ。

107 G.R.S. Mead, 'Pistis-Sophia', *Lucifer* 6 (March 1890-August 1890), pp. 107-13, 230-39, 315-23, 392-401, 489-99; *Lucifer 7* (September 1890-February 1891), pp. 35-43, 139-47, 186-96, 285-95, 368-76, 456-63; *Lucifer* 8 (March 1891-August 1891), pp. 39-47, 123-29, 201-4. ブラヴァツキーによる注釈は、Blavatsky, CW13, pp. 1-81 に書かれている。

108 G.R.S. Mead (trans.), *Pistis Sophia* (London: Theosophical Publishing Society, 1896); Mead, *Fragments*, pp. 459-506.

109『ピスティス・ソフィア』の一部は *The Gnostics and Their Remains* でキングによって翻訳されていた。Jung, CW6, ¶396 と、CW12 (Figs. 45, 52, 203, 204, 205, 253) で使用したキングによる「グノーシス主義的」宝石の挿絵を見よ。

110 Clare Goodrick-Clarke and Nicholas Goodrick-Clarke, *G. R. S. Mead and the Gnostic Quest* (Berkeley, CA: North Atlantic Books, 2005), p. 31; Stephan A. Hoeller, 'C. G. Jung and the Alchemical Revival', *Gnosis* 8 (1988), pp.3 4-39; Stephan A. Hoeller, *Gnosticism* (Wheaton, IL: Theosophical Publishing Society, 1982), p. 169 を見よ。

111 'Jeu' または 'Ieu' という名前は、IAO と同じように、ヘブライ語の IHVH のギリシア語への転訛と思われ、神を暗示するのに使われる魔法の名前である。Betz, *The Greek Magical Papyri*, p.335 を見よ。

112 Mead, *Pistis Sophia,* 1: 20.

113 Mead, *Pistis Sophia,* 4: 140. この文書が木星(ジュピター)と金星(ヴィーナス)の配置をいっているのだとしても、どんな配置かは不明である。

114 第 6 章を見よ。

115 Mead, *Pistis Sophia,* p. 345.

116 Mead, *Pistis Sophia,* p. 256. 傍点は本書著者による。

117 この一節については、M. L. West, *The Orphic Poems* (Oxford: Oxford University Press, 1983), p. 23 を見よ。議論については、Roy Kotansky, 'Incantations and Prayers for Salvation on lnscribed Greek Amulets', in Christopher A. Faraone and Dirk Obbink (eds.), *Magika Hiera* (Oxford: Oxford University Press, 1991), pp. 114-16; E. Bikerman, 'The Orphic Blessing', *Journal of the Warburg Institute* 2: 4 (1939), pp. 370-71 を見よ。最初のオルフェウス教の断片集である Otto Kern, *Orphicorum fragmenta* (Berlin: Weidmann, 1922) は、ユングがまだ『新たなる書』に取り組んでいた頃、出版された。最終的にはユングはこの著作をよく知るようになったが(Jung, CW13, ¶412, n. 11 を見よ)、『リビドーの変容と象徴』を書いたときにはまだそれは出版されていなかった。そのため、Taylor, *The Mystiical Hymns of Orpheus*、Mead, *Orpheus*、Wilhelm Heinrich Roscher, *Ausfüriches Lexikon der griechischen und römischen Mythologie Lexicon* (Leiden: Teubner, 1884) を参考にした。

118 *Hermetica*, CH XIII.

119 たとえば *The Gospel of Phillip,* in *the Apocryphal New Testament*, trans. and ed. M. R. James (Oxford: Clarendon Press, 1924), 12 を見よ。魂が惑星のアルコーンを回避できるようにする儀式的宣言は、オルフェウス教の死者のためのタブレットにある言葉とほとんど同じである。ユングはジェイムズの本の英語版とドイツ語版のほか、もっと前の典拠の疑わしい文書の英訳とドイツ語訳を所有していた。そのひとつが Alexander Walker, *Apocryphal Gospels, Acts, and Revelations* (Edinburgh: T&T Clark, 1911) で、*Gospel of Phillip* が収められている。

120 Jung, CW15, ¶81.

121 この想定の例が、Noll, *The Jung Cult* に見られる。
122 ユングは、*The Secret Doctrine,* 2 volumes (London: Theosophical Publishing House, 1888)（『シークレット・ドクトリン』、田中恵美子，ジェフ・クラーク訳、神智学協会ニッポン・ロッジ、1996 年）の英語版や *The Theosophical Glossary*, ed. G.R.S. Mead (London: Theosophical Publishing House, 1892) など、ブラヴァツキーによる著作をいくつも所有していた。
123 Jung, CW8, ¶59.
124 See Jung, CW7, ¶118.
125 Jung, CW18, ¶756.
126 Jung, CW7, ¶¶339. そのほかのコメントは、Jung, CW7, ¶494; Jung, CW10, ¶176; Jung, CW6, ¶279 を見よ。
127 Jung, CW4, ¶749; Jung, CW6, ¶594.
128 G.R.S.Mead, *'The Quest'-Old and New* (London: John M.W atkins, 1926), pp.296-97.
129 ミードの生涯についての詳細は、Goodrick-Clarke and Goodrick-Clarke, *G.R.S. Mead*, p. 32 を見よ。Leadbeater のエピソードについては、Campbell, *Ancient Wisdom Revived*, pp. 114-18 を見よ。
130 Mead, 'The Quest', pp. 296-97.
131 Noll, *The Jung Cult*, p. 69.
132 G.R.S.Mead to C. G. Jung, 19 November 1919, ETH-Bibliothek Zürich, Archives Hs1056: 29826.
133 Stephan Hoeller はユングとミードが互いに訪問し合っていたと述べ、情報は、エラノス会議に出席していたためユングをよく知っていた宗教史家ギレス・クィスペルとの個人的会話から得たと述べている。ミードの手紙がこの言葉を裏付けている。Hoeller, 'C. G. Jung and the Alchemical Revival', p. 35, n. 1 を見よ。
134 ユングはマイリンクの「オカルト」小説をすべて入手しており、たとえば *Der Engel vom westlichen Fenster* (1927)（『西の窓の天使』、佐藤恵三・竹内節訳、国書刊行会，1985 年）、*Fledermäuse: Sieben Geschichten* (1916)、*Der Gole*m (1915)（『ゴーレム』、今村孝訳、白水社、2014 年）、*Das grüne Gesicht* (1916)（『緑の顔』、佐藤恵三訳、創土社、1974 年）、*Walpurgisnacht* (1917)（『ワルプルギスの夜』、垂野創一郎訳、国書刊行会，2017 年）がある。ユングのマイリンクへの言及については、Jung, CW6, ¶¶205, 426, and 630; Jung, CW7, ¶153; Jung, CW7, ¶¶153 and 520; Jung, *Dream Analysis*, pp. 276-94; Jung, *Modern Psychology*, 1-110 を見よ。
135 Nicholas Goodrick-Clarke, *The Occult Roots of Nazism* (London: Tauris Parke, 2004), p. 28.
136 たとえば *Orpheus the Fisher* (1921); *Weltenmantel und Himmelszeit,* 2 volumes (1910); *L'origine babylonienne de l'alchimie* (1926); 'Pistis Sophia und Barbelo', *Angelos* 3: 12 (1928), pp. 93-110; *Nachleben dionysischer Mysterienriten* (1928); and *Orplzischdionysische Mysteriengedanken in der christlichen Antike* (Leipzig:

Teubner, 1925) がある。ユングがアイスラーに言及している出版物は多数あり、たとえば Jung, CW¶14, ¶610; Jung, CW9i, ¶553; CW12, ¶177and Figs.174 and 202。

137 Jung, CW9ii, ¶¶147, 162, 178, and 186 を見よ。

138 Robert Eisler, *Man into Wolf* (London: Routledge & Kegan Paul, 1951).

139 Goodrick-Clarke and Goodrick-Clarke, *G. R. S. Mead,* pp. 15-16 and 27.

140 G. R S. Mead, *A Mithraic Ritual* (London: Theosophical Publishing Society, 1907). ミードはそれをおもに Dieterich, *Ein Mithrasliturgie* に依拠して書いた。ユングは『リビドーの変容と象徴』でどちらも引用している。

141 Mead, *The Mysteries of Mythra.*

142 PGM IV と呼ばれるこの文書は、19 世紀初めにエジプトで発見された古写本で 14 世紀初めのものとされる the Great Magical Papyrus of Paris の一部である。

143 Betz, *The "Mithras Liturgy"* p. 37 を見よ。

144 Betz, *The "Mithras Liturgy"* p.35; Fowden, *The Egyptian Hermes,* pp. 82-87 and 168-72 を見よ。

145 Franz Cumont, *Die orientalischen Religionen im römischen Heidentum* (Leipzig: Teubner 1910), p. 217, n. 5.

146 Mead, *Fragments*, pp. 10, 16.

147 Mead, *Fragments*, p. 23.

148 グノーシス主義の教導者エディサのバルダイサン (154-222 CE) のものとされる文書を引用して、グノーシス主義的ヘイマルメネーの概念を説明している、Mead, *Fragments*, p. 398 を見よ。Tim Hegedus, 'Necessity and Free Will in the Thought of Bardaisan of Edessa', *Laval théologique et philosophique* 69: 2 (2003), pp. 333-44 も見よ。

149 Mead, *Fragments*, p. 403.

150 さまざまな歴史的背景における「精妙体」については、上記注 9 と 77 を見よ。「精妙な」体に関する神智学の著作は、C. W. Leadbeater, *Man, Visible and Invisible* (London: Theosophical Publishing Society, 1902)（『神秘的人間像』、今春聴訳、文曜書院･紀元書房、1940 年）; Annie Besant, *Man and His Bodies* (Los Angeles, CA: Theosophical Publishing House, 1917) を見よ。

151 ストア派の物質的実体の階級づけについては、AA. Long and D.N. Sedley, *The Hellenistic Philosophers*, Vol. 1 (Cambridge: Cambridge University Press, 1987), pp. 266-343; F.H. Sandbach, *The Stoics* (London: Duckworth, 1975), pp. 69-94 を見よ。

152 Jung, CW11, ¶848 を見よ。ユングがチベットのバルドの概念について情報を得たのは、W. Y. Evans-Wentz (ed. and trans.), *The Tibetan Book of the Dead* (London, 1927) だった。

153 Jung, CW9i, ¶202 を見よ。

154 Jung, CW5, ¶513. Henry Wadsworth Longfellow, *The Song of Hiawatha* (Boston: Ticknor and Fields, 1855)（『ハイアワサの歌』、三宅一郎訳、作品社、1993 年）を見よ。

155 Jung, CW9i, ¶392.
156 Jung, CW13, ¶137, n. 8.
157 G.R.S. Mead, *The Doctrine of the Subtle Body in Westem Tradition* (London: J. M. Watkins, 1919); 引用は pp. 12-13 と p. 20。
158 Mead, *The Doctrine of the Subtle Body*, p. 41.
159 Jung, CW16, ¶486.
160 Jung, CW12, ¶511.
161 Jung, CW14, ¶¶311 and 353.
162 Walker, 'The Astral Body in Renaissance Medicine', p. 123。Galen, *De Placitis Hippocratis et Platonis*, VII, *Opera Omnia*, ed. Kühn, V.643（『ヒッポクラテスとプラトンの学説』、内山勝利・木原志乃訳、京都大学学術出版会、2005 年）からの引用。
163 Paracelsus, Sämtliche Werke XII: 161-70. ユングは、ガレノスに従ったパラケルススの言葉を Jung, CW13, ¶150; Jung, CW15, ¶¶19, 54 で引用している。
164 Paracelsus, *Sämtliche Werke*, XII: 3and 23. ユングはこれらの言葉を CW8, ¶390 で引用している。
165 Ruland, *A lexicon of Alchemy*, p. 182。Jung, CW13, ¶¶188, 194 を見よ。
166 Jung, CW11, ¶160.「スピリチュアル」な錬金術については、Mircea Eliade, *The Forge and The Crucible* (Chicago: University of Chicago Press, 1956), p. 8; Lindsay, *Origins of Alchemy*, pp. 101-3 を見よ。錬金術のプラトン主義および新プラトン主義的基盤については、Stanton J. Linden, *The Alchemy Reader* (Cambridge: Cambridge University Press, 2003), p. 3 を見よ。プラトン自身の言葉は、Plato, *Timaeus,* 27 c-31b, 32 c-34c, 36 d-e, 47 e-51b, 59 b-c を見よ。ユングに影響を及ぼした 19 世紀の「スピリチュアル」な錬金術に関する著作は、Mary Anne Atwood, *A Suggestive Inquiry into 'The Hermetic Mystery'* (London: Trelawney Saunders, 1850) を見よ。
167 Jung, CW13, ¶¶262-63.
168 Freud, SE18, p. 29.（「快原理の彼岸」須藤訓任・藤野寛訳、岩波書店、2006 年、『フロイト全集 17』所収）
169 Jung, *Psychology of the Unconscious*, p. 454. See also Jung, CW5, ¶185.
170 Jung, CW9ii216.
171 Jung, CW10, ¶843.
172 Mead, *Pistis Sophia*, 111.384.
173 Clement of Alexandria, *Stromata,* in *St. Clement of Alexandria*, ed. and trans. Alexander Roberts, James Donaldson, and Arthur Cleveland Cox (Buffalo, NY: Christian-Literature Publishing, 1885), II.20.372 での引用。
174 Morton W. Bloomfield, *The Seven Deadly Sins* (East Lansing: Michigan State College Press, 1952) を見よ。
175 バランスを欠いた発達と代償的な無意識的強制によって、個人だけでなく文化も苦しむことがあるというユングの考えについては、Jung, CW7, ¶¶283, 285, 287; Jung, CW10, ¶¶250, 295 を見よ。

176 ヘルメス文書の年代については、Fowden, *The Egyptian Hermes*, p. 3 を見よ。
177 ヘルメス文書の融合的性格については、Brian P. Copeemhaver, 'Introduction', in *Hermetica*, pp. xxvi-xxix; Peter Kingsley, *Ancient Pllilosophy, Mystery, and Magic* (Oxford: Clarendon Press, 1995), pp.233-49; Fowden, *Egyptian Hermes,* pp. 14-22, 36-37, 91, 144, 178, 188-95 を見よ。
178 Van den Broek, *Studies in Gnosticism and Alexandrian Christianity*, p. 1.
179 たとえば Christopher Lehrich, *The Occult Mind* (Ithaca, NY: Cornell University Press, 2007), p. 4 を見よ。
180 たとえば、占星術に関する「技術的な」ヘルメス主義の論文のひとつ（*Book of the Configurations of Heimarmene which are Beneath the Twelve*）が、グノーシス主義的な『ヨハネのアポクリュフォン』のナグ・ハマディ版で、書名を出して引用されている。Lewis, *Cosmology and Fate,* p.107 を見よ。Pearson, *Gnosticism, Judaism, and Egyptian Christianity*, pp. 29-34 も見よ。
181『ポイマンドレス』とそのほかのヘルメス文書へのユダヤ教の寄与については、Pearson, *Gnosticism, Judaism, and Egyptian Christianity,* pp. 136-47; Birger A. Pearson, 'Jewish Elements in *Corpus Hermeticum* 1 (*Poimandres*)', in Roelof van den Broek and Cis van Heertum (eds.), *From Poimandres to Jacob Bohme* (Leiden: Brill, 2000), pp. 336-48 を見よ。
182 Marsilio Ficino (trans.), *Mercurii Trismegisti: Pimander sive de potestate et sapientia Dei* (Treviso: Gerardus de Lisa, 1471). ユングは、フィチーノのラテン語訳をもとにした希少な 1574 年版 *Mercurii Trismegisti: Pimandras utraque lingua restitutus* (Bordeaux: Simon Millanges, 1574) を入手した。
183 ベルテロによる選集と、現存するヘルメス主義の論文のミードによる 3 巻からなる英訳 *Thrice-Greatest Hermes* に加え、ユングは ライツェンシュタインの『ポイマンドレス』も入手した。
184 Jung, CW12, 408-10.
185 Jung, *MDR*, p.230, and Jung, *Liber Novus*, pp. 218 and 360 を見よ。
186 Jung, *Liber Novus*, p. 312.
187『ポイマンドレス』の歴史と文献については、Peter Kingsley, '*Poimandres*', *Journal of the Warburg and Courtauld Institutes* 56 (1993), pp. 1-24; Hans Dieter Betz, 'Hermetism and Gnosticism: The Question of the "*Poimandres*"', in Søren Giversen, Tage Petersen, and Podemann Sørensen, *The Nag Hamnamadi Texts in the History or Religions* (Copenhagen: Roya1 Danish Academy of Sciences and Letters, 2002), pp.84 -94 を見よ。
188 CH I. 25-26, in *Hermetica*, p. 6.
189 この死者のためのタブレット、すなわちテュリで発見された薄板については、Alberto Bemabé and Ana Isabel Jiménez San Cristóbal, *Instructions for the Netherworld* (Leiden: Brill, 2008), p. 81 を見よ。
190 Fowden, *The Egyptian Hermes*, p.108; Merkur, 'Stages of Ascension', pp. 79-96 を見よ。
191『ポイマンドレス』にある惑星の強制力に関する部分のミードによる翻訳は、

Mead, *Thrice-Greatest Hermes*, I: 413 を見よ。
192 Macrobius, *Commentary on the Dream of Scipio*, trans. William Harris Stahl (New York: Columbia University Press, 1990 [1952]), XII: 13. Jung, *Psychology of the Unconscious*, p. 125 を見よ。
193 魂の旅の神話は、プラトンにより *Republic*, X.614a-621d に記述されている。プラトン主義・グノーシス主義的なアセントの例は、*Trimorphic Protennoia* (NHC XIII, 1), trans. John D. Turner（「三体のプローテンノイア」、荒井献訳、岩波書店、1998 年、『ナグ・ハマディ文書 3』所収）; *Zostrianos* (NHC VIII, 1), trans. John H. Sieber（「ゾーストリアノス」、大貫隆訳、岩波書店、2010 年、『グノーシスの変容』所収）; both in *The Nag Hammadi Library* を見よ。
194 Walter Scott (ed. and trans.), *Hermetica,* 4 volumes (Oxford: Cl arendon Press, 1924-36), 1: 1-2. Lewis, *Cosmology and Fate*, p. 106, n. 10 を見よ。
195 André-Jean Festugière, *La revelation d'Hermés Trismégiste*, 4 volumes (Paris: Bibliothèque des textes philosophiques, 1946-54), I: 30. この区分の妥当性に問題があることについては、Copenhaver, *Hermetica*, p. xxvii; Fowden, *The Egyptial1 Hermes*, pp. 1-4, 140-41, 161-213 を見よ。ユングはスコットによる翻訳もフェストゥジエによる翻訳も入手しなかったようだ。
196 これら失われた著作については、Copenhaver, *Hermetica*, pp. xxxiv-xxxv; Lewis, *Cosmology and Fate*, p. 107 を見よ。
197 ふたつの例外については、Robert Zoller (trans.), *Liber Hermetis*, 2 volumes (Golden Hind Press, 2000); *Kyranides* (London, 1685; repr. New York: Renaissance Astrology, 2010) を見よ。ユングが *Kyranides* をよく知っていたことについては、Jung, CW9ii, ¶138 を見よ。Fowden, *The Egyptian Hermes*, pp. 87-89; David Bain, 'Μελαυιτις γη in the *Cyranides* and Related Texts', in Todd Klutz (ed.), *Magic in the Biblical World* (Edinburgh: T&TC lark, 2003), pp.191-213 も見よ。
198 *CH* XIII.12.
199 Fowden, *The Egyptian Hermes*, p. 109.「適切な瞬間」を意味するカイロスについては、Jung, CW10, ¶¶585 を見よ。
200 この時期ユングは、自らの意志でしていた隠遁生活から外に出た。1928 年に *The Secret of the Golden Flower*（『黄金の華の秘密』、湯浅泰雄・定方昭夫訳、人文書院、1980 年）でヴィルヘルムに協力し、翌年には、西洋の錬金術に関する彼の初めての論文 'Paracelsus' (Jung, CW15, ¶¶1-17) を発表した。1930 には the General Medical Society for Psychotherapy の副会長になり、1932 年には the Literary Prize of the City of Zürichi を受賞した。同年、『黒の書』の記入を終了した。1933 年、アスコナでエラノス会議が始まり、その後数年にわたってユングが投稿することになる多数の論文の最初のものである 'A Study in the Process of Individuation' (Jung, CW9i, ¶¶525-626) を発表した。また、1933 にはユングは ETH（チューリッヒ工科大学）での講義も始め、1934 年に the International General Medical Society for Psychotherapy を設立して、初代会長と、その雑誌 *Zentralblatt für Psychotherapie und ihre Grenzgebiete* の編集者に就任した。1935 には ETH の名誉教授になり、the Swiss Society for Practical

Psychology を設立した。

201 Lynn Hayes, 'The astrology of Carl Jung and His Red Book' (2009), <www.beliefnet.com/columnists/astrologicalmusings/2009/09/carl-Jung-and-the-astrology-of.html>; 'Carl Jung's "Red Book"', <http://heavenlytruth.typepad.com/heavenly-truth/2009/09/carl-jungs-red-book-the-astrology-behind-the-publication-of-jungs-most-personal-work.html> を見よ。

第六章 「来たるべきものの道」

1 Dane Rudhyar, *Astrological Timing* (New York: Harper & Row, 1969), pp. 166-67.

2 Jung, *Liber Novus*, pp. 314-15.

3 文献など参考になる概観は、David John Tacey, *Jung and the New Age* (Hove: Brunner-Routledge, 2001) を見よ。

4 Hammer, *Claiming Knowledge*, pp. 67-70.「通常の意味での心理学の理論よりもむしろ錬金術での概念に似ている」ユングの元型の概念についての Hammer の考察は、pp. 437-40 も見よ。ノルは「ユンギアニズム」という言葉を使っている。Noll, *The Jung Cult*, pp. 7-9 and 291-94 を見よ。

5 Paul Heelas, *The New Age Movement* (Oxford: Blackwell, 1996), p. 46。Gurdjieff 自身の著書は、G. I. Gurdjieff, *Meetings with Remarkable Men* (London: E.P. Dutton, 1964)（『注目すべき人々との出会い』、星川淳訳、めるくまーる社、1981 年）を見よ。P.D. Ouspensky, *In Search of the Miraculous* (New York: Harcourt, Brace, 1949) も見よ。

6 Hanegraaff, *New Age Religion*, p. 497.

7 Roderick Main, 'New Age Thinking in the Light of C. G. Jung's Theory of Synchronicity', *Journal of Alternative Spiritualities and New Age Studies* 2 (2006), pp. 8-25, p. 9; Hanegraaff, *New Age Religion*, pp. 521-22 を見よ。

8 Rudhyar, *Astrological Timing*, p. 167

9 Hanegraaff, *New Age Religion*, p. 94.

10 Hanegraaff, *New Age Religion*, pp. 421-513; Alex Owen, 'Occultism and the "Modern Self" in Fin-de-Siécle Britain', in Martin Daunton and Bernhard Rieger (eds.), *Meanings of Modernity* (Oxford: Berg, 2001), pp. 71-96 を見よ。神は内に見つけることができ、「神を知ること」は「自己を知ること」であるという考え方は、Plotinus, Ennead I: 6.7 と Ennead V1: 9.11 で明確に述べられている。

11 Jung, CW9ii. もともとは *Aion: Untersuchungen zur Symbolgesctichte* (*Psychologische Abhandlungen* VIII, Zürich: Rascher Ver1ag, 1951) として出版された（『アイオーン』、野田倬訳、人文書院、1990 年）。

12 *Aeon* はギリシア語の *Aion* (Αιωυ) のラテン語の綴りである。クロノス (Κρουος) は、ヘシオドスの *Theogony*（『神統記』、廣川洋一訳、岩波書店、1984 年）にあるように、父親のウラノスを去勢したのち神々の支配者になった古代ギリシアのティタン（巨人族）である。クロノスはローマの神サトゥルヌス（英語でサターン）と関連付けられ、それはギリシア語で書かれたプトレマイオスの『テトラビブロス』で惑星のサターン（土星）に使われた名前である。

Chronos (χρονος) はギリシア語で時間を意味する言葉である。Zervan (または Zurvan) はペルシアのゾロアスター教以前の神で、その名はギリシア語の *chronos* と同じように、「時間」を意味する。歴史の有限の時間だけでなく「無限の時」の支配者、すなわちそれからあらゆるものが生まれた原初の光である。この神は、オルフェウス教のファネスと多くの類似点をもつ。Greene, *The Astrological World of Jung's 'Liber Novus'*, chapter 6 を見よ。

13 Franz Cumont, *Textes et monuments figures relatifs aux mystèes de Mythra* (Brussels: Lamertin, 1896).

14 Jung, *Psychology of the Unconscious*, p. 83.

15 Franz Cumont, *The Mysteries of Mithra,* trans. Thomas J. McCormack (Chicago: Open Court, 1903), pp. 125-26.（『ミトラの密儀』、小川英雄訳、筑摩書房、2018 年）

16 David Ulansey, *The Origines of the Mithraic Mysteries* (Oxford: Oxford University Press, 1991); Roger Beck, *Planetary Gods and Planetary Orders in the Mysteries of Mithras* (Leiden: Brill, 1988); Roger Beck, *The Religion of the Mithras Cult in the Roman Empire* (Oxford: Oxford University Press, 2006).

17 Origen, *Contra Celsum*, trans. Henry Chadwick (Cambridge: Cambridge University Press, 1953), 6: 21-22; Porphyry, *De antro nympharum*, in Thomas Taylor (ed. and trans.), *Select Works of Porphyry* (London: Thomas Rodd, 1823), 5-6 を見よ。

18 Cumont, *The Mysteries of Mithra*, p. 105 を見よ。

19 Owens, 'Jung and Aion', p. 268 を見よ。

20 Homer, *Illiad* 5.685, 16.453, 19.27, 22.58（『完訳イリアス』、小野塚友吉訳、風涛社、2004 年）; Homer, *Odyssey* 5.160（『オデュッセイア』、松平千秋訳、岩波書店、2001 年）; Herodotus, *Histories*, 1.32（『歴史』、松平千秋訳、岩波書店、2007 年）。これらおよび次の翻訳は、<www.perseus.tufts.edu> で見ることができる。

21 Euripides, *Hemcleidae*, trans. Ralph Gladstone (Chicago: University of Chicago Press, 1955), 900; *Corpus Hermeticum*, 11.（『ヘラクレスの子供たち』、丹下和彦訳、京都大学学術出版会、2012 年、『エウリピデス悲劇全集 1』所収）

22 Aeschylus, *The Seven Against Thebes*, ed. and trans. David Grene, Richmond Lattimore, Mark Griffith, and Glenn W. Most (Chicago: University of Chicago Press, 2013), 219（『テーバイ攻めの七将』、高津春繁訳、岩波書店、1973 年）; Demosthenes, *On the Crown*, trans A.W Pickard-Cambridge, in A. W. Pickard-Cambridge (ed. and trans.) *Public Orations of Demosthenes*, 2 volumes (Oxford: Clrendon Press, 1912), 18.199（『冠について』、木曽明子、京都大学学術出版会、2003 年、『デモステネス弁論集』所収）。

23 Sophocles, *Trachiniae*, 34.（『トラキスの女たち』、大竹敏雄訳、筑摩書房、1986 年、『ソポクレス』所収）

24 Hesiod, *Theogony*, 609.

25 Paul, *Romans*, 12.2.（『ローマの信徒への手紙』、新約聖書）

26 Plato, *Timaeus*, 37d.

27 黄道十二宮の星座（恒星で構成される）と黄道十二宮のサイン（黄道の区分）

は同一ではない。このことは、紀元前 2 世紀から天文学者たちに知られている。歳差移動の現象の説明は、Patricia Viale Wuest, *Precession ot the Equinoxes* (Atlanta: Georgia Southem University, 1998) を見よ。

28 Mead, *Pistis Sophia*, 14.

29 Jung, *Psychology of the Unconscious*, pp. 104-5; 110-11; 500, n. 21; 520, n. 14 を見よ。

30 Betz, *The "Mithras Litugy"*, p.1 を見よ。

31 Mead (trans.), *A Mithraic Ritual*, II.3。Betz, *The "Mithras Liturgy"*, pp.518-21, p.51 も見よ。

32 Mead (trans.), *A Mithraic Ritual*, V: 3。Betz, *The "Mithras Liturgy"*, pp. 591-603, p. 53 も見よ。

33「この不死化は年に 3 回起こる」: Betz, *The "Mithras Liturgy"*, p. 748, p. 57.

34 Jung, *Liber Novus*, p. 286.

35 Jung, *Psychology of the Unconscious*, pp. 313-14. Mead, *The Mysteries of Mithra,* pp.70 -71 と比較せよ。

36 Jung, CW9ii, ¶¶128 and 325; Jung, CW13, ¶275 を見よ。獅子の頭をもつヤルダバオトと土星についてのユングの見解が最初に発表されたのは 1949 年だが、この惑星とグノーシス主義のアルコーンの同一性は Wolfgang Schultz, *Dokumente der Gnosis* (Jena: Diederichs, 1910), p. 103 で述べられており、ユングは 1915 年にイズドゥバルの絵を描いく前にそれを読んでいたのだろう。ユングはのちに自身の参考文献として Origen, *Contra Celsum*、Bousset, *Hauptprobleme der Gnosis*、ミードによる『ピスティス・ソフィア』の翻訳を挙げた。*Contra Celsum* は『タイプ論』(1921) で、あとのふたつは『リビドーの変容と象徴』(1911-12) で引用されているため、ユングは『新たなる書』に取り組んでいたときにはすでにデウス・レオントケファルスとしての土星という考え方に馴染みがあった。上記注 17 を見よ。

37『新たなる書』におけるアイオーンとしてのオルフェウス教のファネスについては、Greene, *The Astrological World of Jung's 'Liber Novus',* chapter 6 を見よ。

38 この絵は *Liber Primus*, folio v(r) にある。この絵の中にある文章については、Jung, *Liber Novus*, p. 243 を見よ。ユング自身のホロスコープとの関係でこの絵について洞察力に富む議論を、Safron Rossi, 'Saturn in C. G. Jung's Liber Primus: An Astrological Meditation', *Jung Journal* 9: 4 (2015), pp. 38-57 で読むことができる。

39 William Butler Yeats, *The Second Coming* (1919), in *Collected Poems of William Butler Yeats* (London: Macmillan, 1933), p. 211.（「再臨」、高松雄一編、岩波書店、2009 年、『対訳イェイツ詩集』所収）

40 Jung, *Liber Novus*, p. 252.

41 グノーシス主義の図象におけるヤルダバオトというレオントケファルス的存在については、M. J. Edwards, 'Gnostic Eros and Orphic Themes', *Zeitschrift für Papyrologie und Epigraphik* 88(1991), pp.25-40 を見よ。

42 Jung, *Analytical Psychology*, p. 98.

43 この絵が魚座から水瓶座への春分点の歳差移動を描いているという見解については、Shamdasani, *C. G. Jung: A Biography in Books,* p. 117; Owens, 'Jung and Aion', p. 271 を見よ。
44 上記注 28 を見よ。
45 Jung, CW10, ¶585.
46 Owens, 'Jung and Aion', p. 253.
47 Jung, CW10, ¶589.
48 Jung, CW10, ¶536 を見よ。
49 このテーマを詳しく説明しているもっと最近の著作は、Fideler, *Jesus Christ, Sun of God*; Herbert Cutner, *Jesus* (New York: Truth Seeker, 1950), pp. 129-64 を見よ。
50 Nicholas Campion, *Astrology and Popular Religion in the Modern West* (Farnham: Ashgate, 2012), p. 22 を見よ。
51 Jean Sylvain Bailly, *Histoire de l'astronomie ancienne, depuis son origine jesqu' à l'établissement de l'école d'Alexandrie* (Paris: Debure, 1775); Jean Sylvain Bailly, *Traite de l' astronomie indienne et orientale* (Paris: De bure, 1787).
52 Charles Dupuis, *Origine de tous les cultes, ou religion universelle* (Paris: H. Agasse, 1795).
53 Charles Dupuis, *Planches de l'origine de tous les cultes* (Paris: H. Agasse, 1795), p. 6.
54 Francois-Henri-Stanislas de L'Aulnaye, *L'histoire générale et particulière des religions et du cultes* (Paris: J.B. Foumier, 17 91).
55 Campion, *Astrology and Popular Religion,* pp. 22-23。Godwin, *The Theosophical Enlightenment*, pp. 69 and 82 も見よ。
56 William Emmette Coleman, 'The Sources of Madame B1avatsky's Writings', in Vsevolod Sergyeevich Solovyoff, *A Modern Priestess of Isis* (London: Longmans, Green, 1895), Appendix C, pp. 353-66 を見よ。
57 Godfrey Higgins, *Anacalypsis,* 2 volumes (London: Longman, Rees, Orme, Brown, Green, and Longman, 1836), II: 110-11.
58 Gerald Massey, 'The Hebrew and Other Creations, Fundamentally Explained', in *Gerald Massey's Lectures* (London: Private Publication, 1887), pp.105-40, on p. 114.
59 Campion, *Astrology and Popular Religion*, p.24; Hammer, *Claiming Knowledge,* pp.248-49 を見よ。
60 Gerald Massey, 'The Historical Jesus and Mythical Christ', in *Gerald Massey's Lectures* (London: Private Publication, 1887), pp. 1-26, on p. 8.
61 Jung, CW9ii, ¶149, n. 84.
62 Khunrath に関する詳しいことは、Peter Forshaw, 'Curious Knowledge and Wonder-Working Wisdom in the Occult Works of Heinrich Khunrath', in R.J.W Evans and Alexander Marr (eds.), *Curiosity and Wonderfrom the Renaissance to the Enlightenment* (Farnham: Ashgate, 2006), pp. 107-30 を見よ。
63 Jung, *Modern Psychology*, V.1o 5-6, p. 156。Heinrich Khunrath, *Von hylealischen, das ist, pri-materialischen catholischen, oder algemeinem naturlichen Chaos, der*

naturgemessen Alchymiae und Alchemisten (Magdeburg, 1597), p. 36 からの引用。ユングはクンラートの著書の初版である 1597 年版を入手した。

64 Jung, *Modern Psychology*, Vol. 5-6, p. 156.

65 Horace Jeffery Hodges, ‘Gnostic Liberation from Astrological Determinism’, *Vigiliae Christianae* 51: 4 (1997), pp. 359-73.

66 Irenaeus, *Haer*. 1: 29-30.

67 Irenaeus, *Haer*. 1: 30.12.

68 Ulansey, *The Originsof the Mithraic Mysteries*, pp. 49-51, 76 -81, 82-84.

69 Jung, Letter to Sigmund Freud, 26 June 1910, in *The Freud-Jung Letters*, p. 336。Jung, CW5, ¶665, n. 66; Noll, ‘Jung, the Leontocephalus’, p. 67 も見よ。牡牛座についてのユングの記述と、*The Mysteries of Mithra*, p. 63 でのミードの記述「雄牛を盗む神［ミトラ］はオカルト的には生殖を意味する」を比較せよ。Jung, Letter to Sigmund Freud, 22 June 1910, in *The Freud-Jung Letters*, p. 334 も見よ。

70 Jung, *Psychology of the Unconscious*, pp. 226-7 and p. 523, n. 60. トーロクトニーは、雄牛を屠るミトラという特徴的な礼拝対象のイメージである。

71 Plato, *Timaeus*, 39d.

72 Julius Firmicus Maternus, *Of the Thema Mundi*, in Taylor (trans.), *Ocellus Lucanus*.

73 ストア派のコスモロジーについては、A.A. Long, *From Epicurus to Epictetus* (Oxford: Oxford University Press, 2006), pp. 256-84; John Sellars, *Stoicism* (Berkeley: University of California Press, 2006), pp. 99-100 を見よ。

74 マクロビウスは 1 万 5000 年、Aristarchus は 2484 年を提案した。J. D. North, *Stars, Mind, and Fate* (London: Continuum, 1989), pp. 96-115 における考察を見よ。

75 Jung, CW9ii, ¶286.

76 Jung, Letter to Walter Robert Corti, 12 September 1929, in *C. G. Jung Letters*, Vol. 1, pp.69-70.

77 ほかのふたつは双子座と乙女座である。そのほかの星座は、無生物の天秤座を除き、すべて動物で表される。

78 Friedrich Nietzsche, *Also sprach Zamthustra* (Chemnitz: Ernst Schmeitzner, 1883-84)（『ツァラトゥストラかく語りき』、佐々木中訳、河出書房新社、2015 年）を見よ。この作品にはさまざまな英訳がある。

79 ブラヴァツキーの「時代」についての議論は、Blavatsky, *Isis Unveiled*, II: 443, 4 55-56, 467-69; Blavatsky, *The Secret Doctrine*, II: 198-201 を見よ。

80 Blavatsky, *Isis Unveiled*, II: 456.

81 <www.oocities.org/astrologyages/ageofaquarius.htm>, October 2009. この URL はすでに有効期限が過ぎており、アーカイブに保管されている。

82 Rudolph Steiner, *The Reappeamnce of Christ in the Etheric* (Spring Valley, NY: Anthroposophic Press, 1983), pp.15-19.

83 Campion, *Astrology and Cosmology in the Worlds' Religions*, pp. 194-95 を見よ。

84 Rudolph Steiner, *Fiedrich Nietzsche, Ein Kaempher Gegen Seine Zeit* (Weimar: E. Felber, 1895).（『ニーチェ：みずからの時代と闘う者』、高橋巖訳、岩波書店、

2016 年）

85 Rudolph Steiner, *Evil*, ed. Michael Kalisch (Forest Row: Rudolf Steiner Press, 1997; original publication, *Das Mysterium des Bösen*, Stuttgart: Verlag Freies Geitesleben, 1993), p. 56.（『シュタイナー 悪について』、高橋巖訳、春秋社、2012 年）

86 Mead, *Echoes*, 1: 47.

87 Jung, CW9ii, ¶142.

88『ヘアー』(1967), 本と歌詞はジェイムズ・ラドとジェローム・ラグニ、音楽はガルト・マクダーモットによる。歌詞は「アクエリアス *Aquarius*」より。

89 Jung, *MDR*, pp. 199-200.

90 Mead, *Echoes*, I: 46.

91 Leo, *Esoteric Astrology*, p. v.

92 Alan Leo, 'The Age of Aquarius', *Modern Astrology* 8: 7 (1911), p. 272.

93 Alan Leo, *Dictionary of Astrology*, ed. Vivian Robson (London: Modern Astrology Offices/L.N. Fowler, 1929), p. 204. これは死後に出版された。

94 水瓶座の時代に関するレオの考えについて詳しいことは、Nicholas Campion, *What Do Astrologers Believe?* (London: Granta, 2006), p. 36 を見よ。

95 Max Heindel, *The Rosicrucian Mysteries* (Oceanside, CA: Rosicrucian Fellowship, 1911), p. 15.

96 Heindel, *The Rosicrucian Cosmo-Conception*, pp. 159-60.

97 Heindel, *The Rosicrucian Cosmo-Conception*, p. 305.

98 ハインデルが Arian（牡羊座の）を Aryan（アーリア人）と書いているのは、彼自身の社会的宗教的意図が反映されているのかもしれないが、Aryan の綴りは黄道十二宮の牡羊座とは関係ない。

99 Heindel, *Message of the Stars*, p. 12.

100 Heindel, *Message of the Stars*, pp. 25-27.

101 この絵は *Liber Primus*, folio v(r) にある。枠で囲まれた文章は、「あなたの出生の星座は不吉で変化する星である。おお、来たるべきものの子よ、それは驚くべきことであり、あなたが紛れもなく神であることを立証することになる」と断言している。Jung, *Liber Novus*, p. 243 を見よ。

102 Jung, CW9ii, ¶141.

103 Letter to Father Victor White, 10 April 1954, in *C. G. Jung Letters*, II: 167.

104 Letter to Adolf Keller, 25 February1955, in *C. G. Jung Letters*, II: 229.

105 Gerald Massey, *The Natural Genesis*, 2 volumes (London: Williams & Norgate, 1883), Vol. 2, pp. 378-503.

106 Rudhyar, *Astrological Timing*, p. 113.

107 Letter to H.G. Baynes, 12 August 1940, in *C. G. Jung Letters* I.285.

108 ビーゲルのエジプト天文学に関する論文 *Zur Astrognosie der alten Ägypter* は、ユングとの文通の 3 年後に出版された (Göttingen: Dieterichsche Universitäts-Buckdruckerei, 1921)。ビーゲルに関する詳しいことは、A.C. Rümke and Sarah de Rijcke, *Rebekka Aleida Beigel (1886-1943): Een Vrouw in de Psychologie* (Eelde: Barkhuism, 2006) を見よ。ビーゲルの写真は、Stichting Archief Leids

Studentenleven, Leiden より。
109 ソヌ・シャムダサーニからの私信（2014 年 7 月 28 日）。
110 Jung, CW8, ¶131.
111 Jung, CW7, ¶121, n. 1.
112 これらの資料はどの公式アーカイブにもファイルされていなかった。親切にもアンドレアス·ユングが調査を許可してくれて、ほかの書類とともにファイルされていたのではなく机の特別な場所に保管されていたため、ユングにとって個人的に非常に重要なものだったに違いないと語った。
113 ユングは『アイオーン』を執筆する頃までにビーゲルの計算を修正した。CW9ii, ¶149, n. 84 で、「出発点が魚座オミクロン星なら」2154 年、「プトレマイオスの『アルマゲスト』にある星の一覧に従って、出発点がアルファ 113 なら」1997 年だと述べている。また、ビーゲルは紀元前 4 年に春分点が魚座の最初の星に到達したと述べ、当初、ユングはこの年次を「本当の」キリストの誕生年として受け入れたが、のちに紀元前 7 年と訂正した。
114 Jung, CW 9ii, ¶¶127-149.
115 Jung, CW9ii, ¶149, n. 88.
116 Jung, CW9ii, ¶149, n. 84.
117 Jung, CW9ii, ¶149, n. 85。E.M. Smith, *The Zodia, or The Cherubim in the Bible and the Cherubim in the Sky* (London: Elliot Stock, 1906), p. 280 からの引用。
118 James H. Holden, 'Early Horoscopes of Jesus', *American Fedemtion of Astrologers Journal of Research* 12: 1(2001) を見よ。
119 木星と土星のサイクルと Abu Ma'shar, *De magnis coniunctionibus* についてのユングの考察は、CW 9ii, ¶¶130-138 を見よ。
120 Johannes Kepler, *De stella nova in pede Serpentarii* (Prague: Pavel Sessius, 1606), p. 25。1583 年から 1763 の木星と土星のコンジャンクションを示している。写真は Wikimedia Commons より。
121 イエスの出生ホロスコープについて論じている Albertus Magnus, *Speculum astronomiae* の英訳は、Paola Zambelli, *The Speculurn astronomiae and its Enigma* (Dordrecht: Kluwer Academic, 1992) を見よ。ユングによるアルベルトゥス・マグヌスへの言及は、Jung, CW9ii, ¶¶130, 133, 143, 404 を見よ。
122 Pierre d'Ailly, *Tractatus de imagine mundi Petri de Aliaco* (Louvain: Johannes Paderborn de Westfalia, 14 83)。ダリイによるイエスのホロスコープについては、Ornella Pompeo Faracovi, *Glioroscopi di Cristo* (Venice: Marsilio Editori, 1999), p. 104 を見よ。ユングによるダリイへの言及は、Jung, CW9ii, ¶¶128, 130 n.35, 136, 138, 153-54, 156 を見よ。
123 Faracovi, *Glioroscopi di Cristo*, p. 130.
124 Jung, CW9ii, ¶130 n. 39 を見よ。
125 Jung, CW9ii¶, ¶130.
126 Oswald Gerhardt, *Der Stern des Messias* (Leipzig: Deichert, 1922).
127 Jung, CW9ii, ¶170.
128 Jung, *Liber Novus*, p. 229. ユングによる、神のイメージと、存在論的な意味で

の神の存在の区別については、Jung, *Liber Novus*, p. 229, n. 7 を見よ。

129 Jung, CW9ii¶, ¶172. Chaldaeans（カルデア人）は古代においては「占星術師」の同義語である。Cicero, *De divinatione,* II: 44.93 を見よ。

130 Jung, CW9ii, ¶¶147 and 162.

131 Jung, *Liber Novus*, p. 299 and n. 200.

132 世界霊魂の天体性については、Plato, *Timaeus*, 37d を見よ。

133 Jung, *MDR*, p. 372.

134 Leo, *Astrology for All*, p. 44.

結論

1 Xenophon, *The Memorable Thoughts of Socrates*, trans. Edward Bysshe (London: Cassell, 1888), p. 10（『ソクラテス言行録』、内山勝利訳、京都大学学術出版会、2011 年）。ユングはこのドイツ語版を 2 種類所有していた。

2 Jung, *MDR*, p. 373.

3 ユングが死の少し前に娘のグレーテに占星術のことをいった言葉で、Baumann-Jung, 'The Horoscope of C. G. Jung', p. 55 で引用されている。

4 ニューエイジ現象としての占星術については、William Sims Bainbridge, *The Sociology of Religious Movements* (London: Routledge, 1997), pp.363-85 を見よ。

5 Main, *The Rupture of Time*, pp. 75-77.

6 Noll, *The Jung Cult*, pp. 67-69.

7 Noll, *The Jung Cult*, p. 270.

8 Hanegraaff, *New Age Religion*, pp. 496-505.

9 Jung, *Dream Analysis,* Vol. 1, p. 405（『夢分析 I』、入江良平訳、人文書院　2013 年）

10 宗教の「通俗的」表現と「公式」の表現については、Leonard Norman Primiano, 'Vernacular Religion and the Search for Method in Religious Folklife', *Westem Folklore* 54: 1(1995), pp. 37-56 を見よ。

11 Alexander Ruperti', Dane Rudhyar', *TheAstrological Joual* 32: 2 (1986), p. 57.

12 Campion, *What Do Astrologers Beileve*, pp. 59-72 を見よ。占星術は「信仰」あるいは「信じること」を伴うという想定の例は、Bart J. Bok and Margaret W. Mayall, 'Scientists Look at Astrology', *Scientific Monthly* 52: 3 (1941), pp. 233-44 を見よ。

13 占いコラムの歴史については、Kim Farnell, *Flirting with the Zodiac* (B ournemouth: Wessex Astrologer, 2007), pp. 123-42; Campion, *Astrology and Popular Religion*, pp. 69-84 を見よ。

14「科学主義」の歴史については、Casper Hakfoort, 'Science Deified', *Annals of Science* 49: 6 (1992), pp. 525-44; Gregory R. Peterson, 'Demarcation and the Scientistic Fallacy', *Zygon* 38: 4 (2003) pp.751-61 を見よ。

15 *The Astrological World of Jung s' 'Liber Novus'*, chapter 2 を見よ。

16 そうした議論の例については、James Allen, *Inference from Signs* (Oxford: Oxford University Press, 2001) を見よ。

17 David S. Katz, *The Occult Tradition* (London: Jonathan Cape, 2005), p. 140.

18 Wouter J. Hanegraaff, 'Introduction: The Birth of a Discipline', in Antoine Faivre and Wouter J. Hanegraaff (eds.) *Western Esotericism and the Science of Religion* (Leuven: Peeters, 1998), pp. xii-xiii.

19 Jung, CW4, ¶¶774-775

20 ユングの *Collected Works* にあるプラトンからの多数の引用については、Jung, CW20, 'Plato' を見よ。元型としてのプラトン的イデア (Jung, CW8, ¶275; Jung, CW9i, ¶5) 、世界霊魂についてのプラトンの主張 (Jung, CW5, ¶¶404-406, 649; Jung, CW9ii, ¶¶380, 389; Jung, CW18, ¶1361) などがある。プラトンが集団を信用していなかったことについては、Plato, *Republic*, 6.476d-6.506c; Plato, *Meno*, 97d（『メノン』、渡辺邦夫訳、光文社、2012 年）; Plato, *Crito*, 44-47（『クリトン』、朴一功・西尾浩二訳、京都大学学術出版会、2017 年）; Plato, *Phaedrus*, 260a を見よ。

21 Plato, *Meno*, 98 a.

22 この言葉のユングの使い方については、Jung, CW3, ¶513; Jung, CW9i, ¶¶225, 228; Jung, CW10, ¶453-477 を見よ。ユングが「エリート主義者」だという見方については、Nicholas Lewin, *Jung on War, Politics and Nazi Germany* (London: Karnac Books, 2009), pp. 145-46 を見よ。

23 Jung, CW10, ¶¶538-539.

24 政治体制とその周期的移り変わりについてのプラトンの論考については、Plato, *Republic*, 8.546-79 を見よ。

25 集団の中での個人の責任をプラトンが強調したことについては、Plato, *Laws* III: 389b-d（『法律』、森進一・池田美恵・加来彰俊訳、岩波書店、1993-1993 年）; Plato, *Republic*, IV: 434d-e を見よ。

26 Jung, CW10, ¶329.

27 William Shakespeare, *Julius Caesar*, I. ii.140-41.（『ジュリアス・シーザー』、安西徹雄訳、光文社、2007 年）

28 より大きな個人的意識と責任を求めるユングの熱のこもった訴えは、Jung, CW10, ¶¶488-588 を見よ。

29 'Cognitive Behavioural Therapy: Introduction', at <www.nhs.uk/conditions/Cognitivebehavioural-therapy/Pages/lntroduction.aspx>.

30 Andrew C. Butler, Jason E. Chapman, Evan M. Forman, and Aaron T. Beck, 'The Empirical Status of Cognitive-Behavioura1 Therapy', *Clinical Psychology Review* 26: 1(2006), pp. 17-31; Tullio Scrimali, *Neuroscience-Based Cognitive Therapy* (London: John Wiley & Sons, 2012) を見よ。

31 この混合手法は「認知分析療法」と呼ばれることもある。the Association for Cognitive Analytic Therapy のウェブサイト <www.acat.me.uk/page/home>、とくに <www.acat.me.uk/page/acat+news1etter+4+december+2011> の Susie Black による論文 'CAT, Jung and Neuroscience' を見よ。

32 Hilary P1att, 'Fighting for Professional Survival', *Psychotherapist* 48 (2011), pp.29-32、およびのこの号にあるそのほかの関連する論文を見よ。これは the UK Council for Psychotherapy の雑誌である。

33 Jung, *MDR*, pp. 182-83.

34 Jung, *MDR*, pp. 184-85.

35 Alan Bennett, *The History Boys* (London: Faber & Faber, 2004), p. 85.

36 Johann Wolfgang von Goethe, *West-Eastern Divan,* trans. Edward Dowden (London: J. M. Dent, 1914; originally published as *West-östlicher Divan*, Stuttgart: Cotta, 1819), V: 74.（『東西詩集』、生野幸吉訳、潮出版社、1980 年、『ゲーテ全集２』所収）

37 ユングは、この誰かわからない錬金術師の言葉をさまざまに言い換えて引用している。Jung, CW8, ¶560; Jung, CW14, ¶422; Jung, *MDR*, p. 284 を見よ。

38 タティアノスについては、Lewis, *Cosmology and Fate*, p. 159 を見よ。

39 Richard Wilhelm and Cary F. Baynes (trans.), *The I Ching or Book of Changes* (New York: Pantheon, 1950), p. 281.（『易経』、高田真治・後藤基已訳、岩波書店、1993 年）

参考文献

引用文献　C.G. ユングの著作

ユング選集

Jung, C.G., *Psychiatric Studies*, CW1, trans. R.F.C. Hull (London: Routledge & Kegan Paul, 1957)

———, *Experimental Researches*, CW2, trans. Leopold Stein (London: Routledge & Kegan Paul, 1969)

———, *The Psychogenesis of Mental Disease*, CW3, trans. R.F.C. Hull (London: Routledge & Kegan Paul, 1960)

———, *Freud and Psychoanalysis*, CW4, trans. R.F.C. Hull (London: Routledge & Kegan Paul, 1961)

———, *Symbols of Transformation*, CW5, trans. R.F.C. Hull (London: Routledge & Kegan Paul, 1956)

———, *Psychological Types*, CW6, trans. R.F.C. Hull (London: Routledge & Kegan Paul, 1971)

———, *Two Essays on Analytical Psychology*, CW7, trans. R.F.C. Hull (London: Routledge & Kegan Paul, 1972)

———, *The Structure and Dynamics of the Psyche*, CW8, trans. R.F.C. Hull (London: Routledge & Kegan Paul, 1960)

———, *The Archetypes and the Collective Unconscious*, CW9i, trans. R.F.C. Hull (London: Routledge & Kegan Paul, 1959)

———, *Aion: Researches into the Phenomenology of the Self*, CW9ii, trans. R.F.C. Hull (London: Routledge & Kegan Paul, 1959)

———, *Civilization in Transition*, CW10, trans. R.F.C. Hull (London: Routledge & Kegan Paul, 1964)

———, *Psychology and Religion*, CW11, trans. R.F.C. Hull (London: Routledge & Kegan Paul, 1958)

———, *Psychology and Alchemy*, CW12, trans. R.F.C. Hull (London: Routledge & Kegan Paul, 1953)

———, *Alchemical Studies*, CW13, trans. R.F.C. Hull (London: Routledge & Kegan Paul, 1967)

———, *Mysterium Coniunctionis*, CW14, trans. R.F.C. Hull (London: Routledge & Kegan Paul, 1963)

———, *The Spirit in Man, Art, and Literature*, CW15, trans. R.F.C. Hull (London: Routledge & Kegan Paul, 1966)

———, *The Practice of Psychotherapy*, CW16, trans. R.F.C. Hull (London: Routledge & Kegan Paul, 1954)

———, *The Development of Personality*, CW17, trans. R.F.C. Hull (London: Routledge & Kegan Paul, 1954)

———, *The Symbolic Life*, CW18, trans. R.F.C. Hull (London: Routledge & Kegan Paul, 1977)

———, *General Index to the Collected Works*, CW20 (London: Routledge & Kegan Paul, 1979)

その他のユングの著作からの引用文献の英訳と独訳

Jung, C.G., *Wandlungen und Symbole der Libido*, published in two parts in *Jahrbuch für psychoanalytische und psychopathologische Forschungen* (Leipzig), III–IV (1911–12; repr. Leipzig: Dueticke Verlag, 1912)

———, 'Versuch einer Darstellung der psychoanalytischen Theorie', in *Jahrbuch für psychoanalytische und psychopathologische Forschungen* 5 (Vienna and Leipzig, 1913)

———, 'The Theory of Psychoanalysis', *Psychoanalytic Review* (New York), 1 (1913–14), pp. 1–4 and 2 (1915)

———, *Collected Papers on Analytical Psychology*, ed. and trans. Constance E. Long (London: Baillière, Tindall and Cox, 1916)

———, *Psychology of the Unconscious*, trans. Beatrice M. Hinkle (New York: Moffat, Yard, 1916)

———, *Studies in Word-Association: Experiments in the Diagnosis of Psychopathological Conditions Carried Out at the Psychiatric Clinic of the University of Zürich*, trans. M.D. Eder (London: William Heinemann, 1918)

———, 'The Psychological Foundations of Belief in Spirits', *Proceedings of the Society for Psychical Research* 31 (1920)

———, *Psychologische Typen* (Zürich: Rascher Verlag, 1921)

———, 'Die Bedeutung der schweizerischen Linie im Spektrum Europas', *Neue Schweitzer Rundschau* 24:6 (1928), pp. 1–11

———, 'Über den Archetypus mit besonderer Berücksichtigung des Animabegriffes', *Zentralblatt für Psychotherapie und ihre Grenzgebiete* 9:5 (1936), pp. 259–75

———, *The Integration of the Personality*, trans. Stanley Dell (New York: Farrar & Rinehart, 1939)

———, *Aion: Untersuchungen zur Symbolgeschichte, Psychologische Abhandlungen* VIII, (Zurich: Rascher Verlag, 1951)

———, Letters to Michael Fordham, 15 December 1954; 9 November 1954; 20 October 1954; Michael J. Fordham, Letter to C.G. Jung, 10 January 1955; Wellcome Library, London, PP/FOR/C.1/1/2:Box 7

———, 'Exercitia spiritualia of St. Ignatius of Loyola', in *Modern Psychology: Notes on Lectures Given at the Eidgenössische Technische Hochschule, Zürich by Prof. Dr. C.G. Jung, October 1933–July 1941*, 3 volumes, trans. and ed. Elizabeth Welsh and Barbara Hannah (Zürich: K. Schippert, 1959–60), Vol. 3–4, pp. 153–57

———, *Modern Psychology: Notes on Lectures Given at the Eidgenössische Technische Hochschule, Zürich by Prof. Dr. C. G. Jung, October 1933–July 1941*, 3 volumes, trans. and ed. Elizabeth Welsh and Barbara Hannah (Zürich: K. Schippert, 1959–60)
———, *Memories, Dreams, Reflections*, ed. Aniela Jaffé, trans. Richard and Clara Winston (London: Routledge & Kegan Paul, 1963), pp. 194–225
———, 'The Psychological Aspects of the Kore', in C.G. Jung and C. Kerényi, *Essays on a Science of Mythology: The Myth of the Divine Child and the Mysteries of Eleusis* (Princeton, NJ: Princeton University Press, 1963)
———, *Analytical Psychology: Its Theory and Practice* (London: Routledge & Kegan Paul, 1968)
———, *C. G. Jung Letters*, 2 volumes, ed. Gerhard Adler, trans. R.F.C. Hull (London: Routledge & Kegan Paul, 1973–76)
———, 'Letters to Oskar Schmitz, 1921–1931', trans. James Kirsch, *Psychological Perspectives* 6:1 (1975), pp. 79–95
———, *The Visions Seminars*, 2 volumes (Zürich: Spring, 1976)
———, *Septem Sermones ad Mortuos: Written by Basilides in Alexandria, the City Where East and West Meet*, trans. Stephan A. Hoeller, in Stephan A. Hoeller, *The Gnostic Jung and the Seven Sermons to the Dead* (Wheaton, IL: Theosophical Publishing House, 1982), pp. 44–58
———, *Dream Analysis: Notes of the Seminar Given in 1928–1930 by C. G. Jung*, ed. William C. McGuire (London: Routledge & Kegan Paul, 1984)
———, *Introduction to Jungian Psychology: Notes of the Seminar on Analytical Psychology Given in 1925 by C. G. Jung*, ed. William McGuire and Sonu Shamdasani (Princeton, NJ: Princeton University Press, 1989)
———, *Jung's Seminar on Nietzsche's Zarathustra*, ed. James Jarrett (Princeton, NJ: Princeton University Press, 1997)
———, *Visions: Notes of the Seminar Given in 1930–1934 by C. G. Jung*, ed. Claire Douglas, 2 volumes (Princeton, NJ: Princeton University Press, 1997)
———, *Children's Dreams: Notes from the Seminar Given in 1936–1940*, ed. Lorenz Jung and Maria Meyer-Grass, trans. Ernst Falzeder and Tony Woolfson (Princeton, NJ: Princeton University Press, 2008)
———, *The Red Book: Liber Novus*, ed. Sonu Shamdasani, trans. Mark Kyburz, John Peck, and Sonu Shamdasani (New York & London: W.W. Norton, 2009)
———, *Jung on Astrology*, selected and introduced by Keiron le Grice and Safron Rossi (Abingdon: Routledge, 2017)

一次資料

Abraham von Worms, *Die egyptischen großen Offenbarungen, in sich begreifend die aufgefundenen Geheimnisbücher Mosis; oder des Juden Abraham von Worms Buch der wahren Praktik in der uralten göttlichen Magie und erstaunlichen Dingen, wie sie durch die heilige Kabbala und durch Elohym mitgetheilt worden. Sammt der Geister – und Wunder-Herrschaft, welche Moses in der Wüste aus dem feurigen Busch erlernet, alle Verborgenheiten der Kabbala umfassend* (Cologne: Peter Hammer, 1725)
Agrippa, Heinrich Cornelius von Nettesheim, *De occulta philosophia libri tres* (Cologne: J. Soter, 1533)
———, *De incertudine & vanitate omnium scientiarum declamatio omiectium* (Cologne: T. Baumann, 1584)
———, *De incertidome & vanitate omnium scientiarum & artium liber* (Hagae-Comitum: A. Ulacq, 1653)

———, *Die Cabbala des H.C. Agrippa von Nettesheim*, trans. Johann Scheible and Friedrich Barth (Stuttgart: Johann Scheible, 1855)

———, *Magische Werke sammt den geheimnisvollen Schriften des Petrus von Abano, Pictorius von Villingen, Gerhard von Cremona, Abt Tritheim von Spanheim, dem Buche Arbalel, der sogenannten Heil*, 3 volumes (Berlin: Hermann Bardsdorf, 1916)

———, *Magische Werke samt den geheimnisvollen Schriften des Petrus von Abano, Pictorius von Villingen, Gerhard von Cremona, Abt Tritheim von Sponheim, dem Buche Arbatel, der sogenannten Heil. Geist-Kunst und verschiedenen anderen*, 2 volumes (Vienna: Amonesta-Verlag, 1921)

Anonymous, 'Ancient Landmarks: From the Neoplatonists to H.P.B.', *Theosophy* 28:2 (1939), pp. 53–57

'Astrologers' Weekend', *Picture Post: Hulton's National Weekly*, 29 April 1939, pp. 3–4

Atwood, Mary Ann, *Hermetic Philosophy and Alchemy: A Suggestive Inquiry into 'The Hermetic Mystery' with a Dissertation on the More Celebrated of the Alchemical Philosophers* (London: Trelawney Saunders, 1850)

Bachofen, Johann Jacob, *Das Mutterrecht: Eine Untersuchung über die Gynaikokratie der alten Welt nach ihrer religiösen und rechtlichen Natur* (Stuttgart: Krais und Hoffmann, 1861)

Bailey, Alice A., *Esoteric Astrology: A Treatise on the Seven Rays, Volume III* (New York: Lucis, 1951)

Bailey, George H., 'The Descent to Birth and the Soli-Lunar Interchanges', *Modern Astrology* (1915); repr. as 'The Prenatal Epoch and the Soli-Lunar Interchanges', *Astrologer's Quarterly* 3:2 (1929)

Bailly, Jean Sylvain, *Histoire de l'astronomie ancienne, depuis son origine jusqu'à l'établissement de l'école d'Alexandrie* (Paris: Debure, 1775)

———, *Traite de l'astronomie indienne et orientale* (Paris: Debure, 1787)

Basil of Caesarea, *Hexaemeron*, trans. Blomfield Jackson (Amazon CreateSpace, 2014)

Berthelot, Marcellin, *Les origines de l'alchemie* (Paris: Georges Steinheil, 1885)

———, *Collection des anciens alchemistes grecs*, 3 volumes (Paris: Georges Steinheil, 1887–88)

Besant, Annie, *A Study in Consciousness: A Contribution to the Science of Psychology* (London: Theosophical Publishing Society, 1904)

Biegel, Rebekka Aleida, *Zur Astrognosie der alten Ägypter* (Göttingen: Dieterichsche Universitäts-Buckdruckerei, 1921)

Blavatsky, H.P., *Isis Unveiled: A Master-Key to the Mysteries of Ancient and Modern Science and Theology*, 2 volumes (London: Theosophical Publishing, 1877)

———, *The Secret Doctrine: The Synthesis of Science, Religion, and Philosophy*, 2 volumes (London: Theosophical Publishing, 1888)

———, *The Theosophical Glossary*, ed. G.R.S. Mead (London: Theosophical Publishing House, 1892)

———, *Collected Writings, 1874–1891*, 15 volumes, ed. Boris de Zirkoff (Wheaton, IL: Theosophical Publishing House, 1966)

Bouché-Leclercq, Auguste, *L'astrologie grecque* (Paris: Ernest Leroux, 1899)

Bousset, Wilhelm, *Hauptprobleme der Gnosis* (Göttingen: Vandenhoeck & Ruprecht, 1907)

Brunner, Cornelia, *Die Anima als Schicksalsproblem des Mannes* (Zürich: Rascher Verlag, 1963)

Buch Abramelin das ist Die egyptischen großen Offenbarungen. Oder des Abraham von Worms Buch der wahren Praktik in der uralten göttlichen Magie (Leipzig: Editions Araki, 2001)

Bundy, Murray Wright, *The Theory of Imagination in Classical and Medieval Thought* (Urbana: University of Illinois Press, 1927)

Cardanus, Jerome [Girolamo Cardano], *Commentarium in Ptolemaeum de astrorum iudiciis*, in Girolamo Cardano, *Opera omnia* (Lyons: Charles Sponius, 1663)

Carter, Charles E.O., *An Encyclopaedia of Psychological Astrology* (London: Theosophical Publishing House, 1924)

———, *The Astrological Aspects* (London: Theosophical Publishing House, 1930)

Coleman, William Emmette, 'The Sources of Madame Blavatsky's Writings', in Vsevolod Sergyeevich Solovyoff, *A Modern Priestess of Isis* (London: Longmans, Green, 1895), Appendix C, pp. 353–66

Cory, Isaac Preston, *Ancient Fragments of the Phoenician, Chaldean, Egyptian, Tyrian, Carthaginian, Indian, Persian, and Other Writers; With an Introductory Dissertation; And an Inquiry into the Philosophy and Trinity of the Ancients* (London: William Pickering, 1832; repr. London: Reeves and Turner, 1876)

Creuzer, Georg Friedrich, *Symbolik und Mythologie der alten Völker, besonders der Griechen* (Leipzig: K.W. Leske, 1810–12)

——— (ed.), *Plotini Enneades cum Marsilii Ficini Interpretatione Castigata; primum accedunt Porphyrii et Procli Institutiones et Prisciani Philosophi Solutiones* (Paris: Dübner, 1855)

Crowley, Aleister, *777 and Other Qabalistic Writings of Aleister Crowley*, ed. Israel Regardie (London: Ordo Templi Orientis, 1912; repr. York Beach, ME: Samuel Weiser, 1973)

Cumont, Franz, *Textes et monuments figurés relatifs aux mystères de Mythra* (Brussels: H. Lamertin, 1896)

———, *Die Mysterien des Mithra* (Leipzig: Teubner, 1903; repr. 1911)

———, *Die orientalischen Religionen im römischen Heidentum: Vorlesungen am Collège de France* (Leipzig: Teubner, 1910)

D'Ailly, Pierre, *Tractatus de imagine mundi Petri Aliaco, et varia ejusdem auctoris, et Joannis Gersonis opuscula* (Louvain: Johannes de Westphalia, 1483)

Damascius, *Dubitationes et solutiones de primis principiis in Platonis Parmenidem*, 2 volumes (Paris: Ruelle, 1889)

Delatte, Louis, *Textes latins et vieux français relatifs aux Cyranides* (Paris: Droz, 1942)

De l'Aulnaye, François-Henri-Stanislas, *L'histoire générale et particulière des religions et du cultes de tous les peuples du monde, tant anciens que modernes* (Paris: J.B. Fournier, 1791)

———, *Récapitulation de toute la maçonnerie, ou Description et explication de l'hiéroglyphe universel du maître des maîtres* (privately published, Paris, 1812)

———, *Thuileur des trente-trois degrés de l'écossisme du rit ancien, dit accepté, auquel on a joint la rectification, l'interprétation et l'étymologie des mots sacrés, de passe, d'attouchement, de reconnaissance* (privately published, Paris, 1813)

Deussen, Paul, *Allgemeine Geschichte der Philosophie*, 2 volumes (Leipzig: F.A. Brockhaus, 1894)

Dieterich, Albrecht, *Abraxas: Studien zur Religionsgechichte des spätern Alterums* (Leipzig: Teubner, 1891)

———, *Ein Mithrasliturgie* (Leipzig: Teubner, 1903)

Dionysius the Areopagite, *Was mir das Jenseits mitteilteas Der mystische Weg und innere Doktor Johannes Fausts Magia naturalis et innaturalis, oder dreifacher Höllenzwang, letztes Testament und Siegelkunst* (Stuttgart: Scheible, 1849)

Drews, Arthur C., *Plotin und der Untergang der antiken Weltanschaunng* (Jena: Diederichs, 1907)

———, *Die Christusmythe* (Jena: E. Diederichs, 1910)

Dupuis, Charles, *Origine de tous les cultes, ou religion universelle* (Paris: H. Agasse, 1795)

———, *Planches de l'origine de tous les cultes* (Paris: H. Agasse, 1795)

Eisler, Robert, *Weltenmantel und Himmelszelt: Religionsgeschichtliche Untersuchungen zur Urgeschichte des antiken Weltbildes*, 3 volumes (Munich: C.H. Beck, 1910)

———, *Orpheus the Fisher: Comparative Studies in Orphic and Early Christian Cult Symbolism* (London: J.M. Watkins, 1921); originally published as a series of articles in *The Quest* 1:1 (1909), pp. 124–39; 1:2 (1910), pp. 306–21; 1:4 (1910), pp. 625–48

———, *Orphisch-dionysische Mysteriengedanken in der christlichen Antike* (Leipzig: Teubner, 1925)

———, *L'origine babylonienne de l'alchimie: A propos de la découverte récente de recettes chimiques sur tablettes cunéiformes*, trans. Robert Bouvier (Paris: La Renaissance du Livre, 1926)

———, 'Pistis Sophia und Barbelo', *Angelos: Archiv für Neutestamentliche und Kulturkunde* 3:1–2 (1928), pp. 93–110

———, 'Nachleben dionysischer Mysterienriten?', *Archiv für Religionswissenschaft* 27 (1928), pp. 171–83

———, *Man into Wolf: An Anthropological Interpretation of Sadism, Masochism, and Lycanthropy* (London: Routledge & Kegan Paul, 1951)

Epiphanius, *Ausgewählte Schriften* (Munich: Josef Kösel, 1919)

Festugière, André-Jean, *La révélation d'Hermès Trismégiste*, 4 volumes (Paris: Bibliothèque des textes philosophiques, 1946–54)

Ficino, Marsilio, *Mercurii Trismegisti: Pimander sive de potestate et sapientia Dei* (Treviso: Gerardus de Lisa, 1471)

Flambart, Paul [Paul Choisnard], *Preuves et bases de l'astrologie scientifique* (Paris: Bibliothèque Chacornac, 1921)

Flamel, Nicolas, *Le Livre des figures hiéroglyphiques* (Paris: Veuve Guillemot, 1612)

Fliess, Wilhelm, *Der Ablauf des Lebens: Grundlegung zur Exakten Biologie* (Leipzig: F. Deuticke, 1906)

Fortune, Dion, *The Goat-Foot God* (London: Norgate, 1936)

———, 'Types of Mind Working', in Dion Fortune and Gareth Knight, *An Introduction to Ritual Magic* (Loughborough: Thoth, 1997), pp. 32–39

Frazer, James, *The Golden Bough: A Study in Magic and Religion* (New York: Macmillan, 1922)

Frey-Rohn, Liliane, Interview with Gene Nameche, C.G. Jung Biographical Archive 1968–73, Countway Library of Medicine, Harvard University, Interview 2, p. 25

Gerhardt, Oswald, *Der Stern des Messias: das Geburts- und das Todesjahr Jesu Christi nach astronomischer Berechnung* (Leipzig: Deichert, 1922)

Ginzburg, Christian D., *The Kabbalah: Its Doctrines, Development, and Literature* (London: Longmans, Green, 1863)

Heindel, Max, *The Rosicrucian Cosmo-Conception, or Mystic Christianity* (Oceanside, CA: Rosicrucian Fellowship, 1909)

———, *The Rosicrucian Mysteries* (Oceanside, CA: Rosicrucian Fellowship, 1911)

———, *The Message of the Stars: An Esoteric Exposition of Medical and Natal Astrology Explaining the Arts of Prediction and Diagnosis of Disease* (Oceanside, CA: Rosicrucian Fellowship, 1918)

———, *Simplified Scientific Astrology: A Complete Textbook on the Art of Erecting a Horoscope* (London: L.N. Fowler, 1928)

Henry, Paul and Hans-Rudolf Schwyzer (eds.), *Plotini opera. Porphyrii vita Plotini; Enneades I–III* (Paris: Desclée de Brouwer, 1951)

———, *Plotini opera. Enneades IV–VI* (Paris: Desclée de Brouwer, 1959)

Higgins, Godfrey, *Anacalypsis: An Attempt to Draw Aside the Veil of the Saitic Isis or an Inquiry into the Origin of Languages, Nations and Religions*, 2 volumes (London: Longman, Rees, Orme, Brown, Green, and Longman, 1836)

Hinkle, Beatrice, 'Jung's Libido Theory and the Bergsonian Philosophy', *New York Medical Journal* 30 (1914), pp. 1080–86

Inge, William Ralph, *Christian Mysticism, Considered in Eight Lectures Delivered Before the University of Oxford* (London: Methuen, 1899)

Irenaeus, *Irenaei episcopi lugdunensis contra omnes haereses* (Oxford: Thomas Bennett, 1702)

———, *Des heiligen Irenäus fünf Bücher gegen die Häresine*, trans. Ernst Klebba (Munich: Josef Kösel, 1912)

James, William, 'Frederic Myers's Service to Psychology', *Popular Science Monthly* (August 1901), pp. 380–89

———, *The Varieties of Religious Experience: A Study in Human Nature* (London: Longmans, Green, 1902)

Janet, Pierre, *The Major Symptoms of Hysteria: Fifteen Lectures Given in the Medical School of Harvard University* (New York: Macmillan, 1924)
Kern, Otto (ed.), *Orphicorum fragmenta* (Berlin: Weidmann, 1922)
Khunrath, Heinrich, *Von hylealischen, das ist, pri-materialischen catholischen, oder algemeinem natürlichen Chaos, der naturgemessen Alchymiae und Alchemisten* (Magdeburg: Andreas Genen, 1597)
King, Charles William, *The Gnostics and Their Remains: Ancient and Medieval* (London: Bell & Dalby, 1864)
Knorr von Rosenroth, Christian, *Kabbala denudata, seu, Doctrina Hebraeorum transcendentalis et metaphysica atque theologica: opus antiquissimae philosophiae barbaricae . . . in quo, ante ipsam translationem libri . . . cui nomen Sohar tam veteris quam recentis, ejusque tikkunim . . . praemittitur apparatus [pars 1–4]*, 3 volumes (Sulzbach/Frankfurt: Abraham Lichtenthal, 1677–84)
Krafft, Karl Ernst, *Le premier traité d'astro-biologie* (Paris: Wyckmans, 1939)
Kyranides: The Magick of Kirani, King of Persia and of Harpocration; Containing the Magical and Medicinal Vertues of Stones, Herbs, Fishes, Beasts and Birds (London: n. p., 1685; repr. as *Kyranides: On the Occult Virtues of Plants, Animals, and Stones: Hermetic and Talismanic Magic*; New York: Renaissance Astrology, 2010)
Leadbeater, C.W., *Man, Visible and Invisible* (London: Theosophical Publishing Society, 1902)
Leo, Alan, *Astrology for All, Part I: Individual and Personal Characteristics as Represented by the Sun and Moon*; *Part II, Casting the Horoscope* (London: Modern Astrology Office, 1899)
———, *How to Judge a Nativity* (London: Modern Astrology Office, 1903)
———, *The Progressed Horoscope* (London: Modern Astrology Office, 1905)
———, *Astrology for All* (London: Modern Astrology Office, 1910)
———, *The Key to Your Own Nativity* (London: Modern Astrology Office, 1910)
———, 'The Age of Aquarius', *Modern Astrology* 8:7 (1911), p. 272
———, *The Art of Synthesis* (London: Modern Astrology Office, 1912)
———, *Esoteric Astrology* (London: Modern Astrology Office, 1913)
———, *Mars: The War Lord* (London: Modern Astrology Office/L.N. Fowler, 1915)
———, *Saturn: The Reaper* (London: Modern Astrology Office, 1916)
———, *Dictionary of Astrology*, ed. Vivian Robson (London: Modern Astrology Office/L.N. Fowler, 1929)
Leo, Bessie, *The Life and Work of Alan Leo, Theosophist – Astrologer – Mason* (London: Modern Astrology Office/N.L. Fowler, 1919)
Longfellow, Henry Wadsworth, *The Song of Hiawatha* (Boston, MA: Ticknor and Fields, 1855)
Machen, Arthur, 'The Novel of the White Powder', in Arthur Machen, *The Three Impostors* (London: John Lane, 1895), pp. 95–111
Maier, Michael, *Symbola aureae mensae duodecim nationum* (Frankfurt: Julius Ägidius von Negelein, 1617)
Mann, Thomas, *Doktor Faustus: Das Leben des deutschen Tonsetzers Adrian Leverkühn, erzählt von einem Freunde* (Frankfurt: S. Fischer, 1947)
Marc Aurel, *Selbstbetrachtungen*, trans. Otto Kiefer (Leipzig: E. Diederichs, 1903)
Massey, Gerald, *The Natural Genesis, or Second Part of a Book of the Beginnings: Concerning an Attempt to Recover and Reconstitute the Lost Origins of the Myths and Mysteries, Types and Symbols, Religion and Language, with Egypt for the Mouthpiece and Africa as the Birthplace*, 2 volumes (London: Williams and Norgate, 1883)
———, *Gerald Massey's Lectures* (London: Private Publication, 1887)
———, 'The Hebrew and Other Creations, Fundamentally Explained', in *Gerald Massey's Lectures* (London: Private Publication, 1887), pp. 105–40
———, 'The Historical Jesus and Mythical Christ', in *Gerald Massey's Lectures* (London: Private Publication, 1887), pp. 1–26

Mead, G.R.S., '*Pistis-Sophia*', *Lucifer* 6 (March 1890–August 1890), pp. 107–13, 230–39, 315–23, 392–401, 489–99; *Lucifer* 7 (September 1890–February 1891), pp. 35–43, 139–47, 186–96, 285–95, 368–76, 456–63; *Lucifer* 8 (March 1891–August 1891), pp. 39–47, 123–29, 201–4

———, *Orpheus* (London: Theosophical Publishing Society, 1896)

———, *Pistis Sophia: A Gnostic Miscellany: Being for the Most Part Extracts from the Book of the Saviour, to Which Are Added Excerpts from a Cognate Literature* (London: Theosophical Publishing Society, 1896)

———, 'The Lives of the Later Platonists', *Lucifer* 18 (March–August 1896), pp. 185–200, 288–302, 368–80, 456–69; *Lucifer* 19 (September 1896–February 1897), pp. 16–32, 103–13, 186–95

———, 'Hermes the Thrice-Greatest According to Iamblichus an Initiate of the Egyptian Wisdom', *Theosophical Review* 25 (September 1899–February 1900), pp. 9–19

———, *Fragments of a Faith Forgotten: Some Short Sketches Among the Gnostics Mainly of the First Two Centuries* (London: Theosophical Publishing Society, 1906)

———, *Thrice-Greatest Hermes: Studies in Hellenistic Theosophy and Gnosis*, 3 volumes (London: Theosophical Publishing Society, 1906)

———, *Echoes from the Gnosis* (London: Theosophical Publishing Society, 1906–8)

———, *A Mithraic Ritual*, Volume 6 of *Echoes from the Gnosis* (London: Theosophical Publishing Society, 1907)

———, *The Mysteries of Mithra*, Volume 5 of *Echoes from the Gnosis* (London: Theosophical Publishing Society, 1907)

———, *The Chaldean Oracles*, published As Volume 8 of *Echoes from the Gnosis* (London: Theosophical Publishing Society, 1908)

———, *The Doctrine of the Subtle Body in Western Tradition: An Outline of What the Philosophers Thought and Christians Taught on the Subject* (London: J.M. Watkins, 1919)

———, *'The Quest' – Old and New: A Retrospect and Prospect* (London: John M. Watkins, 1926)

Mercurii Trismegisti: Pimandras utraque lingua restitutus, D. Francisci Flussatis Candellae industria (Bordeaux: Simon Millanges, 1574)

Meyrink, Gustav, *Der Golem* (Leipzig: Kurt Wolff, 1915)

———, *Das grüne Gesicht* (Leipzig: Kurt Wolff, 1916)

———, *Fledermäuse: Sieben Geschichten* (Leipzig: Kurt Wolff, 1916)

———, *Walpurgisnacht* (Leipzig: Kurt Wolff, 1917)

———, *Der Engel vom westlichen Fenster* (Bremen: Schünemann, 1927)

Müller, F. Max, *Lectures on the Origin and Growth of Religions as Illustrated by the Religions of India* (London: Longmans, Green, 1878)

———, *Vorlesungen über den Ursprung und die Entwickelung der Religion* (Strasbourg: Trübner, 1880)

———, *Theosophy: Or, Psychological Religion: The Gifford Lectures Delivered Before the University of Glasgow in 1892* (London: Longmans, Green, 1917)

Myers, F.H.W., *Human Personality and Its Survival of Death* (London: Longmans, 1903)

Mylius, Johann Daniel, *Philosophia reformata* (Frankfurt: Luca Jennis, 1622)

Nietzsche, Friedrich, *Also sprach Zarathustra: Ein Buch für Alle und Keinen* (Chemnitz: Ernst Schmeitzner, 1883–84)

Paracelsus, *Sâmtliche Werke: 1. Abt. Medizinische, naturwissenschaftliche und philosophische Schriften*, VIII, ed. Karl Sudhoff, 14 volumes (Munich and Berlin, 1922–33), pp. 161–70

———, *Liber de nymphis, sylphis, pygmaeis et salamandris et de caeteris spiritibus*, in *Sämtliche Werke*, 1:14.7, ed. Karl Sudhoff and Wilhelm Matthiessen (Munich: Oldenbourg, 1933)

Pearce, Alfred J., *The Weather Guide-Book: A Concise Exposition of Astronomic-Meteorology* (London: Simpkin, Marshall, 1864)

———, *The Science of the Stars* (London: Simpkin, Marshall, 1881)
——— (ed.), *The Future: A Monthly Magazine of Predictive Sciences and Events of the Day* (1892–94)
Philo Alexandrinus, *Philonis Iudaei, scriptoris eloquentissimi, ac philosophi summi, lucubrationes omnes quotquot haberi potuerunt: cuius opera uterque est integritati restitutus* (Basel: Sigmund Gelen, 1561)
———, *Opera quae supersunt*, 6 volumes, ed. Leopold Cohn and Paul Wendland (Berlin: Walter de Gruyter, 1898–1915)
Quillard, Pierre (trans.), *Le livre de Jamblique sur les mystères* (Paris: Libraire de l'art indépendant, 1875)
Raphael, *The Key to Astrology, Containing a Complete System of Genethliacal Astrology* (London: W. Foulsham, 1896)
Regardie, Israel, *The Tree of Life: A Study in Magic* (London: Rider, 1932)
———, *An Account of the Teachings, Rites, and Ceremonies of the Hermetic Order of the Golden Dawn*, 4 volumes (Chicago: Aries Press, 1937–40; repr. as one volume, St Paul, MN: Llewellyn, 1989)
———, *The Philosopher's Stone: A Modern Comparative Approach to Alchemy from the Psychological and Magical Points of View* (London: Rider, 1938)
Reitzenstein, Richard, *Poimandres: ein paganisiertes Evangelium: Studien zur griechisch-äegtischen und frühchristlichen Literatur* (Leipzig: Teubner, 1904)
———, *Die hellenistiche Mysterienreligionen* (Leipzig: Teubner, 1910)
———, *Mysterionreligionen nach ihren Grundgedanken und Wirkungen* (Leipzig: Teubner, 1910)
———, *Das iranische Erlösungsmysterium; religionsgeschichtliche Untersuchungen* (Bonn: A. Marcus and E. Weber, 1921)
Rhine, J.B., *Extra-Sensory Perception* (Boston, MA: Boston Society for Psychic Research, 1934)
———, *New Frontiers of the Mind: The Story of the Duke Experiments* (New York: Farrar & Rinehart, 1937)
Rohde, Erwin, *Seelencult und Unsterlichkeitsglaube der Griechen*, 2 volumes (Tübingen: Mohr, 1903)
Roscher, Wilhelm Heinrich, *Ausfürliches Lexikon der griechischen und römischen Mythologie Lexicon* (Leipzig: Teubner, 1884)
Rudhyar, Dane, *The Rebirth of Hindu Music* (Adyar: Theosophical Publishing House, 1928)
———, *The Astrology of Personality: A Reinterpretation of Astrological Concepts and Ideals in Terms of Contemporary Psychology and Philosophy* (New York: Lucis Trust, 1936)
———, *Astrological Timing: The Transition to the New Age* (New York: Harper & Row, 1969)
———, *The Transition to the New Age* (London: Harper & Row, 1969)
———, *The Planetarization of Consciousness* (New York: Harper, 1972)
———, *The Astrology of America's Destiny: A Birth Chart for the United States of America* (New York: Random House, 1974)
Ruland, Martin, *Lexicon alchemiae sive Dictionarium alchemisticum* (Frankfurt: Zachariah Palthenus, 1612)
Saturn Gnosis: Offizielles Publikations-Organ der deutschen Gross-Loge Fraternitas Saturni Orient Berlin
Scheible, Johann (ed.), *Das sechste und seibente Buch Mosis, das ist: Mosis magische Geisterkunst, das Geheimnis aller Geheimnisse. Sammt den verdeutschten Offenbarungen und Vorschriften wunderbarster Art der alten weisen Hebrer, aus den Mosaischen Buchern, der Kabbala und den Talmud zum leiblichen Wohl der Menschen* (Stuttgart: Scheible, 1849)
Schmitz, Oskar A.H. *Geist der Astrologie* (Munich: Müller, 1922)
Schultz, Wolfgang, *Dokumente der Gnosis* (Jena: Diederichs, 1910)

Seneca, Lucius Annaeus, *L. Annaei Senecae rhetoric opera, quae extant Integris Nicolai Fabri, Andr. Schotti, accuratissimo aucta* (Amsterdam: Elsevier, 1672)

———, *L. Annaei Senecae operum tomus secundus: in quo epistolae et quaestiones naturales* (Amsterdam: Elsevier, 1673)

Sepharial, *The New Manual of Astrology: In Four Books* (Philadelphia, PA: David McKay, 1898)

———, *Directional Astrology: To Which Is Added a Discussion of Problematic Points and a Complete Set of Tables Necessary for the Calculation of Arcs of Direction* (London: Rider, 1921)

———, *How to Read the Crystal; or Crystal and Seer* (London: Foulsham, 1922)

———, *The Solar Epoch: A New Astrological Thesis* (London: Foulsham, 1925)

Silberer, Herbert, *Probleme der Mystik und ihre Symbolik* (Vienna: Hugo Deller, 1914; published in English as *Problems of Mysticism and Its Symbolism*, trans. Ely Jelliffe Smith (New York: Moffat, Yard, 1917); repr. as *Hidden Symbolism of Alchemy and the Occult Arts*, New York: Dover, 1971)

Smith, E.M., *The Zodia, or the Cherubim in the Bible and the Cherubim in the Sky* (London: Elliot Stock, 1906)

Smith, George, 'The Chaldean Account of the Deluge', *Transactions of the Society of Biblical Archaeology* 1–2 (1872), pp. 213–34

Staudenmaier, Ludwig, *Die Magie als Experimentelle Narurwissenschaft (Magic as an Experimental Science)* (Leipzig: Akademische Verlagsgesellschaft, 1912)

Steiner, Rudolf, *Friedrich Nietzsche, Ein Kaempfer Gegen Seine Zeit* (Weimar: E. Felber, 1895)

———, *Das Mysterium des Bösen: Zehn Vorträge* (published posthumously: Stuttgart: Verlag Freies Geitesleben, 1993)

Strauss, Heinz Arthur, *Psychologie und astrologische Symbolik: eine Einführung* (Zürich: Rascher Verlag, 1953)

———, *Astrologie: Grundsätzliche Betrachtungen* (Leipzig: Kurt Wolff, 1977)

Strauss, Heinz Arthur and Sigrid Strauss-Klöbe, *Die Astrologie des Johannes Kepler: Eine Auswahl aus seinen Schriften* (Munich: Oldenbourg, 1926)

Strauss-Klöbe, Sigrid, 'Über die psychologische Bedeutung des astrologischen Symbols', in *Eranos Jahrbuch 1934, Band 2: Ostwestliche Symbolik und Seelenführung* (Zürich: Rhein-Verlag, 1935)

———, *Kosmische Bedingtheit der Psyche: Kosmische Konstellation und seelische Disposition* (Oberbayern: O.W. Barth, 1968)

———, *Das kosmopsychische Phänomen: Geburtskonstellation und Psychodynamik* (Freiburg: Walter-Verlag, 1977)

Theatrum chemicum, Praecipuous selectorum auctorum tractatus de Chemiae et Lapidis Philosophici Antiquitate, 4 volumes (Strasbourg, 1602–13)

Thierens, A.E., *The General Book of the Tarot* (London: Rider, 1930)

———, *Elements of Esoteric Astrology: Being a Philosophical Deduction of Astrological Principles* (Philadelphia, PA: David McKay, 1931)

Thorburn, James MacCaig, 'Mysticism and Art', *The Monist* 30:4 (1920), pp. 599–617

———, 'Analytical Psychology and the Concept of Individuality', *International Journal of Ethics* 35:2 (1925), pp. 125–39

———, *Art and the Unconscious* (London: Kegan Paul, Trench, Trubner, 1925)

———, 'Do the Gods Exist?', *Harvest* 6 (1959), pp. 72–87

Thorburn, J.M., A.H. Hannay, and P. Leon, 'Artistic Form and the Unconscious', *Proceedings of the Aristotelian Society* 13 (1934), pp. 119–58

Von Goethe, Johann Wolfgang, *Faust: Der Tragödie erster Teil* (Stuttgart: J.G. Cotta, 1808)

———, *West-östlicher Divan* (Stuttgart: Cotta, 1819)

———, *Faust: Der Tragödie zweiter Teil* (Stuttgart: J.G. Cotta, 1828–29)

Waite, A.E., *The Real History of the Rosicrucians: Founded on Their Own Manifestoes, and on Facts and Documents Collected from the Writings of Initiated Brethren* (London: George Redway, 1887)

———, *The Key to the Tarot: Being Fragments of a Secret Tradition Under the Veil of Divination* (London: William Rider & Son, 1909)

———, *The Secret Doctrine of Israel: A Study of the Zohar and Its Connections* (London: William Rider & Son, 1912)

———, *The Real History of the Rosicrucians and the Brotherhood of the Rosy Cross* (London: William Rider & Son, 1924)

———, *The Holy Kabbalah: A Study of the Secret Tradition in Israel* (London: Williams & Norgate, 1929)

White, William, *Emanuel Swedenborg: His Life and Writings*, 2 volumes (London: Simpkin, 1867)

Wilhelm, Richard, *Das Geheimnis der goldenen Blüte: Ein chinesisches Lebensbuch* (Munich: Dorn, 1929)

———, *The Secret of the Golden Flower* (London: Kegan Paul, Trench, Tubner, 1931)

Yeats, William Butler, *The Second Coming* (1919), in William Butler Yeats, *The Collected Poems of William Butler Yeats* (London: Macmillan, 1933), p. 211

———, *A Vision: An Explanation of Life Founded upon the Writings of Giraldus and upon Certain Doctrines Attributed to Eusta Ben Luka* (Private Publication, 1925; repr. New York: Macmillan, 1939)

———, *The Autobiography of William Butler Yeats* (New York: Macmillan, 1953)

翻訳一次資料

Abraham von Worms, *The Book of the Sacred Magic of Abramelin the Mage*, trans. Samuel Liddell MacGregor Mathers (London: John M. Watkins, 1900)

———, *The Book of Abramelin*, ed. Georg Dehn, trans. Steven Guth (Lake Worth, FL: Nicolas-Hays, 2006)

Aeschylus, 'The Seven Against Thebes', in *Aeschylus 1: The Persians, the Seven Against Thebes, the Suppliant Maidens, Prometheus Bound*, ed. and trans. David Grene, Richmond Lattimore, Mark Griffith, and Glenn W. Most (Chicago: University of Chicago Press, 2013)

Agrippa, Henry Cornelius, *Three Books of Occult Philosophy (De occulta philosophia)*, ed. Donald Tyson, trans. James Freake (St. Paul, MN: Llewellyn, 2004 [1993]; first complete English translation, James Freake, London: Gregory Moule, 1651)

The Ante-Nicene Fathers, ed. and trans. Alexander Roberts, James Donaldson, and A. Cleveland Coxe, 10 volumes (Buffalo, NY: Christian Literature Publishing, 1885)

Apocryphon of John, trans. Frederik Wisse, in James M. Robinson (ed.), *The Nag Hammadi Library in English* (Leiden: Brill, 1977), pp. 98–116

Apuleius, *The Golden Ass*, trans. Thomas Taylor (Frome: Prometheus Trust, 1997)

Bachofen, Johann Jacob, *Myth, Religion and Mother Right*, trans. Ralph Manheim (Princeton, NJ: Princeton University Press, 1967)

Betegh, Gábor (ed. and trans.), *The Derveni Papyrus: Cosmology, Theology, and Interpretation* (Cambridge: Cambridge University Press, 2004)

Betz, Hans Dieter (ed. and trans.), *The Greek Magical Papyri in Translation* (Chicago: University of Chicago Press, 1986)

——— (ed. and trans.), *The "Mithras Liturgy": Text, Translation and Commentary* (Tübingen: Mohr Siebeck, 2003)

Bonatti, Guido, *Liber Astronomiae*, 4 volumes, ed. Robert Hand, trans. Robert Zoller (Berkeley Springs, WV: Golden Hind Press, 1994–96)

Charcot, Jean-Martin, *Clinical Lectures on Diseases of the Nervous System (Leçons sur les maladies du système nerveux [1886])*, trans. Thomas Savill, ed. Ruth Harris (London: Routledge, 1991)

Charles, R.H. (trans.), *The Book of Enoch, or 1 Enoch* (Oxford: Clarendon Press, 1912)

Cicero, M. Tullius, 'De divinatione', in *On Old Age, On Friendship, On Divination*, trans. W.A. Falconer (Cambridge, MA: Harvard University Press, 1970)

Clement of Alexandria, 'Stromata', in *St. Clement of Alexandria: Selected Works*, in *The Ante-Nicene Fathers: The Writings of the Fathers Down to A.D. 325*, ed. and trans. Alexander Roberts, James Donaldson, and Arthur Cleveland Cox, Vol. 2 (Buffalo, NY: Christian Literature Publishing, 1885), pp. 299–568

Copenhaver, Brian P. (ed. and trans.), *Hermetica: The Greek Corpus Hermeticum and the Latin Asclepius in a New English Translation* (Cambridge: Cambridge University Press, 1992)

Cumont, Franz, *The Mysteries of Mithra*, trans. Thomas J. McCormack (Chicago: Open Court, 1903)

Demosthenes, *On the Crown*, trans. A.W. Pickard-Cambridge, in A.W. Pickard-Cambridge (ed. and trans.), *Public Orations of Demosthenes*, 2 volumes (Oxford: Clarendon Press, 1912)

Dillon, John (ed. and trans.), *Fragments of Iamblichus' Commentary on the Timaeus* (Leiden: Brill, 1973)

Euripides, *The Heracleidae*, trans. Ralph Gladstone, in *Euripides 1: Alcestis/The Medea/The Heracleidae/Hippolytus*, ed. Richmond Lattimore and David Grene, trans. Ralph Gladstone (Chicago: University of Chicago Press, 1955)

Evans-Wentz, W.Y. (ed. and trans.), *The Tibetan Book of the Dead: Or the After-Death Experiences on the Bardo Plane, According to Lama Kazi Dawa-Samdup's English Rendering* (Oxford: Oxford University Press, 1927)

Firmicus Maternus, Julius, *Ancient Astrology, Theory and Practice: The Mathesis of Firmicus Maternus*, trans. Jean Rhys Bram (Park Ridge, NJ: Noyes Press, 1975)

Freud, Sigmund, *The Interpretation of Dreams*, SE5, trans. James Strachey (London: Hogarth Press/Institute of Psychoanalysis, 1953)

———, *Three Essays on the Theory of Sexuality and Other Works*, trans. James Strachey, SE7 (London: Hogarth Press/Institute of Psychoanalysis, 1953)

Freud, Sigmund and Joseph Breuer, *Studies on Hysteria*, SE2, trans. James Strachey (London: Hogarth Press/Institute of Psychoanalysis, 1955)

Freud, Sigmund and C.G. Jung, *The Freud-Jung Letters*, ed. William McGuire, trans. Ralph Manheim and R.F.C. Hull (London: Hogarth Press/Routledge & Kegan Paul, 1977)

Frey-Rohn, Liliane, *From Freud to Jung: A Comparative Study of the Psychology of the Unconscious*, trans. Fred E. Engreen and Evelyn K. Engreen (New York: Putnam, 1976; repr. Shambhala/Daimon Verlag, 1990)

Ganss, George E. (trans.), *The Spiritual Exercises of Saint Ignatius: A Translation and Commentary* (Chicago: Loyola Press, 1992)

Godwin, Joscelyn, *The Theosophical Enlightenment* (Albany: SUNY Press, 1994)

——— (trans.), *Hypnerotomachia Poliphili: The Strife of Love in a Dream* (London: Thames and Hudson, 1999)

Gospel of Philip, in M.R. James (ed. and trans.), *The Apocryphal New Testament: Being the Apocryphal Gospels, Acts, Epistles, and Apocalypses* (Oxford: Clarendon Press, 1924), p. 12

Gospel of Thomas, NHC II.2.50, trans. Helmut Koester and Thomas O. Lambdin, in James McConkey Robinson and Richard Smith (eds.), *The Nag Hammadi Library in English* (Leiden: Brill, 1977), pp. 117–30

Gregory of Nyssa, *On the Soul and Resurrection*, trans. Catherine P. Roth (Yonkers, NY: St.Vladimir's Seminary Press, 1993)

Herodotus, *The Histories*, trans. Robin Waterfield (Oxford: Oxford University Press, 1998)

Hesiod, *Theogony and Works and Days*, trans. M.L. West (Oxford: Oxford University Press, 1988)

Homer, *The Iliad of Homer*, trans. Richmond Lattimore (Chicago: University of Chicago Press, 1951)

———, *The Odyssey of Homer*, trans. Richmond Lattimore (New York: Harper & Row, 1967)

Iamblichus, *On the Pythagorean Life*, trans. Gillian Clark (Liverpool: Liverpool University Press, 1989)

———, *De mysteriis*, trans. Emma C. Clarke, John M. Dillon, and Jackson P. Hershbell (Leiden: Brill, 2004)

———, *Iamblichus of Chalcis: The Letters*, trans. John M. Dillon and Wolfgang Polleichtner (Atlanta, GA: Scholars Press, 2009)

Ibn Ezra, Abraham, *The Book of the World*, trans. Shlomo Sela (Leiden: Brill, 2010)

'J.K.' [Julius Kohn] (ed. and trans.), *Splendor Solis: Alchemical Treatises of Solomon Trismosin, Adept and Teacher of Paracelsus* (London: Kegan Paul, Trench, Trubner, 1920)

Kahn, Charles H. (trans.), *The Art and Thought of Heraclitus: An Edition of the Fragments with Translation and Commentary* (Cambridge: Cambridge University Press, 1981)

Kant, Immanuel, *Critique of Practical Reason*, trans. Lewis White Beck (Upper Saddle River, NJ: Prentice-Hall, 1993)

Karr, Don (ed. and trans.), *Liber Salomonis: Cephar Raziel, British Library Sloane MS 3826:2r-57r* (2007–10), at <www.digital-brilliance.com/kab/karr/Solomon/LibSal.pdf>

Kerényi, Karl, 'Kore', in C.G. Jung and Carl Kerényi, *Essays on a Science of Mythology: The Myth of the Divine Child and the Mysteries of Eleusis*, trans. R.F.C. Hull (Princeton, NJ: Princeton University Press, 1969), pp. 101–55

Lewy, Hans (ed. and trans.), *Chaldaean Oracles and Theurgy: Mysticism, Magic, and Platonism in the Later Roman Empire* (Paris: Institut d'Études Augustiniennes, 2011 [1956])

Macrobius, *The Saturnalia*, trans. Percival Vaughan Davies (New York: Columbia University Press, 1969)

———, *Commentary on the Dream of Scipio*, trans. William Harris Stahl (New York: Columbia University Press, 1990 [1952])

Marcus Aurelius, *Meditations*, trans. Martin Hammond (London: Penguin, 2006)

Marsanes, NHC X.5.24–26, trans. Birger A. Pearson, in James McConkey Robinson (ed.), *The Nag Hammadi Library in English* (Leiden: Brill, 1977), pp. 417–26

Masson, Jeffrey Moussaieff (ed and trans.), *The Complete Letters of Sigmund Freud to Wilhelm Fliess, 1887–1904* (Cambridge, MA: Harvard University Press, 1985)

Müller, Ernst (ed. and trans.), *Der Zohar: Das Heilige Buch der Kabbala* (Vienna: Heinrich Glanz, 1932)

Origen, *Contra Celsum*, trans. Henry Chadwick (Cambridge: Cambridge University Press, 1953)

Peterson, Joseph (ed. and trans.), *The Sixth and Seventh Books of Moses: Or, Moses' Magical Spirit Art Known as the Wonderful Arts of the Old Wise Hebrews, Taken from the Mosaic Books of the Kabbalah and the Talmud, for the Good of Mankind* (Lake Worth, FL: Ibis Press, 2008)

Piché, D. (ed. and trans.), *La condamnation parisienne de 1277* (Paris: Vrin, 1999)

Plato, *Plato in Twelve Volumes*, trans. W.R.M. Lamb (London: William Heinemann, 1925)

———, *The Collected Dialogues of Plato*, ed. Edith Hamilton and Huntington Cairns (Princeton, NJ: Princeton University Press, 1961)

Plotinus, *The Enneads*, trans. Stephen MacKenna, 6 volumes (London: Medici Society, 1917–30; repr. London: Faber & Faber, 1956)

———, *Enneads*, 7 volumes, trans. A.H. Armstrong (Loeb Classical Library, 1966–88)

Plutarch, *On the Daimonion of Socrates: Human Liberation, Divine Guidance and Philosophy*, ed. Heinz-Günther Nesselrath, trans. Donald Russell, George Cawkwell, Werner Deuse, John Dillon, Heinz-Günther Nesselrath, Robert Parker, Christopher Pelling, and Stephan Schröder (Tübingen: Mohr Siebeck, 2010)

Porphyry, *De antro nympharum*, trans. Thomas Taylor, in Thomas Taylor (ed. and trans.), *Select Works of Porphyry; Containing His Four Books on Abstinence from Animal Food; His Treatise*

on the Homeric Cave of the Nymphs; and His Auxiliaries to the Perception of Intelligible Natures (London: Thomas Rodd, 1823)

———, *Introduction to the Tetrabiblos*, in *Porphyry the Philosopher, Introduction to the Tetrabiblos, and Serapio of Alexandria, Astrological Definitions*, trans. James Holden (Tempe, AZ: American Federation of Astrologers, 2009)

Poseidonius, *The Fragments*, 2 volumes, ed. and trans. L. Edelstein and I.G. Kidd (Cambridge: Cambridge University Press, 1972)

Proclus, *On the Sacred Art and On the Signs of Divine Possession*, ed. Stephen Ronan, trans. Thomas Taylor and Alexander Wilder (London: Chthonios Books, 1989)

———, *Commentary on Plato's Timaeus*, ed. and trans. Harold Tarrant (Cambridge: Cambridge University Press, 2007)

———, *Commentary on Plato's Timaeus*, trans. Dirk Baltzly (Cambridge: Cambridge University Press, 2010)

Ptolemy, *Tetrabiblos*, ed. and trans. F.E. Robbins (Cambridge, MA: Harvard University Press, 1971)

Reitzenstein, Richard, *Hellenistic Mystery-Religions: Their Basic Ideas and Significance*, trans. John E. Steely (Pittsburgh, PA: Pickwick Press, 1978)

Ronan, Stephen (ed.), Thomas Taylor and Alexander Wilder (trans.), *Porphyry's Letter to Anebo and Iamblichus' On the Mysteries* (Hastings: Chthonios Books, 1989)

Ruland, Martin, *A Lexicon of Alchemy or Alchemical Dictionary, Containing a Full and Plain Explanation of All Obscure Words, Hermetic Subjects, and Arcane Phrases of Paracelsus*, trans. A.E. Waite (London: privately printed, 1892; repr. York Beach, ME: Samuel Weiser, 1984)

Savedow, Steve (ed. and trans.), *Sepher Rezial Hemelach: The Book of the Angel Rezial* (York Beach, ME: Samuel Weiser, 2000)

Schopenhauer, Arthur, *Prize Essay on the Freedom of the Will*, trans. Eric F.J. Payne, ed. Günter Zöller (Cambridge: Cambridge University Press, 1999)

Scott, Walter (ed. and trans.), *Hermetica: The Ancient Greek and Latin Writings Which Contain Religious or Philosophic Teachings Ascribed to Hermes Trismegistus*, 4 volumes (Oxford: Clarendon Press, 1924–36)

Sperling, Harry and Maurice Simon (trans.), *The Zohar*, 5 volumes (London: Soncino Press, 1931–34)

Steiner, Rudolf, *The Way of Initiation, or How to Attain Knowledge of the Higher Worlds*, trans. Max Gysi (London: Theosophical Publishing Society, 1910)

———, *An Outline of Occult Science*, trans. Max Gysi (London: Theosophical Publishing Society, 1914)

———, *Friedrich Nietzsche: Fighter for Freedom*, trans. Margaret Ingram de Ris (Englewood, NJ: Rudolf Steiner, 1960)

———, *The Reappearance of Christ in the Etheric* (Spring Valley, NY: Anthroposophic Press, 1983)

———, *Evil: Selected Lectures*, ed. and trans. Michael Kalisch (Forest Row: Rudolf Steiner Press, 1997)

———, *The Secret Stream: Christian Rosenkreutz and Rosicrucianism: Selected Lectures and Writings* (Great Barrington, MA: Anthroposophic Press, 2000)

Taylor, Thomas (trans.), *Ocellus Lucanus, on the Nature of the Universe; Taurus, the Platonic Philosopher, on the Eternity of the World; Julius Firmicus Maternus, of the Thema Mundi; Select Theorems on the Perpetuity of Time, by Proclus* (London: John Bohn, 1831)

———, *The Hymns of Orpheus: Translated from the Original Greek, With a Preliminary Dissertation on the Life and Theology of Orpheus* (London: T. Payne, 1792); repr. *The Mystical Hymns of Orpheus* (London: B. Dobell, 1896); repr. *The Mystical Hymns of Orpheus* (London: Robert Triphoon, 1824); repr. *Hymns and Initiations* (Frome: Prometheus Trust, 1994)

Thomas Aquinas, *Summa Contra Gentiles*, trans. Anton C. Pegis, James F. Anderson, Vernon J. Bourke, and Charles J. O'Neil (New York: Hanover House, 1955)

Trimorphic Protennoia (NHC XIII.1), trans. John D. Turner, in James McConkey Robinson (ed.), *The Nag Hammadi Library in English* (Leiden: Brill, 1977), pp. 461–70

Vettius Valens, *The Anthology*, trans. Robert Schmidt (Berkeley Springs, WV: Golden Hind Press, 1993–96)

Von Goethe, Johann Wolfgang, *West-Eastern Divan*, trans. Edward Dowden (London: J.M. Dent, 1914)

Von Hardenberg, Friedrich [Novalis], *Heinrich von Ofterdingen: A Romance*, trans. John Owen (Cambridge: Cambridge Press, 1842)

Walker, Alexander (trans.), *Apocryphal Gospels, Acts, and Revelations* (Edinburgh: T&T Clark, 1911)

West, M.L. (ed. and trans.), *The Orphic Poems* (Oxford: Oxford University Press, 1983)

Wilhelm, Richard and Cary F. Baynes (trans.), *The I Ching or Book of Changes* (New York: Pantheon, 1950)

Xenophon, *The Memorable Thoughts of Socrates*, trans. Edward Bysshe (London: Cassell, 1888)

Zoller, Robert (trans.), *Liber Hermetis: Book of Hermes*, 2 volumes (Golden Hind Press, 2000)

二次資料

Addey, Crystal, 'Oracles, Dreams, and Astrology in Iamblichus' *De mysteriis*', in Patrick Curry and Angela Voss (eds.), *Seeing with Different Eyes: Essays in Astrology and Divination* (Newcastle: Cambridge Scholars Press, 2007), pp. 35–58

———, 'Oracles, Religious Practices, and Philosophy in Late Neoplatonism', *Practical Philosophy* 8:2 (2007), pp. 31–35, at <www.practical-philosophy.org.uk>

———, 'Divine Possession and Divination in the Graeco-Roman World: The Evidence from Iamblichus' *On the Mysteries*', in Bettina E. Schmidt and Lucy Huskinson (eds.), *Spirit Possession and Trance: New Interdisciplinary Perspectives* (London: Continuum, 2010), pp. 171–81

———, 'In the Light of the Sphere: The "Vehicle of the Soul" and Subtle-Body Practices in Neoplatonism', in Geoffrey Samuel and Jay Johnston (eds.), *Religion and the Subtle Body in Asia and the West* (London: Routledge, 2013), pp. 149–67

Addison, Ann, 'Jung, Vitalism, and "the Psychoid": An Historical Reconstruction', *Journal of Analytical Psychology* 54 (2009), pp. 123–42

Allen, James, *Inference from Signs: Ancient Debates About the Nature of Evidence* (Oxford: Oxford University Press, 2001)

Allen, Michael J.B., Valery Rees, and Martin Davies (eds.), *Marsilio Ficino: His Theology, His Philosophy, His Legacy* (Leiden: Brill, 2002)

Altmann, Alexander, 'Myth and Symbol', *Philosophy* 20:76 (1945), pp. 162–71

Andresen, Jensine (ed.), *Religion in Mind: Cognitive Perspectives on Religious Belief, Ritual, and Experience* (Cambridge: Cambridge University Press, 2001)

Armstrong, A.H., 'Was Plotinus a Magician?', *Phronesis* 1:1 (1955), pp. 73–79

——— (ed.), *Later Greek and Early Medieval Philosophy* (Cambridge: Cambridge University Press, 1967)

Arroyo, Stephen, *Astrology, Psychology, and the Four Elements: An Energy Approach to Astrology and Its Use in the Counseling Arts* (Davis, CA: CRCS, 1975)

Aythos, *Die Fraternitas Saturni: Eine saturn-magische Loge* (Munich: ARW, 1979)

Bain, David, 'Μελανιτις γη in the *Cyranides* and Related Texts: New Evidence for the Origins and Etymology of Alchemy', in Todd Klutz (ed.), *Magic in the Biblical World: From the Rod of Aaron to the Ring of Solomon* (Edinburgh: T&T Clark, 2003), pp. 191–213

Bainbridge, William Sims, *The Sociology of Religious Movements* (London: Routledge, 1997)

Barbault, André, *De la psychanalyse à l'Astrologie* (Paris: Seuil, 1961)

———, *From Psychoanalysis to Astrology: The Bridge Between the Soul and the Cosmos* (Munich: Hugendubel, 1991 [1961])

———, 'L'astrologia, psicologia del profondo dell'antichità', *Ricerca '90* 48 (2001), pp. 105–13

Barker, Eileen and Margit Warburg (eds.), *New Religions and New Religiosity* (Aarhus: Aarhus University Press, 1998)

Barnard, G. William, 'Diving into the Depths: Reflections on Psychology as a Religion', in Diane Jonte-Pace and William B. Parsons (eds.), *Religion and Psychology: Mapping the Terrain* (London: Routledge, 2001), pp. 297–318

Barton, Tamsyn, *Ancient Astrology* (London: Routledge, 1994)

Baumlin, James S., 'Reading/Misreading Jung: Post-Jungian Theory', *College Literature* 32:1 (2005), pp. 177–86

Beck, Roger, *Planetary Gods and Planetary Orders in the Mysteries of Mithras* (Leiden: Brill, 1988)

———, *The Religion of the Mithras Cult in the Roman Empire: Mysteries of the Unconquered Sun* (Oxford: Oxford University Press, 2006)

Becker, Ken L., *Unlikely Companions: C. G. Jung and the 'Spiritual Exercises' of Ignatius of Loyola: An Exposition and Critique Based on Jung's Lectures and Writings* (Leominster: Gracewing/Inigo, 2001)

Beebe, John, 'Can There Be a Science of the Symbolic?', in Kelly Bulkeley and Clodagh Weldon (eds.), *Teaching Jung* (Oxford: Oxford University Press, 2011), pp. 255–68

Bell, Lynn, *Cycles of Light: Exploring the Mysteries of Solar Returns* (London: CPA Press, 2005)

Bennett, Alan, *The History Boys* (London: Faber & Faber, 2004)

Benz, Ernst, *The Mystical Sources of German Romantic Philosophy*, trans. Blair R. Reynolds and Eunice M. Paul (Eugene, OR: Pickwick, 1983)

Berchman, Robert M. and John F. Finamore (eds.), *History of Platonism: Plato Redivivus* (New Orleans, LA: University Press of the South, 2005)

Bernabé, Alberto and Ana Isabel Jiménez San Cristóbal, *Instructions for the Netherworld: The Orphic Gold Tablets* (Leiden: Brill, 2008)

Bernardini, Riccardo, *Jung a Eranos* (Milan: FrancoAngeli, 2011)

Besterman, Theodore, *Crystal-Gazing* (London: Rider, 1924)

Betz, Hans Dieter, 'Hermetism and Gnosticism: The Question of the "Poimandres"', in Søren Giversen, Tage Petersen, and Podemann Sørensen, *The Nag Hammadi Texts in the History of Religions* (Copenhagen: Royal Danish Academy of Sciences and Letters, 2002), pp. 84–94

Bikerman, E., 'The Orphic Blessing', *Journal of the Warburg Institute* 2:4 (1939), pp. 370–71

Bishop, Paul, 'Thomas Mann and C.G. Jung', in Paul Bishop (ed.), *Jung in Contexts: A Reader* (London: Routledge, 1999), pp. 154–88

——, *Analytical Psychology and German Classical Aesthetics: Goethe, Schiller, and Jung* (London: Routledge, 2009)

Bishop, Paul (ed.), *Jung in Contexts: A Reader* (London: Routledge, 1999)

Black, Stephen, 'The Stephen Black Interviews', in William McGuire and R.F.C. Hull (eds.), *Jung Speaking* (Princeton, NJ: Princeton University Press, 1977)

Black, Susie, 'CAT, Jung and Neuroscience' (2011) at <www.acat.me.uk/page/acat+newsletter+4+december+2011>

Bloomfield, Morton W., *The Seven Deadly Sins* (East Lansing: Michigan State College Press, 1952)

Blumenthal, Henry J. and Robert A. Markus (eds.), *Neoplatonism and Early Christian Thought* (Farnham: Ashgate, 1981)

Bok, Bart J. and Margaret W. Mayall, 'Scientists Look at Astrology', *Scientific Monthly* 52:3 (1941), pp. 233–44

Bonazzi, Mauro and Christoph Helmig (eds.), *Platonic Stoicism, Stoic Platonism: The Dialogue Between Platonism and Stoicism in Antiquity* (Leuven: Leuven University Press, 2007)

Brain, Peter, *Galen on Bloodletting: A Study of the Origins, Development, and Validity of His Opinions, with a Translation of the Three Works* (Cambridge: Cambridge University Press, 1986)

Brainard, F. Samuel, 'Defining "Mystical Experience"', *Journal of the American Academy of Religion* 64:2 (1996), pp. 359–93

Bremmer, Jan N. and Jan R. Veenstra (eds.), *The Metamorphosis of Magic: From Late Antiquity to the Early Modern Period* (Leuven: Peeters, 2002)

Brenner, E.M., 'Gnosticism and Psychology: Jung's *Septem Sermones ad Mortuos*', *Journal of Analytical Psychology* 35 (1990), pp. 397–419

Brodie-Innes, J.W., et al., *Astrology of the Golden Dawn*, ed. Darcy Küntz (Sequim, WA: Holmes Pubishing Group, 1996)

Brooke, Roger, 'Jung in the Academy: A Response to David Tacey', *Journal of Analytical Psychology* 42:2 (1997), pp. 285–96

Budiansky, Stephen, *The Character of Cats* (London: Weidenfeld and Nicolson, 2002)

Bulkeley, Kelly and Clodagh Weldon (eds.), *Teaching Jung* (Oxford: Oxford University Press, 2011)

Burckhardt, Jacob, *The Civilization of the Renaissance in Italy: An Essay (Die Kultur der Renaissance in Italien: Ein Versuch, 1860)*, trans. Samuel George Chetwynd Middlemore (New York: Doubleday, 1878)

Burnet, John, *Early Greek Philosophy* (London: A&C Black, 1920)

Burrow, John, *A History of Histories: Epics, Chronicles, Romances and Inquiries from Herodotus and Thucydides to the Twentieth Century* (London: Penguin, 2009)

Butler, Andrew C., Jason E. Chapman, Evan M. Forman, and Aaron T. Beck, 'The Empirical Status of Cognitive-Behavioural Therapy: A Review of Meta-Analyses', *Clinical Psychology Review* 26:1 (2006), pp. 17–31

Callahan, John F., 'Greek Philosophy and the Cappadocian Cosmology', *Dumbarton Oaks Papers* 12 (1958)

Campbell, Bruce F., *Ancient Wisdom Revived: A History of the Theosophical Movement* (Berkeley: University of California Press, 1980)

Campion, Nicholas, 'Sigmund Freud's Investigation of Astrology', *Culture and Cosmos* 2:1 (1998), pp. 49–53

———, *What Do Astrologers Believe?* (London: Granta, 2006)

———, *A History of Western Astrology, Vol. 2: The Medieval and Modern Worlds* (London: Continuum, 2009)

———, *Astrology and Cosmology in the World's Religions* (New York: NYU Press, 2012)

———, *Astrology and Popular Religion in the Modern West: Prophecy, Cosmology and the New Age Movement* (Farnham: Ashgate, 2012)

———, 'Is Astrology a Symbolic Language?', in Nicholas Campion and Liz Greene (eds.), *Sky and Symbol* (Lampeter: Sophia Centre Press, 2013), pp. 9–46

Campion, Nicholas and Patrick Curry (eds.), *Sky and Psyche: The Relationship Between Cosmos and Consciousness* (Edinburgh: Floris Books, 2005)

Campion, Nicholas and Liz Greene (eds.), *Astrologies: Plurality and Diversity* (Lampeter: Sophia Centre Press, 2011)

———, *Sky and Symbol* (Lampeter: Sophia Centre Press, 2013)

Campion, Nicholas and Nick Kollerstrom (eds.), *Galileo's Astrology: Culture and Cosmos* 7:1 (2003)

Carducci, Bernardo J., *The Psychology of Personality: Viewpoints, Research, and Applications* (Chichester: John Wiley & Sons, 2009)

'Carl Jung's "Red Book": The Astrology Behind the Publication of Jung's Most Personal Work' (2009), at <http://heavenlytruth.typepad.com/heavenly-truth/2009/09/carl-jungs-red-book-the-astrology-behind-the-publication-of-jungs-most-personal-work.html>.

Casement, Ann, *Carl Gustav Jung* (London: Sage, 2001)

Chapman, Graham, John Cleese, Eric Idle, Terry Jones, Michael Palin, and Terry Gilliam, 'The All-England Summarize Proust Competition', *BBC*, 16 November 1972 as Episode 5, Season 3 of *Monty Python's Flying Circus*

Charet, F.X., *Spiritualism and the Foundations of C. G. Jung's Psychology* (Albany: SUNY Press, 1993)

Childs, Gilbert, *Rudolf Steiner: His Life and Work* (Hudson, NY: Anthroposophic Press, 1996)

Chodorow, Joan (ed.), *Jung on Active Imagination* (Princeton, NJ: Princeton University Press, 1997)

Clymer, R. Swinburne, *The Rosy Cross, Its Teachings* (Quakertown, PA: Beverly Hall, 1965)

Collins, Brendan, 'Wisdom in Jung's Answer to Job', *Biblical Theology Bulletin* 21 (1991), pp. 97–101

Cooperman, Bernard Dov (ed.), *Jewish Thought in the Sixteenth Century* (Cambridge, MA: Harvard University Press, 1983)

Corbin, Henry, *Avicenna and the Visionary Recital*, trans. Willard R. Trask (New York: Pantheon, 1960)

———, 'Mundus Imaginalis, or, the Imaginary and the Imaginal', trans. Ruth Horine, *Cahiers internationaux de symbolisme* 6 (1964), pp. 3–26

Couliano, Ioan P., 'The Angels of the Nations and the Origins of Gnostic Dualism', in Roelof van den Broek and M.J. Vermaseren (eds.), *Studies in Gnosticism and Hellenistic Religions* (Leiden: Brill, 1981), pp. 78–91

———, *Psychanodia I: A Survey of the Evidence Concerning the Ascension of the Soul and Its Relevance* (Leiden: Brill, 1983)

———, *Eros and Magic in the Renaissance*, trans. Margaret Cook (Chicago: University of Chicago Press, 1987)

Crane, Joseph, *Astrological Roots: The Hellenistic Legacy* (Bournemouth: Wessex Astrologer, 2007)

Curry, Patrick, *A Confusion of Prophets: Victorian and Edwardian Astrology* (London: Collins & Brown, 1992)

———, 'Astrology', in Kelly Boyd (ed.), *The Encyclopedia of Historians and Historican Writing* (London: Fitzroy Dearborn, 1999), pp. 55–57

———, 'The Historiography of Astrology: A Diagnosis and a Prescription', in Günther Oestmann, H. Darrel Rutkin (eds.), and Kocku von Stuckrad, *Horoscopes and Public Spheres: Essays on the History of Astrology* (Berlin: Walter de Gruyter, 2005), pp. 261–74

Curry, Patrick and Angela Voss (eds.), *Seeing with Different Eyes: Essays in Astrology and Divination* (Newcastle: Cambridge Scholars Press, 2007)

Cutner, Herbert, *Jesus: God, Man, or Myth? An Examination of the Evidence* (New York: Truth Seeker, 1950)

Dan, Joseph (ed.), *The Christian Kabbalah: Jewish Mystical Books and Their Christian Interpreters* (Cambridge, MA: Harvard University Press, 1997)

———, 'Book of Raziel', *Encyclopaedia Judaica* 13 (2007), pp. 1591–93

Daunton, Martin and Bernhard Rieger (eds.), *Meanings of Modernity: Britain from the Late-Victorian Era to World War II* (Oxford: Berg, 2001)

Davies, Charlotte Aull, *Reflexive Ethnography: A Guide to Researching Selves and Others* (London: Routledge, 1999)

Davies, Owen, *Magic: A Very Short Introduction* (Oxford: Oxford University Press, 2012)

Dawson, Terence, 'Jung, Literature, and Literary Criticism', in Polly Young-Eisendrath and Terence Dawson (eds.), *The Cambridge Companion to Jung* (Cambridge: Cambridge University Press, 1997), pp. 255–80

De Mijolla, Alain (ed.), *The International Dictionary of Psychoanalysis*, 3 volumes (Farmington Hills, MI: Cengage Gale, 2004)

Dillon, John M., *The Middle Platonists* (Ithaca, NY: Cornell University Press, 1997)

———, 'Iamblichus' Defence of Theurgy: Some Reflections', *International Journal of the Platonic Tradition* 1 (2007), pp. 30–41

Dodds, E.R., 'Theurgy and Its Relationship to Neoplatonism', *Journal of Roman Studies* 37:1–2 (1947), pp. 55–69

———, *The Greeks and the Irrational* (Berkeley: University of California Press, 1957)

———, 'The Astral Body in Neoplatonism', in Proclus, *The Elements of Theology: A Revised Text with Translation, Introduction, and Commentary*, trans. E.R. Dodds (Oxford: Clarendon Press, 1963), pp. 313–21

Dourley, John P., *The Intellectual Autobiography of a Jungian Theologian* (Lampeter: Edwin Mellen Press, 2006)

Dronke, Peter (ed.), *A History of Twelfth-Century Western Philosophy* (Cambridge: Cambridge University Press, 1992)

Durand, Gilbert, 'Exploration of the Imaginal', in Benjamin Sells (ed.), *Working with Images: The Theoretical Base of Archetypal Psychology* (Woodstock, CT: Spring, 2000), pp. 53–68.

Dykes, Benjamin N., *Traditional Astrology for Today: An Introduction* (St. Paul, MN: Cazimi Press, 2011)

Eagleton, Terry, *Literary Theory: An Introduction* (London: Blackwell, 1996)

Edighoffer, Roland, 'Rosicrucianism: From the Seventeenth to the Twentieth Century', in Antoine Faivre and Jacob Needleman (eds.), *Modern Esoteric Spirituality* (New York: Crossroad, 1992), pp. 186–209

Edinger, Edward F., *Ego and Archetype* (New York: Putnam, 1972)

Edwards, M.J., 'Gnostic Eros and Orphic Themes', *Zeitschrift für Papyrologie und Epigraphik* 88 (1991), pp. 25–40

Eliade, Mircea *The Forge and the Crucible: The Origins and Structures of Alchemy* (Chicago: University of Chicago Press, 1956)

Ellenberger, Henri F., *The Discovery of the Unconscious: The History and Evolution of Dynamic Psychiatry* (New York: Basic Books, 1970)

Evans, R.J.W. and Alexander Marr (eds.), *Curiosity and Wonder from the Renaissance to the Enlightenment* (Farnham: Ashgate, 2006)

Eysenck, Hans Jurgen and David K.B. Nias, *Astrology: Science or Superstition?* (New York: St. Martin's Press, 1982)

Faivre, Antoine and Wouter J. Hanegraaff (eds.), *Western Esotericism and the Science of Religion* (Leuven: Peeters, 1998)

Faivre, Antoine and Jacob Needleman (eds.), *Modern Esoteric Spirituality* (New York: Crossroad, 1992)

Faivre, Antoine and Karen-Clare Voss, 'Western Esotericism and the Science of Religion', *Numen* 42:1 (1995), pp. 48–77

Fanger, Clare (ed.), *Invoking Angels: Theurgic Ideas and Practices, Thirteenth to Sixteenth Centuries* (University Park: Penn State University Press, 2012)

Faracovi, Ornella Pompeo, *Gli oroscopi di Cristo* (Venice: Marsilio Editori, 1999)

Faraone, Christopher and Dirk Obbink (eds.), *Magika Hiera: Ancient Greek Magic and Religion* (Oxford: Oxford University Press, 1991)

Farnell, Kim, 'A Brief Biography of Alan Leo' (2006), at <www.skyscript.co.uk/Alan_Leo.html>

———, *Flirting with the Zodiac* (Bournemouth: Wessex Astrologer, 2007)

———, 'Seven Faces of Raphael', at <www.skyscript.co.uk/raphael.html>

———, 'That Terrible Iconoclast: A Brief Biography of Sepharial', at <www.skyscript.co.uk/sepharial.html>

Fideler, David, *Jesus Christ, Sun of God: Ancient Cosmology and Early Christian Symbolism* (Wheaton, IL: Quest Books/Theosophical Publishing House, 1993)

Fields, Stanley and Mark Johnston, *Genetic Twists of Fate* (Cambridge, MA: MIT Press, 2010)

Finamore, John F., *Iamblichus and the Theory of the Vehicle of the Soul* (Chico, CA: Scholars Press, 1994)

Flowers, Stephen E., *The Fraternitas Saturni or Brotherhood of Saturn: An Introduction to Its History Philosophy and Rituals* (Smithville, TX: Rûna-Raven Press, 2006 [1990])

Fodor, Nandor, *Freud, Jung and Occultism* (New Hyde Park, NY: University Books, 1971)

Forshaw, Peter, 'Curious Knowledge and Wonder-Working Wisdom in the Occult Works of Heinrich Khunrath', in R.J.W. Evans and Alexander Marr (eds.), *Curiosity and Wonder from the Renaissance to the Enlightenment* (Farnham: Ashgate, 2006), pp. 107–30

Foster, Mary LeCron, 'Symbolism: The Foundation of Culture', in Tim Ingold (ed.), *The Companion Encyclopedia of Anthropology* (London: Routledge, 1994), pp. 366–95

Fowden, Garth, *The Egyptian Hermes: A Historical Approach to the Late Pagan Mind* (Princeton, NJ: Princeton University Press, 1993)

Frater V.D., *Die Fraternitas Saturni heute* (Büllingen: Verlag Ralph Tegtmeier Nachf, 1994)

Gersh, Stephen, *From Iamblichus to Eriugena* (Leiden: Brill, 1978)

Gerson, Lloyd P., *The Cambridge Companion to Plotinus* (Cambridge: Cambridge University Press, 1996)

Gerson, Lloyd P. (ed.), *The Cambridge History of Philosophy in Late Antiquity*, 2 volumes (Cambridge: Cambridge University Press, 2010)

Gilbert, Robert A., *A.E. Waite: Magician of Many Parts* (Wellingborough: Crucible, 1987)

———, *The Golden Dawn Scrapbook: The Rise and Fall of a Magical Order* (Slough: Quantum, 1997)

Giversen, Søren, Tage Petersen, and Podemann Sørensen (eds.), *The Nag Hammadi Texts in the History of Religions* (Copenhagen: Royal Danish Academy of Sciences and Letters, 2002), pp. 84–94

Godwin, Joscelyn, *The Theosophical Enlightenment* (Albany: SUNY Press, 1994)

Gombrich, Ernst H., 'Icones Symbolicae: The Visual Image in Neo-Platonic Thjought', *Journal of the Warburg and Courtauld Institutes* 11 (1948), pp. 163–92

Goodman, Lenn E. (ed.), *Neoplatonism and Jewish Thought* (Albany: SUNY Press, 1992)

Goodrick-Clarke, Clare and Nicholas Goodrick-Clarke, *G.R.S. Mead and the Gnostic Quest* (Berkeley, CA: North Atlantic Books, 2005)

Goodrick-Clarke, Nicholas, *The Occult Roots of Nazism* (London: Tauris Parke, 2004)

Graf-Nold, Angela, 'C.G. Jung's Position at the Swiss Federal Institute of Technology Zürich', *Jung History* 2:2, at <www.philemonfoundation.org/resources/jung_history/volume_2_issue_2>

Greenbaum, Dorian Gieseler, *Temperament: Astrology's Forgotten Key* (Bournemouth: Wessex Astrologer, 2005)

———, 'Allotment and Fate: Lots in Ancient Astrology', *Astrological Journal* 56:2 (2014), pp. 27–31

———, *The Daimon in Hellenistic Astrology: Origins and Influence* (Leiden: Brill, 2015)

Greene Liz, 'Is Astrology a Divinatory System?', *Culture and Cosmos* 12:1 (2008), pp. 3–30

———, 'Signs, Signatures, and Symbols: The Language of Heaven', in Nicholas Campion and Liz Greene (eds.), *Astrologies: Plurality and Diversity* (Lampeter: Sophia Centre Press, 2011), pp. 17–46

———, *Magi and Maggidim: The Kabbalah in British Occultism, 1860–1940* (Lampeter: Sophia Centre Press, 2012)

———, *The Astrological World of Jung's 'Liber Novus': Daimons, Gods, and the Planetary Journey* (London: Routledge, 2017)

Gurdjieff, G.I., *Meetings With Remarkable Men* (London: E.P. Dutton, 1964)

Guthrie, W.K.C., *Orpheus and Greek Religion* (Princeton, NJ: Princeton University Press, 1952)

Hair, book and lyrics by James Rado and Gerome Ragni, music by Galt MacDermot (1967)

Hakfoort, Casper, 'Science Deified: Wilhelm Osstwald's Energeticist World-View and the History of Scientism', *Annals of Science* 49:6 (1992), pp. 525–44

Hakl, Hans Thomas, *Eranos: An Alternative Intellectual History of the Twentieth Century*, trans. Christopher McIntosh (Montreal: McGill-Queens University Press, 2013)

Halbertal, Moshe, *Concealment and Revelation: Esotericism in Jewish Thought and Its Philosophical Implications* (Princeton, NJ: Princeton University Press, 2007)

Hammer, Olav, *Claiming Knowledge: Strategies of Epistemology from Theosophy to the New Age* (Leiden: Brill, 2004)

Hanegraaff, Wouter J., *New Age Religion and Western Culture: Esotericism in the Mirror of Secular Thought* (Leiden: Brill, 1996)

———, 'Introduction: The Birth of a Discipline', in Antoine Faivre and Wouter J. Hanegraaff (eds.), *Western Esotericism and the Science of Religion* (Leuven: Peeters, 1998), pp. vii–xvii

———, 'Romanticism and the Esoteric Connection', in Roelof van den Broek and Wouter J. Hanegraaff (eds.), *Gnosis and Hermeticism: From Antiquity to Modern Times* (Albany: SUNY Press, 1998), pp. 237–68

———, 'How Magic Survived the Disenchantment of the World', *Religion* 33 (2003), pp. 357–80

———, *Esotericism and the Academy: Rejected Knowledge in Western Culture* (Cambridge: Cambridge University Press, 2012)

Hart, Susan, *Brain, Attachment, Personality: An Introduction to Neuroaffective Development* (London: Karnac, 2008)

Haule, John Ryan, 'Freud and Jung: A Failure of Eros', *Harvest* 39 (1993), pp. 147–58

———, 'Personal Secrets, Ethical Questions', in Diane Jonte-Pace and William B. Parsons (eds.), *Religion and Psychology: Mapping the Terrain* (London: Routledge, 2001), pp. 151–67

Hayes, Lynn, 'The Astrology of Carl Jung and His Red Book' (2009), at <www.beliefnet.com/columnists/astrologicalmusings/2009/09/carl-jung-and-the-astrology-of.html>

Heelas, Paul, *The New Age Movement: The Celebration of the Self and the Sacralization of Modernity* (Oxford: Blackwell, 1996)

Hegedus, Tim, 'Necessity and Free Will in the Thought of Bardaisan of Edessa', *Laval théologique et philosophique* 69:2 (2003), pp. 333–44

Helleman, Wendy Elgersma, 'Plotinus and Magic', *International Journal of the Platonic Tradition* 4 (2010), pp. 114–46

Henderson, James L., *A Bridge Across Time: The Role of Myths in History* (London: Turnstone, 1975)

Hillman, James, *Loose Ends: Primary Papers in Archetypal Psychology* (Zürich: Spring, 1975)

———, 'Plotino, Ficino, and Vico as Precursors of Archetypal Psychology', in James Hillman, *Loose Ends: Primary Papers in Archetypal Psychology* (Zürich: Spring, 1975), pp. 146–69

———, 'Some Early Background to Jung's Ideas: Notes on C.G. Jung's Medium by Stephanie Zumstein-Preiswerk', *Spring* (1976), pp. 123–36

———, 'Jung's Daimonic Inheritance', *Sphinx* 1 (1988), pp. 9–19

———, *The Soul's Code: In Search of Character and Calling* (London: Bantam, 1996)

———, 'Heaven Retains in Its Sphere Half of All Bodies and Maladies', paper given at 'Cycles and Symbols III: The Return of Soul to the Cosmos' Conference, Isis Institute, San Francisco, CA, February 1997, at <www.springpub.com/astro.htm>

———, 'The Azure Vault: The Caelum as Experience', in Nicholas Campion and Patrick Curry (eds.), *Sky and Psyche: The Relationship Between Cosmos and Consciousness* (Edinburgh: Floris Books, 2006), pp. 37–58

Hillman, James and Sonu Shamdasani, *Lament of the Dead: Psychology After Jung's Red Book* (New York: W.W. Norton, 2013)

Hodges, Horace Jeffery, 'Gnostic Liberation from Astrological Determinism: Hipparchan "Trepidation" and the Breaking of Fate', *Vigiliae Christianae* 51:4 (1997), pp. 359–73

Hoeller, Stephan A., *The Gnostic Jung and the Seven Sermons to the Dead* (Wheaton, IL: Theosophical Publishing House, 1982)

———, *Gnosticism: New Light on the Ancient Tradition of Inner Knowing* (Wheaton, IL: Theosophical Publishing Society, 1982)

———, 'C.G. Jung and the Alchemical Revival', *Gnosis* 8 (1988), pp. 34–39

Hoffman, Leon, 'Varieties of Psychoanalytic Experience: Review of *The Red Book*', *Journal of the American Psychoanalytic Association* 58 (2010), pp. 781–85

Holden, James H., *A History of Horoscopic Astrology* (Tempe, AZ: American Federation of Astrologers, 1996)

———, 'Early Horoscopes of Jesus', *American Federation of Astrologers Journal of Research* 12:1 (2001)

Hone, Margaret, *The Modern Textbook of Astrology* (London: L.N. Fowler, 1950)

Hood, Ralph W., Jr., 'The Construction and Preliminary Validation of a Measure of Reported Mystical Experience', *Journal for the Scientific Study of Religion* 14 (1975), pp. 29–41

Horowitz, Asher and Terry Maley (eds.), *The Barbarism of Reason: Max Weber and the Twilight of Enlightenment* (Toronto: University of Toronto Press, 1994)

Horowitz, Maryanne Cline (ed.), *New Dictionary of the History of Ideas*, 6 volumes (Detroit, MI: Charles Scribner's Sons, 2005)

Horton, Scott, 'Inside Jung's *Red Book*: Six Questions for Sonu Shamdasani', *Harper's Magazine*, 12 July 2014, at <http://harpers.org/blog/2009/10/inside-jungs-_red-book_-six-questions-for-sonu-shamdasani/>

Howe, Ellic, *Urania's Children: The Strange World of the Astrologers* (London: William Kimber, 1967)

Hubbs, V.C., 'German Romanticism and C.G. Jung: Selective Affinities', *Journal of Evolutionary Psychology* 4:1–2 (1983), pp. 4–24

Hughes, Aaron, 'The Three Worlds of ibn Ezra's Hay ben Meqitz', *Journal of Jewish Thought and Philosophy* 11:1 (2002), pp. 1–24

Huskinson, Lucy, *Nietzsche and Jung: The Whole Self in the Union of Opposites* (London: Routledge, 2004)

Idel, Moshe, 'The Magical and Neoplatonic Interpretations of the Kabbalah in the Renaissance', in Bernard Dov Cooperman (ed.), *Jewish Thought in the Sixteenth Century* (Cambridge, MA: Harvard University Press, 1983), pp. 186–242

Iribarren, Isabel and Martin Lenz (eds.), *Angels in Medieval Philosophical Inquiry* (Aldershot: Ashgate, 2008)

Jansen, Diana Baynes, *Jung's Apprentice: A Biography of Helton Godwin Baynes* (Einsiedeln, Switzerland: Daimon Verlag, 2003)

Jensen, Ferne (ed.), *C.G. Jung, Emma Jung, and Toni Wolff: A Collection of Remembrances* (San Francisco, CA: Analytical Psychology Club of San Francisco, 1982)

Johnston, Sarah Iles, 'Introduction: Divining Divination', in Sarah Iles Johnston and Peter T. Struck (eds.), *Mantikê: Studies in Ancient Divination* (Leiden: Brill, 2005), pp. 1–28

Johnston, Sarah Iles and Peter T. Struck (eds.), *Mantikê: Studies in Ancient Divination* (Leiden: Brill, 2005)

Jonas, Hans, *The Gnostic Religion: The Message of the Alien God and the Beginnings of Christianity* (Boston, MA: Beacon Press, 1958)

Jonte-Pace, Diane and William B. Parsons (eds.), *Religion and Psychology: Mapping the Terrain* (London: Routledge, 2001)

Kassenbrock, Brian W., *Novalis and the Two Cultures: The Chiasmic Discourse of Mathematics, Philosophy, and Poetics* (unpublished PhD dissertation, Department of Germanic Languages and Literatures, New York University, 2009)

Katz, David S., *The Occult Tradition: From the Renaissance to the Present Day* (London: Jonathan Cape, 2005)

Katz, Steven T. (ed.), *Mysticism and Language* (Oxford: Oxford University Press, 1992)

Kaylo, Janet, 'Imagination and the Mundus Imaginalis', *Spring* 77 (2007), pp. 107–24

Kilcher, Andreas, 'The Moses of Sinai and the Moses of Egypt: Moses as Magician in Jewish Literature and Western Esotericism', *Aries* 4:2 (2004), pp. 148–70

Kim, J.C. and S.M. Dumecki, 'Genetic Fate-Mapping Approaches: New Means to Explore the Embryonic Origins of the Cochlear Nucleus', *Methods in Molecular Biology* 493 (2009), pp. 65–85

Kingsley, Peter, 'Poimandres: The Etymology of the Name and the Origins of the Hermetica', *Journal of the Warburg and Courtauld Institutes* 56 (1993), pp. 1–24

———, *Ancient Philosophy, Mystery, and Magic: Empedocles and Pythagorean Tradition* (Oxford: Clarendon Press, 1995)

Kirsch, Thomas B., *The Jungians: A Comparative and Historical Perspective* (London: Routledge, 2012)

Kline, Rangar, *Ancient Angels: Conceptualizing Angeloi in the Roman Empire* (Leiden: Brill, 2011)

Klutz, Todd (ed.), *Magic in the Biblical World: From the Rod of Aaron to the Ring of Solomon* (Edinburgh: T&T Clark, 2003)

Knapp, Bettina L., *A Jungian Approach to Literature* (Carbondale: Southern Illinois University Press, 1984)

Koenig, Peter-Robert, 'Did You Know Oscar R. Schlag?', at <www.parareligion.ch/sunrise/schlag1.htm>

Kontos, Alkis, 'The World Disenchanted, and the Return of Gods and Demons', in Asher Horowitz and Terry Maley (eds.), *The Barbarism of Reason: Max Weber and the Twilight of Enlightenment* (Toronto: University of Toronto Press, 1994), pp. 223–47

Kotansky, Roy, 'Incantations and Prayers for Salvation on Inscribed Greek Amulets', in Christopher A. Faraone and Dirk Obbink (eds.), *Magika Hiera: Ancient Greek Magic and Religion* (Oxford: Oxford University Press, 1991), pp. 114–16

Kugelman, Robert, 'Review of *The Red Book*', *Journal of the History of the Behavioral Sciences* 47:1 (2011), pp. 101–4

Kuhn, Thomas, *The Structure of Scientific Revolutions* (Chicago: University of Chicago Press, 1962)

Laks, André and Glenn W. Most (eds.), *Studies on the Derveni Papyrus* (Oxford: Oxford University Press, 2001)

Lehman, J. Lee, *Classical Solar Returns* (Atglen, PA: Schiffer, 2012)

Lehrich, Christopher, *The Occult Mind: Magic in Theory and Practice* (Ithaca, NY: Cornell University Press, 2007)

Lesses, Rebecca Macy, 'Speaking with Angels: Jewish and Greco-Egyptian Revelatory Adjurations', *Harvard Theological Review* 89:1 (1996), pp. 41–60

——— *Ritual Practices to Gain Power: Angels, Incantations, and Revelation in Early Jewish Mysticism* (Harrisburg, PA: Trinity Press, 1998)

Lewin, Nicholas, *Jung on War, Politics and Nazi Germany: Exploring the Theory of Archetypes and the Collective Unconscious* (London: Karnac Books, 2009)

Lewis, H. Spencer, *Rosicrucian Questions and Answers with Complete Answers* (San Jose, CA: Supreme Grand Lodge of AMORC, 1969)

Lewis, James R., *The Astrology Book: The Encyclopedia of Heavenly Influences* (Canton, MI: Visible Ink Press, 2003)

Lewis, Nicola Denzey, *Cosmology and Fate in Gnosticism and Graeco-Roman Antiquity* (Leiden: Brill, 2013)

Linden, Stanton J. (ed.), *The Alchemy Reader: From Hermes Trismegistus to Isaac Newton* (Cambridge: Cambridge University Press, 2003)

Long, A.A., *From Epicurus to Epictetus: Studies in Hellenistic and Roman Philosophy* (Oxford: Oxford University Press, 2006)

Long, A.A. and D.N. Sedley, *The Hellenistic Philosophers*, Vol. 1: *Translation of the Principle Sources with Philosophical Commentary* (Cambridge: Cambridge University Press, 1987)

Louth, Andrew, *The Origins of the Christian Mystical Tradition: From Plato to Denys* (Oxford: Oxford University Press, 1983)

Luck, Georg, *Arcana Mundi: Magic and the Occult in the Greek and Roman Worlds* (Baltimore, MD: Johns Hopkins University Press, 1985)

MacIntyre, Alasdair, 'Is Understanding Religion Compatible With Believing?', in Russell T. McCutcheon (ed.), *The Insider/Outsider Problem in the Study of Religion: A Reader* (London: Cassell, 1999), pp. 37–49

MacLennan, Bruce J., 'Evolution, Jung, and Theurgy: Their Role in Modern Neoplatonism', in Robert M. Berchman and John F. Finamore (eds.), *History of Platonism: Plato Redivivus* (New Orleans, LA: University Press of the South, 2005), pp. 305–22

Main, Roderick, *The Rupture of Time: Synchronicity and Jung's Critique of Modern Western Culture* (Hove: Brunner-Routledge, 2004)

———, 'New Age Thinking in the Light of C.G. Jung's Theory of Synchronicity', *Journal of Alternative Spiritualities and New Age Studies* 2 (2006), pp. 8–25

——— (ed.), *Jung, Synchronicity, and the Paranormal* (London: Routledge, 1997)

Marjanen, Antii and Petri Luomanen (eds.), *A Companion to Second-Century Christian 'Heretics'* (Leiden: Brill, 2008)

Martindale, Philippa, '"Against All Hushing Up and Stamping Down": The Medico-Psychological Clinic of London and the Novelist May Sinclair', *Psychoanalysis and History* 6:2 (2004), pp. 177–200

Maslow, Abraham, *Toward a Psychology of Being* (London: John Wiley & Sons, 1968)

Mayo, Jeff, *Astrology: A Key to Personality* (London: Teach Yourself Books, 1964)

Mazur, Zeke, '*Unio Magica*, Part I: On the Magical Origins of Plotinus' Mysticism', *Dionysius* 21 (2003), pp. 23–52

———, '*Unio Magica*, Part II: Plotinus, Theurgy, and the Question of Ritual', *Dionysius* 22 (2004), pp. 29–56

McCutcheon, Russell T. (ed.), *The Insider/Outsider Problem in the Study of Religion: A Reader* (London: Cassell, 1999)

McGillion, Frank, '"The Influence of Wilhelm Fliess" Cosmology on Sigmund Freud', *Culture and Cosmos* 2:1 (1998), pp. 33–48

McGuire, William and R.F.C. Hull (eds.), *C.G. Jung Speaking: Interviews and Encounters* (Princeton, NJ: Princeton University Press, 1977)

McIntosh, Christopher, *The Rosicrucians: The History, Mythology, and Rituals of an Esoteric Order* (York Beach, ME: Weiserbooks, 1998)

Merkur, Dan, *Gnosis: An Esoteric Tradition of Mystical Visions and Unions* (Albany: SUNY Press, 1993)

———, *Mystical Moments and Unitive Thinking* (Albany: SUNY Press, 1999)

———, 'Stages of Ascension in Hermetic Rebirth', *Esoterica* 1 (1999), pp. 79–96

———, *Crucified with Christ: Meditation on the Passion, Mystical Death, and the Medieval Invention of Psychotherapy* (Albany: SUNY Press, 2007)

Merlan, Philip, 'Plotinus and Magic', *Isis* 44:4 (1953), pp. 341–48

Miller, David L., 'Misprision: Pitfalls in Teaching Jung in a University Religious Studies Department', in Kelly Bulkeley and Clodagh Weldon (eds.), *Teaching Jung* (Oxford: Oxford University Press, 2011), pp. 29–50

Mulacz, W.P., 'Oscar R. Schlag', *Journal of the Society for Psychical Research* 60 (1995), pp. 263–67

Murray, Gilbert, *Four Stages of Greek Religion* (Oxford: Oxford University Press, 1912)

Myers, Isabel Briggs, *An Introduction to Type: A Guide to Understanding Your Results on the Myers-Briggs Type Indicator* (Oxford: Oxford Psychologists Press, 2000 [1990])

Neugebauer, Otto E., 'The Study of Wretched Subjects', *Isis* 42:2 (1951), p. 111

Neumann, Erich, *The Origins and History of Consciousness* (Princeton, NJ: Princeton University Press, 1954)

———, *The Great Mother* (Princeton, NJ: Princeton University Press, 1955)

Noll, Richard, *The Jung Cult: Origins of a Charismatic Movement* (Princeton, NJ: Princeton University Press, 1994)

———, 'Jung the *Leontocephalus*', in Paul Bishop (ed.), *Jung in Contexts: A Reader* (London: Routledge, 1999), pp. 51–91

North, John D., *Stars, Mind, and Fate: Essays in Ancient and Medieval Cosmology* (London: Continuum, 1989)

Oestmann, Günther and H. Darrel Rutkin (eds.), and Kocku von Stuckrad, *Horoscopes and Public Spheres: Essays on the History of Astrology* (Berlin: Walter de Gruyter, 2005)

Olyan, Saul M., *A Thousand Thousands Served Him: Exegesis and the Naming of Angels in Ancient Judaism* (Tübingen: Mohr Siebeck, 1993)

Ouspensky, P.D., *In Search of the Miraculous* (New York: Harcourt, Brace, 1949)

Owen, Alex, 'Occultism and the "Modern Self" in Fin-de-Siècle Britain', in Martin Daunton and Bernhard Rieger (eds.), *Meanings of Modernity: Britain from the Late-Victorian Era to World War II* (Oxford: Berg, 2001), pp. 71–96

———, *The Place of Enchantment: British Occultism and the Culture of the Modern* (Chicago: University of Chicago Press, 2004)

Owens, Lance S., 'Jung and Aion: Time, Vision, and a Wayfaring Man', *Psychological Perspectives: A Quarterly Journal of Jungian Thought* 54:3 (2011), pp. 253–89

Page, Sophie, 'Uplifting Souls: The *Liber de essentia spirituum* and the *Liber Razielis*', in Claire Fanger (ed.), *Invoking Angels: Theurgic Ideas and Practices, Thirteenth to Sixteenth Centuries* (University Park: Penn State University Press, 2012), pp. 79–112

Panofsky, Erwin, *Renaissance and Renascences in Western Art*, 2 volumes (Stockholm: Almqvist & Wiksell, 1960)

Patai, Raphael, *The Jewish Alchemists: A History and Sourcebook* (Princeton, NJ: Princeton University Press, 1995)

Pavlov, Ivan Petrovich, *Conditioned Reflexes: An Investigation of the Physiological Activity of the Cerebral Cortex*, trans. G.V. Anrep (Oxford: Oxford University Press, 1927)

Pearson, Birger A., *Gnosticism, Judaism, and Egyptian Christianity* (Minneapolis, MN: Fortress Press, 1980)

———, 'Jewish Elements in *Corpus Hermeticum* I (*Poimandres*)', in Roelof van den Broek and Cis van Heertum (eds.), *From Poimandres to Jacob Böhme: Hermetism, Gnosis and the Christian Tradition* (Leiden: Brill, 2000), pp. 336–48

———, 'Basilides the Gnostic', in Antii Marjanen and Petri Luomanen (eds.), *A Companion to Second-Century Christian 'Heretics'* (Leiden: Brill, 2008), pp. 1–31

Peck, M. Scott, *The Road Less Travelled: A New Psychology of Love, Traditional Values, and Spiritual Growth* (London: Hutchinson, 1983)

———, *People of the Lie: The Hope for Healing Human Evil* (London: Rider, 1988)

Peterson, Gregory R., 'Demarcation and the Scientistic Fallacy', *Zygon* 38:4 (2003), pp. 751–61

Pittinger, David J., 'Measuring the MBTI . . . And Coming Up Short', *Journal of Career Planning and Employment* 54:1 (1993), pp. 48–52

Platt, Hilary, 'Fighting for Professional Survival', *Psychotherapist* 48 (2011), pp. 29–32

Popovic, Mladen, *Reading the Human Body: Physiognomics and Astrology in the Dead Sea Scolls and Hellenistic-Early Roman Period Judaism* (Leiden: Brill, 2007)

Primiano, Leonard Norman, 'Vernacular Religion and the Search for Method in Religious Folklife', *Western Folklore* 54:1 (1995), pp. 37–56

Progoff, Ira, *The Symbolic and the Real: A New Psychological Approach to the Fuller Experience of Personal Existence* (New York: McGraw-Hill, 1973)

Quispel, Gilles, *Gnosis als Weltreligion: Die Bedeutung der Gnosis in der Antike* (Zürich: Origo Verlag, 1951)

———, *Gnostica, Judaica, Catholica: Collected Essays of Gilles Quispel*, ed. Johannes van Oort (Leiden: Brill, 2008)

Raff, Jeffrey, *Jung and the Alchemical Imagination* (York Beach, ME: Nicolas-Hays, 2000)

Raine, Kathleen, *Yeats, the Tarot, and the Golden Dawn* (Dublin: Dolmen Press, 1972)

Raitt, Suzanne, 'Early British Psychoanalysis and the Medico-Psychological Clinic', *History Workshop Journal* 58 (2004), pp. 63–85

Raman, B.V., *How to Judge a Horoscope*, 2 volumes (Columbia, MO: South Asia Books, 2000)

Reichert, Carl-Ludwig, 'Oskar Adolf Hermann Schmitz', in *New German Biography*, Vol. 23 (Berlin: Duncker and Humblot, 2007), pp. 254–55

Riffard, Pierre, *L'esoterisme* (Paris: Laffont, 1990)

Rist, John M., *The Stoics* (Berkeley: University of California Press, 1978)

———, 'Plotinus and Christian Philosophy', in Lloyd P. Gerson (ed.), *The Cambridge Companion to Plotinus* (Cambridge: Cambridge University Press, 1996), pp. 386–413

Robinson, James McConkey and Richard Smith (eds.), *The Nag Hammadi Library in English* (Leiden: Brill, 1977)

Roling, Bernd, 'The Complete Nature of Christ: Sources and Structures of a Christological Theurgy in the Works of Johannes Reuchlin', in Jan N. Bremmer and Jan R. Veenstra (eds.), *The Metamorphosis of Magic: From Late Antiquity to the Early Modern Period* (Leuven: Peeters, 2002), pp. 231–66

Rosenmeyer, Thomas G., *Senecan Drama and Stoic Cosmology* (Berkeley: University of California Press, 1989)

Rudolph, Kurt, *Gnosis: The Nature and History of Gnosticism*, trans. P.W. Coxon, K.H. Kuhn, and R. McL. Wilson (Edinburgh: T&T Clark, 1984)

Rümke, A.C. and Sarah de Rijcke, *Rebekka Aleida Beigel (1886–1943): Een Vrouw in de Psychologie* (Eelde: Barkhuism, 2006)

Ruperti, Alexander, 'Dane Rudhyar: A Seed-Man for the New Era', *Astrological Journal* 32:2 (1986), p. 57

Russell, D.A., 'Some Texts Similar to *De genio*', in Plutarch, *On the Daimonion of Socrates: Human Liberation, Divine Guidance and Philosophy*, ed. Heinz-Günther Nesselrath, trans. Donald Russell, George Cawkwell, Werner Deuse, John Dillon, Heinz-Günther Nesselrath, Robert Parker, Christopher Pelling, and Stephan Schröder (Tübingen: Mohr Siebeck, 2010), pp. 201–6

Samuel, Geoffrey and Jay Johnston (eds.), *Religion and the Subtle Body in Asia and the West* (London: Routledge, 2013)

Samuels, Andrew, *Jung and the Post-Jungians* (London: Routledge & Kegan Paul, 1985)

Sandbach, F.H., *The Stoics* (London: Duckworth, 1975)

Saunders, Barbara R., *Ivan Pavlov: Exploring the Mysteries of Behavior* (Berkeley Heights, NJ: Enslow, 2006)

Schäfer, Peter, 'Jewish Magic Literature in Late Antiquity and the Early Middle Ages', *Journal of Jewish Studies* 41:1 (1990), pp. 75–91

Scharfstein, Ben-Ami, *The Roots of Bergson's Philosophy* (New York: Columbia University Press, 1943)

Schaverien, Joy, *The Revealing Image: Analytical Art Psychotherapy in Theory and Practice* (London: Jessica Kingsley, 2009)

Schmidt, Bettina E. and Lucy Huskinson (eds.), *Spirit Possession and Trance: New Interdisciplinary Perspectives* (London: Continuum, 2010)

Scholem, Gershom, *Jewish Gnosticism, Merkabah Mysticism, and Talmudic Tradition* (New York: Jewish Theological Seminary, 1970)

———, *Kabbalah: A Definitive History of the Evolution, Ideas, Leading Figures and Extraordinary Influence of Jewish Mysticism* (New York: Meridian, 1978)

———, 'The Concept of Kavvanah in Early Kabbalah', in Alfred Jospe (ed.), *Studies in Jewish Thought: An Anthology of German Jewish Scholarship* (Detroit, MI: Wayne State University Press, 1981), pp. 162–80

———, *On the Mystical Shape of the Godhead: Basic Concepts in the Kabbalah*, trans. Joachim Neugroschel (New York: Schocken Books, 1991)

———, *Alchemy and Kabbalah*, trans. Klaus Ottman (Dallas: Spring, 2006)

Scrimali, Tullio, *Neuroscience-Based Cognitive Therapy: New Methods for Assessment, Treatment and Self-Regulation* (London: John Wiley & Sons, 2012)

Secret, François, 'Sur quelques traductions du Sefer Raziel', *Revue des Études Juives* 128 (1969), pp. 223–45

Segal, Alan F., 'Heavenly Ascent in Hellenistic Judaism, Early Christianity and Their Environment', in *Aufstieg und Niedergang der römischen Welt* (*ANRW*), Vol. 2, ed. W. Haase (Berlin: De Gruyter, 1980), pp. 1333–94

———, *Life After Death: A History of the Afterlife in Western Religion* (New York: Doubleday, 2012)

Segal, Robert A., 'Jung's Very Twentieth-Century View of Myth', *Journal of Analytical Psychology* 48:5 (2003), pp. 593–617

———, 'Jung as Psychologist of Religion and Jung as Philosopher of Religion', *Journal of Analytical Psychology* 55:3 (2010), pp. 361–84

——— (ed.), *The Gnostic Jung, Including 'Seven Sermons to the Dead'* (Princeton, NJ: Princeton University Press, 1992)

Sellars, John, *Stoicism* (Berkeley: University of California Press, 2006)

Sells, Benjamin (ed.), *Working with Images: The Theoretical Base of Archetypal Psychology* (Woodstock, CT: Spring, 2000)

Serrano, Miguel, *C. G. Jung and Hermann Hesse: A Record of Two Friendships* (Einsiedeln, Switzerland: Daimon Verlag, 1998)

Seznec, Jean, *The Survival of the Pagan Gods: The Mythological Tradition and Its Place in Renaissance Humanism and Art*, trans. Barbara F. Sessions (New York: Pantheon, 1953)

Shalit, Erel, *The Complex: Path of Transformation from Archetype to Ego* (Toronto: Inner City Books, 2002)

Shamdasani, Sonu, *Cult Fictions: C. G. Jung and the Founding of Analytical Psychology* (London: Routledge, 1998)

———, 'Memories, Dreams, Omissions', in Paul Bishop (ed.), *Jung in Contexts: A Reader* (London: Routledge, 1999), pp. 33–50

———, *Jung and the Making of Modern Psychology: The Dream of a Science* (Cambridge: Cambridge University Press, 2003)

———, *C.G. Jung: A Biography in Books* (New York: W.W. Norton, 2012)

Shamdasani, Sonu (ed.), *Jung contra Freud: The 1912 New York Lectures on the Theory of Psychoanalysis* (Princeton, NJ: Princeton University Press, 2011)

Shaw, Gregory, 'Theurgy: Rituals of Unification in the Neoplatonism of Iamblichus', *Traditio* 41 (1985), pp. 1–28

———, *Theurgy and the Soul: The Neoplatonism of Iamblichus* (University Park: Penn State University Press, 1995)

———, 'Neoplatonic Theurgy and Dionysius the Areopagate', *Journal of Early Christian Studies* 7:4 (1999), pp. 573–99

———, 'The Talisman: Magic and True Philosophers', in Angela Voss and Jean Hinson Lall (eds.), *The Imaginal Cosmos: Astrology, Divination and the Sacred* (Canterbury: University of Kent, 2007), pp. 25–34

Sheldon-Williams, I.P., 'The Greek Christian Platonist Tradition from the Cappadocians to Maximus and Eriugena', in A.H. Armstrong (ed.), *Later Greek and Early Medieval Philosophy* (Cambridge: Cambridge University Press, 1967), pp. 421–534

Sherry, Jay, *A Pictorial Guide to The Red Book* (Archive for Research in Archetypal Symbolism, ARAS Connections, 2010), at <https://aras.org/sites/default/files/docs/00033Sherry.pdf>

Silverstone, Liesel, *Art Therapy Exercises: Inspirational and Practical Ideas to Stimulate the Imagination* (London: Jessica Kingsley, 2009)

Singer, Thomas and Samuel L. Kimbles (eds.), *The Cultural Complex: Contemporary Jungian Perspectives on Psyche and Society* (London: Routledge, 2004)

Smart, Ninian, *The Science of Religion and the Sociology of Knowledge* (Princeton, NJ: Princeton University Press, 1973)

Smythe, William E. and Angelina Baydala, 'The Hermeneutic Background of C.G. Jung', *Journal of Analytical Psychology* 57 (2012), pp. 57–75

Solovyoff, Vsevolod Sergyeevich, *A Modern Priestess of Isis* (London: Longmans, Green, 1895)

Sperber, Dan, *Rethinking Symbolism*, trans. Alice L. Morton (Cambridge: Cambridge University Press, 1974)

Struck, Peter T., *Birth of the Symbol: Ancient Readers at the Limits of Their Texts* (Princeton, NJ: Princeton University Press, 2004)

———, 'A World Full of Signs: Understanding Divination in Ancient Stoicism', in Patrick Curry and Angela Voss (eds.), *Seeing with Different Eyes: Essays in Astrology and Divination* (Newcastle: Cambridge Scholars, 2007), pp. 3–20

Sulloway, Frank J., *Freud, Biologist of the Mind: Beyond the Psychoanalytic Legend* (Cambridge, MA: Harvard University Press, 1992)

Swan, Wendy, 'C.G. Jung's Psychotherapeutic Technique of Active Imagination in Historical Context', *Psychoanalysis and History* 10:2 (2008), pp. 185–204

Swanson, R.N., *The 12th-Century Renaissance* (Manchester: Manchester University Press, 1999)

Swatos, William H. and Daniel V.A. Olson (eds.), *The Secularization Debate* (New York: Rowman & Littlefield, 2000)

Tacey, David John, *Jung and the New Age* (Hove: Brunner-Routledge, 2001)

———, 'The Challenge of Teaching Jung in the University', in Kelly Bulkeley and Clodagh Weldon (eds.), *Teaching Jung* (Oxford: Oxford University Press, 2011), pp. 13–27

Taylor, Anne, *Annie Besant: A Biography* (Oxford: Oxford University Press, 1991)

Thomas, Keith, *Religion and the Decline of Magic* (London: Weidenfeld & Nicolson, 1971)
Thompson, Michael, *Roots and Role of Imagination in Kant: Imagination at the Core* (unpublished PhD dissertation, University of South Florida, 2009)
Thrower, James, *Religion: The Classical Theories* (Edinburgh: Edinburgh University Press, 1999)
Torijano, Pablo A., *Solomon the Esoteric King: From King to Magus, Development of a Tradition* (Leiden: Brill, 2002)
Tsantsanoglou, K., 'The First Columns of the Derveni Papyrus and Their Religious Significance', in André Laks and Glenn W. Most (eds.), *Studies on the Derveni Papyrus* (Oxford: Oxford University Press, 2001), pp. 93–128
Ulansey, David, *The Origins of the Mithraic Mysteries: Cosmology and Salvation in the Ancient World* (Oxford: Oxford University Press, 1991)
Ulinov, Ann Bedford, 'Teaching Jung in a Theological Seminary', in Diane Jonte-Pace and William B. Parsons (eds.), *Religion and Psychology: Mapping the Terrain* (London: Routledge, 2001), pp. 51–59
Vallée, Gérard, *A Study in Anti-Gnostic Polemics: Irenaeus, Hippolytus, and Epiphanius* (Waterloo, ON: Wilfrid Laurier University Press, 1981)
Van den Broek, Roelof, 'The Creation of Adam's Psychic Body in the *Apocryphon of John*', in Roelof van den Broek and M.J. Vermaseren (eds.), *Studies in Gnosticism and Hellenistic Religions* (Leiden: Brill, 1981), pp. 38–57
———, *Studies in Gnosticism and Alexandrian Christianity* (Leiden: Brill, 1996)
———, *Gnostic Religion in Antiquity* (Cambridge: Cambridge University Press, 2013)
Van den Broek, Roelof and Wouter J. Hanegraaff (eds.), *Gnosis and Hermeticism: From Antiquity to Modern Times* (Albany: SUNY Press, 1998)
Van den Broek, Roelof and Cis van Heertum (eds.), *From Poimandres to Jacob Böhme: Hermetism, Gnosis and the Christian Tradition* (Leiden: Brill, 2000)
Van den Broek, Roelof and M.J. Vermaseren (eds.), *Studies in Gnosticism and Hellenistic Religions* (Leiden: Brill, 1981)
Van Oort, Johannes, 'Manichaeism: Its Sources and Influences on Western Christianity', in Roelof van den Broek and Wouter J. Hanegraaff (eds.), *Gnosis and Hermeticism: From Antiquity to Modern Times* (Albany: SUNY Press, 1997), pp. 37–51
Von Franz, Marie-Louise, *Alchemical Active Imagination* (Irving, TX: Spring, 1979)
———, 'On Active Imagination', in Ian Baker (ed.), *The Methods of Treatment in Analytical Psychology* (Fellbach: Verlag Adolf Bonz, 1980), pp. 88–99
Voss, Angela and Jean Hinson Lall (eds.), *The Imaginal Cosmos: Astrology, Divination and the Sacred* (Canterbury: University of Kent, 2007)
Walker, D.P., 'The Astral Body in Renaissance Medicine', *Journal of the Warburg and Courtauld Institutes* 21:1–2 (1958), pp. 119–33
———, *Spiritual and Demonic Magic: From Ficino to Campanella* (London: Warburg Institute, 1958)
Wallis, Richard T. and Jay Bregman (eds.), *Neoplatonism and Gnosticism* (Albany: SUNY Press, 1992)
Wasserstrom, Stephen, *Religion After Religion: Gershom Scholem, Mircea Eliade, and Henry Corbin at Eranos* (Princeton, NJ: Princeton University Press, 1999)
Wear, Sarah Klitenic and John M. Dillon, *Dionysius the Areopagite and the Neoplatonist Tradition: Despoiling the Hellenes* (Farnham: Ashgate, 2007)
Webb, James, *The Occult Establishment* (London: Richard Drew, 1981)
Wehr, Gerhard, *An Illustrated Biography of Jung*, trans. M. Kohn (Boston, MA: Shambhala, 1989)

———, 'C.G. Jung in the Context of Christian Esotericism and Cultural History', in Antoine Faivre and Jacob Needleman (eds.), *Modern Esoteric Spirituality* (New York: Crossroad, 1995), pp. 381–99

———, *Jung and Steiner: The Birth of a New Psychology*, trans. Magdalene Jaeckel (Great Barrington, MA: Anthroposophic Press, 2002)

Wels, Henrik, 'Late Medieval Debates on the Location of Angels After the Condemnation of 1277', in Isabel Iribarren and Martin Lenz (eds.), *Angels in Medieval Philosophical Inquiry* (Aldershot: Ashgate, 2008), pp. 113–27

Wilson, Robert McLachlan, 'Gnosis and the Mysteries', in Roelof van den Broek and M.J. Vermaseren (eds.), *Studies in Gnosticism and Hellenistic Religions* (Leiden: Brill, 1981), pp. 451–66

Wind, Edgar, *Pagan Mysteries in the Renaissance* (London: Faber & Faber, 1968)

Winnicott, D.W., 'Review of C.G. Jung, *Memories, Dreams, Reflections*', *International Journal of Psycho-analysis* 45 (1964), pp. 450–55

Wolfson, Elliot R., 'Merkavah Traditions in Philosophical Garb: Judah Halevi Reconsidered', *Proceedings of the American Academy for Jewish Research* 57 (1990–91), pp. 179–242

———, *Through a Speculum That Shines: Vision and Imagination in Medieval Jewish Mysticism* (Princeton, NJ: Princeton University Press, 1997)

———, 'Theosis, Vision, and the Astral Body in Medieval German Pietism and the Spanish Kabbalah', in Nicholas Campion and Liz Greene (eds.), *Sky and Symbol* (Lampeter: Sophia Centre Press, 2013), pp. 119–42

Wuest, Patricia Viale, *Precession of the Equinoxes* (Atlanta: Georgia Southern University, 1998)

Yates, Frances A., *Giordano Bruno and the Hermetic Tradition* (London: Routledge & Kegan Paul, 1964)

———, *The Rosicrucian Enlightenment* (London: Routledge & Kegan Paul, 1972)

Yoshida, Hiromi, *Joyce and Jung: The 'Four Stages of Eroticism' in A Portrait of the Artist as a Young Man* (New York: Peter Lang, 2007)

Young-Eisendrath, Polly and Terence Dawson (eds.), *The Cambridge Companion to Jung* (Cambridge: Cambridge University Press, 1997)

Zambelli, Paola, *The Speculum astronomiae and Its Enigma* (Dordrecht: Kluwer Academic, 1992)

Ziomkowski, Robert, 'Neoplatonism', in Maryanne Cline Horowitz (ed.), *New Dictionary of the History of Ideas*, 6 volumes (Detroit, MI: Charles Scribner's Sons, 2005), 4:1628

Zoller, Robert, *Fate, Free Will and Astrology* (New York: Ixion Press, 1992)

———, *Tools & Techniques of the Medieval Astrologer, Book One: Prenatal Concerns and the Calculation of the Length of Life* (London: New Library, 2001)

ウェブサイト

<www.capt.org/research/psychological-type-journal.htm#>
<http://wildhunt.org/blog/tag/liber novus>
<www.fraternitas.de>
<www.oocities.org/astrologyages/ageofaquarius.htm>
<www.philemonfoundation.org/resources/jung_history/volume_1_issue_2>
<www.nhs.uk/conditions/Cognitive-behaviouraltherapy/Pages/Introduction.aspx>
<www.acat.me.uk/page/home>

翻訳にあたって参照した邦訳のあるユングの主な著作

『アイオーン』(ユング・コレクション 4)、野田倬訳、人文書院、1990 年
『赤の書』河合俊雄、田中康裕、高月玲子、猪股剛訳、創元社、2014 年
『ヴィジョン・セミナー』C. ダグラス編、氏原寛・老松克博監訳、創元社、2011 年
『結合の神秘』Ⅰ(ユング・コレクション 5)、池田紘一訳、人文書院、1995 年
『結合の神秘』Ⅱ(ユング・コレクション 6)、池田紘一訳、人文書院、2000 年
『現在と未来』松代洋一訳、平凡社ライブラリー、1996 年
『個性化とマンダラ』林道義訳、みすず書房、1991 年
『自我と無意識の関係』野田倬訳、人文書院、1982 年
『心理学と宗教』(ユング・コレクション 3) 村本詔司訳、人文書院、1989 年
『心理学と錬金術』池田紘一、鎌田道生訳、人文書院、1976 年
『心理療法論』林道義編訳、みすず書房、新装版 2016 年
『タイプ論』林道義訳、みすず書房、1987 年
『人間心理と宗教』濱川祥枝譯、日本教文社、2014 年
『分析心理学セミナー 1925――ユング心理学の始まり』S・シャムダサーニ、W・マクガイア編、河合俊雄監訳、猪俣剛ほか訳、創元社、2019 年
『分析心理学セミナー――1925 年、チューリッヒ』ソヌ・シャムダサーニ、ウィリアム・マクガイアー編、横山博監訳、大塚紳一郎ほか訳、みすず書房、2019 年
『分析心理学』小川捷之訳、みすず書房、1976 年
『変容の象徴』上下、野村美紀子訳、ちくま学芸文庫、1992 年
『夢分析　Ⅰ』入江良平訳、人文書院　2013 年
『夢分析　Ⅱ』入江良平、細井直子訳、人文書院、2002 年
『ユング自伝 1、2: 思い出・夢・思想』河合隼雄、藤縄昭、出井淑子訳、みすず書房、1972 年